I0876722

Kohlhammer

Judentum und Christentum

herausgegeben von Ekkehard W. Stegemann

Band 24

Bertold Klappert

Der NAME Gottes und die Zukunft Abrahams

Texte zum Dialog zwischen Judentum, Christentum und Islam

Verlag W. Kohlhammer

Satz: Andrea Töcker, Neuendettelsau

1. Auflage 2019

Gesamtherstellung: W. Kohlhammer GmbH, Stuttgart

Print:
ISBN 978-3-17-034443-3

E-Book-Format:
pdf: ISBN 978-3-17-034444-0

Inhalt

Vorwort

Lobe den Herren, was in mir ist lobe den NAMEN.
Alles, was Atem hat, lobe mit ABRAHAMs Samen
(Joachim Neander 1680)

„Geheiligt werde Dein NAME" (Mt 6,9)

„Sie werden kommen von OSTEN …
und mit Abraham, Isaak und Jakob zu Tische sitzen." (Mt 8,11)

„Tatsache ist, dass Abraham uns immer noch herausfordert
zu neuer Deutung und neuen Gedanken,
dass seine Person immer noch nicht ausgelotet ist."
(Jonathan Magonet 1998)

Die in diesem Buch herausgegebenen Texte sind das Ergebnis einer fast vier Jahrzehnte umfassenden Teilnahme am christlich-jüdischen und christlich-islamischen Dialog. Der christlich-jüdische Dialog hatte ein viel beachtetes Ergebnis in dem Rheinischen Synodalbeschluss von 1980, in welchem eine Kirche erstmals die Mitverantwortung und Schuld am Holocaust bekannte. Sie verpflichtete sich dabei zugleich, die Umkehr konkret dadurch zu vollziehen, dass an der Kirchlichen Hochschule Wuppertal alle zwei Jahre eine jüdische Gastprofessur errichtet wurde. Dadurch war mir die Gelegenheit gegeben, vielmals an den Seminaren jüdischer Kollegen aus den Niederlanden, aus England, den USA und aus Israel teilzunehmen und mit den rabbinisch geschulten Kollegen, die zu Freunden wurden, gemeinsame Seminare zu veranstalten.

Ein Ergebnis davon ist, dass der Direktor des Leo-Baeck-College in London, Rabbiner Prof. Dr. Albert H. Friedlander, und ich mit einigen weiteren Mitarbeitern die siebenbändige Leo-Baeck-Werkausgabe herausgebracht haben. Während dieser Zeit war es für mich ein großer Gewinn, dass ich zusammen mit den Professoren Heinz Kremers, Yehuda Aschkenazy, David Flusser und Eberhard Bethge den theologisch hart umkämpften Weg bis zum Rheinischen Beschluss von 1980 mitgehen, mitgestalten und im ständigen Gespräch mit ihnen lernen konnte.

Hinzu kam, dass ich während der folgenden Jahre intensiv in Jerusalem am „Programm Studium in Israel“ als Lehrender teilgenommen habe, indem ich vor Ort Seminare für die an der Hebräischen Universität Studierenden zu den relevanten Themen des christlich-jüdischen Dialoges gehalten habe. Das Programm hat in diesem Jahr 2018 sein vierzigjähriges Bestehen feiern können.

Im Zentrum des damaligen Dialoges stand zunächst die christologische Frage, die sich in dem Bekenntnis verdichtete, das ich hier leicht ergänzend wie folgt umschreibe: Wir bekennen uns zu Jesus dem Juden, der nur als der verheißene Messias des Gottes Israels und in Einheit mit dem Gott Israels der kommende Erlöser der Welt ist und die Völker der Welt mit Israel, dem Volk Gottes, verbindet.

An die christologische Frage schloss sich die Gottesfrage an. Die Trinitätslehre ist seit der Frühen Kirche der Versuch, das Geheimnis Gottes mit von der griechich-hellenistischen Philosophie geprägten Kategorien in trinitarischen Beziehungen von Vater, Sohn und Geist auszusagen und liturgisch den einen Gott anzubeten und das Gebet zum Vater durch den Sohn im Heiligen Geist zu richten. Erst später wurde aufgrund des Lernens vom Judentum erkannt, dass die zentrale Bedeutung des einen NAMENs des Gottes Israels, der die Mitte des Alten Testaments darstellt, der im Judentum im Tetragramm erinnert wird, heiliggehalten und nicht ausgesprochen wird, in und seit den trinitarischen Entwürfen der Frühen Kirche so gut wie keine Rolle mehr spielte und spielt.

Deshalb thematisieren die ersten Texte des Buches in einem ersten Themenbereich die fundamentale Bedeutung des Namens Gottes für das Alte Testament, für das Judentum und die christliche Gotteslehre. Ein trinitarisches Bekennen und Verstehen legt das Geheimnis dieses einen Namens aus, indem es narrativ von der Israel-Gegenwart, der Messias-Gegenwart und der Geistes-Gegenwart des einen Gottes und seines vielfältigen Kommens zu Israel und zur Welt der Völker erzählt. Das Neue Testament hat diese Theologie des einen NAMENs festgehalten, wie auch Jesus im Vaterunser zu beten aufgibt: „Geheiligt werde Dein NAME!“ Insofern spricht der erste Teil des Buches thematisch vom „NAMEN des einen Gottes“.

In den weiteren Texten des Buches kommt ein zweiter Themenbereich hinzu, der durch die notwendige Ausweitung des christlich-jüdischen Dialoges auf das Gespräch mit dem Islam gegeben war und ist, wobei das

Judentum schon immer einen solchen Dialog in positiver Absicht gefordert hat. So tritt Abraham/Ibrahim als der Stammvater der drei monotheistischen Religionen und als zentrale Figur in den Texten der Heiligen Schriften in das Zentrum. Nicht nur in seiner Bedeutung für die Vergangenheit der Entstehung der drei abrahamitischen Religionen, sondern auch für eine Zukunft der neuen Welt Gottes und der Völkerwallfahrt zum Zion, in welcher die Tora vom Sinai allen Völkern gelehrt werden wird. Dieses geschieht im Zusammenhang mit einer Völkerwallfahrt, wie sie der Messias Jesus nach Matthäus 8,11 mit der Ankündigung der universalen Tischgemeinschaft der Nachkommen Ismaels aus dem Osten, aber auch mit allen anderen Völkern angesagt hat. Also eine Zukunft der Versöhnung und des Friedens, wie sie auch Leo Baeck nach der Shoah in seinem im letzten Lebensjahr 1956 verfassten Aufsatz „Judentum, Christentum und Islam" als Vision beschrieben hat. Deshalb spricht der zweite Teil des Buchtitels von der „Zukunft Abrahams". Dabei findet die grundlegende gesamtbiblische und dialogische Bedeutung des Verhältnisses der beiden Söhne Abrahams, Ismael und Isaak, besondere Beachtung, weil diese Beziehungen sowie die Hagar-Ismael-Tradition in der Abraham-Geschichte bis heute weitgehend übersehen worden ist.

Zu dem Themenbereich des Dialoges mit dem Islam konnte ich während zahlreicher Gastvorlesungen in meiner Heimat Indonesien an den Theologischen Fakultäten in Medan, Pematang-Siantar und Jakarta Erfahrungen sammeln und mich in vielen persönlichen Begegnungen mit Muslimen über die vorwiegende und vorherrschende Toleranz des Islam und des Koran in meiner Heimat Indonesien vergewissern. Dazu gehören auch die von meiner Evangelischen Kirche im Rheinland organisierten Tagungen in Beit Jala in Palästina, auf denen wir wiederholt unter der Leiterin des Ökumene-Referates, Oberkirchenrätin Barbara Rudolph, und des Generalsekretärs des Lutherischen Weltbundes und Bischofs von Jordanien und Palästina, Dr. Munib Younan, einen Dialog zwischen RabbinerInnen und palästinensischen Pfarrern gehalten haben, auf denen ich mehrmals zu den Themen „Abraham-Land, Israelland und die Palästinenser" referiert habe. Hinzu kommen besonders die persönlichen Begegnungen und intensiven Dialoge mit dem Kölner Islamwissenschaftler Abdoldjavad Falaturi und mit Dr. Muhammad S. Murtaza, der dem Weltethos-Programm von Hans Küng verpflichtet ist.

Schließlich danke ich für die Belehrung durch den früheren Islamwissenschaftler der Universität Hamburg, meinen Freund Olaf Schumann, und dem befreundeten Tübinger Religionswissenschaftler Karl-Josef Kuschel für viele Begegnungen, nicht zuletzt für die Belehrung durch seine Bücher besonders zu Judentum, Christentum und Islam, ihre Herkunft und Zukunft.

Besonders zu danken habe ich Frau Franziska Offelnotto, die als Wissenschaftliche Hilfskraft an der Kirchlichen Hochschule Wuppertal-Bethel die Entstehung des Buches tatkräftig unterstützt hat. Zu danken habe ich Herrn Prof. Dr. Ekkehard Stegemann für die Aufnahme dieses Textbandes in die Reihe „Judentum und Christentum". Nicht zuletzt gilt mein Dank den MitarbeiterInnen des Kohlhammer-Verlages, darunter besonders Herrn Dr. Sebastian Weigert und Herrn Daniel Wünsch, die die Publikation sorgsam und umsichtig begleitet haben. Der Rheinischen Kirche (EKiR) und der Westfälischen Kirche (EKvW) habe ich für einen namhaften Druckkostenzuschuss zu danken.

Wuppertal, im Dezember 2018

I. Zu einer Partnerschaft zwischen Juden, Christen und Muslimen

Erklärung orthodoxer Rabbiner zum Christentum

Den Willen unseres Vaters im Himmel tun: Hin zu einer Partnerschaft zwischen Juden und Christen (3. Dezember 2015)

Nach fast zwei Jahrtausenden der Feindseligkeit und Entfremdung erkennen wir, orthodoxe Rabbiner, Leiter von Gemeinden, Institutionen und Seminaren in Israel, den Vereinigten Staaten und Europa, die sich uns darbietende historische Gelegenheit: Wir möchten den Willen unseres Vaters im Himmel tun, indem wir die uns angebotene Hand unserer christlichen Brüder und Schwestern ergreifen. Juden und Christen müssen als Partner zusammenarbeiten, um den moralischen Herausforderungen unserer Zeit zu begegnen.

1. Die Schoah endete vor 70 Jahren. Mit ihr hatten Jahrhunderte der Verachtung, Unterdrückung und Zurückweisung von Juden und die daraus folgende Feindseligkeit zwischen Juden und Christen den absurden Höhepunkt erreicht. Zurückblickend wird deutlich, dass der Misserfolg, diese Verachtung zu überwinden und stattdessen einen konstruktiven Dialog zum Wohle der Menschheit aufzunehmen, den Widerstand gegenüber den bösen Kräften des Antisemitismus geschwächt hat, die die Welt in Mord und Genozid gestürzt haben.

2. Wir würdigen, dass sich die offiziellen Lehren der katholischen Kirche über das Judentum seit dem Zweiten Vatikanischen Konzil grund-

legend und unwiderruflich geändert haben. Mit der Promulgation von Nostra Aetate begann vor 50 Jahren der Aussöhnungsprozess zwischen der katholischen Kirche und dem Judentum. Nostra Aetate und die darauffolgenden offiziellen Dokumente der Kirche lehnen unmissverständlich jede Form von Antisemitismus ab, bestätigen den ewigen Bund zwischen G-tt und dem jüdischen Volk, weisen die Lehre des G-ttesmordes zurück und betonen die einzigartige Beziehung zwischen Christen und Juden, welche von Papst Johannes Paul II. „Unsere älteren Brüder" und von Papst Benedikt XVI. „Unsere Väter im Glauben" genannt wurden. Darauf basierend begannen Katholiken und andere christliche Amtsträger einen aufrichtigen Dialog mit dem Judentum, der sich während der letzten fünf Jahrzehnte stetig verstärkt hat. Wir schätzen die Bestätigung der einzigartigen Stellung Israels in der Heilsgeschichte und bei der letztendlichen Erlösung der Welt seitens der Kirche. Juden haben heute im Rahmen zahlreicher Dialog-Initiativen, Treffen und Konferenzen weltweit ernst gemeinte Liebe und Respekt von zahlreichen Christinnen und Christen erfahren.

3. Wie Maimonides und Jehudah Halevi vor uns[1] erkennen wir an, dass das Christentum weder ein Zufall noch ein Irrtum ist, sondern gö-ttlich gewollt und ein Geschenk an die Völker. Indem Er Judentum und Christenheit getrennt hat, wollte G-tt eine Trennung zwischen Partnern mit erheblichen theologischen Differenzen, nicht jedoch eine Trennung zwischen Feinden. Rabbiner Jacob Emden schrieb, dass „Jesus der Welt eine doppelte Güte zuteil werden ließ. Einerseits stärkte er die Torah von Moses in majestätischer Art … und keiner unserer Weisen sprach jemals nachdrücklicher über die Unveränderlichkeit der Torah. Andererseits beseitigte er die Götzen der Völker und verpflichtete die Völker auf die sieben Noachidischen Gebote, so dass sie sich nicht wie wilde Tiere des Feldes aufführten, und brachte ihnen grundlegende moralische Eigenschaften bei … Christen sind Gemeinden, die zum himmlischen Wohl wirken und zu Dauerhaftigkeit bestimmt sind. Ihre Bestimmung ist zum himmlischen Wohl und die Belohnung wird ihnen nicht versagt bleiben."[2] Rabbiner Samson Raphael Hirsch lehrt uns, Christen haben „die jüdische Bibel des Alten Testa-

[1] Mishneh Torah, Gesetz der Könige 11:4 (unzensierte Ausgabe); Kusari, Abschnitt 4:22.
[2] Seder Olam Rabbah 35–37; Sefer ha-Shimush 15–17.

mentes als Buch gö-ttlicher Offenbarung akzeptiert. Sie bekennen ihren Glauben an den G-tt von Himmel und Erde, wie ihn die Bibel verkündet, und sie anerkennen die Herrschaft der gö-ttlichen Vorsehung."[3] Jetzt, da die katholische Kirche den ewigen Bund zwischen G-tt und Israel anerkannt hat, können wir Juden die fortwährende konstruktive Gültigkeit des Christentums als unser Partner bei der Welterlösung anerkennen, ohne jede Angst, dass dies zu missionarischen Zwecken missbraucht werden könnte. Wie von der Bilateralen Kommission des israelischen Oberrabbinats mit dem Heiligen Stuhl unter Vorsitz von Rabbiner Shear Yashuv Cohen festgestellt, sind „wir nicht länger Feinde, sondern unwiderrufliche Partner bei der Artikulierung der wesentlichen moralischen Werte für das überleben und das Wohl der Menschheit."[4] Keiner von uns kann G-ttes Auftrag in dieser Welt alleine erfüllen.

4. Juden wie Christen haben eine gemeinsame Aufgabe in der Verheißung des Bundes, die Welt unter der Herrschaft des Allmächtigen zu verbessern, so dass die gesamte Menschheit Seinen Namen anruft und Laster von der Erde verbannt werden. Wir verstehen das Zögern beider Seiten, diese Wahrheit anzuerkennen, und fordern unsere Gemeinschaften zur Überwindung dieser Ängste auf, um ein auf Vertrauen und Respekt gegründetes Verhältnis zu schaffen. Rabbiner Hirsch lehrte ebenfalls, der Talmud stelle Christen „in Bezug auf die Pflichten von Mensch zu Mensch auf eine Stufe mit den Juden. Sie haben Anspruch auf sämtliche Vorteile der Verpflichtungen, nicht nur in Bezug auf Gerechtigkeit, sondern auch auf aktive, brüderliche Liebe." In der Vergangenheit wurden Beziehungen zwischen Christen und Juden häufig im Spiegel der Feindseligkeit zwischen Esau und Jakob betrachtet. Aber Rabbiner Naftali Zvi Berliner (Netziv) erkannte bereits Ende des 19. Jahrhunderts, dass G-tt Juden und Christen zu liebevoller Partnerschaft bestimmt hat: „Wenn die Kinder von Esau zukünftig vom reinen Geist zur Anerkennung des Volkes Israel und dessen Tugenden veranlasst werden, werden auch wir Esau als unseren Bruder anerkennen."[5]

---

3 Kommentar zur Ethik der Väter 4:13.

4 Viertes Treffen der Bilateralen Kommission des israelischen Oberrabbinats und des Heiligen Stuhls für religiöse Beziehungen mit dem Judentum, Grottaferrata, Italien (19. Oktober 2004).

5 Kommentar zu Genesis 33:4.

5. Wir Juden und Christen haben viel mehr gemeinsam, als was uns trennt: den ethischen Monotheismus Abrahams; die Beziehung zum Einen Schöpfer des Himmels und der Erde, der uns alle liebt und umsorgt; die jüdische Heilige Schrift; den Glauben an eine verbindliche Tradition; die Werte des Lebens, der Familie, mitfühlender Rechtschaffenheit, der Gerechtigkeit, unveräußerlicher Freiheit, universeller Liebe und des letztendlichen Weltfriedens. Rabbi Moses Rivkis (Be'er Hagoleh) bestätigt dies und schrieb, dass „die Weisen nur auf die Götzendiener ihrer Zeit Bezug nahmen, die nicht an die Schöpfung der Welt glaubten, den Exodus, an Gottes Wundertaten und an das von Gott gegebene Gesetz. Im Gegensatz dazu glauben die Menschen, unter die wir verstreut sind, an all diese wesentlichen Bestandteile der Religion."[6]

6. Unsere Partnerschaft bagatellisiert in keiner Weise die weiterhin bestehenden Differenzen zwischen beiden Gemeinschaften und Religionen. Wir glauben, dass G-tt viele Boten nutzt, um Seine Wahrheit zu offenbaren, während wir die fundamentalen ethischen Verpflichtungen aller Menschen vor G-tt bestätigen, die das Judentum stets durch den universellen Bund Noahs gelehrt hat.

7. Indem sie G-tt nachfolgen, müssen Juden und Christen Vorbilder geben in Dienst, bedingungsloser Liebe und Heiligkeit. Wir sind alle im heiligen Ebenbild G-ttes geschaffen und Juden wie Christen werden diesem Bund treu bleiben, indem sie gemeinsam eine aktive Rolle bei der Erlösung der Welt übernehmen.

Übersetzung: Jehoschua Ahrens und Michael Kühntopf

---

[6] Shulhan Arukh, Hoshen Mishpat, Sektion 425:5 .

Auf dem Weg zu einer Partnerschaft zwischen Juden und Christen

Kommentar zur Erklärung orthodoxer Rabbiner zum Christentum

Die Erklärung der orthodoxen Rabbiner vom Dezember 2015 ist ein *Weg*-Dokument, das zunächst auf die nahezu 2000 Jahre christlicher Judenfeindschaft und dadurch bedingter wechselseitiger Entfremdung zurückblickt. Man muss diese Geschichte genau kennen und sie sich in Scham und der Bereitschaft zum „Bekenntnis der Mitverantwortung und Schuld der *Kirche* (und nicht nur einzelner Christen) am Holocaust" (Rheinischer Synodalbeschluss von 1980) zu Herzen genommen haben, will man das Dokument der orthodoxen Rabbiner würdigen.

Man kann die Erklärung nur mit Abstrichen als Fortsetzung und Ergänzung zu *Dabru Emet*, einem in Grenzen durchaus ebenso verdienstvollen National Jewish Scholars Project von mehrheitlich liberalen jüdischen Einzelpersonen und Professoren, dabei nur ganz wenigen Rabbinern, bezeichnen.[1] Verdienstvoll deshalb, weil manche Thesen von *Dabru Emet* (2000) in die Erklärung (2015) aufgenommen und dort wiederholt werden; nur in Grenzen deshalb, weil dort historisch wie dialogisch auch unhaltbare Thesen vertreten wurden. So hieß es in *Dabru Emet*: „Der Nazismus war kein christliches Phänomen [...] und selbst kein zwangsläufiges Produkt des Christentums" (These 5). Und weiter: „Juden und Christen stützen sich auf die Autorität ein und desselben [!] Buches – die Bibel" (These 1), wobei die doppelte Nachgeschichte des jüdischen Tenach, unseres Alten Testamentes, in Talmud und Neuem Testament verundeutlicht und verschwiegen wurde. Schließlich: „Christen können [!] den Anspruch des jüdischen Volkes auf das Land Israel respektieren [!]" und „wissen zu würdigen, daß Israel den Juden als physisches Zentrum des Bundes zwischen ihnen und G-tt versprochen – und gege-

1 Vgl. Hubert Frankemölle (Hrsg.), Juden und Christen im Gespräch über „Dabru emet – redet Wahrheit", Paderborn/Frankfurt a. M. 2005; Rainer Kampling/Michael Weinrich (Hrsg.), Dabru emet – redet Wahrheit. Eine jüdische Herausforderung zum Dialog mit den Christen, Gütersloh 2003.

ben wurde“ (These 3). Alle diese Thesen von Dabru Emet waren theologisch unklar, wenn nicht historisch sogar unhaltbar.

- Zu These 5 von *Dabru Emet*: Der Antijudaismus der Kirche spätestens seit dem 4. und 5. Jahrhundert n. Chr., erst recht der mittelalterliche und der durch Luthers späte Schriften 1543–1545 beschleunigte, hat den vor der Zeitenwende herrschenden antiken Judenhass verstärkt und die antisemitische Rassentheorie des 19. und 20. Jahrhunderts entscheidend vorbereitet.
- Zu These 1 von *Dabru Emet*: Die doppelte Nachgeschichte in Talmud und Neuem Testament darf nicht in die These einer gemeinsamen und sogar derselben (!) Bibel umgedeutet werden. Hier gilt vielmehr, dass Christen „die Jüdische Bibel des Alten Testaments als ein Buch göttlicher Offenbarung akzeptiert haben“ (These 3 der Erklärung). Mehr noch, dass die „Jüdischen Heiligen Schriften“ Juden und Christen mehr einen als trennen (These 5).
- Zu These 3 von *Dabru Emet*: Die Zahl christlicher Theologen, die die Gabe des Landes an Israel durch JHWH „respektieren“, ist nicht sehr groß. Lebt doch nach wir vor die These meiner alttestamentlichen Lehrer der 1960er-Jahre (Gerhard von Rad, Martin Noth, Walther Zimmerli) nicht nur universitär, sondern erst recht in den Gemeinden fort, dass mit der Erscheinung des Messias Jesus die Landverheißungen für Israel obsolet geworden sind. Wenn es bereits eine christliche „Theologie des Landes Israels“ als „physischem Zentrum des Bundes“ für Israel gibt, wird sie nur von wenigen Theologen (Friedrich-Wilhelm Marquardt, Frank Crüsemann, Bertold Klappert) anfangsweise entfaltet und gefordert.[2]

Als *Dabru Emet* (2000) auf der von Peter von der Osten-Sacken verdienstvoll organisierten Berliner Sommeruniversität im großen Hörsaal der Humboldt-Universität, in dem Hegel und Schelling ihre Vorlesungen gehalten hatten, auf dem Podium diskutiert werden sollte, saß ich als Diskussionsleiter zwischen meinen Freunden Michael Signer von der Notre Dame University in den USA und Michael Wyschogrod vom Baruch College in New York. Als wir das Podium bestiegen, zischelte der orthodoxe Wyschogrod zu dem liberal-konservativen Signer, der *Dabru Emet* entscheidend entworfen und propagiert hatte: „Viel Dabru, aber

2 Vgl. Friedrich-Wilhelm Marquardt, Die jüdische Tora für Gojim, in: ders., Was dürfen wir hoffen, wenn wir hoffen dürften? Eine Eschatologie, 3 Bde., Gütersloh 1993/1994/1996, hier Bd. 1, S. 200–335; Frank Crüsemann, Kanon und Sozialgeschichte. Beiträge zum Alten Testament, Gütersloh 2003; Bertold Klappert, Miterben der Verheißung. Beiträge zum jüdisch-christlichen Dialog, Neukirchen-Vluyn 2000; ders., „Abraham eint und unterscheidet“. Begründungen und Perspektiven eines nötigen Dialoges zwischen Juden, Christen und Muslimen, in: Dirk Chr. Siedler/Annette de Fallois/Jörgen Klußmann (Hrsg.), (K)eine Chance für den Dialog? Christen und Muslime in der pluralen Gesellschaft. Beiträge zu kontroversen Themen, Berlin 2007, S. 101–141.

wenig Emet." Die Bemerkung traf Signer ins Herz. Tatsächlich war es der falsche Ort vor der Podiumsdiskussion und als Generalurteil auch zu hart, aber dennoch der Sache nach nicht ganz unberechtigt. Wyschogrod,[3] der mehrere Jahre an unserer Kirchlichen Hochschule Wuppertal-Bethel semesterlang gelehrt und dort wie auch auf den Kirchentagen mehrere Seminare mit mir abgehalten hat, hätte *Dabru Emet* in seiner Endfassung, an der er zunächst mitgearbeitet hatte, nicht unterschrieben, sicher aber als Nichtrabbiner und Schüler von Joseph Bar Soloveitchik die Erklärung orthodoxer Rabbiner bejaht.

Den Willen eures und unseres Vaters im Himmel tun?

Die Erklärung greift mit der Überschrift „Den Willen unseres Vaters im Himmel tun" Traditionen und Formulierungen auf, wie sie besonders der in These 3 zitierte Rabbi Jakob Emden und der in These 5 genannte Rabbi Moses Rivkis als Leitsatz für die Ethik des jüdischen Volkes umschrieben haben.

Da die Christen und christliche Kirchen die Adressaten der Erklärung sind, werden sie natürlich sofort an die dritte Bitte des von Jesus formulierten Vaterunsers erinnert, das nach der Verfassung und Kirchenordnung der ältesten Kirche, „der Didache", von allen Christen und Christinnen dreimal täglich gebetet werden soll: „Dein (Thora-)Wille werde getan!" Da das Vaterunser eine von Jesus für seine Nachfolger entworfene Zusammenfassung des jüdischen 18-Bittengebetes in seiner damaligen frühen Fassung ist, werden Christen mit diesem Vaterunser-Beten wiederum auf jüdische Traditionen verwiesen, wie z. B. die 5. Benediktion der *Amidah* zeigt: „Bringe uns zurück, *unser Vater*, zu *deiner Tora* und laß uns nahen, unser König, zu deinem *Dienst* und laß uns *umkehren* in vollkommener Buße vor dein Angesicht."

Dabei bedeutet dieses Beten des Vaterunsers nach der Lehre und Weisung Jesu für Christen heute eine doppelte Umkehr. Sie müssen zunächst einmal umkehren von der falschen Vorstellung, dass es in der dritten Bitte des Vaterunser-Gebetes um einen willkürlichen, fatalistischen Willen eines Gottes gehe, dem man sich apathisch und schicksalhaft zu beu-

[3] Michael Wyschogrod, Der eine Gott Abrahams und die Einheit des Gottes der jüdischen Philosophie, in: Clemens Thoma/ders. (Hrsg.), Das Reden vom einen Gott bei Juden und Christen, Bern u. a. 1984, S. 29–46; Clemens Thoma, Jüdische Bewertung der christlichen Gotteslehre und -verehrung, in: ebenda, S. 49–90.

gen habe, weil dessen unerforschlicher Wille der Vorsehung sowieso geschieht, ohne dass wir Menschen in unserem Tun der Gerechtigkeit darauf irgendeinen Einfluss hätten. Die falsche deutsche Übersetzung „Dein Wille geschehe" und infolgedessen das falsche, zum Nichtstun anleitende unterwürfige Beten mit gefalteten und damit stillgestellten Händen laden buchstäblich dazu ein. Die weltweiten Übersetzungen verstehen es anders: „Dein Thora-Wille werde *getan*!"

Christen müssen sodann von der antijüdischen These umkehren, als gehe es im Vaterunser-Gebet um die Anrede an den nahen Abba-Gott Jesu im Unterschied zu dem fernen jüdischen Gott des Gerichtes und der Rache im Alten Testament. Hier ist im Anschluss an Friedrich Schleiermachers „Glaubenslehre" (1831), an Adolf von Harnacks „Wesen des Christentums" (1899/1900) und an den viel zitierten Joachim Jeremias und dessen „Abba" (1966), der seine antijüdische These vom kindlichen Abba-Gott zuletzt freilich widerrufen hat, viel Antijüdisches geschrieben worden, was Franz Alt bis heute als antijüdisches Gift in weite Kreise der Kirche und der Gesellschaft trägt.

Christen sollen schließlich diese Regel des dreifachen Betens des Vaterunsers im Gedenken an die älteste Gebetsanweisung Jesu und der Alten Kirche und in Erinnerung an das Beten des Judentums in der *Amidah* auch *tun*. In einer Vorlesung von Michael Signer auf der durch Peter von der Osten-Sacken organisierten Berliner Sommeruniversität in den Seminarräumen des Berliner Domes läuteten um 12 Uhr zu Mittag die Glocken. Signer unterbrach die Vorlesung mit der Frage, ob man ihm seitens der Studierenden sagen könne, warum? Da er keine Antwort erhielt, erinnerte er an das dreimalige Vaterunser-Beten der ältesten Christenheit, unterbrach seine Vorlesung für fünf Minuten zur Meditation und zum Gebet des Vaterunsers.

Wollen Christen mit der Erklärung und also mit ihren jüdischen Partnern einen gemeinsamen *Weg*, zu dem die Erklärung einlädt – das älteste messianische Christentum hat sich selbst als einen „neuen Weg" innerhalb des Judentums und nicht gegen das Judentum (Apg. 9,2) verstanden –, einschlagen, so werden sie der Weisung des Vaterunsers Jesu (Mt 5,23f) gemäß *Umkehr/Teschuva* tun müssen und so die jüdischerseits ausgestreckte Hand zum „Prozess der Versöhnung" (These 2) ergreifen.

Der noachidische oder der verheißungsgeschichtliche Bund?

Die Erklärung bezieht sich einerseits 50 Jahre nach *Nostra aetate* des Vaticanum II (1965) auf die Formulierung der „Bekräftigung des ewigen Bundes zwischen G-tt und dem jüdischen Volk", die Papst Johannes Paul II. in die Formel von den Juden als „unseren älteren Brüdern" und Benedikt XVI., trotz seiner unseligen Karfreitagsliturgie, in die Formel von den Juden als „unseren Vätern im Glauben" zusammenfassten. Danach sind Juden und Christen, die Synagoge und die Kirche, Brüder und Geschwister in dem einen ungekündigten Bund, den G-tt mit Israel in alle Weltzeit geschlossen hat und in dem sich nach katholischem und evangelischem Verständnis auch die Kirche befindet. „Jetzt (!), da die Katholische Kirche den ewigen Bund zwischen G-tt und Israel anerkannt hat, können wir Juden die fortwährende konstruktive Gültigkeit des Christentums als unseren Partner bei der Welterlösung anerkennen" (These 3).

Andererseits spricht die Erklärung mit Blick auf die Christen zu Recht durchgängig von den „sieben noachidischen Geboten", zu denen alle Menschen, also auch die Christen, die sich von ihren Götzen, Götzenbildern und einer anti-göttlichen wie inhumanen Ethik abwenden, verpflichtet sind, wobei in den 613 Geboten innerhalb des Judentums die noachidischen Gebote selbstredend inkludiert sind. Das Einhalten der noachidischen Gebote ist für die Menschheit insofern unabdingbar, weil die Geschichte des christlichen Antijudaismus und des rassistischen Judenhasses deutlich zeigt: Wären die Christen wenigstens Noachiden gewesen und hätten sie sich dem einen G-tt der Schöpfung der einen Menschheit, der G-tt-Ebenbildlichkeit aller Menschen und Seinen noachidischen Geboten verpflichtet gefühlt, zuvörderst dem Gebot, dem einen G-tt zu dienen und gerechte Gerichte aufzubauen, schließlich nicht zu morden, dann wäre die Leidensgeschichte des Judentums bis zum Holocaust anders verlaufen. Auch die Christen ebenso wie die übrige Menschheit haben die noachidischen Gebote im Dienst der Welterlösung nicht eingehalten. Im Gegenteil!

Dabei darf nicht vergessen werden, dass die noachidischen Gebote nach rabbinischer Lehre von der Thora des Tenak her entworfen sind und also als Thora für die Menschheit missverstanden werden,[4] wenn sie zugleich

[4] Vgl. Matthias Millard, Die Genesis als Eröffnung der Tora. Kompositions- und auslegungsgeschichtliche Annäherungen an das erste Buch Mose, Neukirchen-Vluyn 2001.

antijüdisch oder antisemitisch interpretiert werden. Der Menschheitsgedanke der römischen Philosophie, der Stoa, dann der Aufklärung und seine Gegenwart bis heute hatte immer die Tendenz, das Judentum unter den allgemeinen Menschheitsgedanken zu verrechnen und damit die Identität des Judentums zu beseitigen. Deshalb redet der Tenak auch nicht abstrakt von der „Menschheit", sondern im Dual von „Israel und den Völkern". Die Völker und also auch die noachidische Thora kommen nur von Israel her in den Blick. Eine antijüdische und antisemitische Interpretation der noachidischen Gebote geschah, als in der UNO 1975 der „Zionismus-Rassismus-Beschluss" gefasst und der Zionismus als Rassismus gebrandmarkt wurde.[5] Der bekannte Befreiungstheologe und Generalsekretär des Ökumenischen Weltrates der Kirchen (WCC), der Jamaikaner Philip Potter, widersprach und erklärte in seiner Rede vor der UNO, dass der Zionismus kein Rassismus, sondern die Befreiungsbewegung des jüdischen Volkes sei.

Nun ist darauf hinzuweisen, dass die in der Tat weit nach vorn weisenden Thesen des Vaticanum II ebenso wie die Interpretationen der verschiedenen, von der Erklärung zitierten Päpste dennoch zugleich rückwärtsgewandt von den „Juden als dem Gottesvolk des *alten* Bundes" und von der „Kirche als dem Gottesvolk des *neuen* Bundes" sprechen. Dadurch ist ein altes antijüdisches Sprachmodell erneut aufgegriffen. Darüber hinaus wird verschwiegen, dass nach Jer 31,31–34 Israel seiner Bestimmung nach schon das Gottesvolk des neuen Bundes ist, im neuen Bund schon thora-theologisch lebt (Ps 40,9; 51,12) und auf dem Weg zur vollen Erfüllung der Verheißung geht, wie die Pesachhaggadah im Blick auf Jer 31,34b in Antwort auf die Plicht zum Erzählen formuliert: „Wären wir sogar alle weise, alle erfahren, alle verständig, alle thora-kundig, so ist uns dennoch geboten, vom Auszug aus Ägypten zu erzählen". Ergänzend hat der katholische Exeget Norbert Lohfink in seinem Buch „Der niemals gekündigte Bund"[6] zu Jer 31 gezeigt, dass in der Tatsache der Rückkehr aus dem Exil in Babylon bereits eine Teilrealisierung der Verheißung des neuen Bundes an und für Israel zu sehen ist.

Deshalb hat die Rheinische Synode im Jahr 1980 abweichend von diesen katholischen Erklärungen formuliert: „Wir glauben die bleibende

---

5 https://documents-dds-ny.un.org/doc/RESOLUTION/GEN/NR0/000/92/IMG/NR000092.pdf?OpenElement [17. 3. 2017].

6 Norbert Lohfink, Der niemals gekündigte Bund. Exegetische Gedanken zum christlich-jüdischen Gespräch, Freiburg/Basel/Wien 1989.

Erwählung des jüdischen Volkes als Gottes Volk und erkennen, daß die Kirche durch Jesus Christus in den [ungekündigten] Bund Gottes mit seinem Volk [Israel] hineingenommen ist" (These 4,4). Nicht mehr ist Israel das Gottesvolk des alten und die Kirche das Gottesvolk des neuen Bundes! Und die Kirche wird auch nicht das „neue Israel" genannt – die Kirche ist nicht das „Israel rechter Art" (Luther)! – sie wird auch nicht in das *Volk* Israel integriert, sondern in den ewigen, niemals gekündigten *Bund* G-ttes mit seinem Volk Israel hineingenommen, wie Rolf Rendtorff, der Formel des Rheinischen Beschlusses zustimmend, richtig erläutert hat. Dadurch werden wir, Synagoge und Kirche, Juden und Christen, zu verschiedenen, nachbarschaftlichen Partnern auf dem *Weg* zum kommenden messianischen Reich G-ttes, weshalb bei allem Trennenden (Erklärung These 3) These 5 formuliert: „Wir Juden und Christen haben *viel mehr gemeinsam*, als was uns trennt."

Gehören Christen nun, das ist meine Frage an die wegweisende Erklärung, nur zum noachidischen oder auch zum für Israel verheißenen ewigen neuen Bund? Wie steht es damit, dass nach Rabbi Jakob Emden „Jesus der Welt eine doppelte Güte zuteil werden ließ. Einerseits stärkte er die Torah von Moses in majestätische[r] Art … und keiner unserer Weisen sprach jemals nachdrücklicher über die Unveränderlichkeit der Torah. Andererseits beseitigte er die Götzen der Völker und verpflichtete die Völker auf die sieben Noachidischen Gebote." (These 3) Nun ist freilich gegenüber diesem Satz Rabbi Emdens zuerst Umkehr für die Christen geboten. Haben sie doch bisher nicht verstanden, dass Jesus in der Bergpredigt zwar antithetisch *gegen* bestimmte (aber nicht alle!) rabbinische und qumranische Thora-Auslegungen seiner Zeit redet, an keiner Stelle aber gegen die Thora des Mose und damit G-ttes selbst. Im Gegenteil. Wie stark dieses antithetisch-antijüdische Missverständnis der Thora-Auslegung Jesu in der Bergpredigt nach wie vor das Verständnis der Christenheit bis heute prägt, zeigt die Tatsache, dass in der sogenannten neuen „Lutherbibel 2017" weiter trotz besserer wissenschaftlicher Erkenntnis die Thora-Auslegung Jesu mit der antithetischen Formel „ich *aber* sage euch!" statt mit der rabbinischen Disputationsformel „ich sage auslegend dazu!" eingeleitet wird. In der „Lutherbibel 2017" wird weiter nach wie vor, „als wäre nichts geschehen" (Karl Barth), der berühmte Paulussatz „Ziel der Thora ist der Messias (Jesus)" (Röm 10,4), in dem Paulus sich summarisch auf die Bergpredigtauslegung Jesu bezieht, im antijüdischen Sinne wiedergegeben: „Christus ist das Ende des (Mose-)Gesetzes!"

Unbeschadet dessen stellt sich aber doch die Frage an die Erklärung: Gehören die Christen durch die Thora-Auslegung Jesu in ihrem Tun nur zu den Noachiden oder auch partnerschaftlich in den Bund, an diesem partizipierend, den Gott auf ewig mit Israel geschlossen hat? Ist dieser Israel-Bund ein nach außen geschlossener oder ein auch für die Christen in der tätigen Jesus-Nachfolge, im Tun der in der Bergpredigt von Jesus verbindlich gemachten Thora geöffneter Bund? Die Erklärung deutet in beide Richtungen. Zunächst: „Wir sind alle im heiligen Ebenbild G-ttes geschaffen." Sodann: „Juden wie Christen werden diesem Bund treu bleiben, indem sie gemeinsam eine aktive Rolle bei der Erlösung der Welt übernehmen." (These 7) Die Erklärung verzichtet aber vielleicht und klugerweise auf eine Antwort, weil die Christen und ihre Kirchen diese Antwort nur selbst durch das „Tun und Hören" (Exodus 24,8; Mt 5,19) geben können und auch geben müssen.

Auf meine Frage an den orthodoxen Freund und Lehrer Michael Wyschogrod, wohin wir Christen denn eigentlich gehören, zu den Noachiden und dem noachidischen Bund oder auch zu Teilhabern und Teilnehmern des Israelbundes auf den *Weg* mit Israel, hat er geantwortet: „Ihr gehört zu beidem. Zu dem ersten bestimmt, zu dem zweiten vielleicht! Ihr sollt Noachiden sein und als solche tätig werden. Und ihr habt Euren *Weg* in Partnerschaft mit dem Weg des Bundes, in dem das jüdische Volk bleibend lebt und im Blick auf den Olam ha Ba hoffnungsvoll handelt."

Der eine G-tt oder der trinitarische Gott?

Die Erklärung rechnet das Christentum zu den monotheistischen Religionen wie Judentum und Islam. Das tut sie in der Tradition der großen mittelalterlichen Autoritäten wie Maimonides und Yehuda Halevi (These 3). Diese Autoritäten haben, wie auch der Islam, trotz der Nähe der christlichen Trinitätslehre zum Tritheismus, die Trinitätslehre als *Schittuf*, als Lehre von der „Beigesellung", die zwar den Monotheismus nicht aufhebt, aber gefährdet, akzeptiert. Die Erklärung spricht deshalb präzis vom „ethischen Monotheismus". Nach Rabbi Emden sind Christen keine „Götzenanbeter", sondern glauben „an die Schöpfung der Welt, [...] den Exodus des Volkes Israel, Gottes Wundertaten und die gegebenen göttlichen Gebote". Christen sind dadurch und darin ihrer Bestimmung nach Monotheisten und dem „ethischen Monotheismus" verpflichtet.

Erstaunlich an der Erklärung ist dabei die Offenheit der zitierten orthodoxen, rabbinisch-mittelalterlichen Lehraussagen zur christlichen Trinitätslehre. Dennoch bestätigt diese Offenheit nicht nur die Christen und ihre Fassung der Trinitätslehre.[7] Beinhaltet diese Offenheit der jüdischen Tradition doch zugleich eine kritische Frage: Seid ihr Christen wirklich ethische Monotheisten, die einen „trinitarischen Monotheismus" vertreten, oder doch vielmehr heimlich solche, die sich dem Tritheismus in den Bahnen der griechischen Kirchenväter nähern und einen tritheistischen Verdacht letztlich nicht ausräumen können?

Die Fragen, die von jüdischer Seite nach 1965 intensiv aufgeworfen worden sind, stelle ich auch christlicherseits und gegen die christliche Seite: Bleibt ihr, bleiben wir Christen wirklich bei dem Bekenntnis zu Maria als der „Gottesmutter", der „Mutter Gottes" stehen? Wie kann die jüdische Frau Mirjam, so hat mich einmal Wyschogrod voll jüdischen Unverständnisses gefragt, die Mutter *G-ttes*, eine „theotokos" sein? Ist sie nicht jüdisch gedacht allenfalls die jüdische Mutter des Messias Jesus, die „christotokos", wie das die Antiochener, historisch-exegetisch geschult und orientiert, gegen die Alexandriner schon damals verstanden und vertreten haben? Das erzählt doch auch der jüdische Stammbaum in Matthäus 1,1–17: Er entfaltet mit der dreimal wiederholten Davidzahl die Genealogie Jesu von Abraham über David bis zu Joseph, den Vater Jesu. David Flusser hat in seiner letzten Übersetzung seines Jesus-Buches in die russische Sprache diesen Stammbaum Jesu, den er seit den ersten Auflagen seines Buches im Vorwort als rein erfunden und unhistorisch betrachtet hat, angesichts neuer archäologischer Gräberfunde mit der Aufschrift „aus dem Hause Davids" als nicht erfunden und historisch glaubwürdig gewertet.

Und die Frage stellt sich erneut: Sind Christen und ihre Theologie wirklich an einem „ethischen Monotheismus" der gegebenen göttlichen Gebote (These 5) oder doch mehr an einem spekulativen Tritheismus in griechisch-mittelalterlicher Tradition orientiert und interessiert? Ich erinnere mich, dass mir Michael Wyschogrod während der Podiumsdiskussion in Berlin eine Stellungnahme von Wolfhart Pannenberg herüberreichte, in der dieser spekulativ und universalgeschichtlich interessierte Lehrer der Trinität in den Bahnen Hegels und des Rechtshegelianismus klipp und klar mit Blick auf *Dabru Emet* behauptete: Nun seien auch die

[7] Vgl. Jürgen Moltmann, In der Geschichte des dreieinigen Gottes. Beiträge zur trinitarischen Theologie, München 1991.

Juden mit *Dabru Emet* endlich zu der Überzeugung gelangt, dass die christliche Trinitätslehre im Grunde doch richtig sei. Dabei hat Pannenberg in seinen drei großen Bänden der „Systematischen Theologie" (1988–1993) mit keinem Satz den Holocaust erwähnt, auch nicht in dem viel zu kurzen Abschnitt mit der wiederum überaus charakteristischen Reihenfolge: „Die Kirche und Israel"!

Genau dieses Pannenbergsche affirmative Missverständnis ist aber seitens der Erklärung und ihrer These, dass das Christentum eine monotheistische Religion ethischer Richtung sei, *nicht* gemeint. Angesprochen ist sie vielmehr als indirekte Frage, ob sich die Christen mit ihrem trinitarischen Monotheismus als „Partner bei der Welterlösung" (These 3) zusammen mit dem jüdischen Volk auf den Weg der Gebote begeben, um „eine aktive Rolle bei der Erlösung der Welt zu übernehmen" (These 7). Dabei ist doch evident, dass die überwiegende Mehrzahl der gegenwärtigen Trinitätslehren christlicherseits nur noch von „Vater, Sohn und Geist", nicht aber von dem einen NAMEN G-ttes erzählen, der nach dem Shema Jisrael (Dtn 6,4) *das* Kennzeichen des Bekenntnisses zu dem einen G-tt Israels ist. Nur der im christlich-jüdischen Dialog beheimatete Alttestamentler und Dogmatiker H.-J. Kraus,[8] Mitbegründer der AG Christen und Juden beim Deutschen Evangelischen Kirchentag 1961, hat ein an dem *einen* NAMEN JHWH orientiertes narratives Erzählen von dem dreifachen Kommen JHWHs in seinem NAMEN zuerst zu Israel, dann in der – die parallel verlaufende Judentumsgeschichte gerade nicht ausschließenden – Jesusgeschichte und schließlich in der von Joel angesagten Verheißung der Ausgießung des Geistes auf alles Fleisch zu Schavuoth-Pfingsten entwickelt. Sie ist bis heute nicht wirklich zur Kenntnis genommen worden.

Der ethische Monotheismus Abrahams bei Juden, Christen und Muslimen

Die Erklärung stellt jenseits der Frage nach einem noachidischen oder heils- bzw. verheißungsgeschichtlichen Bund auch die Frage nach dem „ethischen Monotheismus Abrahams" (These 5), also nach den soge-

8 Hans-Joachim Kraus, Systematische Theologie im Kontext biblischer Geschichte und Eschatologie, Neukirchen-Vluyn 1983; ders., Rückkehr zu Israel. Beiträge zum christlich-jüdischen Dialog, Neukirchen-Vluyn 1991.

nannten Abraham(it)ischen Religionen. Auch hier liegt seit dem Vaticanum II im Unterschied zu einem weitgehenden evangelischen Schweigen katholischerseits ein dezidiertes Bekenntnis zu dem Gott Abrahams vor, zu dem sich Juden, Christen und Muslime bekennen. Und auch hier liegt wiederum ein impliziter Hinweis der Erklärung, dass es über die noachidische Verortung der Christen und ihrer Zuweisung zu den noachidischen Geboten hinaus auch eine *abrahami(ti)sche* Verortung aller drei Religionen gibt.

Dieser ethische Monotheismus Abrahams stützt sich biblisch gesehen auf Bereshit/1. Mose 26,3–5, in welchem die dem Abraham gegebenen umfassenden Mehrungs-Verheißungen verbunden mit einer „Thora vor der Thora am Sinai" gegenüber Isaak erneut bekräftigt werden: „ICH will mit dir sein und will dich segnen; denn dir und deinen Nachkommen will ich alle diese Länder geben und so den Schwur halten, den ich deinem Vater Abraham geschworen habe: Und ICH will deine Nachkommen so zahlreich machen wie die Sterne des Himmels und deinen Nachkommen will ich alle diese Länder geben und mit dem Namen deiner Nachkommen werden sich Segen wünschen/gesegnet werden *alle Völker* der Erde, *weil* Abraham auf mein Wort gehört und meine Vorschriften, Gebote, Satzungen und Weisungen gehalten hat."

Abrahami(ti)sche Religionen sind demnach nur und insofern abrahami(ti)sch, als sie dem „ethischen Monotheismus Abrahams" (These 5) – und also den hier vorausgesetzten Geboten der Anbetung des einen G-ttes, des im Gegensatz zu dem Götzendienst errungenen Bekenntnisses zum Schöpfer des Himmels und der Erde (1. Mose), der Treue in der ehelichen Partnerschaft (1,27–32; 12,10–20; 20,1–17), der Gastfreundschaft allen Fremden gegenüber (18,1–16) und des Kampfes um die Rettung des einzelnen Menschenlebens (18,22–33) usw. – verpflichtet sind. Von da aus wird verständlich, warum die Erklärung zu Recht fast durchgängig im Zusammenhang mit den noachidischen Geboten von der *einen Menschheit*, aber im Zusammenhang mit dem ethischen Monotheismus Abrahams von *„allen Völkern"* spricht. Denn die abrahami(ti)schen Religionen sind erwählt zum Dienst, den Segen Abrahams und der Sara zu *„allen Völkern"* (12,3) zu bringen. Deshalb gibt es gegenüber dem Judentum wie auch gegenüber dem Islam keine „Juden- oder Islam-Mission" seitens der Christen, sondern nur eine wie auch immer zu gestaltende Sendung der drei abrahami(ti)schen Religionen an „alle Völker" (1. Mose 12,3; Mt 28,16–20). So werden alle drei Religionen zu „Zeugen Gottes vor der Völkerwelt" und so und nur auf diesem glaubhaft und überzeugend beschrittenen Weg zu „Zeugen G-ttes voreinander", wie der Rheinische Synodalbeschluss in Ablehnung der „Judenmission" ohne Wenn und Aber (These 4,7) formuliert hat.

Und da die Erklärung ein Dokument der „Toleranz aus jüdischer Identität" ist, ist sie auch mit dem noachidisch-gesamtmenschheitlichen Konzept der Aufklärung in Gotthold Ephraim Lessings „Nathan der Weise" nicht vergleichbar. Walter Jens hat in einer viel beachteten Tübinger Vorlesung 1984 auf die *sozial-reale* Konkretheit hingewiesen, in der Nathan von Lessing dargestellt wird: Nathan ist, um zu überleben, ein „Jud aus Fleisch und Blut, ein Kaufmann, der Zinsen eintreibt und nüchterne Handlung höher als die hehre Schwärmerei einschätzt".[9] Dennoch ist Nathan kein identischer, kein *religiös-halachischer* Jude im Sinne Mendelssohns, kein Repräsentant eines lebendigen Judentums, wie es sich in der Erklärung darstellt. Auch wird trotz der heute so dringend nötigen Erinnerung an Lessings Humanitätsforderung im „Nathan" (1779) dennoch weithin vergessen, dass Lessing zwar ein glänzend und intensiv durch eigene Forschungen erarbeitetes Plädoyer für den Islam verfasst hat, aber nur ein Jahr später seine Schrift „Erziehung des Menschengeschlechts" (1780) schreibt. Dort plädiert er für ein von Joachim von Fiori inspiriertes trinitarisches Stufenmodell der sich ablösenden Religionen, in dem die abrahami(ti)schen Religionen Judentum und Christentum lediglich Vorstufen bilden für die letztendlich verbindliche „Religion aus der humanen Vernunft", in der man das Gute nicht auf dem Boden eines „ethischen Monotheismus Abrahams" (These 5), sondern nur noch im Rahmen des allein von der Vernunft erkannten Guten und allein um des Guten willen ohne das kleinliche jüdische Rechnen auf Gesetzes-Belohnung tut. In Lessings „Erziehung des Menschengeschlechts" stehen schlimme Antijudaismen über die Rabbinen und ihre spitzfindigen Auslegungen des Tenach im Talmud aus einem beschränkten, kleinkarierten Geist und abwertende Aussagen über das Alte Testament als ein Dokument lediglich für die frühe Kindheit der Menschheit, bei dem man nicht lange stehen bleiben sollte. Analoges gilt auch für das Jünglingsalter der Menschheit, dokumentiert im Neuen Testament und

[9] Walter Jens, Nathan der Weise aus der Sicht von Auschwitz, in: ders., Kanzel und Katheder, München 1984, S. 31–49. – Karl-Josef Kuschel, Vom Streit zum Wettstreit der Religionen. Lessing und die Herausforderung des Islam, Düsseldorf 1998; Sabine Mangold-Will, Gotthold Weil, die Orientalische Philologie und die deutsche Wissenschaft an der Hebräischen Universität, in: Naharaim. Zeitschrift für deutsch-jüdische Literatur und Kulturgeschichte 8 (2014), S. 74–90.

im Christentum. Entwickeln sollen sich vielmehr beide Religionen zum Mannesalter der Vernunftreligion, in der man das Gute nicht mehr im jüdischen und christlichen Schielen auf die Belohnung, sondern nur noch und allein um des Guten willen tut.

Der Leo-Baeck-Schüler Ernst Simon hat 1929 einen informativen Aufsatz „Lessing und die jüdische Geschichte" geschrieben.[10] Sein Fazit zu Lessings „Nathan" ist im Ganzen kritisch. Denn nicht einmal die Ringparabel hätte Nathan-Mendelssohn von sich aus verwendet. Aus dem Munde eines Nichtjuden hätte er sie vielleicht gelten lassen. Nach Auschwitz, nach der Schoah, gilt aber umso mehr: „Wir sollten verzichten auf Nathans [religiös-] blasse Judenschemen […]. Wir aber, die wir Lessings tapfere Humanität nur allzu sehr gerade in unserer zionistischen Bewegung brauchen können, wenden uns dennoch von seinem blassen und farblosen Judenbilde ab."

Dieses Missverständnis eines nichtidentischen Judentums hat „die Erklärung", die 175 Jahre nach Lessings Nathan und 70 Jahre nach dem Holocaust erfolgt, nicht nachträglich legitimieren wollen. Im Gegenteil. Sie ist ein leuchtendes Dokument eines identischen Judentums, das die illegitime „Judenmission" seitens der Christen nicht mehr fürchtet und sich deshalb zu einem gemeinsamen *Weg* mit dem Christentum und auch dem Islam öffnet und auch öffnen kann: *„Auf (den) Weg zu einer Partnerschaft von Juden und Christen" und Muslimen.*

---

10 Ernst Simon, Lessing und die jüdische Geschichte, in: ders., Brücken. Gesammelte Aufsätze, Heidelberg 1965, S. 215–219.

Im Namen Gottes, des Barmherzigen, des Allerbarmers

Die Marrakesch-Deklaration über die Rechte religiöser Minderheiten in muslimisch dominierten Gemeinwesen vom 27. Januar 2016

Im Januar 2016 haben sich in Marrakesch über 250 muslimische Gelehrte, Staatsoberhäupter und hochrangige Repräsentanten getroffen, um über die Rechte religiöser Minderheiten in muslimisch dominierten Ländern zu beraten. Teilgenommen haben auch Würdenträger anderer Religionen und weitere nichtmuslimische Gäste. Schirmherr der Konferenz war der König von Marokko, Mohammed VI. Der der Konferenz vorausgehende längere Konsultationsprozess wurde von dem muslimischen Großgelehrten Sheikh Abdallah Ibn Bayyah geleitet. Sheikh Ibn Bayyah ist Präsident des „Forum for Promoting Peace in Muslim Societies" (Vereinigte Arabische Emirate). Das Abschlussdokument wurde als „Marrakesh Declaration" verabschiedet. Hierfür wurde eigens auch eine Internetseite eingerichtet: www.marrakeshdeclaration.org.

Als innerislamischer Bezugspunkt wird auf die sogenannte „Charta von Medina" verwiesen, die der Prophet Muhammad nach 622 n. Chr. erlassen hat und die Regelungen für das friedliche Zusammenleben unterschiedlicher Stämme und religiöser Gruppen enthält. Die Charta, auch „Verfassung von Medina" genannt, ist ein Bündnisvertrag, der von Muslimen als wegweisend für die Verwirklichung einer multireligiösen Gesellschaft nach islamischen Prinzipien betrachtet wird. In der Charta von Medina sehen die Autoren der Marrakesch-Deklaration einen Referenzrahmen für muslimische Länder, um in deren Verfassungen das Konzept einer auch religiöse Minderheiten umfassenden Bürgerschaft aufzunehmen. Sie rufen zu einer gerechten Behandlung religiöser Minderheiten in muslimisch dominierten Ländern auf. Für alle religiösen Gruppen werden Rechte und Freiheiten gefordert, die über Respekt und Toleranz hinausgehen. Die Unterzeichner rufen zudem Gelehrte und Intellektuelle auf, neben der islamischen Tradition auch die globalen Entwicklungen zu berücksichtigen.

So werden unter anderem Bildungseinrichtungen aufgefordert, die Curricula kritisch zu analysieren und alle Elemente daraus zu entfernen, die zu Extremismus und Aggression führen können. An Politiker und Entscheidungsträger wird appelliert, entsprechende politische und gesetzliche Schritte einzuleiten, um das Zusammenleben unterschiedlicher religiöser Gruppen in einem muslimisch dominierten Land zu befördern.

Die Reaktionen auf die „Marrakesh Declaration" waren durchweg positiv. Der Ökumenische Rat der Kirchen und auch andere Dialoginitiativen haben die Erklärung als „bahnbrechend" begrüßt. Die muslimischen Führungspersönlichkeiten zeigten, dass sie an einer gemeinsamen Zukunft mit anderen Religionen interessiert sind. Bisher lag die „Marrakesh Declaration" allerdings nur in arabischer, englischer, italienischer und niederländischer Übersetzung vor. Durch eine gemeinsame Initiative des Zentralrats der Muslime in Deutschland (ZMD) und des Zentrums Oekumene der Evangelischen Kirche in Hessen und Nassau und der Evangelischen Kirche von Kurhessen-Waldeck ist nun auch eine deutsche Übersetzung öffentlich verfügbar. Bei der Marrakesch-Deklaration handelt es sich um ein richtungsweisendes Dokument, das eine intensive Diskussion und Würdigung auch in Deutschland verdient hat. Die Voraussetzung dafür ist mit der Übersetzung nun gegeben.

Abdassamad El Yazidi (Zentralrat der Muslime)
Dr. Andreas Herrmann (Zentrum Oekumene)

Im Namen Gottes, des Barmherzigen, des Allerbarmers

Zusammenfassung der Marrakesch-Deklaration
über die Rechte religiöser Minderheiten
in muslimisch dominierten Gemeinwesen

25. bis 27. Januar 2016

In Zeiten, in denen sich in verschiedenen Teilen der islamischen Welt die Lebensbedingungen durch die Anwendung von Gewalt und bewaffneten Auseinandersetzungen als Mittel der Konfliktaustragung und zur Aufzwingung des eigenen Standpunktes verschlechtert haben;

In Zeiten, in denen auch die Autorität legitimer Regierungen durch diese Situation geschwächt wurde und es dadurch kriminellen Gruppierungen ermöglicht wurde, im vermeintlichen Namen des Islam Rechtssprüche zu erlassen, die aber die fundmentalen islamischen Prinzipien und Ziele in einer Weise verzerren, dass sie der Bevölkerung als Ganzes Schaden zufügen;

In Zeiten, in denen sich die Charta von Medina – der Vertrag zwischen dem Propheten Muhammad, Segen und Frieden auf ihm, und der Bevölkerung von Medina –, die allen unabhängig von ihrem Glauben religiöse Freiheit zusicherte, zum 1400. Mal jährt;

In einer Zeit, in der sich annähernd dreihundert islamische Gelehrte aus mehr als 120 Ländern, gemeinsam mit Repräsentanten islamischer und internationaler Organisationen wie auch mit religiösen Führern der verschiedensten Konfessionen und Nationalitäten, in Marrakesch zu einer großen Konferenz an diesen Tagen versammelt haben, um die Prinzipien der Charta von Medina wieder zu beleben;

Während diese Konferenz unter der Schirmherrschaft Seiner Majestät König Mohammed VI. und gemeinsam organisiert vom Ministerium für religiöse und islamische Angelegenheiten des Königreichs Marokko und des Forums zur Förderung des Friedens in muslimischen Gesellschaften mit Sitz in den Vereinigten Arabischen Emiraten abgehalten wird;

Im Bewusstsein des Ernstes der Lage, dem sich Muslime wie auch Menschen anderen Glaubens weltweit gegenübersehen, sind die versammelten islamischen Gelehrten und Intellektuellen nach eingehender Beratung und Debatte übereingekommen:

Wir erklären hiermit unsere treue Verpflichtung zu den in der Charta von Medina zum Ausdruck gebrachten Prinzipien, die eine Reihe von Regelungen in Form von Prinzipien einer verfassungsrechtlich-vertraglichen Bürgerschaft enthält, wie die Freizügigkeit, das Recht auf Eigentum, die gegenseitige Solidarität und Verteidigung wie auch die Prinzipien der Gerechtigkeit und Gleichheit vor dem Gesetz, und

dass die Grundsätze der Charta von Medina eine geeignete Basis für nationale Verfassungen in Staaten mit muslimischer Bevölkerungsmehrheit darstellen und dass die Charta der Vereinten Nationen sowie vergleichbare Dokumente wie die Universelle Erklärung der Menschenrechte mit der Charta von Medina inklusive ihrer Berücksichtigung für die öffentliche Ordnung im Einklang stehen.

Wir merken weiterhin an, dass die tiefe Reflexion über die diversen Krisen, welche die Menschheit heimsuchen, die unausweichliche und dringende Notwendigkeit zur Zusammenarbeit aller Religionen unterstreicht,

Wir bekräftigen hiermit, dass solch eine Zusammenarbeit auf der Grundlage eines „Gemeinsamen Wortes“ basieren muss, welches über gegenseitige Toleranz und Respekt hinauszugehen hat, um den vollumfassenden Schutz der Rechte und Freiheiten aller Religionen sicherstellen zu können so wie um religiösen Zwang, Vorurteile und Hochmut zu verhindern.

Auf all dem oben Erwähnten basierend erklären wir hiermit:

Wir rufen die islamischen Gelehrten und Intellektuellen in aller Welt auf, ein Rechtskonzept der „Bürgerschaft“ zu entwickeln, welches die verschiedenen Gruppen inkludiert. Ein solches Rechtskonzept soll in der islamischen Tradition und auf den islamischen Prinzipien wurzeln sowie die globalen Veränderungen mitberücksichtigen;

Wir drängen muslimische Bildungsinstitutionen und -autoritäten, eine couragierte Überprüfung der Bildungscurricula vorzunehmen, die sich ernsthaft und effektiv jedes Werk anschaut, das zu Aggression und Extremismus verleiten, zu Krieg und Chaos führen und die Zerstörung unserer gemeinsamen Gesellschaften zur Folge haben kann;

Wir rufen die Politiker und Entscheidungsträger auf, die notwendigen politischen und gesetzgeberischen Schritte zu ergreifen, zwischen den Bürgern eine verfassungsvertragliche Beziehung zu etablieren sowie alle Ansätze und Initiativen zu unterstützen, die auf eine Festigung der Beziehungen und des Vertrauens der verschiedenen religiösen Gruppierungen innerhalb der islamischen Welt untereinander zielen;

Wir rufen alle verständigen, künstlerischen und kreativen Mitglieder unserer Gesellschaften wie auch Organisationen der Zivilgesellschaft auf, eine breite Bewegung für den gerechten Umgang mit religiösen Minderheiten in muslimisch dominierten Ländern zu bilden und das Bewusstsein für die Rechte dieser Minderheiten zu fördern sowie zusammenzuarbeiten, um den Erfolg dieses Einsatzes sicherzustellen.

Wir rufen die verschiedenen religiösen Institutionen, die an die gleichen nationalen Strukturen gebunden sind, auf, sich mit der allseitigen Existenz einer selektiven Amnesie auseinanderzusetzen, die die jahrhundertelange Erinnerung gemeinsamen und geteilten Zusammenlebens in einem gemeinsamen Land verhindert; wir rufen daher dazu auf, diese

Vergangenheit wieder zu beleben, indem die Tradition des geselligen Miteinanders erneuert und das gegenseitige Vertrauen, das durch Akte des Terrors und der Aggression der Extremisten erschüttert wurde, wiederhergestellt wird;

Wir rufen die Repräsentanten der verschiedenen Religionen, der religiösen Gruppen und Konfessionen auf, sich gegen religiösen Fanatismus, Herabwürdigung und Verunglimpfung dessen, was Menschen für heilig erachten, und sich ebenso gegen alle Reden des Hasses und Fanatismus zu stellen;

Und schließlich bekräftigen wir, dass es gegen jede Moral verstößt, die Religion als Werkzeug der Aggression gegen die Rechte religiöser Minderheiten in muslimisch dominierten Landern zu missbrauchen.

Marrakesch, 27. Januar 2016

II. Der eine NAME des Gottes Israels

Die Trinitätslehre als Auslegung des NAMENs des Gottes Israels*

Die Bedeutung des Alten Testaments und des Judentums für die Trinitätslehre

Beginnen wir mit der grundsätzlichen Stellungnahme von Schalom Ben Chorin zum jüdischen Monotheismus und zur christlichen Trinitätslehre aus dem Jahre 1961[1]:

> „Israel bekannte und bekennt – und solange ein Jude noch Atem in sich hat, wird er bekennen: ‚Höre Israel, der Herr, unser Gott ist Einer.' Wie sollte da der Sohn mit dem Vater in diese Einheit gesetzt und gar noch durch eine dritte Person, den Heiligen Geist, komplettiert werden? Das ist ... eine Vor-

* Vortrag gehalten am 17.6.2000 in der Melanchthon-Akademie in Köln, am 27.11.2000 und am 23.4.2001 vor den gemeinsam tagenden Ausschüssen „Christen und Juden" und „Theologischer Ausschuss" der EKiR, am 18.12.2000 vor dem Sonderforschungsbereich „Judentum-Christentum" an der Ev. Theol. Fakultät der Universität Bonn (Prof. Kinzig), am 17.2.2001 in der Evangelischen Martinsgemeinde in Tübingen und am 5.9.2001 in der Akademie Iserlohn vor dem Ausschuss „Christen und Juden" der Evangelischen Kirche von Westfalen. Von den kritischen Fragen und weiterführenden Ergänzungen, besonders von meinem Bonner Kollegen W. Kinzig, habe ich dankbar gelernt. Zu dem hier verhandelten Thema verweise ich nachdrücklich auf die folgenden Aufsätze von W. Schrage, Der Zusammenhang von Christologie und Theologie bei Paulus und Jesus auf dem Hintergrund der modernen Gottesfrage, in: EvTh 2/1976, 121–154 und: Unterwegs zur Einzigkeit und Einheit Gottes. Zum „Monotheismus" des Paulus und seiner alttestamentlich-jüdischen Tradition, in: EvTh 3/2001, 190–203. Nach Fertigstellung meines Aufsatzes schickte mir mein Kollege R. Kendall Soulen, Wesley Theological Seminar, Washington D. C., seinen Aufsatz über das Thema „Trinity and Tetragrammaton. On the Name of the Triune God" zu, auf den ich hier nachdrücklich verweisen möchte, weil unsere Intentionen in die gleiche Richtung laufen.

1 S. Ben Chorin, Jüdische Fragen an Jesus Christus, Sonntagsblatt vom 15.1.1961, 21.

stellung, die das hebräische Glaubensdenken nicht vollziehen kann und nicht vollziehen will, denn die wahre Einzighaftigkeit und Einheit Gottes, das Unantastbare ‚ächad', würde dadurch in einem für uns unvorstellbaren Sakrileg verletzt. Es besteht aber auch, theologisch gesehen, für uns keinerlei innere Notwendigkeit, einer trinitarischen Ausweitung des Einheitsbegriffes entgegenzukommen, da diese nur eine Verminderung des reinen Monotheismus bedeuten würde."

I. Die Heiligung des NAMENs Gottes als Kriterium der Trinitätslehre

Was bedeutet im Zusammenhang dieser jüdischen Stellungnahme der trinitarisch-doxologische Schluss („Ehre sei dem Vater und dem Sohn und dem Heiligen Geist ..."), wie wir ihn aus unserer Liturgie kennen und am Ende der Psalmen beten? Bedeutet er eine Verchristlichung der Psalmen? Meint also diese trinitarische Unterschrift, dass wir die Psalmen erst taufen müssen, um sie überhaupt beten zu können? Darüber ist in vielen Gemeinden und Synoden ein heftiger Streit entstanden. E. L. Ehrlich hat öfters die Frage gestellt, von woher die Heidenchristen eigentlich das Recht haben, die Psalmen *auch* zu beten, die ursprünglich die Gebete des Volkes Israel waren und des Judentums bis heute sind?

Nun hat sich seit dem Rheinischen Synodalbeschluss von 1980 und den Folgebeschlüssen in vielen Landeskirchen die Situation grundlegend verändert. Was bedeutet es, wenn wir die bleibende Erwählung des jüdischen Volkes als Volk Gottes bekennen und erkennen, dass wir als Kirche durch Jesus Christus an dem ungekündigten Bund Gottes mit Israel teilhaben und teilnehmen dürfen (RSB 4,4)? Was bedeutet es, dass wir am Schluss unserer Gottesdienste den aaronitischen Segen – in der Nachfolge des seine Jünger segnenden Messias Jesus (Lk 24,50) – mit der Synagoge mitsprechen und darin zum Ausdruck bringen, „daß wir als von demselben Gott durch den aaronitischen Segen Ausgezeichnete im Alltag der Welt leben" (RSB 4,8)? Damit stellt sich auch die christliche Gemeinde unter den Segen des Gottes Israels: Der NAME segne dich ... (Num 6,22–27). Welche Beziehung hat die Trinitätslehre der Kirche zu dem NAMEN des Gottes Israels? Und was bedeutet es, dass der aaronitische Segen häufig am Trinitatisfest gepredigt wird?

Was bedeutet es weiter, dass Jesus im „Vater Unser" uns den NAMEN des Gottes Israels heiligen lehrt: „Dein NAME werde geheiligt ...!"? Was bedeutet es, wenn wir mit Matthias Jorissens Wiedergabe von Ps 66 singen: „Jauchzt alle Lande Gott zu Ehren, rühmt seines NAMENs Herrlichkeit" (EG 279,1)? Anders gefragt: Könnten die trinitarische Doxologie und die Trinitätslehre, weit entfernt davon, eine Verchristlichung der Psalmen und des aaronitischen Segens darzustellen, vielmehr eine *Rechenschaftsablage* darüber sein, warum auch wir als Glieder des ökumenischen Gottesvolkes aus allen Völkern die Psalmen *mit*-beten, warum auch wir als ChristInnen aus den Völkern unter den aaronitischen Segen und also unter den Segen des NAMENs des Gottes Israels gestellt sind?

Würde die Trinitätslehre diese *Rechenschaftsablage* über die Teilnahme der ChristInnen aus den Völkern an dem Beten Israels und an dem aaronitischen Segen Israels zum Ausdruck bringen, wäre sie sogar unverzichtbar und theologisch wie liturgisch notwendig.

Aber wie müsste eine Trinitätslehre, die die synodalen Beschlüsse seit 1980 ernstnimmt, aussehen, wenn sie keine liturgische Vereinnahmung und Verchristlichung der Traditionen Israels, sondern die Teilhabe und Zuordnung des ökumenischen Gottesvolkes aus allen Völkern zur NAMENsoffenbarung des Gottes Israels zum Ausdruck brächte? Anders formuliert: Wie müsste die Trinitätslehre neu formuliert werden und von welcher Fassung der trinitarischen Tradition müssten wir uns verabschieden, um zu einer *gesamtbiblischen Trinitätslehre*, die unsere Zuordnung zu Israel durch Jesus Christus bekennt, zurückzufinden?

Eine solche Trinitätslehre müsste, wie die Themaüberschrift andeutet, die NAMENtlichkeit des Gottes Israels nicht beseitigen, sondern ins Zentrum stellen und damit das „Vater-Unser" zum Kriterium jeglicher doxologischer Trinitätslehre machen. Eine solche Trinitätslehre müsste gegenüber jedem tritheistischen Missverständnis eine Auslegung des 1. Gebotes sein und die Vater-Anrede des Gottes Israels als Auslegung seines NAMENs verstehen und bekennen: „Vater unser ... Dein NAME werde geheiligt!" Eine solche Trinitätslehre würde im Dialog mit dem Judentum dialogfähig und im Hinblick auf den Gottesdienst liturgisch relevant werden.

Damit stelle ich die folgende *These* an den Anfang:

Die Trinitätslehre ist – muss wieder werden – eine Auslegung des NAMENs des Gottes Israels. Von daher muss sie durch und durch alttestamentlich orientiert sein. Sie erzählt und rühmt im Kern die NAMENsoffenbarung des kommenden Gottes und sieht diese NAMENsoffenbarung des Gottes Israels in drei zentralen Ereignissen konzentriert: (1) in dem Kommen Gottes zu Israel, (2) im Kommen Gottes im Messias Jesus und (3) im Kommen des Gottes Israels in seinem Geist seit Pfingsten auch zu den Völkern. Die Trinitätslehre als Auslegung und nicht als Beseitigung des NAMENs Gottes erzählt die *Israel-, die Messias- und die Geistgegenwart JHWHs.* Über dieser Geschichte der Israel-, Messias- und Geistgegenwart Gottes preist und lobt die Gemeinde doxologisch den NAMEN des Gottes Israels durch den messianischen Sohn Gottes in der Macht des Geistes der Heiligkeit.

In diese Geschichte und Gegenwart bekennt sich die Kirche aus den Völkern seit Pfingsten einbezogen und hineingenommen. Denn Pfingsten bedeutet nicht nur die Ausgießung des Geistes der Heiligkeit auf alles Fleisch (Joel 3,1–5), sondern auch die durch den Messias Jesus bleibend bestätigte Zions-Orientierung des Geistes JHWHs. Das bezeugt die Petrus-Predigt zu Pfingsten nach Acta 2,17: „Und es wird geschehen ‚in den letzten Tagen' (Jes 2,2), da will ich ‚meinen Geist ausgießen auf alles Fleisch' (Joel 3,1–5)." Die Ausgießung des Geistes auf alles Fleisch schließt in ihrer Zionsorienrierung (Jes 2,2) immer auch die Tora-Orientierung des Geistes JHWHs ein. Denn Schawuoth-Pfingsten ist das Fest der Gabe der Tora und der Geist von Pfingsten ist der nach Ez 36,25f. und Jer 31,31–33 verheißene Geist JHWHs, in dessen Macht auch wir HeidenchristInnen die Tora aus dem neuen Herzen heraus tun können. Das Wunder der Hinzuerwählung und Mitteilhabe der HeidenchristInnen an den Gnadengaben Israels ist Acta 10,45 festgehalten: „Sie konnten es nicht fassen, daß die Gabe des Heiligen Geistes auch (!) über die Heiden ausgegossen war."

Ansätze zu einer alttestamentlichen Grundlegung der Trinitätslehre und ihrer israeltheologischen Orientierung liegen bereits vor (K. Barth, D. Ritschl,[2] H.-J. Kraus). Sie sollen im Folgenden aufgegriffen und weitergeführt werden.

[2] D. Ritschl, Zur Logik der Theologie, München 1984, 159–240: „Die lebendige Aktivität Gottes …, der tröstende und heilende Gott, der Befreiung und neue Schöpfung schafft, ist (1) in Israel, (2) im Kommen von Jesus und (3) in der Sendung des Geistes zu finden, wovon die Trinitätslehre handelt" (180). „Es geht um die Partizipation am Vater durch den Sohn im Geist" (182).

II. Die Trinitätslehre der Alten Kirche und die Tradition des metaphysischen Gottes

Die Trinitätslehre der Alten Kirche ist der eindrückliche Versuch eines Dialoges mit der metaphysisch-philosophischen Tradition der Antike.[3] Er intendiert die Übersetzung der biblischen Traditionen über den Gott Israels und Seinen Logos in die Sprache der neuplatonischen Metaphysik. Als solche Übersetzung steht sie in der Tradition der Hebräischen Bibel, des Kanons der Synagoge, in welchem bereits in Abgrenzung gegenüber Baal ein langwieriger und umfassender positiver Dialog mit den Elohim-Traditionen der Umwelt Israels stattgefunden hat, freilich mit dem Ergebnis, dass Elohim zum Prädikat des NAMENs des Gottes Israels gemacht worden ist (vgl. Gen 14,18–22).[4]

Das positive Ergebnis dieses notwendigen Dialoges biblischer Traditionen mit der antiken Metaphysik kann man zunächst als *Biblisierung und Personalisierung des metaphysischen Seins-Begriffs* bezeichnen. Entgegen einer beliebten und gängigen Diskreditierung der Septuaginta-Übersetzung von Ex 3,14 mit „egoo eimi ho oon" gilt es zu sehen, dass die Personalisierung des Seinsbegriffs „ICH bin *der* Seiende" der neuplatonischen Metaphysik fremd ist und den Rahmen der antiken Metaphysik sprengt. Analoges ist von der „Biblisierung und Personalisierung des Logosbegriffs" (W. Kinzig) zu sagen.

Abschließendes theologisches Dokument dieses – zugleich aus liturgischen Quellen gespeisten – umfassenden Dialoges mit der antiken Metaphysik ist das Glaubensbekenntnis des II. Ökumenischen Konzils von Konstantinopel (381), das sog. Nizäno-Constantinopolitanum (NC).

Entgegen einer pauschalen Kritik hat Chr. Dohmen[5] in dem Band „Nur die halbe Wahrheit? Für die Einheit der ganzen Bibel" zu Recht auf die gesamtbiblischen Traditionen, die das NC aus dem Jahre 381 bestimmen, aufmerksam gemacht:

Zum 1. Artikel: „Wir glauben an den *einen* Gott" heißt es: „Die das Glaubensbekenntnis eröffnende Aussage über Gott-Vater erhält ihr prägnantes Profil durch die Zentralaussage des Alten Testaments vom *einen*

[3] D. Neuhaus, Ist das trinitarische und christologische Dogma der Alten Kirche antijudaistisch?, in: FS D. Schellong, Frankfurt 1993. 257–272.

[4] W. Zimmerli, Abraham und Melchisedek, in: FS L. Rost, BZAW 105, Berlin (1967), 255–264.

[5] C. Dohmen / F. Mußner, Nur die halbe Wahrheit?, Freiburg 1993.

und *einzigen* Gott, dem monotheistischen Bekenntnis, das *die* Voraussetzung und Ermöglichung jedweden trinitarischen Redens von Gott ist."[6]

Zum 2. Artikel verweist Dohmen auf das an 1. Kor 15,3 orientierte „gemäß der Schriften" im NC und sieht darin nicht den Rückverweis auf nur eine Schriftstelle, sondern „die deutlichste Fundierung des christlichen Bekenntnisses im Alten Testament zum Ausdruck" gebracht.[7]

Zur Interpretation des 3. Artikels „Wir glauben an den Heiligen Geist" durch den Relativsatz „der gesprochen hat durch die Propheten" verweist Dohmen auf die ganze kanonische Prophetie der vorderen und hinteren Propheten und also auf den „Begriff Propheten im alttestamentlichen und jüdischen Sinn".[8]

Ich erwähne weiter die im NC aufgenommene jüdische Hoffnungstradition vom „Leben der kommenden Welt" als Abschluss des 3. Artikels – im Unterschied zum Apostolikum, das ‚das ewige Leben' bekennt.

Nachdem diese *Biblisierung* und damit Personalisierung des Gottes- und Logosbegriffes – wenn auch nur an wenigen Beispielen – im NC von 381 gesehen ist, wird man aber umgekehrt auch von einer nicht zu übersehenden *Ontologisierung* der Bibel zu sprechen haben. Ich nenne ohne Anspruch auf Vollständigkeit die folgenden Punkte:

1. Über der trinitarischen Fassung des Gottesbegriffs geht der NAME JHWH, der NAME des Gottes Israels, verloren. Die innertrinitarischen Relationen von „Vater, Sohn und Geist" beherrschen nun das Feld im Osten wie im Westen der Alten Kirche. Ex 3,14 „Ich bin der Seiende" wird nunmehr als Zielaussage der Selbstoffenbarung Gottes vor Mose verstanden, nicht aber Ex 3,15, die Selbstvorstellung des Gottes Abrahams, Isaaks und Jakobs bei Seinem *NAMEN*: „JHWH, der Gott eurer Väter … hat mich zu euch gesandt."

Dieser *Eliminierung der Selbstvorstellung Gottes bei seinem NAMEN* durch die trinitarischen Bezeichnungen „Vater, Sohn und Geist" (inneralttestamentlich würde dem die unmögliche Ersetzung des Tetragramms durch Elohim entsprechen!) geht die höchst problematische Identifizierung der messianischen ho-kyrios-Aussagen des Neuen Testaments mit den ADONAI-KYRIOS-Aussagen des Alten Testaments parallel.[9]

---

[6] A. a. O., 71.

[7] Ebd.

[8] A. a. O., 72.

[9] Zur Kritik an dieser gängigen Identifizierung des Messiastitels Kyrios mit KYRIOS als der Übersetzung des NAMENs Gottes vgl. H. Conzelmann, Grundriß der Theologie des Neuen Testaments, München 1967, 102f.

2. Der Eliminierung des NAMENs des Gottes Israels, also der Ersetzung des NAMENs durch trinitarische Bezeichnungen, entspricht eine andere Substitution: *die Ersetzung des bleibend erwählten Judentums als Volk Gottes durch die heidenchristliche Kirche als das neue Volk Gottes,* als das „dritte Geschlecht" (tertium genus) jenseits von Judentum und Heidentum. Seit dem zweiten Jahrhundert hat sich die Kirche vom Judentum getrennt. Deshalb formuliert W. Kinzig in seinem Vortrag zur Entwicklung der Trinitätslehre der Alten Kirche bis zum NC von 381: „Den Anstoß zur Ausbildung der Trinitätslehre gibt nicht die Auseinandersetzung mit dem Judentum (die Trennung vom Judentum ist bereits im ausgehenden zweiten Jahrhundert i. w. abgeschlossen), sondern a) die durch die unklaren Aussagen der Schrift aufgeworfenen Probleme in der Verbindung mir b) der Herausforderung durch die zeitgenössische Philosophie, d. h. vor allem den Neuplatonismus ... Trinitarisches Reden von Gott hat keine gezielt antijüdische Spitze."[10]

Dennoch ist dieses Fehlen einer gezielt (!) antijüdischen Spitze nicht nur eine Judentums*vergessenheit,* sondern parallel zur Substitution des NAMENs JHWH explizit antijudaistisch zu verstehen. Das hat O. Skarsaune „Altkirchliche Christologie – jüdisch/unjüdisch?"[11] nachgewiesen, indem er auf der einen Seite die Präsenz und Relevanz der alttestamentlich-biblischen Traditionen in der Christologie der Alten Kirche nachweist und als Fazit formuliert: *„Der biblisch-jüdische Messias kann überhaupt nicht vorgestellt werden ohne ein intimes Verhältnis zu Israel, zum jüdischen Volk.* Das ist in der Mehrzahl der neutestamentlichen Aussagen auch so."[12] Skarsaune sagt dies im Anschluss an D. Flusser, indem er dessen entsprechende Thesen der durchgängig alttestamentlich-jüdischen Kontur der Christologie ausdrücklich bestätigt.

Skarsaune fährt jedoch fort: „Aber in fast keinem nach-neutestamentlichen Text ist das noch deutlich zu spüren. Jesus ist ganz einfach der Messias der Heiden geworden, wie es programmatisch bei Justin heißt: Der von der Schrift verheißene Messias sollte ‚die Hoffnung *der Völker*' (Gen 49,10) sein, nicht der Juden ... So konkret hat Justin die messianische Hoffnung auf die Heiden überführt, dass er das hadrianische Dekret 135 n. Chr., das die Juden von Jerusalem entfernte, als eine Vorbereitung für die Einnahme Jerusalems vonseiten der Heidenchristen verstand. Gott

10 W. Kinzig, Handout zum Referat in Düsseldorf am 12.3.1999, 4f.
11 O. Skarsaune, EvTh 4, 1999, 267–285.
12 A. a. O., 280, Kursivierung von mir.

hat die Juden hinausgeworfen, um den Heidenchristen in Jerusalem Raum zu geben." An diesem „Punkt wird die altkirchliche Messianologie unjüdisch, ja anti-jüdisch"[13].

So geht die christologisch begründete Substitution des Judentums durch die Kirche der Ersetzung des Tetragramms durch die trinitarischen Bezeichnungen „Vater, Sohn und Geist" parallel.

3. Das Urteil Skarsaunes, dass „die mehr funktionale Sohn-Gottes-Vorstellung der messianischen Traditionslinie (in der altkirchlichen Christologie) durch eine ... mehr ontologisch-metaphysische ... gebrochen" wurde,[14] wird auch von A. M. Ritter bestätigt, wenn er von einer tendenziellen Ersetzung des heilsgeschichtlich-verheißungsgeschichtlichen Denkens der Bibel durch ein räumlich-vertikales Denken in der altkirchlichen Christologie und Trinitätslehre spricht.

Dabei darf nach Ritter zunächst kein Zweifel daran bestehen, dass die Ausbildung der altkirchlichen Trinitätslehre und Christologie biblische Exegese sein will und eine dialogische Übersetzung der biblischen Traditionen in die damalige philosophische Metaphysik anstrebt. Deshalb urteilt Ritter z. B. über Gregor von Nyssa, dessen Theologie hinter dem NC von 381 steht, „daß hier wohl zum ersten Mal innerhalb der Geschichte der christlichen Theologie die Aufgabe einer schöpferischen Auseinandersetzung mit dem antiken Geisteserbe so angepackt wurde, daß sie bis zu den Elementen des Gottesgedankens der antiken Metaphysik vorzustoßen und diese im kritischen Licht biblischen Gottesglaubens umzuschmelzen wagte"[15].

Dieser positiven *Biblisierung der antiken Ontologie* entspricht aber nach Ritter zugleich eine problematische *Ontologisierung der Bibel*: Der apokalyptische Zukunftsaspekt der biblisch-jüdischen Tradition wird in der altkirchlichen Trinitätslehre tendenziell durch einen ontologischen Raum-Aspekt verdrängt: „Als sich vom Beginn des 2. Jh.s an das Schwergewicht der theologischen Diskussion auf den griechisch-römischen Bereich verlagerte, hatte dies u. a. zur Konsequenz, daß ‚an die Stelle der biblisch-konkreten Redeweise seinshaft-metaphysische Begriffe traten', daß der apokalyptische Zeitaspekt zunehmend durch den Raumaspekt

---

13 Ebd., vgl. 267.
14 A. a. O., 281.
15 A. M. Ritter, Handbuch der Dogmen- und Theologiegeschichte, Bd. 1, hg. von C. Andresen, Göttingen 1982, 206.

(‚Diesseits-Jenseits'), die Eschatologie durch die ‚Axiologie' verdrängt wurde."[16]

Die Tendenz zur Ersetzung der biblischen Eschatologie bzw. eschatologischen Christologie durch *ein räumlich-vertikales Diesseits-Jenseits-Denken* zeigt sich auch an einem weiteren Punkt: Die triadische Formel von Mt 28,19, die die biblische Grundlage für die trinitarische Fassung des Apostolikums sowie des Nizänums (325) und des NC (381) bildet,[17] ist entscheidend von der apokalyptisch-messianischen Menschensohn-Christologie von Dan 7 bestimmt[18] und hält auch die Zion- und Israelorientierung fest.[19] Beides lässt aber das Apostolikum, das Nizänum von 325 sowie das NC von 381 nicht mehr erkennen. Im Gegenteil: Die Trinitätslehre der Alten Kirche hat beides nicht mehr erinnert, sondern abgestreift.

4. Auf einen letzten Punkt ist in diesem Zusammenhang hinzuweisen: die *Ersetzung der älteren durch die neue Doxologieform.* An die Stelle der üblichen älteren Doxologieform – „durch welchen (Christus) Dir (dem Vater) der Lobpreis im Heiligen Geist zuteil wird" – trat unter dem dogmatischem Einfluss der Kappadozier „eine neue Formel ..., die geeignet schien, unmißverständlich zum Ausdruck zu bringen, daß Christus und der Geist nicht nur Gebetsmittler sind, sondern selbst in die Doxologie hineingehören"[20]. Die neue Formel lautete: „Wir glauben an den Heiligen Geist, ... der mit dem Vater und dem Sohn zugleich angebetet und gepriesen wird." Demgegenüber beurteilte Eustathius von Sebaste dies als eine unbiblische Erneuerung „und beharrte mit entschiedener Ausschließlichkeit bei der alten ‚biblischen' Doxologieform, wonach dem Vater durch den Sohn ‚im Hl. Geist' der Lobpreis dargebracht wird"[21].

Die biblisch gerechtfertigte liturgische Tradition von der Anbetung des Vaters durch den Sohn im Heiligen Geist[22] wird also durch die Formel von der Anbetung des Vaters *und* des Sohnes *und* des Hl. Geistes ersetzt.

---

16 A. a. O., 125f.

17 A. a. O., 190, 202, 213, 217 u. ö.

18 G. Eichholz, Meditation zu Mt 28,16–20, in: Herr tue meine Lippen auf. Bd. III, Wuppertal 1957, 282–295.

19 P. Stuhlmacher, Zur missionsgeschichtlichen Bedeutung von Mt 28,16–20, EvTh 59. 1999, 108–130.

20 A. M. Ritter (Anm. 15), 197f.

21 A. a. O., 198.

22 P. von der Osten-Sacken, Zu wem betet die christliche Gemeinde? Orientierungen am Neuem Testament und Alter Kirche, in: Falkenburger Blätter 25, 1999, 55–71.

Und das mit unabsehbaren Folgen für die Übersetzung und das Verständnis neutestamentlicher Texte:

Während Luther z. B. in der Geschichte von der Huldigung der Weisen als Repräsentanten der Völkerwelt vor dem messianischen Kind das proskynein von Mt 2,11 mit „anbeten" übersetzt, gibt er die gleiche Vokabel in Mt 28,17 mit „niederfallen vor", d. h. huldigen, wieder. Dagegen spricht F. Hahn in seiner Meditation zu Mt 28,16–20 nach wie vor von der „Anbetung" Jesu durch seine Jünger.[23] Ein anderes Beispiel: In Lk 24,52f. wird in den Bibelübersetzungen nicht zwischen der Huldigung Jesu *und* dem Lobpreis und der Anbetung des Gottes Israels unterschieden, sondern übersetzt: „Die Jünger beteten (!) Jesus an und ... priesen Gott."

Die biblische Unterscheidung, wonach dem Messias Jesus, d. h. dem messianischen kyrios, die *Huldigung*, dagegen dem Vater durch den Sohn im Heiligen Geist die *Anbetung* und der Lobpreis dargebracht werden, war damit eingeebnet. Hätte 1. Chr 29,10ff., „das letzte Vermächtnis des Gesalbten Gottes an sein Volk" Israel (L. Baeck), im Neuen Testament gestanden, so hätte man den Vers 20 „und die ganze Gemeinde pries den HERRN, den Gort ihrer Väter, und sie verneigten sich und warfen sich nieder vor dem HERRN *und* vor dem König" aus der Perspektive des NC von 381 übersetzt: „und sie verneigten sich und beteten (!) den HERRN *und* den König an". Die Anbetung aber auch des Königs wäre vom Alten Testament her die Übertretung des 1. Gebotes.

Die Preisgabe des Tetragramms, d. h. der NAMENtlichkeit des Gottes Israels, die Judentumsfremdheit bzw. Judenvergessenheit, die Eliminierung des unauflöslichen Verhältnisses des Messias Jesus zu seinem jüdischen Volk, dazu die Tendenz zur Ontologisierung der biblischen Traditionen und schließlich die Übertretung des 1. Gebotes in der liturgischen Anbetung des Sohnes und des Geistes sind die problematischen Punkte der traditionellen Trinitätslehre.

Dieses Manko kann nicht dadurch behoben werden, dass die traditionellen Bekenntnisse durch alttestamentlich-jüdische Elemente lediglich erweitert und angereichert werden, wie es z. B. die Lippische Landeskirche im November 1988 im „Bekenntnis zu Gott, dem Vater, der die Welt aus nichts erschaffen *und sein Volk Israel erwählt hat*" getan hat. Eine grundlegende gesamtbiblische Neuorientierung und Neuformulierung

[23] F. Hahn, Meditation zu Mi 28,16–20, in: hören und fragen, Bd. 2/3, Neukirchen 1975, 15–28, 22.

der Trinitätslehre wäre vielmehr am Platz: einer Trinitätslehre, die von der Heiligung des NAMENs des Gottes Israels fundamental ausgeht, zur Anbetung des Vaters im Sohn durch den Heiligen Geist anleitet und im Messias Jesus, dem messianischen Sohn Gottes, die Israel- und Judentumsbezogenheit für konstitutiv erachtet.

K. Barth hat dies seit 1933 gefordert: „Das Wort wurde – nicht ‚Fleisch', Mensch … in irgend einer Allgemeinheit, sondern jüdisches Fleisch. Die ganze kirchliche Inkarnations- … lehre (ich ergänze: und auch die Trinitätslehre) wurde abstrakt, billig und bedeutungslos in dem Maß, als man das für eine beiläufige und zufällige Bestimmung zu halten begann. Das ntl. Zeugnis vom Christus Jesus, dem Gottessohn, steht auf dem Boden des Alten Testaments (ich ergänze: und in den Traditionen des zwischentestamentlichen Judentums) und ist von diesem nicht zu lösen."[24]

Eine notwendige Reformulierung der Trinitätslehre wird also nicht durch eine Anreicherung der traditionellen Trinitätslehre mit alttestamentlichen und jüdischen Traditionen, sondern nur durch *eine gesamtbiblische Neuorientierung an der triadischen Lebendigkeit des sich in seiner Israel-, Messias- und Geistgegenwart auslegenden NAMENs des einen Gottes Israels* zu erreichen sein.

III. Jüdische Stimmen zur Trinitätslehre als Auslegung der Einzigkeit des Gottes Israels

Die anfangs zitierte Stellungnahme von Shalom Ben Chorin aus dem Jahre 1961 war und ist nicht die einzige jüdische Stellungnahme zur Trinitätslehre.

Ihr war bereits im Jahre 1956 eine Stellungnahme von L. Baeck in seinem Aufsatz „Judentum, Christentum und Islam" vorausgegangen. Nachdem Baeck das Unterscheidende, ja Trennende zwischen Christentum und Judentum herausgestellt hat, kommt er zum Schluss seines Aufsatzes auf das Judentum und Christentum Einende zu sprechen: Es ist die Juden und Christen gemeinsame Bibel, die Hebräische Bibel, sodann der Juden und Christen gemeinsame aaronitische Segen, durch welchen Juden und Christen, die Christen mit den Juden unter den Segen des NAMENs des Gottes Israels gestellt sind. Zuletzt, nach Nennung der gemeinsamen messianischen Hoffnung und der gemeinsamen Tora, er-

[24] K. Barth, KD IV,1, Zürich 1953, 181f.

wähnt Baeck auch das gemeinsame Bekenntnis zur Einheit Gottes: „Und dann (einen sich Judentum und Christentum) in der Einheit Gottes. Die Kirche lehrt die Dreieinigkeit, den trinitarischen Glauben, aber sie betont doch immer zugleich die Einheit in der Dreieinigkeit. Mit dem Judentum fühlt die Kirche sich verbunden im Gegensatz zum Heidentum."[25] Baecks Einladung und Aufforderung, *die Lehre von der Trinität als Auslegung der Einheit und Einzigkeit des Gottes Israels und also als Auslegung des 1. Gebotes* zu verstehen, weise in weite, von uns bisher noch kaum beschrittene Horizonte.

Anders als Ben Chorin hat sich insbesondere M. Wyschogrod den Fragen der altkirchlichen Christologie und Trinitätslehre gestellt:

In seinem Aufsatz „Der eine Gott Abrahams und die Einheit Gottes der jüdischen Philosophie"[26] zeichnet er die Begegnung des Judentums mit der griechischen Philosophie nach, beharrt auf der NAMENtlichkeit des Gottes Abrahams und stellt die These auf, dass der Gott Israels nicht das philosophisch verstandene Universum bzw. dessen gründender metaphysischer Grund ist, sondern erst dann ganz unspekulativ zu seiner Ganzheit und Einheit und zu der Einzigkeit seines NAMENs (Sach 14,8) gekommen sein wird, wenn die Völker zusammen mit Israel den NAMEN des Gottes Israels verherrlichen und loben. Die Einzigkeit des NAMENs ist also messianisch und eschatologisch Ziel aller Geschichte. Und ich frage: Müsste nicht auch 1. Kor 15,28 in diesem Sinn verstanden werden?

Schon ein Jahr zuvor hatte Wyschogrod in seinem Buch „The Body of Faith" geschrieben: „Der Gott Israels ist nicht nur ein DU. Der Gott Israels hat einen Eigennamen. In jüdischer Theologie ist keine Tatsache bezeichnender als diese."[27] Dabei ist diese konkrete NAMENtlichkeit des Gottes Israels zugleich, wie in Abgrenzung von Maimonides argumentiert wird, durch die Körperlichkeit Gottes näherbestimmt. Israel ist „the body of faith", die leibliche Einwohnung des Gottes Israels in seinem Volk Israel, was leider im Titel der deutschen Fassung „Gott und sein Volk Israel" (2001) nicht wiedergegeben worden ist.

In seinem grundlegenden Artikel „Inkarnation aus jüdischer Sicht"[28] hat Wyschogrod diese Dialektik von Transzendenz und körperlicher

---

[25] L. Baeck, Judentum, Christentum und Islam (1956), Neuabdruck in: Baeck Werke Bd. V, hg. von A. H. Friedlander und B. Klappert, Gütersloh 2001, 470–487, 483.

[26] M. Wyschogrod, in: C. Thoma / M. Wyschogrod (Hg.), Das Reden vom einen Gott bei Juden und Christen, Bern 1984, 49–90.

[27] M. Wyschogrod, The Body of Faith, New York 1983, 91.

[28] Ders., in: EvTh 55, 1995, 13–28.

Immanenz des NAMENs des Gottes Israels weiter entfaltet und von 1. Kön 8,13ff. (der Tempel als die Wohnung des NAMENs Gottes), Ex 40,35 (die Herrlichkeit JHWHs erfüllt das Zelt) und Lev 16,16 (Gott lässt seinen NAMEN bei Israel trotz dessen Unreinheit wohnen) her die These aufgestellt: „Das Judentum ist darin inkarnatorisch ..., daß Gott in die Welt des Menschen eintritt, daß er an bestimmten Orten erscheint und dort wohnt ... Das Christentum hat die Tendenz konkretisiert, sie ... zugespitzt auf eine spezifische Inkarnation."[29] Daraus ergibt sich von Wyschogrod her für eine trinitarische Entfaltung der Gotteslehre eine *doppelte Aufgabe*:

Die christliche Trinitätslehre darf die NAMENtlichkeit des Gottes Israels nicht beseitigen oder ersetzen und darf die Inkarnation des Wortes dieses Gottes in dem jüdischen Messias Jesus nicht von der Einwohnung dieses Namens in seinem bleibend erwählten Volk Israel lösen. Beide Voraussetzungen müssten gewahrt bleiben, wenn jüdische Theologie die Trinitäts- und Inkarnations-Aussagen der christlichen Theologie zwar nicht als wirklich, aber als nicht unbiblisch anerkennen sollte.

Genau diese Ersetzung des Tetragramms, des NAMENs des Gottes Israels, durch die trinitarischen Bezeichnungen „Vater, Sohn und Geist", dazu die bereits seit dem 2. Jh. erfolgte Loslösung vom Judentum und infolgedessen die Loslösung der Inkarnationsaussage von der Einwohnung des NAMENs des Gottes Israels in seinem jüdischen Volk kennzeichnen aber die klassischen Trinitätslehren der Kirchen und ihre trinitarischen Bekenntnisse seit der Alten Kirche bis heute.

M. Wyschogrod hat dies gesehen und zu Recht kritisiert: Der Fehler der christlichen Inkarnations- und Trinitätslehre ist, dass sie außer acht lassen, dass Jesus in sehr wesentlicher Weise zum Volk Israel, zum jüdischen Volk gehört. Christliche lnkarnationstheologie kann sich deshalb nur anschließen an die Inkarnation des Gottes Israels in seinem jüdischen Volk.

Da wir auf Barths Kritik an der fehlenden jüdischen Dimension der traditionellen kirchlichen Inkarnationsaussage bereits hingewiesen haben, soll ein sprechendes Beispiel dieser Ersetzung des Tetragramms in der Ausformulierung der christlichen Trinitätslehre hier genannt werden:

O. Weber kommt in seinen „Grundlagen der Dogmatik" zunächst auf die Bedeutung zu sprechen, „daß Gott im Alten Testament einen *Namen* hat ... Die Tatsache, daß Gott einen Namen hat, weist deutlich darauf

[29] A. a. O., 22.

hin, daß er eben nicht das oberhalb alles Nennbaren Seiende ist."[30] Weber stellt wie Wyschogrod die hypostatischen Dimensionen des Namens des Gottes Israels heraus, dessen NAME im Tempel wohnt und der bei seinem NAMEN angerufen werden will.[31] In dem Abschnitt über „den Namen Gottes"[32] fragt Weber: „Wäre es wohlgetan, wenn wir heute im kirchlichen Sprachgebrauch – etwa in der Predigt – ‚Jahwe' ... sagten?" Und er antwortet kategorisch: „Es ist von vornherein von Belang, daß zwar das Alte Testament ausgesprochene Gottesnamen kennt, das Neue dagegen jedenfalls die alttestamentlichen nicht."[33] Wenig später fragt Weber erneut: „Warum ... sagen wir nicht ‚Jahwe'?" Und fährt fort: „Die Antwort kann nur lauten: weil der Jahwe-Name dem *Alten* Bunde zugehört. Er ist schon in der Spätzeit des Bundes ... in den Hintergrund getreten ... Er ist ... aber wesentlich aus einem ganz anderen Grunde im Neuen Testament entfallen. Mit dem Neuen, dem ewigen Bunde, ist auch der *neue* Name da ... (Acta 4,12). Wie Christus das Ziel und insofern das ‚Ende' des Gesetzes ist, so erreicht in ihm auch der Jahwe-Name sein Ziel und sein ‚Ende' ... Der Jahwe-Name ist als *Name* zum unerfüllten Gesetz, zur Verheißung, zum Alten Bund gehörig ... In dem ‚Namen, der über alle Namen ist' (Phil 2,9), hat Gott das bisher Unerfüllte *erfüllt*. Gott *hat* einen Namen, und dieser Name heißt Jesus Christus. Wollte die Kirche jetzt noch ‚Jahwe' ... sagen, so leugnete sie, was Gott (in Christus) getan hat."[34] So steht für Weber fest, „daß das Neue Testament ... im Blick auf den ‚Namen' Jesu ganz ähnliche Aussagen macht wie das Alte Testament für den Jahwenamen (vgl. ... Phil 2,10 ...)"[35].

IV. Die alttestamentliche und neutestamentliche Wurzel der Trinitätslehre

1. Karl Barth entfaltet in den Prolegomena der Kirchlichen Dogmatik KD I,1 – in Abgrenzung von einer Fundierung der Theologie auf der religiösen Erfahrung des neuzeitlichen Menschen – die Trinitätslehre, indem er nach der Wurzel der Trinitätslehre im Alten Testament fragt. Barth ent-

---

[30] O. Weber, Grundlagen der Dogmatik, Bd. 1, Neukirchen 1959, 393.
[31] A. a. O., 393–395.
[32] A. a. O., 458ff.
[33] A. a. O., 459.
[34] A. a. O., 461f.
[35] A. a. O., 394.

faltet im § 8,2 die relationale Lebendigkeit des Gottes Israels im Alten Testament, dem es in seiner Offenbarung „eigentümlich (ist), sich von sich selbst zu unterscheiden“[36]. Aus den hypostatischen Selbstvergegenwärtigungen JHWHs in seiner „Herrlichkeit“, seinem „Wort“ und seinem „Geist“ hebt sich *eine* Hypostase in besonderer Weise und zentral heraus, der NAME Gottes: „In ihm, in diesem Namen, denkt, redet und handelt der Fromme … Diesem Namen Jahves … wird in Jerusalem ein Haus, ein Tempel gebaut …; sein Name wohnt in der Tat – Jahve hat es sich erwählt so – zu Jerusalem.“ Barth unterscheidet dabei zwischen dem verborgenen NAMEN und dem offenbarten NAMEN JHWHs.[37] Seinen NAMEN hat JHWH in geschichtlicher Gestalt offenbart und konkret gemacht, und zwar zentral im Exodus und in der Bundesbeziehung zu Israel. Dabei ist wichtig, dass auch und gerade der offenbarte NAME immer auch der verborgene, d. h. der den Menschen nicht verfügbare NAME bleibt.

Barth fährt im Blick auf das Neue Testament fort: „Und nun läßt sich verhältnismäßig einfach das Grundsätzliche übersehen, um das es sich im Neuen Testament handelt. ‚Anders noch einmal‘ Gott, darum geht es offenbar, nur unverhältnismäßig viel direkter, unzweideutiger, greifbarer, auch hier. So viel direkter, daß auch die ‚Hypostasen‘ des Alten Testaments daneben blaß … erscheinen, so viel direkter, daß man jene, insbesondere die merkwürdige Stellung und Bedeutung des ‚Namens‘ Jahves *ganz* unbefangen und zugleich *ganz* sinnvoll, wie es die Kirche dem Judentum gegenüber immer vertreren hat, überhaupt nur von hier aus, als ‚Weissagung‘ der hier vorliegenden ‚Erfüllung‘ verstehen kann. Genau an die Stelle – nicht des Jahve auf dem Sinai oder im Himmel, wohl aber des zuletzt in *Jerusalem* in einem steinernen Haus real wohnenden Namens des Herrn – tritt nun die Existenz des Menschen Jesus von Nazareth … ‚Mein Herr und mein Gott‘ wird er (Jesus) an einer der Spitzen der neutestamentlichen Botschaft genannt (Joh 20,28).“[38]

Aber, so wird gegen Barth festzuhalten sein: Die Existenz des Menschen Jesus und sein Name treten nicht an die Stelle des NAMENs bzw. der Name Jesu tritt nicht an die Stelle des im Tempel zu Jerusalem wohnenden NAMENs JHWH, sondern Jesus tritt an die Stelle des *Tempels* (Joh 2,18–22) und wird nunmehr zu dem Ort, an dem der NAME JHWHs, an dem der Logos des Gottes Israels, Sein Wort, wohnt und zeltet (Joh 1,14).

---

36 K. Barth, KD I,1, Zürich 1932, 334.

37 A. a. O., 334f.

38 A. a. O., 335f.

Die problematische These von der Ersetzung des im Tempel wohnenden NAMENs des Gottes Israels durch den Namen Jesu zeitigt eine weitere problematische Konsequenz: Barth redet mit der dogmatischen Tradition nur noch von „Gott dem Vater", „Gott dem Sohn" und „Gott dem heiligen Geist".[39] Die NAMENtlichkeit des Gottes Israels geht dabei in den trinitarischen Bezeichnungen und Gattungsbegriffen von „Vater, Sohn und Geist" unter. Hätte Barth seine grundlegende und an O. Grether,[40] der ein Exemplar seines Buches an Barth geschickt hatte, orientierte Einsicht von dem NAMEN JHWHs als der alttestamentlichen Wurzel der Trinitätslehre ernstgenommen, so hätte er konsequent unterscheiden müssen: 1. der NAME in seiner Offenbarung als Vater, 2. der NAME in seiner Selbstvergegenwärtigung in seinem messianischen Sohn und 3. der NAME in seiner Gegenwart und Wirksamkeit im Geist der Heiligkeit.

Es mag positiv daran erinnert werden, dass Barth die Trinitätslehre später, zwischen 1953 und 1959, noch einmal entscheidend neu im Rahmen seiner narrativen Bundes- und Versöhnungslehre entfaltet hat.[41] Die Trinitätslehre ist hier durch die Bundes- und Versöhnungsgeschichte inhaltlich strukturiert und zwar im Sinne des methodischen Grundsatzes: esse sequitur operari – Gottes Sein erschließt sich ausschließlich aus seinem geschichtlichen Handeln. So sieht Barth „das Urteil des *Vaters*" in Christi Auferweckung (§ 59,3), „die Weisung des *Sohnes*" in den Auferweckungserscheinungen Jesu Christi (§ 64,4) und schließlich „die Verheißung des *Geistes*" als des Geistes der Neuschöpfung in der Ausgießung des Geistes auf alles Fleisch (§ 69,4) offenbart. Aber auch hier ist der NAME des Gottes Israels innerhalb der von „Vater, Sohn und Geist" erzählenden Trinitätslehre verlorengegangen.

Erst in der Ethik der Versöhnungslehre, in welcher Barth das „Vater Unser" auslegt, kommt er auf die im NAMEN JHWHs begründete alttestamentliche und neutestamentliche Wurzel der Trinitätslehre zurück: In Jesus Christus tritt der israelitisch-jüdische, der messianische Mensch auf den Plan, der den NAMEN Gottes ganz heiligt, in dem die Ankunft des kommenden Reiches adventliche Gegenwart wird und in dem der Tora-Wille des Gottes Israels ganz getan wird und erfüllt ist.[42]

---

39 KD I,1, §§ 10–12.

40 KD I,2, Zürich 1938, 11.

41 KD IV,1–3, Zürich 1953–1959.

42 K. Barth, Das christliche Leben (1959–1961), hg. von H.-A. Drewes und E. Jüngel, Zürich 1976.

Zusammenfassend lässt sich deshalb sagen: Auch bei Barth ist die Trinitätslehre noch nicht durchgehend als Entfaltung der NAMENtlichkeit des Gottes Israels verstanden, weil Barth die ständige Gegenwart und Präsenz des Tetragramms im Neuen Testament übersieht und mit der gesamten dogmatisch-exegetischen Tradition in Phil 2,9 die Übertragung des NAMENs Gottes auf Jesus ausgesagt findet.[43] Aber der Name Jesu Christi, sein messianischer „Immanuel"-Name (Jes 7,14; 8,8; Mt 1,23) sowie der Jesus-Name, in welchem der Gott Israels sein Volk „rettet" (Mt 1,23; Acta 4,12), ist von dem NAMEN des Gottes Israels zu unterscheiden, wenn auch unlösbar auf diesen bezogen. Denn der Kyrios-Name des Messias dient der Verherrlichung und Ehre des NAMENs Gottes (Mt 21,9; Phil 2,11). Der Messias-Name (Ps 72,17) ist von dem NAMEN JHWH (Ps 72,19) genauso zu unterscheiden wie die messianische Kyrios-Akklamation (Röm 10,9a) von dem Bekenntnis zu dem einen ADONAI-KYRIOS (Röm 10,9b). Die enge Bezogenheit aufeinander hebt die Unterschiedenheit beider nicht auf.

Dennoch bleibt positiv festzuhalten: Barth hat den NAMEN JHWH als die alttestamentliche Wurzel der Trinitätslehre wiederentdeckt (KD I,l) und die Trinitätslehre im Rahmen der Bundes- und Versöhnungsgeschichte erzählend entfaltet (KD IV,1–3).

2. Im Unterschied zu G. von Rad, demzufolge im Gegensatz zum Neuen Testament mit seiner Christusoffenbarung das Alte Testament einer alles bestimmenden Mitte ermangelt, hat W. Zimmerli durch sein umfangreiches Werk hindurch, verdichtet in seinem „Grundriß der alttestamentlichen Theologie"[44], beharrlich die Frage nach der Mitte schon des Alten Testaments gestellt und diese im Unterschied zu W. Eichrodt, der sie im Bundesgedanken fand, im JHWH-NAMEN gefunden: § 1 Der offenbare Name. In diesem NAMEN, der sich besonders im Exodusgeschehen konkretisiert, zeigt sich die Mitte der alttestamentlichen Gottesoffenbarung.

Die nähere Explikation der Namenskundgabe „ICH bin JHWH" durch das „ICH bin, der ICH bin" (Ex 3,14) ist Zimmerli zufolge nicht der Versuch einer ontologisch-metaphysischen Übersetzung und Einordnung des JHWH-NAMENs in einen vorgängigen Seinsbegriff, wie ihn Zimmerli bereits in der ontologisierenden Übersetzung der Septuaginta ange-

43 K. Barth (Anm. 36), 420f.

44 W. Zimmerli, Grundriß der alttestamentlichen Theologie, Stuttgart/Berlin/Köln 1972, 61989.

bahnt sieht. Zimmerlis Vorordnung der NAMENsoffenbarung (§ 1) nicht nur vor die Exodustradition (§ 2), sondern auch vor die Bundesformel (§§ 5f.) hat dabei die Funktion eines systematisch höchst relevanten Hinweises: So sehr nämlich der Gott Israels in seiner unkündbaren Treuebeziehung zu seinem Bundesvolk Israel steht, so sehr begründet dieser im NAMEN sich offenbarende JHWH diese Beziehung aus seiner Freiheit.

In seinem Aufsatz „Das Wort des göttlichen Selbsterweises" hat Zimmerli darüber hinaus eine formgeschichtlich höchst bemerkenswerte Beobachtung gemacht. In der prophetischen Tradition, insbesondere dann im Buch des Propheten Ez, stoßen wir immer wieder auf folgende dreigliedrige Formulierung: 1. So spricht JHWH; 2. ICH werde das und das geschichtlich tun; 3. dann werdet ihr erkennen: ICH bin JHWH.[45]

Wichtig ist dabei, dass der NAME JHWH (1. Element) sich in konkreten Ereignissen der Geschichte ankündigt, auslegt und offenbart (2. Element). Wichtig ist erst recht, dass der NAME im Erweiswort nicht in die Objektstellung gerät (etwa: ihr werdet JHWH erkennen), sondern bis in den Erkenntnisvorgang hinein Subjekt bleibt (3. Element): „Ihr werdet erkennen: ICH bin JHWH". Der Gott Israels wird auch im Erkenntnisvorgang des Menschen nicht zu einem dem menschlichen Erkenntnisvermögen verfügbaren Objekt, sondern bleibt – die Möglichkeit einer pneumatologischen Entfaltung in der späteren Trinitätslehre kündigt sich hier bereits an – bis in den Erkenntnisvorgang hinein das bestimmende Subjekt: nicht als ein Es, auch nicht nur als ein Du, sondern als der NAME, der diese Erkenntnis schenkt und ermöglicht.

Würde man Barths Hinweis auf die alttestamentliche Wurzel der Trinitätslehre aus KD I,1 § 8,2 wirklich aufnehmen, so müsste man sie um diese fundamentale Erkenntnis Zimmerlis erweitern: Die NAMENtlichkeit des Gottes Israels regiert nicht nur sein Offenbarungs- und Geschichtshandeln, sondern bleibt auch bis in den menschlichen Erkenntnisvorgang hinein bestimmend und leitend.

Leider hat Zimmerli diese formgeschichtliche Erkenntnis zum Erweiswort im Alten Testament nicht für das Verstehen auch des Neuen Testaments fruchtbar gemacht. Im Gegenteil! In seinem Vortrag „Das Alte Testament als Teil der christlichen Bibel"[46] aus dem Jahre 1980, zu dem ich meinen verehrten Lehrer seinerzeit nach Wuppertal eingeladen hatte,

---

[45] Ders., Das Wort des göttlichen Selbsterweises, in: TB 19, München 1963, 120–132. Vgl. 1 Kön 20,28; Ez 16,59–62; 22,19–22; 25,1–7; 34,23–31; 37,21–28.

[46] W. Zimmerli, Das Alte Testament als Teil der christlichen Bibel, Wuppertal 1980 (unveröffentlicht).

erläuterte er die christliche im Unterschied zur jüdisch-synagogalen Lesart der Hebräischen Bibel an der unterschiedlichen Stellung des JHWH-NAMENs.

Seine erstaunliche, jedoch dogmatisch-traditionelle These lautet: „In unserer christlichen Bibel ist der Jahwename völlig (!) verschwunden. Im Halleluja ist noch ein letzter Rest dieses Eigennamens erhalten." Die problematische, von Conzelmann kritisierte These von der angeblich im Neuen Testament erfolgten Identifizierung des JHWH-KYRIOS mit dem messianischen Marana-Kyrios Jesus voraussetzend, fährt Zimmerli fort: „Durch die neue Weisung, welche die christliche Gemeinde von ihrem König (Jesus Christus) erfährt, ist ein Vorgang der Überblendung (!) geschehen. Der alttestamentliche ‚Jahwe' wird durch die Aussage von dem Herrn, der in Jesus Christus handelt, überblendet. Ein neuer Eigenname ist an die Stelle des alttestamentlichen Eigennamens getreten."[47] Während in den alttestamentlichen Psalm-Gebeten der JHWH-Name die zentrale Rolle spielt (Ps 79,9), gilt für das Neue Testament: „Das Gebet soll nun ‚im Namen Jesu Christi' geschehen."[48] Als wenn das ein Gegensatz wäre! Denn das Gebet im Namen Jesu ist für ChristInnen fundamental und unbestritten. Aber die von Zimmerli daraus gezogene Konsequenz stimmt exegetisch und theologisch nicht. Denn das Gebet im Namen Jesu richtet sich an den Gott Israels, unseren Vater, und hat die Bitte um die Heiligung des NAMENs dieses Gottes zum Ziel (Mt 6,9). Jesus, der verheißene Messias seines Volkes Israel und der Völker, kommt *im Namen* ADONAIs und nicht *als* ADONAI (Mk 11,9). Seine Erhöhung durch den Gott Israels dient der „Ehre Gottes des Vaters" (Phil 2,11). Und das Hallelu-JA insbesondere in unseren Oster- und Pfingstliedern (EG 100ff., 125) ist kein „letzter Rest", wie Zimmerli meint, sondern – theologisch höchst bedeutsam[49] – die Auslegung des 3. Elements der von Zimmerli entfalteten Erweisformel, dass JHWH über allen Taten, auch über seinen Taten in, durch und an dem Messias Jesus, seinem messianischen Sohn, auf die Erkenntnis und Verherrlichung seines NAMENs zielt. So tritt der neue Eigenname, der messianische Name „Jesus-Immanuel", nicht an die Stelle des alttestamentlichen Tetragramms, sondern das Tetragramm verbindet sich mit ihm unlöslich, bleibt aber dennoch von ihm unterschieden.

---

47 A. a. O., 7f. (Typoskript).

48 A. a. O., 8 (Typoskript).

49 P. von der Osten-Sacken, Passahfest und Osterfeier, in: „Vor Ort" – Praktische Theologie in der Erprobung, FS P. C. Bloth, Bovenden 1991, 113–145.

3. Unter der Überschrift „Reich Gottes und Trinität“[50] entfaltet H.-J. Kraus eine am NAMEN des Gottes Israels, am Kommen seines Reiches und an der Einwohnung seines Geistes orientierte Trinitätslehre.[51] Deren Neuformulierung durch Kraus verdiente eine eigene Abhandlung. Ich kann in diesem Rahmen nur weniges hervorheben:

Zunächst formuliert Kraus im Leitsatz § 28 innerhalb der Prolegomena: *„In der Geschichte des kommenden Reiches (Gottes) ereignen sich Kondeszendenz und Selbstunterscheidung Gottes.“*[52] Gottes Kommen wird dabei alttestamentlich *„als Ereignis seiner Selbstunterscheidung“* im „Boten JHWHs“, im „Lichtglanz Gottes“, in seinem „Wort“ und in der „Weisheit“ erfahren.[53] „In Israel waltet der *eine* Gott (Dt 6,4); doch seine Einheit und Einzigkeit schließt in der Geschichte seines Kommens seine ... verschiedenen Gegenwartsgestalten, die alle Repräsentationen auch des *einen* Kommens sind“[54], ein. Kraus folgert in der Tradition des § 8,2 der KD Barths: Dieses Kommen des Gottes Israels in seinen verschiedenen „Vergegenwärtigungsgestalten“ „ist recht eigentlich die Wurzel der Trinitätslehre“.[55] Nach Jes 57,15 ist der Gott Israels zugleich der „Gott in der Höhe“ wie auch der „Gott in der Tiefe“. Nach Ez 36,26f. will „mit seinem *Geist* Gott selbst – befreiend und führend – im Innersten des Menschen gegenwärtig sein“[56]

Sodann formuliert Kraus im Leitsatz § 56 die alttestamentliche Grundlegung der Systematischen Theologie: *„In seinem Namen tritt der Gott Israels in seinem Volk handelnd und sprechend nach außen.“* Gibt Gott sich in diesem NAMEN JHWH zu erkennen, so kann „Gott ... kein anderer Name gegeben werden als der, mit dem er sich selbst vorgestellt hat; ... so ist der Name JHWH der Eingang und der ausschließliche Anfang (und ich füge hinzu: auch das Ziel) jeder christlichen Rede von Gott“[57]. Unter den verschiedenen Gegenwartsgestalten – dem „Boten“, dem „Angesicht“, dem „Wort“, der „Herrlichkeit“ und „Weisheit“ – nimmt also die *Selbstvergegenwärtigungsgestalt* des Gottes Israels bei seinem Volk

---

50 H.-J. Kraus, Systematische Theologie im Kontext biblischer Geschichte und Eschatologie, Neukirchen ^{2}1983, 73.

51 A. a. O., §§ 28f.; §§ 55–57; §§ 179–183.

52 A. a. O., 70.

53 A. a. O., 71.

54 Ebd.

55 Ebd.

56 A. a. O., 72.

57 A. a. O., 144.

Israel eine besondere und zwar zentrale Stellung ein: der NAME des Gottes Israels.

Von daher ist der NAME JHWH als *die* Selbstvergegenwärtigung des Gottes Israels zu bezeichnen und als solcher die alttestamentliche Wurzel der Trinitätslehre: „Die Einzeichnung des Namensgeheimnisses Gottes in die Geschichte seines Kommens ist der notwendige … Ansatz der christlichen Trinitätslehre.“[58] Anders formuliert: „Die Trinitätslehre erweist sich als explizierende Bestätigung des Namens Jahwe-Kyrios.“[59]

Weiter: Von diesen beiden Voraussetzungen her – den vielfältigen hypostatischen Selbstvergegenwärtigungsweisen Gottes in Israel (§ 82) und der zentralen NAMENs-Offenbarung an Israel und NAMENs-Gegenwart in Israel (§ 55–57) als der alttestamentlichen Wurzel der Trinitätslehre – ist im Blick auf das Neue Testament zu sagen: „Die Trinitätslehre erweist sich als die Bestätigung der Erkenntnis, daß Gott in der Geschichte seines kommenden Reiches Einer ist: Einer in der Kondeszendenz im Christus Jesus, derselbe in der Begründung von Gemeinschaft im Heiligen Geist.“[60] Wir haben deshalb im Blick auf das Neue Testament von der *Israelgegenwart*, von der *Messiasgegenwart* und von der *Geistgegenwart* des Gottes Israels zu sprechen. Der Gott Israels zeltet in Israel (Lk 1,35; Joh 1,14), er wohnt in Fülle in seinem Messias Jesus (Joh 3,34f.; 2. Kor 5,19; Kol 1,19) und ist in Seinem Geist im Inneren des glaubenden Menschen ganz gegenwärtig (Joh 3,5 mit Verweis auf Ez 36,25f.). Dabei überblendet oder ersetzt der Name Jesu nicht das NAMENsgeheimnis des Gottes Israels, wie Kraus in der 1. Auflage von 1975 noch mit der dogmatischen Tradition gesagt hatte: Der Name Jesu „tritt an die Stelle des alttestamentlichen Namensgeheimnisses“[61]. Nunmehr heißt es in der 2. Auflage von 1983 im Blick auf Joh 17,6: „Der Name Jesus tritt ein in das Geheimnis der Namensoffenbarung des kommenden Gottes.“[62]

Weiter: Das Kommen Gottes im Christus Jesus darf weder in „emphatische Erfüllungsaussagen“ noch in abstrakte „Da-Seins“-Aussagen verwandelt, d. h. zum Argument für eine in die Vertikale gestellte trinitarische Rede von Gott missbraucht werden.[63] Was aber nicht heißen soll, dass „die Hinwendung zum … ‚Kommen‘ Gottes für die religiöse und

58 A. a. O., Leitsatz § 57.
59 A. a. O., 74.
60 A. a. O., 73.
61 A. a. O., 106.
62 A. a. O., 147; vgl. weiter Chr. Link, Die Spur des Namens, Neukirchen-Vluyn 1997, 37–66.
63 Kraus, Theologie (Anm. 50), 137.

metaphysische Rede von ‚Gott' nicht mehr kommunikabel wird. Wie Israel in einer durch die religiöse Umwelt geprägten Sprache und Vorstellungswelt von seinem Gott redete und damit theistische Kategorien aufnahm [vgl. Elohim!], so … gilt (dies) auch für die metaphysisch-supranaturale Rede von Gott."[64] Es geht also Kraus im kritischen Gespräch mit der altkirchlichen Trinitätslehre nicht etwa um deren Beseitigung, sondern um „die Umstellung der metaphysisch-vertikalen Trinitätslehre in die Horizontale der Verheißungsgeschichte". Denn *„durch die Einzeichnung des Namensgeheimnisses Gottes in die Geschichte seines Kommens"* ist „die Möglichkeit der Einführung einer spekulativen Gottesidee … abgeschnitten".[65] Anders formuliert: „Der Name zerbricht den Vorrang (!) der Seinskategorie. Wir haben nach dem konkreten Namen, nicht nach dem abstrakten Sein Gottes zu fragen."[66] *Der NAME des Gottes Israels bleibt also immer Subjekt, die theistische Elohim-Aussage oder die metaphysische Seinsaussage bleiben immer Prädikat.*

Schließlich: Die im Judentum der zwischentestamentlichen Zeit gefallene Entscheidung, den NAMEN JHWH als Schutz vor dessen heidnischer Profanierung nicht mehr auszusprechen, bedeutet nach Kraus nicht etwa die Beseitigung des NAMENs Gottes: „Gott ist dadurch für den Juden nicht namenlos geworden." Auch die Umschreibung des Gottes-NAMENs durch ADONAI = HERR oder die Gottesbezeichnung Elohim = Gott „hat konkret benennende Funktion und kann nicht einem allgemeinen Begriff ‚Gott' zugeschrieben werden. M. a. W., das Concretissimum der alttestamentlichen Namensoffenbarung bleibt dem jüdischen Glauben unauslöschlich eingeprägt."[67] Und ich füge hinzu: Jesus und das Neue Testament knüpfen an *diese* jüdische Tradition an. Deshalb bedeutet der Name Jesu im Neuen Testament keine Ersetzung des Tetragramms.

Es wird deshalb die exegetisch-theologische Aufgabe sein, die NAMENtlichkeit des Gottes Israels in ihrer Zentralität auch im Neuen Testament wiederzuentdecken: nicht nur in der artikellosen KYRIOS-Prädikation (Mk 11,9) und in der expliziten Bitte um die Heiligung des

[64] A. a. O., 137f.
[65] A. a. O., 363.
[66] A. a. O., 142.
[67] A. a. O., 144.

NAMENs des Gottes Israels (Mt 6,9), sondern z. B. auch in den Umschreibungen des NAMENs Gottes durch das passivum divinum.[68]

Wenn Jesus dem Gelähmten die Sünden vergibt (Mk 2,5), zum Zeichen dessen ihn heilt (Mk 2,11) und alle Umstehenden über dieser Tat den Gott Israels loben (Mk 2,12), dann ist das alles eine Anspielung auf Psalm 103, Jesu Lieblingspsalm:[69] „Lobe den NAMEN meine Seele ..., der dir alle deine Sünden *vergibt* und alle deine Gebrechen *heilt*" (Ps 103,1–3).

V. Die Israel-, die Messias- und die Geist-Gegenwart JHWHs

Einige *Thesen* zu einer fälligen Reformulierung der Trinitätslehre in alttestamentlicher und neutestamentlicher Perspektive sollen das bisher Gesagte zusammenfassen:

1. Die Trinitätslehre ist theologisch unverzichtbar, nicht nur weil sie eine in der Alten Kirche erkämpfte Biblisierung und Personalisierung der metaphysischen Seinslehre im Dialog vor allem mit dem Neuplatonismus darstellt, sondern entscheidend weil sie *alttestamentliche und neutestamentliche Wurzeln* hat und aus diesen Wurzeln heraus verstanden und neu formuliert werden muss. Deshalb ist nach der *vielfältigen* Lebendigkeit des Gottes Israels in seiner NAMENsoffenbarung im Alten Testament und nach der *dreifältigen* Lebendigkeit des Gottes Israels in seiner NAMENsoffenbarung im Neuen Testament zu fragen: nach der Israel-, der Messias- und der Geistesgegenwart JHWHs.[70]

2. Sofern die altkirchliche Trinitätslehre der dialogische Versuch ist, den biblischen Gottes-NAMEN in die griechisch-hellenistische Metaphysik zu übersetzen, ist sie theologisch zu würdigen. Sofern die altkirchliche Trinitätslehre in diesem notwendigen Übersetzungsversuch sich zugleich in der Vertikalen der griechischen Metaphysik verfangen hat, ist sie aus der Gefangenschaft der metaphysischen Seins-Lehre zu befreien. Kenn-

---

[68] Mk 2,5: „dir sind deine Sünden vergeben" verweist auf das Tetragramm: ADONAI vergibt dir deine Sünden; 1. Kor 15,4: „auferweckt am 3. Tage" verweist auf das Tetragramm: Der NAME hat Christus am 3. Tage auferweckt. Mk 2,27: „Der Sabbat ist um des Menschen willen geschaffen" verweist auf das Tetragramm: Der GOTT Israels hat den Sabbat um des Menschen willen geschaffen.

[69] O. Betz, Jesu Lieblingspsalm, in: Jesus. Der Messias Israels, WUNT Bd. 42, Tübingen 1987, 185–202.

[70] Vgl. dazu die weiterführenden Ausführungen von F. Mussner, „JHWH setzt sich durch! Der ‚Jahwismus' als Grundfaktor der Einheit der Bibel" (Anm. 5), 103–121.

zeichen der „babylonischen Gefangenschaft“ der Trinitätslehre ist allemal *die Preisgabe des NAMENs Gottes wie auch die Israel- und Judentumsvergessenheit.* Auch heutige Trinitätslehren sind an diesen Kriterien zu messen.

3. *Das Verhältnis der verheißungsgeschichtlichen zur immanenten Trinitätslehre darf nicht umgekehrt werden.* Dogmen sind, wie L. Vischer gesagt hat, „Ankunftspunkte des Denkens“, sie können aber nicht zu Ausgangspunkten theologischen Nachdenkens gemacht werden. Die Israel-, Messias- und Geistgegenwart JHWHs in seiner im Alten und Neuen Testament erzählten Geschichte des kommenden Reiches Gottes ist der bleibende Ausgangspunkt der Trinitätslehre und ihr bleibendes Kriterium. Der NAME des Gottes Israels übergreift deshalb auch die trinitarischen Aussagen von Gott dem „Vater“, seinem messianischen „Sohn“ und dem „Geist der Heiligkeit“ und kann durch diese nicht ersetzt werden. So wie der Gott Israels als der Gott des Bundes in Israel, im Christus Jesus und in Seinem Geist handelt, so ist er auch der beziehungsreiche Gott in sich selbst.

4. Die Trinitätslehre der Kirche, die in der Liturgie und Doxologie, im Gebet und in der Anbetung des Vaters durch den Sohn im Heiligen Geist eine wichtige Rolle spielt, will zugleich gesamtbiblisch *erzählt* werden. Denn Gottes Lebendigkeit und Sein sind in seinem Kommen Ereignis. Wie der Gott Israels in seiner NAMENsoffenbarung, so ist auch der Christus Jesus als der verheißene Messias seines Volkes Israel und der Völker immer der Kommende (1. Kor 16,22). Deshalb sind die NAMENs- und *Erwählungsgegenwart* Gottes im Alten Testament und die *Messiasgegenwart* im Christus Jesus, schließlich die *Geistgegenwart* des NAMENs Gottes zu Pfingsten im Neuen Testament zu unterscheiden *und* aufeinander zu beziehen.

5. Die Rede von den drei Kommens- und Selbstvergegenwärtigungsweisen des *einen* Gottes Israels und seines NAMENs darf *nicht modalistisch* missverstanden werden als drei Erscheinungsweisen eines dahinter verborgen bleibenden Gottes. Denn der Gott Israels kommt in seiner NAMENsoffenbarung und er kommt zunächst zu seinem Volk Israel, dem er sich als *Vater* offenbart. Er kommt sodann im Messias Jesus, seinem messianischen Sohn, wobei er sich als Vater dieses messianischen *Sohnes* in der Mitte Israels zu erkennen gibt. Das Kommen des Gottes Israels geschieht schließlich im *Geist* der Heiligkeit (Röm 1,4), wodurch der NAME im Innersten der Menschen Israels und der Völker wohnen und die Menschen zum Tempel seines Geistes machen will.

6. Eine Reformulierung der Trinitätslehre muss sich an den *drei für HeidenchristInnen nicht beliebigen, zentralen Verdichtungspunkten der Geschichte des Gottes Israels mit seinem Volk Israel und den Völkern* orientieren: an der Israelgegenwart Gottes, an seiner im Christus Jesus gegebenen Messiasgegenwart und an der zu Pfingsten geschenkten Geist-Gegenwart. Die trinitarische Doxologie am Schluss der Psalmen wäre in diesem Verständnis die *notwendige heidenchristliche Rechenschaftsablage* darüber, warum wir die Psalmen mit dem synagogalen Israel-Judentum *mitbeten*, ohne sie zu verchristlichen. Deshalb hat die Trinitätslehre dem besonderen Akzent Rechnung zu tragen, dass sie von unserer, der Heidenchristen, durch Pfingsten eröffneten Mitteilhabe an der Erwählung des Volkes Israel erzählt und darüber den NAMEN des Gottes Israels trinitarisch preist.

7. Eine reformulierte Trinitätslehre wacht darüber, dass *der NAME des Gottes Israels nie in einen Begriff übersetzt* oder zum verfügbaren Objekt gemacht wird. Denn dass der Gott lsraels sich in seinem NAMEN offenbart, diesen NAMEN in seinem Volk Israel wohnen lässt und in seinem Geist bis in den Erkenntnisvorgang hinein namentliches Subjekt bleibt, ist im Bekenntnis zur triadischen Lebendigkeit Gottes (Mt 28,19) bleibend festgehalten.

8. Die Wiedergewinnung der NAMENtlichkeit des Gottes Israels für eine reformulierte Trinitätslehre ist auch im Hinblick auf die feministisch-theologischen Anfragen an deren patriarchalen Charakter von Bedeutung: Der NAME des Gottes Israels und nicht etwa das patriarchalische Gottesbild in seinen einseitig männlichen Bezeichnungen der Trinität („der Vater, der Sohn, der Hl. Geist") sollte die Trinitätslehre in allen ihren Dimensionen bestimmen. Der NAME des Gottes Israels kann die Tradition des patriarchalen Vater-Gottes innerhalb der Trinitätslehre wirksam durchbrechen.[71]

Dabei sollte die androzentrische Tradition der Trinitätslehre nicht einfach durch weibliche Dimensionen des Gottesbildes ergänzt und angereichert werden, weil die androzentrische Tradition auf diese Weise nicht wirklich gebrochen, sondern vielmehr noch verstärkt werden könnte. Die

[71] Zur Wiedergabe des Tetragramms, d. h. des Eigennamens Gottes, mit „Herr" bemerkt J. Ebach, Streiten mit Gott. Hiob, Teil 1, Neukirchen 1995, 9, in hilfreicher Weise Folgendes: „Diese Wiedergabe enthält Richtiges, ist aber aus mehreren Gründen problematisch. Sie läßt (1.) nicht erkennen, daß es sich beim Tetragramm (Jhwh) um einen *Eigennamen* handelt. Sie ersetzt den Namen (2.) durch eine Herrschaftsbezeichnung und verabsolutiert damit *eine* Bedeutung Gottes. Sie schreibt (3.) die Männlichkeit Gottes eindeutiger und einliniger fest, als es die Bibel selbst tut."

Einführung weiblicher Metaphern (die „Tochter Weisheit", die „Geistin") erfährt ihre Grenze an der Nichtauswechselbarkeit des NAMENs JHWH.

9. Trinitätstheologische Entwürfe der Gegenwart entwickeln das trinitarische Gottesverständnis gerne und vorwiegend im Zusammenhang einer Theologie des Kreuzes und der Auferweckung. Demgegenüber gilt es, die Unumkehrbarkeit der Reihenfolge festzuhalten: Nur *von* der Israel-, Messias- und Geistgegenwart des NAMENs des Gottes Israels *her* und d. h. keinesfalls ohne sie, können auch der Kreuzestod und die Auferweckung Jesu, d. h. das Urteil des Vaters über das Leiden seines *Sohnes* in der Macht *Seines* Geistes, in ihrer trinitarischen Dimension verstanden werden.

Christologie und Trinitätslehre im christlich-jüdischen und christlich-islamischen Gespräch

Von der Israel-, der Messias- und der Geistesgegenwart JHWHs erzählen

»Unser Gott kommt und schweigt nicht« (Ps 50,3)
»Geheiligt werde Dein NAME« (Mt 6,9)
Hans Küng, dem Tübinger ökumenischen Lehrer, in dankbarer Schülerschaft zugeeignet

Die meisten Christen und Christinnen denken und loben Gott in den trinitarischen Beziehungen von »Vater, Sohn und Geist«. Sie singen: »Lob, Ehr und Preis sei Gott, dem Vater und dem Sohne und Gott dem Heil'gen Geist im höchsten Himmelsthrone, ihm dem dreiein'gen Gott, wie es im Anfang war und ist und bleiben wird, so jetzt und immerdar« (EG 321,3). Die so singen, kennen den NAMEN des Gottes Israels und Vaters des Messias Jesus, des Sohnes Gottes, kaum noch, obwohl sie im Vaterunser täglich um die Heiligung des einen NAMENs des einen GOTTes und um das Kommen seiner Herrschaft bitten sollen (Mt 6,9). Und zwar bedeutet die Bitte um die Heiligung des NAMENs ein Doppeltes: Wir bitten »Gott heilige Du selbst Deinen NAMEN unter den Völkern«[1] *und*, wie besonders im jüdischen Achtzehnbittengebet, der *Amidah*, betont, wir selbst wollen Deinen NAMEN durch das Tun Deiner Gebote in der Welt heiligen. Heiligung des NAMENs JHWHs bedeutet zuerst und entscheidend im Sinne des jüdisch-ethischen Monotheismus Nachfolge Gottes im Tun der Thora.[2]

---

1 Karl Barth, Kirchliche Dogmatik, Bd. II 2, Zollikon 1942/1959, 5, 180ff.

2 Alle Morgen neu. Einführung in die jüdische Gedankenwelt am Beispiel des Achtzehngebets, hg. von Douwe J. van der Sluis u. a. (Erev Rav, Israelitisch denken lernen 7), Knesebeck 2005, 59–61, 133–140.

I Der NAME des GOTTes Israels ist unübersetzbar, unübertragbar und unaussprechlich

Das Vergessen des NAMENs GOTTes hängt einmal damit zusammen, dass das Judentum schon vor der Zeit Jesu den NAMEN GOTTes, der im Alten Testament ca. 6800 Mal vorkommt, nicht mehr ausgesprochen hat, weil er durch die heidnische Welt zu magischen Zwecken missbraucht wurde. Das hängt sodann damit zusammen, dass die griechische Übersetzung des Alten Testaments, die Septuaginta (LXX), den JHWH-Namen des Gottes Israels mit »HERR« (ohne Artikel!) übersetzt hat. Jesus und das Neue Testament sind ihr darin gefolgt. Durch die Wiedergabe des unaussprechlichen NAMENs mit dem Verweis-Namen »HERR« konnte aber der Eindruck entstehen, als verkündige die Bibel einen patriarchalen Gott als Vater und nicht einen mütterlichen und väterlichen GOTT, der den König Israels und dann auch den Messias Jesus wie folgt anredet: »Du bist mein Sohn, heute habe ich dich *geboren/gezeugt*« (Ps 2,7; Lk 3,22).

Die Verdrängung des NAMENs GOTTes hängt weiter damit zusammen, dass in der abendländischen Theologie das philosophische Reden von Gott als »dem ewigen Beweger, der selbst nicht bewegt wird« und sich bewegen lässt (Aristoteles), und die religiöse Erfahrung von Gott, von dem wir »schlechthinnig abhängig« sind (Friedrich Schleiermacher), oder das Reden von »Gott als der alles bestimmenden Wirklichkeit« (Wolfhart Pannenberg) oder, wenn auch differenzierter, von »Gott als Geheimnis der Welt« (Eberhard Jüngel) an die Stelle des NAMENs getreten ist: Von »Gott dem Herrn« wurde jetzt in dieser Reihenfolge bis in die Lutherbibel 2017 übersetzt (Gen 3,1ff.), die die Hebräische Bibel nicht kennt, die immer von JHWH ELOHIM, von dem NAMEN, dem GOTT, vom »HERR-Gott« spricht. Eine philosophische *Ontologie* der Israelvergessenheit und Judenfeindschaft trat an die Stelle einer zugleich um den NAMEN JHWHs und des Volkes Israel zentrierten gesamtbiblischen *Onomatheologie.*[3]

Das Verdrängen des NAMENs GOTTes hat schließlich mit der judenfeindlich substitutionstheologischen Tradition unserer Kirchen zu tun. Man meinte, besonders mit Blick auf die Geburt Jesu, dass im Neuen Testament der Name Jesu infolge der Namensankündigung durch den

3 Dazu Jochen Teuffel, Mission als Namenszeugnis. Eine Ideologiekritik in Sachen Religion, Tübingen 2009.

Engel Gabriel (Mt 1,21–23) an die Stelle des NAMENs GOTTes im Alten Testament getreten sei. So haben es z. B. meine Göttinger theologischen Lehrer, die Alttestamentler Rudolf Smend und Walther Zimmerli und der Dogmatiker OttoWeber, um nur einige zu nennen, mit vielen anderen in der Tradition der Jahrtausende gelehrt. Entsprechend lehrte die Mehrheit der Exegeten, dass »der NAME, der über alle Namen ist« (Phil 2,9), also JWJHs eigener NAME, auf Jesus von GOTT übertragen worden sei. Der Name, von dem im Philipperhymnus geredet werde, und auch der *Kyrios*-Titel sei nicht der Jesus-Name oder der ihm verliehene messianische *ho Kyrios*-Titel (Phil 2,9–11), sondern das Tetragramm. Demgegenüber gilt: Der NAME des GOTTes Israels ist sowohl christologisch unübertragbar wie auch unbeerbbar, wie Jesus selbst uns im Vaterunser (Mt 6,9) gelehrt hat.

Erst die »Bibel in gerechter Sprache« (BigS) hat endlich mit dieser Tradition, wenn auch nur anfangsweise, gebrochen und die These aufgestellt: »Gottes Name ist unübersetzbar«.[4] Die »Bibel in gerechter Sprache« hat mit dieser Tradition der Ersetzung des NAMENs des GOTTes Israels insofern erst anfangsweise gebrochen, als sie viel zu oft in fragwürdiger Weise den unübersetzbaren NAMEN JHWH feministisch mit »die Gottheit«, »die Lebendige« u. a. wiedergibt. Warum, so frage ich, halten wir uns auch in der Übersetzung des unübersetzbaren NAMENs JHWH nicht strenger an die jüdische Tradition, die von HA SHEM, von »dem NAMEN« spricht, da »Name« weder theologisch noch anthropologisch, männlich oder weiblich konnotiert ist? Warum halten wir uns nicht an die jüdische Wiedergabe von JHWH mit ADONAI, dem im Deutschen HERR (ohne Artikel!) entsprechen würde, weil artikelloses »HERR« auf den einen NAMEN verweist und deshalb im Verständnis nicht patriarchal verengt werden darf? Im Vaterunser ist der Vatername nur eine Auslegung des NAMENs, der selber auf den Dual von »männlich und weiblich« (Gen 1,27) verweist, wie auch der Messiastitel im Neuen Testament »männlich und weiblich« konnotiert ist (Gal 3,28). Warum halten wir uns nicht an die jüdische Tradition, JHWH mit »der EWIGE« zu übersetzen, wobei dann auch von »die Ewige« geredet werden könnte, weil JHWH weder männlich noch weiblich ist?

Auch die liturgische Tradition unserer Gesangbücher spricht gegen die geläufige Annahme, im Neuen Testament sei der NAME des Gottes Israels durch den Namen Jesu oder des Messias Jesus ersetzt worden. Da

4 Die Bibel in gerechter Sprache, hg. von Ulrike Bail u. a., Gütersloh 2006, 16ff.

singen wir z. B. zu Weihnachten »Freu dich Erd' und Sternenzelt, Hallelu-JAH; GOTTes Sohn kam in die Welt, Hallelu-JAH« (EG 47,1). Damit wird über dem Namen Jesu »Jehoshua«, JHWH rettet, der NAME des GOTTes Israels gepriesen und gesegnet. Oder wir beginnen unsere Gottesdienste mit dem Eingangsvotum: »Im NAMEN des einen GOTTes (5. Mose 4,6), des Vaters durch den Sohn im Heiligen Geist.« Damit wollen wir als christliche Gemeinde vom Beginn unserer Gottesdienste an deutlich machen, dass die triadische Lebendigkeit des einen GOTTes, der seinen NAMEN in der Geschichte seiner Taten vom Exodus Israels bis zur Auferweckung des Gekreuzigten und zu Schavuoth/Pfingsten ausgelegt hat, den Anfang, den Verlauf und auch das Ende unserer Gottesdienste bestimmt.

Deshalb sprechen und empfangen wir am Schluss unserer Gottesdienste den aaronitischen Segen (4. Mose 6,24–27), in welchem wir entsprechend der Weisung des GOTTes Israels, »Meinen NAMEN auf die Gemeinde Israels zu legen, damit ICH selbst sie segne« (4. Mose 6,27), verfahren sollen. Und Entsprechendes erfolgt in der Weisung Jesu Christi, des messianischen Menschensohnes, der beim Abschied von seinen JüngerInnen »seine Hände aufhob«, um sie mit dem aaronitischen Segen zu segnen (Lk 24,50), wie Johannes Calvin und Dietrich Bonhoeffer gesehen haben. Dieser aaronitische Segen sollte im Gottesdienst, wie leider zu oft üblich, keine Abänderungen erfahren, indem wir einfach von Gott »Gott segne dich …« reden. Vielmehr könnte wegen der Unübersetzbarkeit des NAMENs des GOTTes Israels der Segen so und in dieser Reihenfolge der NAMENswiedergabe gesprochen werden: »Der NAME segne dich …, der HERR behüte dich …, die Schechinah lasse ihr Angesicht leuchten über dir.«[5]

II Das Reden über Trinität ohne Judentum (Wolfhart Pannenberg, Eberhard Jüngel)

In Aufsätzen zu Jürgen Moltmanns 80. Geburtstag im Jahre 2006 haben Exegeten und Systematiker erneut das trinitarische Reden und Denken der Kirche in Aufnahme und Weiterführung des trinitarischen Lobens, Betens, Denkens und Redens der Alten Kirche verteidigt und neu be-

5 Dazu jetzt wegweisend: Jürgen Ebach, Das Alte Testament als Klangraum des evangelischen Gottesdienstes, Gütersloh 2016, bes. 56ff.

gründet.[6] Das erfolgt dabei durchgängig, ohne das für das 21. Jahrhundert ein Paradigmenwechsel in dieser trinitarischen Frage erfolgt, wie ihn Hans Küng im Blick auf den Dialog mit dem Judentum einerseits und mit dem Islam andererseits in seinem Buch »Das Christentum« seit 1994 zu Recht gefordert hatte. Jürgen Moltmann hat in seinem Buch »Trinität und Reich Gottes« ein Modell aus dem Mittelalter veröffentlicht, in welchem die Trinität im Zentrum steht und der Name diese umgreift.[7] Dazu hat sich Moltmann Joachim Teufel und mir gegenüber brieflich im September 2004 zu dem hier mit der Onoma-Theologie vorgetragenen Paradigmenwechsel positiv geäußert.

a) *Wolfhart Pannenberg* will zunächst zu Recht einen »konkreten Monotheismus« vertreten. Dieser ist »im Verhältnis zum Judentum und Islam durch alle Jahrhunderte hin sehr wichtig gewesen und ist es auch in der Gegenwart«[8]. Dabei nimmt Pannenbergs Trinitätslehre durchaus ihren *Ausgang* bei dem »alttestamentlichen Verständnis der Einheit Gottes«. Sie ist »angebahnt schon in den alttestamentlichen Aussagen über die Herrlichkeit Gottes und besonders in den Worten über den König und über das Volk Israel als Sohn Gottes, dem Gott Vater sein will«[9]. Aber sie ist hier nur *»angebahnt«*, *»vollendet«* ist die Einheit Gottes in ihrer Manifestation Gottes durch Sohn und Geist »erst im Sohnesverhältnis Jesu zum Vater und in dem darauf begründeten konkreten Monotheismus des trinitarischen Glaubens der Christen«[10].

Obwohl im altkirchlichen Dogma der Gedanke »der vollen Gottheit des Sohnes und des Geistes [...] der Heilsgeschichte vorangeht«, will Pannenberg zu Recht »die Aussagen über die ewige Wesenstrinität doch nur aus den in der Heilsgeschichte, besonders in der Geschichte Jesu zu beobachtenden Relationen zwischen Vater, Sohn und Geist begründen«. So werden die »Ursprungsrelationen« der »Zeugung des Sohnes« und der Hauchung des Geistes, »denen beim Vater die Ursprungslosigkeit als Quelle der Gottheit gegenübersteht«[11], *erst* in der Geschichte Jesu, erst in der Zeugung des Sohnes in seiner Taufe (Lk 3,22), erst in der Einsetzung

6 Michael Welker u. a. (Hg.), Der lebendige Gott als Trinität: Jürgen Moltmann zum 80. Geburtstag, Gütersloh 2006.
7 Jürgen Moltmann, Trinität und Reich Gottes, Gütersloh 2006, 148.
8 Wolfhart Pannenberg, Die offenbarungstheologischen Ansätze in der Trinitätslehre, in: Welker, Gott als Trinität (s. o. Anm. 6), 17.
9 Pannenberg, Ansätze (s. o. Anm. 8), 18.
10 Pannenberg, Ansätze (s. o. Anm. 8), 18.
11 Pannenberg, Ansätze (s. o. Anm. 8), 18.

Jesu zum »Sohn Gottes in Macht durch *die Auferweckung* Jesu« (Röm 1,4) und in der Sendung des Geistes durch Jesus (Joh 15,26) konstituiert und mit dem »Leben der Trinität ineinander verwoben«.[12] Das aber heißt im Blick auf eine Weiterführung der altkirchlichen Trinitätslehre: »Für eine an der Geschichte Jesu orientierte Behandlung der Trinitätslehre geht die Konstitution der Trinität nicht dem (geschichtlichen) Leben der Trinität schon voraus, sondern ereignet sich in diesem Lebensvollzug.«[13]

Deshalb bekommt von dem Thema der kommenden Gottesherrschaft in der Verkündigung Jesu her die Trinität auch eine Öffnung im Blick auf ihre eschatologische Vollendung. Wenn der Sohn dem Vater die Herrschaft zurückgeben wird (1.Kor 15,28), »so ist das auch die Vollendung gerade der Königsherrschaft des Sohnes selber, die immer schon ihr Wesen darin hatte, der Herrschaft des Vaters zu dienen [...]. Auch und gerade beim Thema der Gottesherrschaft sind die Personen der Trinität unzertrennlich«. So ist »der Vater nicht ohne den Sohn und so auch die Königsherrschat Gottes und sein Reich nicht ohne den Sohn, der sie in der Kraft des Geistes aufrichtet«[14].

In dieser in Jesu Leben und Auferweckung begründeten eschatologischen Neuformulierung der altkirchlichen Trinitätslehre im Kontext einer nach vorne geöffneten Universalgeschichte, durch die die traditionelle Metaphysik der Griechen durch ein kontingentes und proleptisches Denken transformiert werden soll, fehlt das Judentum, fehlt deshalb auch der NAME des Gottes Israels, von dem her Israel und sein König der Sohn (Ps 2,7) ist und auf den hin das Judentum das »Shema Jisrael« (Dtn 6,4) bis heute spricht. Der NAME des Gottes Israels in seiner Geschichte ist aber die bleibende und entscheidende »Ursprungs-, Gegenwarts- und Zukunfts-Relation« im Blick auf Israel, den messianischen Sohn Jesus und den schöpferischen Geist von Shavuoth/Pfingsten. Wolfhart Pannenberg will das innertrinitarische Leben Gottes, das durch die Elemente der Gegenseitigkeit in den personalen Beziehungen zwischen Vater, Sohn und Geist zu charakterisieren sei, betonen. Nach meinem Aufsatz über »Die Trinitätslehre als Auslegung des NAMENs des Gottes Israels«[15] sandte mir mein Wuppertaler Lehrer Wolfhart Pannenberg auf der Basis

[12] Pannenberg, Ansätze (s. o. Anm. 8), 20f.

[13] Pannenberg, Ansätze (s. o. Anm. 8), 20.

[14] Pannenberg, Ansätze (s. o. Anm. 8), 21.

[15] Bertold Klappert, Die Trinitätslehre als Auslegung des NAMENs des Gottes Israel. Die Bedeutung des Alten Testaments und des Judentums für die Trinitätslehre, in: EvTh 62 (2002), 54–72.

seiner umfassenden universalgeschichtlichen Neuinterpretation der Trinitätslehre[16] in seiner Systematischen Theologie[17] seinen Aufsatz über »Geschichtliche Offenbarung Gottes und ewige Trinität« zu, in welchem er nicht nur auf der traditionellen, aber falschen Wiedergabe von Joh 10,30 »Ich und der Vater sind *eins*« bestand, sondern auch von einem in der Verkündigung Jesu und in seiner Auferweckung begründeten »Moment der Selbstunterscheidung in Gott« sprach.[18] Die richtige Exegese dieses Textes kann man jedoch schon im Jahre 1725 in der Strophe von Zinzendorf finden: »Laß uns so *vereinigt* werden, wie du mit dem Vater bist« (EG 251,7).

b) Anders als bei Wolfhart Pannenberg wird bei *Eberhard Jüngel* das innertrinitarische Reden von Gott ohne irgendeinen Rekurs auf das Alte Testament und das Judentum wesentlich *kreuzestheologisch* begründet: »Der Glaube an den für uns, d. h. für [...] die Menschheit gekreuzigten Menschen Jesus als den Sohn Gottes setzt die Identifikation Gottes mit Jesus und die trinitarische Selbstunterscheidung Gottes voraus.«[19] Aber was heißt eine trinitarische Selbstunterscheidung Gottes im Blick auf die in Dtn 6,4 vom Judentum bekannte und von den Märtyrern erlittene Einheit Gottes? So stirbt Eberhard Jüngel zufolge der Mensch Jesus am Kreuz für die *Menschheit*, er stirbt aber nicht im Sinne des neutestamentlichen Passionsberichtes als *jüdischer Messias stellvertretend für Israel und die Völker.*

Sodann lesen wir: »Im Geheimnis der Dreieinigkeit verehrt und erkennt der Glaube die unendliche Tiefe des soteriologischen Geheimnisses des Kreuzestodes Jesu Christi.«[20] Dabei soll das Evangelium »als Wort vom Kreuz [...] das Leben Gottes als Einheit von Leben und Tod zugunsten des Lebens zur Sprache bringen«[21]. Der Tod wird also nicht im gesamtbiblischen Sinne (Jes 25; Apk 21f.) von Gott *endgültig ausgeschieden*, wie Gott als der Schöpfer das Chaos nach Gen 1 eingedämmt und begrenzt hat, sondern im Sinne der Dialektik Georg Wilhelm Friedrich Hegels in das Leben Gottes zugunsten des Lebens *integriert.*

---

16 Wolfhart Pannenberg, Systematische Theologie, Bd. I, Göttingen 1988, 326ff., 347ff.

17 Pannenberg, Systematische Theologie (s. o. Anm. 16), 236–246.

18 Wolfhart Pannenberg, Geschichtliche Offenbarung Gottes und ewige Trinität, in: Kerygma und Dogma 49, 2003, 236–246, 241.

19 Eberhard Jüngel, Gott selbst im Ereignis seiner Offenbarung. Thesen zur trinitarischen Fassung der christlichen Rede von Gott, in: Welker, Gott als Trinität (s. o. Anm. 6), 25.

20 Jüngel, Gott selbst (s. o. Anm. 19), 24.

21 Jüngel, Gott selbst (s. o. Anm. 19), 26.

Schließlich: »Indem Gott zur Welt kommt, offenbart er sein Sein als Vater, Sohn und Heiliger Geist.«[22] Dabei ersetzen die von Eberhard Jüngel bevorzugten Allgemeinbegriffe »Welt und Menschheit« das in beiden Bibelteilen konkret erzählte Kommen JHWHs zu Israel und den Völkern. *Der die Bibel beider Testamente bestimmende Dual von »Israel und den Völkern« wird damit durch das allgemeine Menschheitsdenken* der Stoa und der Aufklärung *ersetzt.* Dass das Wort nicht »Fleisch, Mensch, erniedrigter und leidender Mensch in irgendeiner Allgemeinheit«, sondern »*jüdisches* Fleisch« wurde, kommt in diesem Denken Eberhard Jüngels nicht mehr in den Blick. Darauf aber insistierte Karl Barth, weil ohne diese Erkenntnis »die ganze kirchliche Inkarnation und Versöhnungslehre«, die ganze altkirchliche Christologie und Trinitätslehre, »abstrakt, billig und bedeutungslos« wurde, in dem Maß, »als man das für eine beiläufige [...] Bestimmung zu halten begann«. Das »Zeugnis von Jesus, dem Christus, dem Gottessohn steht auf dem Boden des Alten Testaments und ist von diesem nicht zu lösen«[23].

Eberhard Jüngel spricht in seinem Buch »Gott als Geheimnis der Welt«[24] am Ende vom »dreieinigen Gott als Geheimnis der Welt« (§ 25). Das tut er zu Recht nicht in einem substanz-metaphysischen Sinn, der die Leidenslosigkeit Gottes impliziert, sondern im Sinne einer Identifikation Gottes mit dem gekreuzigten und toten Jesus, welche zu einer trinitarischen Selbstunterscheidung in Gott als Vater, Sohn und Geist führen soll. Denn »im Begriff der Einheit von Leben und Tod zugunsten des Lebens ist das eine göttliche Wesen [...] relationsontologisch als das göttliche Sein begriffen, in welchem sich Gott als Vater, Sohn und Geist voneinander unterscheidet und aufeinander bezieht«[25].

Ein Paradigmenwechsel für den im 21. Jahrhundert fälligen Dialog mit dem Judentum und dem Islam findet auch hier nicht statt. Von dem »dunklen Wort vom Tode Gottes« im Sinne einer Integration des Todes in das Leben Gottes reden beide Bibelteile nicht. Eine Theologie des NAMENs GOTTes fehlt ganz. Und das trinitarische Bekennen und Theologisieren wird bei Eberhard Jüngel wie bei Wolfhart Pannenberg ohne die Erwähnung und das Bedenken von Auschwitz, ohne das Judentum und ohne den Islam entwickelt.

---

22 Jüngel, Gott selbst (s. o. Anm. 19), 23.

23 Karl Barth, Kirchliche Dogmatik IV/1, Zürich 1953,181f.

24 Eberhard Jüngel, Gott als Geheimnis der Welt: Zur Begründung der Theologie des Gekreuzigten im Streit zwischen Theismus und Atheismus, Tübingen [8]2010.

25 Jüngel, Gott selbst (s. o. Anm. 19), 27.

III Die Übertragung des Tetragramms auf Jesus als Grund trinitarischer Rede von Gott (Martin Hengel, Hans-Joachim Eckstein, Christoph Markschies)

Geht es bei den genannten Systematikern Pannenberg und Jüngel um eine Weiterentfaltung des Nicänum (325) und des Nicänum-Konstantinopolitanum (381) in universalgeschichtlicher Perspektive (Pannenberg) und kreuzestheologischer Grundlegung (Jüngel), so wird der Weg hin zu diesen ökumenischen Bekenntnissen der Alten Kirche von Exegeten schon in das Neue Testament und dessen Christologie hineinprojiziert, um diese von dort her als begründet und notwendig nachzuweisen.

a) Mit *Martin Hengels* umfassenden, gelehrten und auch überzeugenden Analysen zur Messianologie und Christologie ist zunächst die Israelorientierung der Bekenntnisaussagen im Neuen Testament über Jesus zu betonen: Jesus wird im Neuen Testament aufgrund seines Kommens der Messias, Menschensohn, Sohn Gottes, die Weisheit und das Wort Gottes genannt. Dass sich Jesus in verborgener Weise als die Ankunft der Zukunft des anbrechenden Reiches Gottes und des kommenden Menschensohnes im Sinne der »sich realisierenden Eschatologie« verstanden hat, wie Martin Hengel in der Nachfolge seines Lehrers Otto Michel und meines Lehrers Joachim Jeremias zu Recht meint, war auch die Meinung von David Flusser, die er in einem letzten Gespräch mit Michael Krupp und mir in seinem Haus geäußert hat. Zu Lk 22,30 heißt es deshalb bei Martin Hengel zu Recht:

> »Daß Jesus mit seinem Wirken [...] ganz Israel ansprechen wollte, ergibt sich aus der Berufung und Einsetzung der Zwölf. [...] Selbst ein so anstößiges Wort wie [...] Lk 22,30 von den Zwölfen als den zukünftigen Richtern des Zwölfstämmevolkes würde sich sehr gut in diesen [...] messianischen Zusammenhang einfügen. Wer es streichen will [...], domestiziert Jesu [...] Reich-Gottes-Verkündigung. Es geht Jesus um die universale Restitution seines von Gott erwählten Volkes. Darum zieht er nach Jerusalem. Darum reinigt er den Tempel und darum wird er als messianischer Prätendent verhaftet, verurteilt und gekreuzigt.«

Noch einmal anders im Blick auf die messianischen Verheißungen des ersten Bibelteiles formuliert: »Auf Grund von 2. Sam 7; Ps 2; Ps 89; 1. Chr

17,13 konnte der Messias auch als ›Sohn Gottes‹ bezeichnet werden.«[26] So weit, so gut.

Aber erst mit der Auferweckung bekommt Jesus Martin Hengel zufolge eine über das Messianische in den Verheißungstraditionen Israels hinausgehende und sie transzendierende Würde, die ihn über alle bisherigen messianischen Erwartungen des Judentums hinaushebt und von diesem trennt. Der vorpaulinische Philipperhymnus 2,9–11 gehe nämlich »noch einen entscheidenden Schritt weiter, indem nach Phil 2,9 der Erhöhte denselben einzigartigen Namen wie Gott selbst« (!) erhält.[27] Gott selbst habe auf den erhöhten Christus das Tetragramm übertragen und ihn damit nicht nur in die himmlische Throngemeinschaft mit Gott, *sondern* zur Göttlichkeit und Gottheit erhoben. Jesus trägt nun als »Sohn Gottes« den sonst nur Gott vorbehaltenen KYRIOS-Namen.

Dass aber im *Namen* des Messias *Jesus* Rettung erfolgt (Apg 4,9.12), verkündigt Petrus vor dem Hohen Rat in Jerusalem. Und dass der »Name, der über alle Namen ist«, nach Phil 2,9 entweder der »Jesus-Name« (Luise Schottroff) ist oder von Jesus die messianische »ho-Kyrios-Prädikation« aussagt, wird dabei von Martin Hengel zugunsten seiner beabsichtigten, das Judentum transzendierenden »hohen Christologie« übersehen. Denn, so fährt der Philipperhymnus bekanntlich in 2,10 fort: »im Namen Jesu« – und nicht anbetend vor ihm – sollen sich beugen alle Knie zur Ehre Gottes des Vaters (Phil 2,10). Übersehen wird dabei auch, dass in dem Bekenntnis, »dass Jesus Christus der Herr ist«, nicht das Tetragramm, sondern der messianische Kyrios von Ps 110,1 in der Throngemeinschaft mit GOTT gemeint ist. Deshalb gilt grundsätzlich, dass der schon in der LXX artikellos gebrauchte göttliche KYRIOS-NAME als Wiedergabe des Tetragramms im ganzen Neuen Testament an keiner Stelle auf Jesus übertragen wird und deshalb mit dem Bekenntnis zu »Jesus Christus unserem (messianischen) Herrn« nicht verwechselt werden darf. Übersehen wird von Martin Hengel damit auch, dass der Ruf der Gemeinde beim Abendmahl »Marana-tha!«, »unser Herr komm!«, der Ruf nach der Parusie des kommenden Menschensohnes ist. Das steht hinter der neutestamentlichen Formel von der *Anrufung* und nicht Anbetung des »Namens unseres Herrn Jesus« (1.Kor 1,2; Apg 9,14.21 und 22,16). Die *Anbetung* GOTTes in seinem einen und unverwechselbaren Heiligen NAMEN ist von der Anrufung des Davidsohnes, des Messias

26 Martin Hengel, Der messianische Anspruch Jesu, Tübingen 2001, 76.
27 Hengel, Kleine Schriften IV, Tübingen 2006, 310f.

Jesus, des Sohnes Gottes (Mk 10,47), und der Herbeirufung des Maranatha-Kyrios Jesus, »unseres Herrn« (2.Kor 12,8; Apk 22,20) zu unterscheiden.

b) Entsprechende Thesen wie die von Martin Hengel werden auch von dem Tübinger Neutestamentlicher *Hans-Joachim Eckstein* in seinem Beitrag »Die Anfänge trinitarischer Rede von Gott im Neuen Testament«[28] vertreten. Mit dem hebräischen *adon* und griechischen *ho kyrios heemoon*, so wird argumentiert, »haben offensichtlich bereits die aramäisch wie die griechisch sprechenden Judenchristen der ersten Generation den von Gott auferweckten Gekreuzigten mit dem Titel benannt, der in den christlichen LXX-Handschriften und in den neutestamentlichen Schriften in Umschreibung des Gottesnamens Jahwe für Gott, den Vater, gebraucht wurde«[29].

Darauf ist zu antworten: In einer hebräisch-aramäisch sprechenden Gemeinde geschah das niemals! Denn das ist mehr spätere trinitarische Dogmatik als saubere Exegese. Diese Übertragung des Tetragramms auf Jesus ist erst vom 2. Jahrhundert an und dann bis in die ökumenischen Bekenntnisse von Nicäa und Konstantinopel hinein erfolgt, sie ist aber im ganzen Neuen Testament an keiner Stelle auffindbar. Vielmehr bekennt sich dieses grundsätzlich in eins mit den Juden und Judenchristen seiner Zeit zu dem einen GOTT Israels, wie er im *Shema Israel* (Dtn 6,4) bekannt wird, und damit zu der Unübertragbarkeit sowohl des Tetragramms und auch des artikellosen KYRIOS-Terminus auf den messianischen Sohn Jesus, den Sohn Gottes. Der göttliche (artikellos gebrauchte!) ADONAI-KYRIOS und der messianische *Marana-Kyrios* (*ho kyrios heemoon* mit Artikel!) dürfen nicht verwechselt werden. Von einer Throngemeinschaft des Messias mit Gott weiß schon das Alte (2.Chr 28,5–7) und dann auch das Neue Testament (Mk 14,62ff.). Aber Throngemeinschaft *mit* und *neben* Gott ist keine trinitarische Existenz *in* Gott!

c) Wie Martin Hengel und Hans-Joachim Eckstein handelt auch *Christoph Markschies* kenntnisreich in derselben Moltmann-Festschrift über »Jüdische Mittlergestalten und die christliche Trinitätstheologie«[30]. Den-

---

28 Hans-Joachim Eckstein, Die Anfänge trinitarischer Rede von Gott im Neuen Testament, in: Welker, Gott als Trinität (s. o. Anm. 6), 85–113.

29 Eckstein, Anfänge (s. o. Anm. 28), 87.

30 Christoph Markschies, Jüdische Mittlergestalten und die christliche Trinitätstheologie, in: Welker, Gott als Trinität (s. o. Anm. 6), 199–214.

noch ist auch hier zu sagen: Mittlergestalten wie der Logos, der Engel und der Menschensohn u. a. bedeuten, anders als Markschies will, keine »Pluralisierung im Gottesbild«[31]. Denn es stimmt zwar, »daß frühjüdische Texte aus der Umwelt des Neuen Testaments gerade im Zusammenhang ihres Bekenntnisses zur Einheit Gottes eine erstaunliche Vielfalt von transzendenten Wesen in unmittelbarer Nachbarschaft (!) zu Gott enthalten und solche Mittlergestalten quasi zu göttlichen ›Generalbevollmächtigen‹ aufrücken können« und so »besonders eng an den einen einzigen Gott herangerückt werden«[32] Dennoch unterscheiden sich diese Aussagen über *Mittler*-Gestalten von den späteren christlichen Bekenntnissen zum innertrinitarischen Ursprungs- und Relationsgeschehen von Vater, Sohn und Geist in Gott, kennzeichnen vielmehr diese Mittlergestalten als Elemente eines dynamischen jüdischen Monotheismus im Unterschied zu einem philosophisch-metaphysisch geprägten christlich-trinitarischen Monotheismus.

Die präeexistenten Hypostasen des Logos Gottes, der göttlichen Weisheit, der Thora Gottes und des Namens des Messias usw. weisen diese als »in unmittelbarer Nachbarschaft zu Gott« aus, wie Christoph Markschies zu Recht sagt.[33] Sie sind aber nicht Größen *in* Gott, sondern Größen in der Nähe zu Gott, die diesen als lebendigen Gott Israels ausweisen. *Präexistenz* wird hier noch nicht zur Selbstunterscheidung Gottes und zur *Inexistenz* in Gott, wie es dann die christliche Trinitätslehre in spekulativer Überhöhung der jüdisch-hellenistischen Logoslehre getan hat. Auch der immer wieder gerne für die angebliche Übertragung des Tetragramms auf Mittlergestalten herangezogene Text Ex 23,21f.: »Siehe, ich lasse meinen Boten/Engel vor euch hergehen, der soll euch auf dem Weg beschützen, denn mein NAME ist in ihm« sagt nicht, was er nach Christoph Markschies besagen soll. Denn Gottes NAME und damit JHWHs Gegenwart ist im Boten/Engel als *Mittler* präsent, diese Gegenwart vergöttlicht aber nicht den Engel. Diesem Mißverständnis hat schon die LXX gewehrt, indem sie die Aussage »mein NAME ist *in* ihm« zu der Aussage »mein Name ist *auf* ihm« nicht etwa abgeschwächt, sondern präzisiert hat. Auch die Einwohnung des NAMENs JHWHs im Tempel zu Jerusalem hat diesen nicht vergöttlicht (Dtn 12), wie auch die in Joh 1,14 hymnisch besungene Einwohnung des Logos Gottes im messianischen Sohn

31 Markschies, Mittlergestalten (s. o. Anm. 30), 207.
32 Markschies, Mittlergestalten (s. o. Anm. 30), 204.
33 Markschies, Mittlergestalten (s. o. Anm. 30), 204.

diesen nicht vergottet, sondern zum Ort der Gegenwart Gottes selbst, der Einwohnung, der Schechinah JHWHs macht. Selbst »Gott« (ohne Artikel) ist ein messianisches Prädikat, wie Ps 45,7 und Joh 1,1.18 zeigen.

Noch einmal mit Christoph Markschies' eigenen Worten: Präexistente Figuren wie Wort, *memra*, Weisheit usw. sind jeweils eine »personifizierte Figur *neben* dem einen und einzigen Gott«, und sie waren nach Daniel Boyarin »als personalisierte Gestalten neben Gott verbreiteter, als man bisher angenommen hat«[34]. Aber sie sind eben keine personalisierten Gestalten *in* Gott, was im Sinne des jüdisch-dynamischen Monotheismus ausgeschlossen ist. Jüdische Mittlergestalten, wie sie schon der Tübinger Jan-Adolf Bühner, Schüler von Otto Michel und Otto Betz, in seinem Buch »Der Gesandte im Johannesevangelium«[35] umfassend dargestellt hat, sind keine Legitimation für eine christliche Trinitätslehre und deren Spekulationen über ein trinitarisches Leben in Gott. Im Gesandten und Mittler ist der Sendende präsent, nicht aber inexistiert der Gesandte in dem Sendenden. Mittlergestalten vermitteln zwischen dem NAMEN GOTTes und Israel, sie sind aber nicht in Gott, sondern JHWH ist repräsentiert in ihnen. Denn es ist »ein Gott und ein Mittler zwischen Gott und den Menschen, der (messianische) Mensch(ensohn) Jesus Christus« (1.Tim 2,4). Johannes Calvin in seiner Institutio (1556) wie in seiner Nachfolge Emil Brunner und Karl Barth haben von daher zu Recht eine Christologie des Mittlers entfaltet.

IV Die Trinitätslehre im Dialog mit dem Judentum und Islam – ein fälliger Paradigmenwechsel (Pinchas Lapide, Hans Küng)

»Binitarisch« haben die Tübinger Exegeten diese Nähe des präexistenten Logos und der Weisheit als Mittler der Schöpfung im Neuen Testament und Judentum genannt und damit als eine Vorform des späteren trinitarischen Dogmas behauptet. Peter Schäfer, der gelehrte Judaist und Direktor des jüdischen Museums in Berlin, hat nicht zufällig seinem neuen Buch, in welchem vieles von seinen früheren Veröffentlichungen wiederholt wird, den provozierenden Titel »Zwei Götter im jüdischen Himmel.

34 Markschies, Mittlergestalten (s. o. Anm. 30), 209.

35 Jan-Adolf Bühner, Der Gesandte und sein Weg im 4. Evangelium (Wissenschaftliche Untersuchungen zum Neuen Testament, 2), Tübingen 1977, 322ff.

Gottesvorstellungen in der jüdischen Antike« gegeben.[36] Er will im Unterschied zu einem abstrakten Monotheismus wie auch zu einer theologischen Dreifaltigkeit »binitarisch von der Vorstellung von zwei Göttern« im Judentum reden.

Im Gegenüber zu diesen Tübinger und Berliner exegetischen Thesen und religionswissenschaftlichen wie systematischen Konsequenzen haben der jüdische Theologe Pinchas Lapide und der Tübinger Ökumeniker Hans Küng kontextuell zu Recht für einen Paradigmenwechsel im Dialog mit dem Judentum und Islam für das 21. Jahrhundert plädiert. Der erste, Pinchas Lapide, im Dialog mit Jürgen Moltmann unter dem Titel »Jüdischer Monotheismus – Christliche Trinitätslehre« (1979), der andere, Hans Küng, in der bereits genannten Festschrift für seinen langjährigen Kollegen Moltmann.[37]

a) *Hans Küng* fasst hier meisterlich und thesenartig im Blick auf das Judentum und den Islam zusammen, was er umfassend und überzeugend in seinem Buch »Das Christentum. Wesen und Geschichte« ausgeführt hat.[38] Hans Küng unterscheidet 1994 fünf Paradigmen: 1. das jüdisch-apokalyptische Paradigma des Urchristentums im Neuen Testament, 2. das ökumenisch-hellenistische Paradigma des christlichen Altertums, repräsentiert durch die trinitarischen Bekenntnisse der ökumenischen Konzile von Nicäa und Konstantinopel, 3. das römisch-katholische Paradigma des Mittelalters, 4. das protestantisch-evangelische Paradigma der Reformation und schließlich, 5. das vernunft- und fortschrittsorientierte Paradigma der Moderne.

In einer Bündelung seiner Thesen und auch indirekter Kritik an Jürgen Moltmanns Trinitätslehre in dessen Buch »Trinität und Reich Gottes«[39] plädiert Hans Küng für eine Rückkehr zu dem ersten judenchristlichen, messianisch-apokalyptischen Paradigma, indem er zugleich die Kritik des Koran an der orthodoxen christlichen Dreieinigkeit positiv zur Sprache bringt. Hans Küng schreibt: »Mit Juden und Muslimen fragen auch manche Christen: Kann man Einheit ›steigern‹, und dieses gar durch Dreiheit? […] Müßte *jüdische und islamische Kritik an dem erst im 4. Jahrhundert*

[36] Peter Schäfer, Zwei Götter im Himmel: Gottesvorstellungen in der jüdischen Antike, München 2017.

[37] Küng, Die Trinitätslehre im Dialog mit dem Islam, in: Welker (s. o. Anm. 6), 299–311.

[38] Hans Küng, Das Christentum. Wesen und Geschichte, München 1994, weitere Paradigmen bleiben hier unerwähnt.

[39] Jürgen Moltmann, Trinität und Reich Gottes, Gütersloh 1986.

herausgebildeten Trinitätsdogma nicht als Herausforderung verstanden werden, um nachzudenken über eine prinzipiell auch Jesu Jüngern selber verständliche [...] ›semitische‹ Interpretation des Verhältnisses von Vater, Sohn und Geist?«[40] Hans Küng zufolge stehen am Anfang im Neuen Testament »schlichte Bekenntnisaussagen« wie die älteren Taufformeln auf den Namen Jesus (Apg 2,28; 8,16; 10,48; 1.Kor 1,13–15; Gal 3,27; Röm 6,3), die dann zu einer triadischen Taufformel (Mt 28,19) erweitert werden.

Hans Küng erläutert das triadische Erzählen des Neuen Testaments eindrücklich an der ersten urchristlichen Märtyrergeschichte. Stephanus widerfährt während seiner Verteidigungsrede gegen die gewalttätigen zelotischen Juden eine Vision: Er sieht, erfüllt von der Heiligen Geisteskraft, den Himmel geöffnet und den messianischen Menschensohn Jesus zur Rechten Gottes stehen (Apg 7,1–53). Nicht wie sonst in der Throngemeinschaft mit Gott zur Rechten Gottes sitzend (Mk 14,62), sondern aufgestanden, um den Märtyrer in seinen Armen zu empfangen. Dabei betont Küng zu Recht: Erst gegen die hohe Trinitätslehre der »Byzantiner« (Sure 30) richtet sich die Polemik des Koran, wie die jüdische Kritik auch: »Darum glaubt an Gott und seinen Gesandten und sagt nicht (von Gott, dass er in einem) drei (sei)! Hört auf (so etwas zu sagen)! Das ist besser für euch. Gott ist nur ein einziger Gott« (Sure 4,171).

Dabei will Hans Küng in keiner Weise die kontextuell zu verstehenden und auch liturgisch bis heute zu würdigenden hohen trinitätstheologischen Bekenntnisaussagen der ökumenischen Konzile von 325 und 381 kritisieren oder gar abschaffen. Auch ich spreche gerne das NC von 381 als ökumenisches Bekenntnis im Gottesdienst und versuche, es den Studierenden mit seinem Bekenntnis zu dem einen Gott (1. Art.), in seinem Verweis auf »die Schriften« (2. Art.) und in seinem Verweis auf den Geist, wie er »durch die Propheten geredet hat« (3. Art.) nahe zu bringen. Dennoch bleibt mit Küng bestehen: »Es ist nutzlos, Juden und Muslimen gegenüber zu argumentieren, sie müssten um der größeren Nähe Gottes zu den Menschen willen eine trinitarische Unterscheidung in Gott selber akzeptieren. Das Bekenntnis zum einen und einzigen Gott, zugleich Bundesgott des Volkes Israel, ist und bleibt in jedem Fall Grundlage und Grundanliegen des Judentums. Deshalb dreigliedrige Formeln (Triaden) ja, aber keine innergöttliche Dreieinigkeit (Trinität).« Und im Blick auf den Münchener und die Tübinger Kollegen: »Lebendigkeit, Beweglich-

[40] Küng, Trinitätslehre (s. o. Anm. 37), 308.

keit, Sympathie, Mitleiden, gar Leiden Gottes ja, aber *keine Selbstunterscheidung und Unterschiedenheit in Gott* selber!«[41]

b) Genau das aber hatte der ökumenisch orientierte jüdische Theologe, Wuppertaler Gastprofessor und langjährige Freund *Pinchas Lapide* in seinem nach wie vor lehrreichen Dialog mit Jürgen Moltmann »Jüdischer Monotheismus – Christliche Trinitätslehre« vorgetragen.[42] Jürgen Moltmann hat als einer der wenigen evangelischen Theologen das Gespräch mit dem Judentum im Blick auf das Mitleiden Gottes mit seinem jüdischen Volk bis zu Auschwitz und der Menschheit aufgenommen und die »Theologie des göttlichen Pathos« (Abraham Jehoshua Heschel) für das Verständnis der Trinitätslehre fruchtbar gemacht, dem Pinchas Lapide auch im Blick auf Jes 57,15 nur voll und ganz zustimmen kann. Auch Pinchas Lapide geht es um einen *konkreten und dynamischen jüdischen* im Unterschied zu einem abstrakten philosophisch-antiken Monotheismus. Aber die Grenze des jüdischen Verstehens liegt für Pinchas Lapide da, wo systematische Theologen wie auch Moltmann von einer »Selbstunterscheidung in Gott selbst, von einer im Kreuz erfolgten Scheidung Gottes von sich selbst« sprechen.

Gott leidet mit dem Gekreuzigten, ja! Aber Gott ist für das Neue Testament nicht »der gekreuzigte Gott«[43]. Und auch umgekehrt ist das Kreuz erst recht nicht *in* Gott, wie Jürgen Moltmann sogar sagen kann. Der Gott Israels, des Judentums und des judenchristlichen Neuen Testaments ist auch nicht der Gott, der den tödlichen Tod nach dem von Eberhard Jüngel gerne zitierten Passionslied »Oh große Not, Gott selbst ist tot!« selbst erleidet, dessen ursprünglicher Text von Johann Rist freilich lautete: »Oh große Not, Gott's Sohn ist tot.« Am Kreuz erleidet nicht Gott selbst den Tod, um diesen zugunsten des Lebens in sein Leben zu integrieren (Eberhard Jüngel). Vielmehr wird durch die Auferweckung des gekreuzigten messianischen Sohnes durch den lebendigen GOTT Israels der tödliche Tod endgültig aus dem Leben Gottes und seines Messias Jesus ausgeschieden, um im kommenden Reich Gottes endgültig zugunsten von Israel, allen Völkern und der Schöpfung ausgeschieden zu werden (1.Kor 15,23–28). Es gibt zwar im Sinne der Dialektik Georg Wilhelm Friedrich

---

41 Küng, Trinitätslehre (s. o. Anm. 37), 304.

42 Pinchas Lapide / Jürgen Moltmann, Jüdischer Monotheismus – christliche Trinitätslehre. Ein Gespräch, München 1986.

43 Jürgen Moltmann, Der gekreuzigte Gott. Das Kreuz Christi als Grund und Kritik christlicher Theologie, München 1972.

Hegels ein »Leben Gottes als Einheit von Leben und Tod zugunsten des Lebens«[44], nicht aber im Zeugnis des Neuen Testaments. Denn, so argumentiert Pinchas Lapide im Blick auf Jes 45,7 zu Recht: »Der Gott, der im Himmel wohnt und im Heiligtum, als es noch stand, präsent war, aber auch bei den Zerknirschten sein Mit-sein kundtut, der ist für mich nicht ein teilbarer Gott.«[45]

Und das gilt nach Pinchas Lapide auch im Hinblick auf den *Geist Gottes*, der selbst im Nicaeno-Constantinopolitaneum von 381 noch nicht hypostasiert, sondern als die machtvolle Geisteskraft des einen Gottes, »der herrscht« – und nicht »der der HERR ist« – bekannt und verstanden worden war.[46] »Denn dieser Geist Gottes wird für mich nicht hypostasiert und hat keine Sonderexistenz, sondern ist gut hebräisch [...] eine Ausstrahlung des einen Gottes und ist so integral ein Teil Gottes wie z. B. das Wort Gottes, die Liebe Gottes oder die Barmherzigkeit Gottes.« Und Pinchas Lapide fährt gegen alle beliebten auch jüdischen Zahlenspielchen mit der Dreizahl als angeblicher Brücke zum trinitäts-theologischen christlichen Reden von Gott fort: »Ich könnte nach dieser Logik als Jude weitergehen und die Barmherzigkeit hypostasieren und aus ihr eine Sonderexistenz (in Gott) machen. Für mich wäre das fast Blasphemie. Für mich ist dieser Gott mit all seinen Attributen der Eine und Einzige.«[47]

Wir werden diesen Paradigmenwechsel, für den Hans Küng überzeugend argumentiert hat, im Auge behalten müssen, wenn wir den ökumenischen Dialog mit dem Judentum und mit dem Islam im 21. Jahrhundert auf dem Boden und nach Maßgabe beider Bibelteile wirklich führen wollen. Schon Adolf Schlatter, Begründer des Institutum Judaicum in Tübingen, hat in seiner »Geschichte der ersten Christenheit« (1926) für eine Offenheit gegenüber dem Koran plädiert, weil uns dort, in der heidenchristlichen Kirchengeschichte des 4. und 5. Jahrhunderts verdrängte, judenchristliche Traditionen des Neuen Testaments wieder begegnen. Es kam, so Adolf Schlatter, der Tag im 7. Jahrhundert, »als Muhammad den von den jüdischen Christen bewahrten Besitz, ihr Gottesbewusstsein, ihre den Gerichtstag verkündigende Eschatologie, ihre Sitte und Legende übernahm«[48]. Das sollte uns Christinnen und Christen des 21. Jahrhun-

---

44 Jüngel, Gott als Geheimnis der Welt (s. o. Anm. 24), 26.
45 Pinchas Lapide, Der Jude Jesus. Thesen eines Juden. Antworten eines Christen, Düsseldorf 1979, 50.
46 Reinhart Staats, Das Glaubensbekenntnis von Nizäa-Konstantinopel, Darmstadt 1999, 32.
47 Lapide/Moltmann, Monotheismus (s. o. Anm. 42), 51.
48 Küng, Christentum (s. o. Anm. 38), 75.

derts nachdenklich machen. »Die *inhaltlichen Analogien zwischen dem koranischen Jesusbild und einer judenchristlich geprägten Christologie* bleiben verblüffend«, wie Hans Küng zu Recht resümiert.[49]

Hans Küng hat die Notwendigkeit eines Paradigmenwechsels in der Christologie und Trinitätslehre für den fälligen Dialog mit dem Judentum und Islam angezeigt. Sein Schüler Karl-Josef Kuschel ist für den Dialog mit dem Islam den Weg seines Lehrers mit seinem jüngsten *opus grande* »Die Bibel im Koran« überzeugend weitergegangen.[50] Neuerdings sucht auch der muslimische Schüler Hans Küngs, Muhammad Samer Murtaza seinerseits den Dialog mit dem Christentum, indem er an einem Jesusbuch schreibt.

V Die Israel-, die Messias- und die Geistgegenwart Gottes (Friedrich-W. Marquardt, Hans-Joachim Kraus)

Die von Hans Küng gestellte Frage bleibt im Blick auf die Zukunft im Recht: »Dem jüdischen Wurzelboden erschien das hellenistische Christentum – trotz ihres Festhaltens am Alten Testament – weithin entfremdet.« Und bis heute können Juden wie auch Muslime »die Unterscheidung zwischen der Einheit Gottes (ein Wesen) und einer realen Dreiheit (drei Personen) nur als faktische Infragestellung des Monotheismus interpretieren«. Daraus folgt wiederum die Frage, ob es nicht »notwendig wäre, sich in Bezug auf Begriffe wie *Gottes Sohn* und Jesu Verhältnis zu Gott wieder ganz auf den ursprünglich hebräischen Kontext und die Wurzeln in der Hebräischen Bibel zu besinnen«[51]? Und auch die gesamtbiblisch problematische Anbetung des Sohnes und des Geistes in der Formulierung des Nicaeno-Constantinopolitaneum von 381 »der mit dem Vater und dem Sohn *angebetet* und verherrlicht wird«[52] wird man nicht so schnell übergehen dürfen, wenn man das *Shema Israel* in beiden Bibelteilen (Dtn 6,1; Mk 12,29 und 1.Tim 2,5) ernstnehmen möchte. Leider redet auch die sogenannte neue »Lutherbibel« 2017 gegen den Text – und anders als die Elberfelder (2005) und die katholische Einheitsübersetzung (2016) – weiterhin von der *Anbetung* des messianischen Sohnes

---

49 Küng, Christentum (s. o. Anm. 38), 141.

50 Karl-Josef Kuschel, Die Bibel im Koran. Grundlagen für das interreligiöse Gespräch, Ostfildern 2017.

51 Küng, Christentum (s. o. Anm. 38), 238f.

52 Staats, Glaubensbekenntnis (s. o. Anm. 46), 32.

durch die Magier (Mt 2,11), was sie glücklicher-, freilich auch unlogischerweise im Blick auf die in Mt 28,17 erzählte Huldigung (nicht Anbetung!) der Jünger gegenüber dem messianischen Menschensohn nicht tut. Vom gesamtbiblischen Befund her wäre deshalb das Nicaeno-Constantinopolitaneum von 381 im 3. Art. so umzuformulieren: »dem mit dem Vater und dem Sohn Huldigung und Herrlichkeit zukommt.«

a) Besonders der Berliner Systematiker und Freund *Friedrich-Wilhelm Marquardt* hat sich ausführlich mit der Trinitätslehre im jüdisch-christlichen Kontext nach Auschwitz und mit ihrer Transformation im Lernen vom Judentum, besonders von Franz Rosenzweig, Jeshajahu Leibowitz und Emmanuel Lévinas beschäftigt.[53] Einzelheiten können in diesem beschränkten Raum nicht nachgezeichnet, lediglich einige Akzente gesetzt werden.

Neu und innovativ ist in den bisherigen Beurteilungen der trinitarischen Entwürfe, dass Friedrich-Wilhelm Marquardt deren Entstehung in einem *völker- und heidenchristlichen Kontext* verortet und von daher verständlich zu machen versucht: Völkerchristen aus dem Heidentum stehen nämlich vor einem *Identitätsproblem*. Sie sind ihrer heidnischen Umwelt durch das Evangelium entrissen und sollen sich im Blick auf Israel als ökumenisches Gottesvolk aus allen Völkern – und das heißt innerhalb des biblischen Duals von Israel und den Völkern – verstehen. Das bringt für sie »eine vielfach zerrissene Identität« mit sich. Besonders in ihrem Denken über Gott spiegelt sich dieses »unlösbare Identitätsproblem«. Das vermögen sie nur so zu lösen, »daß sie nur in (!) Gott selbst ihr eigenes Daseinsgeheimnis geortet und aufgehoben sehen können«[54]. Das bedeutet im Blick auf die ausgebildete Trinitätslehre des 4. Jahrhunderts: Der VölkerchristInnen »gedankliches *Eindringen* in Gott, das Juden nur als befremdend und abstoßend empfinden können«, ist ein Ausdruck ihrer problematischen Lage als ökumenisches Gottesvolk zwischen dem bleibend erwählten Gottesvolk Israel einerseits und ihrer Hinzuerwählung aus einer heidnischen Menschheit und Welt andererseits, aus der sie ausgezogen sind. So ist »das trinitarische *Einbringen* Jesu in Gott ein verzweifelter Versuch, *den* (scil. Jesus) in Gott zu sichern, dessen Botschaft und Wirken sie für Gott gewonnen hat. So hat die Trinitätslehre vor

[53] Friedrich-Wilhelm Marquardt, Eia, wär'n wir da. Eine theologische Utopie, Gütersloh 1997, hier 426–439 und 539–572.

[54] Marquardt, Eia (s. o. Anm. 53), 428.

allem einen identitätsstiftenden Sinn für die (Heiden-)Christen, – weit davon entfernt nur der Fron eines spekulativen Bedürfnisses zu entspringen«[55].

Dabei erfolgt nun diese Identitätssicherung nicht nur im Interesse ihrer eigenen Vergewisserung, sondern auch im Blick auf ihre heidnische Umwelt. Somit ist das trinitarische Bekenntnis auch »Ausdruck der *Missionssituation* der frühen Kirche«[56], ein Versuch, auch den zum Gott Israels kommenden Heiden eine Orientierung zu geben. Auf diese *missionstheologische Kontur der Trinitätslehre* hatte bereits Karl Barth in seiner Tauflehre 1967 hingewiesen: Das triadische Reden von dem einen GOTT war ursprünglich, »was später unkenntlich wurde«, »ein Stück Missionstheologie« und das heißt »ein dem Übergang der Heilsbotschaft von Israel zu den Heiden folgendes, [...] ihn bejahendes Bekenntnis, das gerade im Zusammenhang mit der Heiden-Taufe [...] seinen Inhalt und seine Form empfangen und also im Kontext des Missionsbefehls des Auferstandenen [...] seinen angemessenen Ort gefunden hatte«[57]. Eine völkerchristliche Trinitätslehre hat deshalb auch nach Friedrich-Wilhelm Marquardt die Funktion, dass sich die aus dem Heidentum stammenden Christen als »Miterben der Verheißungen« (Eph 2,19) in die Geschichte des Gottes Israels, des Jesus von Nazareth und die Geistwirkungen, die von beiden ausgehen, *hineinerzählen*. Dabei ist bisher übersehen worden, dass der Missionsauftrag des auferweckten Menschensohnes – Seid meine Schüler, indem ihr tauft und meine Thora-Auslegung halten lehrt! – exakt den Sprüchen der Väter entspricht: »Stellt viele Schüler auf und macht einen Zaun um die Thora« (Avot 1,1).

Ich frage: Warum sollte dann nicht im Anschluss an Friedrich-Wilhelm Marquardts These zum Beispiel die trinitarische Unterschrift der Psalmen, ganz gegen deren spätere und bis heute reichende traditionell antijüdische Intention der Enteignung, ihre ursprüngliche Bedeutung wiedergewinnen: Wir Christen aus den Völkern *erzählen* uns in die in den Psalmen besungene Geschichte Israels hinein und beten so auch die Psalmen Israels *mit*, nämlich als »Lobpreisungen« (*tehilloth*) des Vaters durch den Sohn im Heiligen Geist. Nicht zuletzt auch in der Berufung darauf, dass der Messias Jesus, der messianische Sohn Gottes (Ps 2,7), diese mit ganz Israel gebetet hat, wie Erich Zenger uns eingedenk des »David-Psalters«

55 Marquardt, Eia (s. o. Anm. 53), 428.
56 Marquardt, Eia (s. o. Anm. 53), 542.
57 Karl Barth, Kirchliche Dogmatik IV/4, Zollikon-Zürich 1967, 110.

gelehrt hat: »Das kirchliche Festhalten an den *Psalmen Davids* geschieht in der Treue zu Jesus, dem Psalmenbeter. [...] Die neutestamentliche Chris-tologie ist weithin *Psalmen-Christologie*.«[58] Als ich ein Semester lang im Sommer 1981 an der katholischen Fakultät der Dormitio in Jerusalem zu einer Gastdozentur weilte, hatte das »Gloria Patri« am Ende der Psalmen folgenden Wortlaut: »Ehre sei dem Vater durch den Sohn im Heiligen Geist – dem einen Gott.«[59] Und die unsere Gottesdienste bis heute einleitende Formel »Im NAMEN des Vaters und des Sohnes und des Heiligen Geistes« ist dann »die knappste Abbreviatur der Geschichte, durch die Menschen aus der Völkerwelt zum einen, wahren Gott gefunden haben, finden und noch finden werden«, wie Manuel Goldmann zu Recht sagt.[60]

Schließlich ist Friedrich-Wilhelm Marquardts Warnung vor einer spekulativen Trinitätslehre deshalb so wichtig, weil der jüdische Monotheismus Leo Baeck zufolge von Haus aus ein *ethischer Monotheismus* ist. Das Bekenntnis zu dem einen Gott bedeutet jüdisch entscheidend, sich durch das Tun der Thora und die Wahrung der Einheit des Volkes Israel ständig mit dem einen Gott Israels zu einen: »Das ist ein praktisches, kein pilosophisches Einheitsverständnis, *Einheit* das Ziel eines gegenseitigen Sich-Einens.«[61] War schon die Spaltung in ein Nordreich und Südreich die tiefe Infragestellung des Bekenntnisses zu dem einen Gott und seinem geeinten Volk Israel (1.Kön 12), so gilt dies nach Friedrich-Wilhelm Marquardt auch für die weitergehende Geschichte Israels: »In den Zerfallserscheinungen der Volksgeschichte Israels blieb oft nur immer neue Einung mit dem Gott Israels, durch die das in alle Winde physisch und geistig zerstreute Volk auch seinen inneren Zusammenhalt wahren konnte. In diesem Sinne ist der eine Gott, mit dem sich dieses Volk einen kann, das Überlebensgeheimnis der Juden in der Gola, Zerstreuung.«[62] Deshalb ist die unmittelbar mit dem Auftreten Jesu verbundene Erwählung der *zwölf* Schüler als messianisches Zeichen der Hoffnung auf die

58 Erich Zenger, Einleitung in das Alte Testament, Stuttgart 1995, 369.

59 Vgl. Ralf Meister, Geleitwort, in: Predigtmeditationen im christlich-jüdischen Kontext – Perikopenreihe I plus: den (Drei-)Einen predigen. Die Trinitätslehre vor dem Hintergrund christlich-jüdischer Begegnung, hg. von »Studium in Israel«, Neuendettelsau 2014, VIII.

60 Manuel Goldmann, Vorwort des Redaktionsteams, in: Predigtmeditationen 2014 (s. o. Anm. 59), V.

61 Marquardt, Eia (s. o. Anm. 53), 540.

62 Friedrich Wilhelm Marquardt, Wie verhält sich die christliche Lehre vom dreieinigen Gott zur jüdischen Betonung der Einheit Gottes?, in: Frank Crüsemann (Hg.), Ich glaube an den Gott Israels. Fragen und Antworten zu einem Thema, das im christlichen Glaubensbekenntnis fehlt, Gütersloh 1998, 39f.

Wiederherstellung der Einheit des Zwölfstämmevolkes (Mt 19,28) genauso ein Bekenntnis Jesu zu dem einen Gott Israels wie die enge Verbindung von Shema und Halten der Thora in Jesu Antwort an den Liebespharisäer aus der Schule Hillels (Mk 12,28–34).

Fragen lassen sich freilich an Friedrich-Wilhelm Marquardts Neuinterpretation stellen, der ich in ihren differenzierten Ausführungen trotz wiederholten Lesens nur genauso schwer folgen kann wie auch den Verästelungen der Geschichte der Trinitätslehre bis in die heutigen Entwürfe. Eine Frage zum Beispiel lautet: Müssten die triadischen Handlungen und Beziehungen (1) von dem einen Gott als *Vater* des erwählten Israels, (2) von dem Vater seines davidisch-messianischen *Sohnes* Jesus, des messianisch-apokalyptischen Menschensohnes (Röm 1,3f.) und (3) seines zu Shavuot-Pfingsten auf Israel, die Völkerchristenheit und alle Völker ausgegossenen Geistes (Joel 3; Apg 2,10) nicht der entscheidende und ausreichende narrative Ansatz und das Kriterium aller Trinitätslehren sein? Hat Friedrich-Wilhelm Marquardt den von ihm selbst formulierten Grundsatz wirklich selbst durchgehalten, der lautet: »*Die Bibel kennt [...] nur opera Dei ad extra: die auf uns, die außergöttliche Wirklichkeit gerichteten Werke und Handlungen, Leidenschaften und Affektionen Gottes*«? Und weiter: Kann diese als Orientierung und Selbstvergewisserung der Völkerchristen verstandene Trinitätslehre Friedrich-Wilhelm Marquardts noch in den Dialog mit dem Judentum und dann auch mit dem Islam eingebracht werden? Friedrich-Wilhelm Marquardts unqualifizierte Pauschalverurteilung des Islam,[63] der dann nur noch dessen beiläufige Erwähnung ohne inhaltliche Bedeutung folgen kann,[64] schließlich das Fehlen einer Beachtung oder gar Interpretation des grundlegenden Hagar-Ismael-Kapitels von Gen 16, das auch die Segensverheißung an *Avraham-Avinu* auslegt,[65] wird ebenfalls einem Paradigmenwechsel für das 21. Jh. nicht gerecht. Ganz zu schweigen davon, dass die auch unter der Segensverheißung Abrahams und Saras an alle Völker stehenden Hagar und Ismael es biblisch unmöglich machen, diese unter *die Völker* zu subsumieren und damit unter den Missionsbefehl von Mt 28 zu stellen.[66]

63 Marquardt, Eia (s. o. Anm. 53), 541.

64 Marquardt, Eia (s. o. Anm. 53), 564.

65 Marquardt, Eia (s. o. Anm. 53), 429–439.

66 Dementsprechend heißt das Buchprojekt des indonesischen Ökumenikers Willem Simarmata für den Dialog im 21. Jh. »The Common Mission of Christians and Muslims for the Asian World«.

In unseren mancherlei Begegnungen in der AG beim DEKT und Gesprächen auf den Akademietagungen zu den jeweils neu erschienenen Bänden in Berlin war ich immer wieder überrascht, wie Friedrich-Wilhelm Marquardt zum Beispiel meine Kritik an seiner abenteuerlichen trinitarischen Überhöhung der Erzeltern Abraham, Isaak und Jakob hin auf »Vater, Sohn und Geist«[67] sofort verständnisvoll annehmen konnte. Dabei enthält dieser von mir kritisierte Abschnitt zugleich wunderbare Beobachtungen zum Beispiel zu Mt 1,1ff., wo bereits der erste Vers des zweiten Bibelteils »die ganze Jesus-Geschichte auf die Abraham-Geschichte zurückführt«[68].

Und warum sollte das nicht abgeschlossene Ringen des messianischen Sohnes Jesus und der Geisteskraft des Gottes Israels um eine »immer wieder neu zu suchende Einung mit dem Vater«[69] im Blick auf das triadische Handeln und Leben Gottes für das Verstehen des Weges Jesu Christi nicht ebenfalls fundamental sein? Warum sollte es nicht hilfreich sein, mit Friedrich-Wilhelm Marquardt die Gethsemane-, die Karfreitags- und die Ostergeschichte mit der Tradition der Bindung Isaaks, den jüdischen *Midraschim* der *Aqedat Jizchak*, zu verbinden, die uns Heinz Kremers, David Flusser, Chana Safrai, Lukas Kundert, Michael Krupp u. a. inzwischen umfassend zugänglich gemacht haben? Es stimmt und ist bisher exegetisch und dogmatisch bei weitem nicht ausgeschöpft worden: »Jizchaks und Jesu Geschichte sind biblisch bewußt miteinander verknüpft.«[70] Auch das Bekenntnis »zum ein(zig)geborenen Sohn« (Röm 8,32; Joh 1,14) ist zunächst vortrinitarisch ein Hinweis auf diese *Aqeda-Tradition*, nur dass jetzt JHWH, der GOTT selbst, hier abgründig die Rolle des mit Isaak-Jesus mitleidenden Abraham übernimmt. Schon die Berufung Jesu durch den Gott Israels, seinen Vater, in seiner Taufe zum messianischen Sohn (Ps 2,7) und zum verborgenen apokalyptischen Menschensohn (Mk 2,10; Mt 11,25–27) durch die Geistkraft (Mk 1,9–11) ist eine triadisch-narrative Erzählung der *Geistberufung*. Diese wird in den Anfangsgeschichten der Evangelien in die *Geistgeburt* des messianischen Sohnes hinein ausgeweitet, wie Jürgen Moltmann in seinem Buch »DerWeg Jesu Christi. Christologie in messianischen Dimensionen« ge-

---

67 Marquardt, Eia (s. o. Anm. 53), 431–439.
68 Marquardt, Eia (s. o. Anm. 53), 435.
69 Marquardt, Eia (s. o. Anm. 53), 555.
70 Marquardt, Eia (s. o. Anm. 53), 437.

zeigt hat.[71] Und Geistberufung wie Geistgeburt finden dann in der Präexistenz des Sohnes ihre bleibende Vergewisserung in der Treue JHWHs, wofür Karl-Josef Kuschel überzeugend plädiert hat.[72]

Friedrich-Wilhelm Marquardt will mit seinen m. E. zu weit gehenden trinitarischen, midrasch-artigen Spekulationen aber nicht missverstanden werden. Deshalb fasst er am Ende seines Aufsatzes »Wie verhält sich die christliche Lehre vom dreieinigen Gott zur jüdischen Betonung der Einheit Gottes?«[73] die vielen Seiten seiner trinitarischen Überlegungen in der »Theologischen Utopie«[74] noch einmal zusammen. Und zwar im Sinne von Barths Verständnis der triadischen Taufformel von Mt 28,19 als Formel des Übergangs des jüdischen Zwölferkreises zur Mission unter den Völkern: »Das trinitarische Lob Gottes entspringt einer Lebensnotwendigkeit von geborenen Nicht-Juden, die Christen werden. Es gehört sich deshalb nicht, sie auch Juden (und ich füge hinzu: auch Muslimen) zuzumuten. Sie erfahren und erkennen Gott aus ihren eigenen und bisher schwereren Lebensnotwendigkeiten, ›einen‹ sich mit Gott in anderen Nöten als unseren christlichen.«[75] Dennoch: Eine Theologie des einen NAMENs des Gottes Israels und seiner Offenbarung in den Geschichten seiner Taten sucht man auch bei Friedrich-Wilhelm Marquardt vergebens.

c) Anders als in den bisher skizzierten Entwürfen hat der Hamburger Alttestamentler und Göttinger Systematiker *Hans-Joachim Kraus*, Schüler Gerhard von Rads und Martin Noths, in seiner »Systematischen Theologie im Kontext biblischer Geschichte und Eschatologie« für ein neues Verständnis der Trinitätslehre votiert.[76] Dabei verankert er die Trinitätslehre nicht primär *inkarnatorisch* wie die Theologen der Alten Kirche, nicht primär *kreuzestheologisch* wie Jüngel, auch nicht primär *bundestheologisch* wie Barth oder *jüdisch-jesulogisch* wie Friedrich-Wilhelm Marquardt und seine Mitstreiter. Vielmehr orientiert er diese gesamtbiblisch am Thema des *kommenden Gottes und des Kommens seines Reiches.*

---

71 Jürgen Moltmann, Der Weg Jesu Christi: Christologie in messianischen Dimensionen, Gütersloh 1989.

72 Karl-Josef Kuschel, Geboren vor aller Zeit? Der Streit um Christi Ursprung, München 1990.

73 Marquardt, Lehre vom dreieinigen Gott (s. o. Anm. 62).

74 Marquardt, Eia (s. o. Anm. 53).

75 Marquardt, Eia (s. o. Anm. 53), 44.

76 Hans-Joachim Kraus, Systematische Theologie im Kontext biblischer Geschichte und Eschatologie, Neukirchen-Vluyn 1983.

Der ursprüngliche Titel seiner Systematischen Theologie lautete deshalb eindeutiger »Reich Gottes, Reich der Freiheit«. Merkwürdig bleibt freilich, dass keiner der bisher genannten Exegeten und Systematiker auf diesen wegweisenden, ihren eigenen Entwürfen zeitlich vorangehenden gesamtbiblischen Entwurf eingegangen sind.

Erst auf einer der letzten Tagungen in Berlin habe ich Hans-Joachim Kraus mit Friedrich-Wilhelm Marquardt in dessen Wohnung persönlich bekannt gemacht, wobei Friedrich-Wilhelm Marquardt meinte, dass er das Lebenswerk von Hans-Joachim Kraus, des Mitbegründers der »AG Christen und Juden beim DEKT« (1964), bisher nicht gebührend thematisiert habe. Hans-Joachim Kraus war einer der ersten, der Martin Buber nach Bonn eingeladen hat und u. a. mit dem unvergessenen Landesrabbiner Robert Raphael Geis, kurzzeitig auf Hans-Joachim Kraus' Initiative hin Honorarprofessor in Göttingen, lebenslang befreundet war und von ihm gelernt hat.

Der trinitätstheologische Entwurf von Hans-Joachim Kraus unterscheidet sich von allen bisher skizzierten Entwürfen darin, *dass er den NAMEN des Gottes Israels in das Zentrum seiner christologischen und trinitarischen Ausführungen stellt.* Und zwar nicht nur im Blick auf den ersten Bibelteil, wie Walter Zimmerli, Emil Brunner und Karl Barth, sondern auch im Blick auf den zweiten Bibelteil. Karl Barth hat zwar eine umfassende narrative Trinitätslehre in seiner Versöhnungslehre in drei Querschnitten – (1) »das Urteil des Vaters« in der Auferweckung des Sohnes (KD IV 1), (2) »die Weisung des Sohnes« in seinem Kommen und Lehren der Thora als Lebendiger aus den Toten (KD IV 2) und (3) »die Verheißung des *Geistes*« als Hoffnung auf das Kommen des Reiches Gottes und seiner Gerechtigkeit (KD IV 3) – geschrieben. Aber trotz sporadischer Hinweise auf eine Theologie des NAMENs,[77] die grundlegende Fundierung aller dieser triadischen Entfaltungen in der Geschichte des einen NAMENs Gottes sucht man auch bei Barth vergeblich.

Anders bei Hans-Joachim Kraus: Die Trinitätslehre kreist nicht primär um die innertrinitarischen Relationen von »Vater, Sohn und Geist«, sondern um die Geschichte der Taten Gottes, in der sich der Gott Israels in seinem NAMEN – (1) zuerst in Israel, dann (2) in seinem messianischen Sohn Jesus, dem verheißenen Messias des Volkes Israel und der Völker (vgl. die messianischen Verheißungen des Alten Testaments bis zur rabbinischen Messianologie in Ps Sal 17f.) und (3) schließlich in der durch

77 KD I_1, § 8, 334–337; KD IV_4, § 78, 3.

die Propheten verheißenen Geisteskraft zu Shavuoth-Pfingsten – offenbart, bekannt gemacht hat und bekannt machen wird. »Die Trinitätslehre erweist sich damit als Bestätigung der Erkenntnis, daß Gott in der Geschichte seines kommenden Reiches Einer ist: Einer in der Kondeszendenz im Christus Jesus, derselbe in der Begründung von Gemeinschaft im Heiligen Geist.«[78] Hans-Joachim Kraus redet damit weder einer trinitarischen *Christologie von oben* noch einer *Jesulogie von unten* das Wort. Vielmehr plädiert er für einen verheißungsgeschichtlichen Ansatz, in welchem das Kommen Gottes mit seinem NAMEN sich in dem messianischen Kommen des verheißenen Messias Jesus und des messianisch-apokalyptischen Menschensohnes ereignet.

So variiert Hans-Joachim Kraus durch alle seine Werke, Kommentare, Predigten und Meditationen hinduch immer wieder die folgenden Leitsätze: (1) Gott kommt in der Offenbarung seines NAMENs in Israel zur Welt, (2) JHWH kommt im Messias Jesus zu Israel und (3) mit Israel – und nie ohne Israel-Judentum! – zur Welt der Völker. Hans-Joachim Kraus redet dynamisch vom Kommen Gottes in beiden Bibelteilen. Nicht ist *ontologisch* von »Gottes Sein im Werden« (Eberhard Jüngel), sondern *onoma-theologisch* und verheißungsgeschichtlich von »Gottes Reich ist im Kommen« zu sprechen. Anders formuliert: (1) JHWH kommt als *Vater* in Israel, seinem Sohn, zur Welt, (2) Gott kommt im Messias Jesus, seinem *Sohn*, der inmitten seines bleibend erwählten Volkes Israel lebt und wirkt, zu Israel und (3) zugleich im Messias Jesus mit Israel-Judentum zur Welt der Völker. Derselbe eine Gott mit seinem unverwechselbaren NAMEN öffnet durch seinen Geist diese Verheißungsgeschichte für die Völker, die er im kommenden Reich Gottes und seiner Gerechtigkeit zum Ziel führen will und wird. Diese Dogmatik ist als *gesamtbiblische* und mit dem *Judentum* und seinen Traditionen eng vertraute zugleich eine *kontextuell-ökumenische* Dogmatik, indem sie sich von Anfang an den Provokationen der geschichtlichen Situation von heute (1983) stellt: allen voran der Gottesfinsternis und dem Christenversagen in Auschwitz, dann dem Hunger in der sog. Dritten Welt, den in den Befreiungsbewegungen thematisierten Menschenrechten und der Friedensfrage angesichts der atomaren Bedrohung.[79]

Unter dem grundlegenden Abschnitt »der Name Gottes« lesen wir: »Der Gott des die Welt verändernden Reiches ist der Gott Israels, der sich

---

78 Kraus, Systematische Theologie (s. o. Anm. 76), 73.

79 Kraus, Systematische Theologie (s. o. Anm. 76), 9–11.

mit seinem Namen bekannt gemacht und in seinen Taten mitgeteilt hat; er ist der in der Geschichte alle Geschlossenheit der Geschichte (scil. Historie) durchbrechende kommende Gott.«[80] So bezieht Hans-Joachim Kraus die Israelgegenwart Gottes, sein Kommen im Messias Jesus und die Gegenwart und Wirksamkeit JHWHs in seiner Geisteskraft durchgängig triadisch aufeinander. Christian Link hat in seinem Beitrag »Trinität im israeltheologischen Horizont« zu Recht angemahnt, dass die »in der dogmatischen Literatur noch kaum rezipierte israelitisch-jüdische Prägung der Würdenamen Jesu (Christus, Sohn Gottes [ich ergänze: messianischer Menschensohn]) noch eigens wahrzunehmen seien«[81]. Dazu hat Hans-Joachim Kraus schon 1983 ausgeführt: »Indem aber nach der vom Christus, d. h. *Messias*, ausgehenden Urbotschaft gefragt wird, bezieht die Darstellung sich von Anfang an auf den alttestamentlich-jüdischen Kontext. Es wird darum … von dem die Sendung des Messias bezeichnenden Christus-Titel ausgegangen.«[82] Der Sohnes-Titel ist zuerst *israelitisch*, gehört zuerst Israel (Ex 4,22), ist dann zugleich *davidisch-messianisch* (2.Sam 7; Röm 1,3; Mt 1.2; Mk 1,9–11), um dann nicht erst seit Ostern (Röm 1,4), sondern schon im Wirken und Leiden Jesu messianisch-apokalyptisch (Dan 7; äth. Henoch) zu sein. Gemeint ist von Hans-Joachim Kraus die sich in Jesus antizipierend ereignende, adventliche Ankunft der kommenden Herrschaft JHWHs, der die Ankunft der Zukunft des kommenden messianischen Menschensohnes im Messias Jesus entspricht, wie auch David Flusser im Zusammenhang der von mir mehrfach mitgestalteten Seminare von »Studium in Israel« sagen konnte.

In einem längeren Brief kurz vor seinem Sterben hat mir Friedrich-Wilhelm Marquardt, der mit einsehbaren Gründen in allen seinen Büchern auf den Messias-Titel für Jesus wegen seines antisemitischen und judenmissionarischen Missbrauchs durch die Jahrhunderte verzichtet hat, nach einem längeren Briefwechsel doch das gesamtbiblische Recht zuerkannt, von Jesus als dem verheißenen Messias Israels und seines jüdischen Volkes und gegenwärtig handelnden wie kommenden Menschensohn exegetisch und dogmatisch zu sprechen. Und Luise Schottroff, die noch bis zu ihrem Sterben an einer Neuübersetzung des Matthäus-Evangeliums in der »Bibel in gerechter Sprache« gearbeitet hat, hat mir darin zugestimmt: Die Übersetzung der apokalyptischen Menschensohn-

80 Kraus, Systematische Theologie (s. o. Anm. 76), 142–144.
81 Christian Link in: Welker, Gott als Trinität (s. o. Anm. 6), 228.
82 Kraus, Systematische Theologie (s. o. Anm. 76), 16.

Tradition im Neuen Testament für den irdischen Jesus lediglich mit »der Mensch« in der »Bibel in gerechter Sprache« reiche nicht aus. Besser wäre in der Tat die Übersetzung mit »der messianische Mensch«, was ich ihr vorgeschlagen hatte. Der »Menschenähnliche« von Dan 7 ist schon dort nicht nur der gegen die Gewaltherrscher auftretende *menschliche* Mensch (so die »Bibel in gerechter Sprache« zu Recht), sondern der in der Throngemeinschaft mit JHWH lebende und herrschende messianische Mensch (Dan 7,9.14; Mk 14,62), der Israel-Judentum gegen die Reiche der Inhumanität vertritt (Dan 7,27) und als Repräsentant JHWHs die Völker in seine Geschichte hineinruft, »damit alle Völker ihm dienen« (Dan 7,14; Mt 28,16–20). Der Menschensohn Jesus handelt dabei nicht erst seit seiner Auferweckung, sondern schon als irdischer antizipierend in Voll- und Rechtsmacht messianisch-apokalyptisch (Mk 2,10) und lebt und wirkt seit seiner Auferweckung in der Throngemeinschaft mit seinem Vater (Ps 110,1; Mk 12,35–37) auf sein endgültiges Kommen und die vollendete Herrschaft JHWHs hin (1.Kor 15,23–28). Deshalb ruft die Gemeinde im Abendmahl zu Jesus: »Marana-tha!«, d. h. »unser (messianischer) Herr komm!« (1.Kor 16,22; Apk 22,20).

VI Epilog

Die Erinnerung an die fundamentale Bedeutung des NAMENs GOTTes nicht nur im Ersten Testament, sondern auch im vielgestaltigen Judentum und im Neuen Testament ist deshalb so wichtig, weil wir dadurch wieder in den Dialog mit dem Judentum kommen, für das das Bekenntnis zu dem einen NAMEN »bis zum Tod, ja bis zum Tod am Kreuz« lebensentscheidend ist, das das Aussprechen des Tetragramms JHWH vermeidet, in Achtung und Ehrfurcht vor IHM auf ihn hin als »dem NAMEN / Ha SHEM / dem EWIGEN« spricht und den NAMEN des einen GOTTes in Tat und Wort, im Tun und Hören heiligt.

Triadisch-trinitarisches Loben und Preisen Gottes im Angesicht des NAMENs ist nur dann dessen Heiligung, wenn wir uns als Christinnen und Christen aus den Völkern in die Geschichte Israels und das Kommen JHWHs im Messias Jesus hineinerzählen und im Tun der Thora den Unterschied zwischen einer im Judentum formulierten *Präexistenz* von Thora, Weisheit, Wort Gottes und des Namens des Messias einerseits und der problematischen Lehre von deren *Inexistenz* in Gott andererseits wahren. Dann wird auch über uns gesagt werden: »ICH will sie/ihn schützen, denn sie/er kennt meinen NAMEN« (Ps 91,14). Und daraufhin dürfen wir singen: »Ich lobe meinen Gott von ganzem Herzen. *Erzählen* will ich von all Seinen Wundern und singen Seinem NAMEN« (EG 272,1).

Hat das Neue Testament das 1. Gebot übertreten und Christus vergottet?

Vorläufige Erwägungen zur Christologie als Auslegung des 1. Gebotes

Christian Link, dem langjährigen Freund und theologischen Wegbegleiter, dem umsichtigen Organisator der Internationalen Karl-Barth-Tagungen ist dieser Beitrag in herzlicher Verbundenheit und in der Hoffnung auf weitere Weggemeinschaft zugeeignet.

Einleitung: Jesus Christus – das eine Wort des einen Gottes

a) Die Barmer Theologische Erklärung Art. 1 „Jesus Christus [...] das eine Wort Gottes" wird oft nicht christologisch-theozentrisch verstanden, sondern *christomonistisch* missverstanden. Sie wird darüber hinaus, weil ihr nur neutestamentliche und leider keine alttestamentlichen Stellen vorangestellt sind, oftmals ohne das Alte Testament und damit abstrakt verstanden.

Karl Barth selber hat demgegenüber in dem – dem Art. 1 von Uniert-Barmen (Mai 1934) entsprechenden – Abschnitt von Reformiert-Barmen II 1–3 (Januar 1934) explizit von „dem doppelten [...], sich gegenseitig bedingenden Zeugnis des Mose und der Propheten von dem kommenden und [...] der Evangelisten und Apostel von dem gekommenen Jesus Christus" gesprochen.[1] Und er hat gegenüber der deutschchristlichen und konservativ-lutherischen These von den zwei Worten Gottes in „Gesetz und Evangelium" hinzugefügt: „Altes Testament und Neues Testament sind nicht dasselbe. [...] Nur in diesen zwei Worten läßt sich sagen, was uns gesagt sein muss vom Kommen des Reiches Gottes, dem Geschehen seines Willens an und unter uns."[2]

Barths These von dem alttestamentlichen und neutestamentlichen Doppelzeugnis in Reformiert-Barmen hat dabei ihre Pointe darin, dass

---

1 K. Barth, Freie reformierte Synode zu Barmen-Gemarke am 3. und 4. Januar 1934, in: J. Beckmann (Hg.), Rheinische Synoden im Kirchenkampf, Neukirchen-Vluyn 1975, 34–46, 39.

2 Ebd.

die Propheten und die Psalmen die Tora des Mose exegesieren, wie auch die Apostel die Evangelisten interpretieren. Propheten und Apostel überbieten also jeweils nicht die Mosetora und die Evangelien, wie gängige protestantische Exegese es in der bekannten Überordnung der Propheten über die Mosetora und in der entsprechenden Überordnung des Paulus über die Evangelien verstanden hat. Barth hat sein Kanonverständnis in der Tradition Calvins zuletzt im Gespräch mit Tübinger Stiftlern im März 1967 entwickelt. Er warnt hier vor einem Paulinismus als Kanon im Kanon – „es muss alles paulinisch sein!“ – und betont seinerseits, dass „das wirkliche Neue Testament ja eigentlich fast auf jeder Seite mit dem Alten [Testament] verhängt ist!“[3]

b) Barth hat zwei Monate nach Reformiert-Barmen in seinem Kopenhagener Vortrag vom März 1933, seiner ersten öffentlichen theologischen Stellungnahme nach der NS-Machtübernahme in Deutschland, „das erste Gebot als theologisches Axiom“ thematisiert und die Christologie grundlegend als Auslegung des 1. Gebotes verstanden: „Wir könnten es [gemeint ist das erste Gebot von Ex 20,2] gewiß auch an andern Stellen hören. Wir könnten auch das Wort Joh 1,14: ‚Das Wort ward Fleisch …‘, wir könnten auch das Wort II. Kor 5,19: ‚Gott war in Christus …‘ als das theologische Axiom angeben, weil alle diese Worte uns grundsätzlich nichts anderes zu hören geben als das 1. Gebot und weil im ersten Gebot nichts anderes gesagt ist, als was alle jene Worte an ihrem Ort und in ihrer Weise auch sagen.“[4]

---

[3] K. Barth, Gespräche 1964–1968, hg. von E. Busch, Zürich 1997, 52–62. In seinem Gespräch mit Tübinger Stiftlern polemisiert Barth gegen ein Konzept des „Kanon im Kanon“ (61), demzufolge die Evangelien und am Ende die ganze Bibel des Alten und Neuen Testaments nur von Paulus her zu interpretieren seien: „… alles muss dann durch dieses kaudinische [d. h. paulinische] Joch hindurch“ (60). Dennoch spricht Barth auch in diesem Gespräch wie auch in seinem sonstigen Schrifttum (vgl. GA III, 158f.) – dem von ihm selber vorgetragenen Schriftverständnis, demzufolge das wirkliche Neue Testament „auf jeder Seite“ mit der Hebräischen Bibel verklammert und in ihr fundiert ist, zuwider – von dem „prophetisch-apostolischen Wort“ (56), von der Schrift der Propheten und Apostel. Die verkürzende Redeweise von der Schrift als dem „Zeugnis der Propheten und Apostel“ sollte, weil die Propheten die Ausleger der Tora des Mose und die Apostel die Ausleger der Evangelien sind, bis a. w. unterlassen werden, bis wir die Fülle des Kanons aus Tora, Propheten und Schriften einerseits und Evangelisten und Aposteln andererseits wiedergewonnen und beide mit „Reformiert-Barmen“ als wechselseitig sich bedingend zu verstehen angefangen haben. Zur Schriftlehre Calvins vgl. B. Childs, Biblical Theology of the Old and New Testament, London 1997, 47ff.

[4] K. Barth, Das erste Gebot als theologisches Axiom, in: Ders., Theologische Fragen und Antworten (GV III), Zürich 1957, 127–143, 129.

Barths Hinweis soll uns im Folgenden Leitlinie und Kriterium sein, speziell die Christologie des Neuen Testaments als Auslegung des 1. Gebotes zu verstehen, wenn und insofern Jesus Christus als das *eine* Wort Gottes das Wort des *einen Gottes*, des Gottes Israels, ist.

c) Ich füge dem zu Barth Gesagten eine zweite grundlegende Bemerkung von *David Flusser* hinzu, die über Barths hermeneutischen Grundsatz hinausgeht, insofern Flusser die These aufstellt: Die neutestamentliche Christologie ist nicht nur grundlegend alttestamentlich fundiert, sondern sie trägt auch durch und durch jüdische Kontur und zwar – wie Flusser betont hervorhebt – in „allen ihren Bestandteilen“[5].

Wie sehr Flussers Fazit eines lebenslangen Erforschens des Neuen Testaments aus dem 20. Jh. sich bei aller Kontinuität von der entsprechenden Stellungnahme *Moses Mendelssohns* aus dem 18. Jh. unterscheidet, lässt der folgende *Katalog der Bedingungen* für ein jüdisches Verständnis Jesu aus der Feder Mendelssohns deutlich werden. Dieser will – dem neologisch-moralischen Ansatz seiner Zeit entsprechend – „die sittliche Güte seines [Jesu] Charakters wohl anerkennen, aber die ausdrückliche[n] Bedingungen dabey voraussetzen 1) daß er sich nie dem Vater habe gleichsetzen wollen, 2) nie für eine Person der Gottheit ausgegeben, 3) daß er sich folglich die Ehre der Anbetung nie angemaßt habe, und 4) daß er die Religion seiner Väter nicht habe umstoßen wollen, wie er offenbar das Gegenteil bey vielen Gelegenheiten zu erkennen gegeben zu haben scheint“[6].

Trotz der Differenz zu Flusser bleiben Mendelssohns Kriterien für eine Christologie der Auslegung des 1. Gebotes weiterhin sehr bedenkenswert.

Ich beginne, der kanonischen Reihenfolge entsprechend, zunächst mit einigen exemplarischen Hinweisen zur synoptischen Tradition (I 1–2), der ich die johanneische Überlieferung als „Midrasch“ zur synoptischen Tradition folgen lasse (II 1–3). Ich schließe mit wiederum nur exemplarischen Beispielen aus der paulinisch-vorpaulinischen Tradition (III 1–4).

---

5 D. Flusser, Das Schisma zwischen Judentum und Christentum, in: EvTh 40 (1980), 214–239, 216.

6 M. Mendelssohn, Brief vom 15.1.1771, in: ders., Ges. Schriften, Jubiläumsausgabe Bd. 7, Stuttgart / Bad Cannstadt 1974, 363.

I. Die Unaussprechlichkeit des NAMENs Gottes

Dietrich Bonhoeffer schreibt am 5.12.1943 an *Eberhard Bethge* aus der Tegeler Zelle zur Heiligung des NAMENs des Gottes Israels, des Vaters Jesu Christi: „Ich spüre übrigens immer mehr, wie alttestamentlich ich denke und empfinde; so habe ich in den vergangenen Monaten auch vielmehr das A. T. als das N. T. gelesen. Nur wenn man die Unaussprechlichkeit des Namens Gottes kennt, darf man auch einmal den Namen Jesus Christus aussprechen."[7]

Bonhoeffer ergänzt in seiner Dekalogauslegung vom Juni/Juli 1944: „Es ist Mißbrauch, über Gott zu sprechen, ohne sich seiner lebendigen Gegenwart in seinem Namen [!] bewusst zu sein. [...] Der Gefahr solchen Mißbrauches des Namens Gottes begegneten die Israeliten durch das Verbot, diesen Namen überhaupt auszusprechen. Wir können von der Ehrfurcht, die sich in dieser Regel bekundet, nur lernen."[8] Und Bonhoeffer präzisiert im Blick auf das Vater-Unser weiter: „Es ist gewiß besser, den Namen Gottes nicht auszusprechen, als ihn zu einem menschlichen Wort herabzuwürdigen. [...] Das kann nur geschehen, wenn wir täglich beten, wie uns Jesus Christus gelehrt hat: ‚Dein Name werde geheiligt!'"[9]

Bonhoeffer tritt damit einer *antijüdischen Tradition* entgegen, die bis heute behauptet, das Verschweigen des NAMENs Gottes im synagogalen Judentum sei Ausdruck des fernen Gottes im Unterschied zu dem nahen Gott des Christentums, den man vertraulich mit seinem NAMEN, ja sogar mit Abba, anreden dürfe!

I.1 JHWH vergibt dir deine Sünden (Mk 2,10)

a) Das Neue Testament hält sich mit dem Judentum an die Heiligung des NAMENs Gottes durch sein Nichtaussprechen. Auch die Umschreibung des NAMENs Gottes durch das *passivum divinum* gehört hier hin. *Joachim Jeremias* hat dies zu Recht als ein wichtiges Kriterium der ipsissima vox Jesu herausgestellt:[10] Das passivum divinum in der Logien- und

[7] D. Bonhoeffer, Widerstand und Ergebung (= WEN), hg. von E. Bethge, München 1970, 175.

[8] D. Bonhoeffer, Die erste Tafel der zehn Worte (1944), in: E. Bethge (Hg), Ges. Schriften Bd. IV, München 1961, 608.

[9] Ebd.

[10] J. Jeremias, Neutestamentliche Theologie, Bd. I, Göttingen 1971, § 3.

Erzähltradition des Neuen Testaments muss als Konkretisierung der Heiligung des Namens Gottes und also als Auslegung des 1. Gebotes durch Jesus selber verstanden werden.

b) Im Gegensatz zu dieser Beobachtung ist die Überlieferung von der *Heilung des Gelähmten* (Mk 2,1–12) immer wieder als Beweis dafür angeführt worden, dass Jesus sich im Zuspruch der Sündenvergebung an den Gelähmten göttliches Recht und göttliche Vollmacht angemaßt bzw. beansprucht hat. Die in sadduzäischer Tradition argumentierenden Schriftgelehrten verweisen auf das Sh^{e}ma (Dtn 6,4): „Er lästert (Gott), denn wer kann Sünden vergeben *außer einem, Gott*?“ (Mk 2,7). Christliche Exegese hat im Umkehrschluss aus dem Vorwurf der Gegner, Jesus lästere Gott, indem er sich Gott gleichmache (Mk 2,7) – wie übrigens auch aus Joh 5,18; 10,33; 19,7 – gefolgert, Jesus habe in der Tat diese göttliche Vollmacht, Sünden zu vergeben *wie* Gott und *als* Gott zu Recht praktiziert, weil er selber Gott sei.[11]

Demgegenüber hat *Otto Betz* in einer erhellenden Exegese zum „Lieblingspsalm Jesu“ nicht nur die Einheitlichkeit der Überlieferung von Mk 2,1–12 anhand von Ps 103,3 – „der dir alle deine Sünden vergibt und heilet alle deine Gebrechen“ – herausgearbeitet, sondern auch den *Mittlercharakter* Jesu als des Messias-Menschensohnes herausgestellt: „Der Menschensohn [Jesus handelt] als Mittler des göttlichen Erbarmens.“[12]

Auf die Anklage der sadduzäischen Schriftgelehrten, die die Sühne und

---

11 O. Hofius, Vergebungszuspruch und Vollmachtsfrage, in: „Wenn nicht jetzt, wann dann?“, FS H.-J. Kraus zum 60. Geburtstag, Neukirchen-Vluyn 1983, 115–127.

12 O. Betz, Jesu Lieblingspsalm, in: ders., Jesus. Der Messias Israels (WUNT 42), Tübingen 1987, 185–201, 197. Vgl. weiter U. Kellermann, Wer kann Sünden vergeben außer Elia?, in: Gottes Recht als Lebensraum, FS H. J. Boecker, Neukirchen-Vluyn 1993, 165–177, bes. 177, und F. Crüsemann, Elia – die Entdeckung der Einheit Gottes (KT 154), Gütersloh 1997: „Vor allem wird aber Jesus selbst mit Zügen Elias ausgestattet, denn seine Macht, mit der er Sünden vergibt, nimmt eine jüdische Eliatradition auf“ (11). „Der Streit über diese Kompetenz ist ein innerjüdischer. Das Tun Jesu wird mit der Tradition des wiederkehrenden Elia erfaßt“ (17). Der Beitrag von O. Hofius (Anm. 11) wie auch das grundlegende Buch von B. Janowski, Sühne als Heilsgeschehen, Neukirchen-Vluyn 1982, haben ihre Bedeutung darin, dass sie dem Priester in Israel zu Recht keine *sakramental-vermittelnde* Funktion für die Sündenvergebung und Sühne durch JHWH zuschreiben, sondern eher eine *anzeigende* und *verweisende* Funktion. Demgegenüber kommt dem messianischen Menschensohn Jesus in Mk 2,10 eine die Sündenvergebung JHWHs *vermittelnde* Funktion zu. Dennoch handelt Jesus nicht, wie Hofius meint, „in *unmittelbarer* göttlicher Vollmacht und *eigener* Autorität“ (126), sondern in vom Gott Israels abgeleiteter und übertragener göttlicher Rechts- und Vollmacht, wie sie dem messianischen Menschensohn nach Dan 7, Mt 11,25 und 28,18 durch JHWH verliehen wird und doch die unmittelbare göttliche Vollmacht JHWHs bleibt.

Vergebung durch den *einen* Gott auf den *einen* Tempel konzentrieren möchten und ausschließlich durch den Mund der Priester angezeigt verstehen, antwortet Jesus mit der Vergebung und Heilung durch JHWH. Jeremias verweist auf Mk 2,5 und Lk 7,47f. als „Belege dafür, daß Jesus die Vergebung Gottes zusprach. Man beachte, daß das Passiv [...] das Handeln Gottes umschreibt: *Gott* ist also der Vergebende!"[13]

c) Jesus, dessen übermenschliches Wissen (Mk 2,5.8) – wie Betz gezeigt hat[14] – ein indirekter Hinweis auf den messianisch interpretierten Text von Jes 11,3: „Er wird nicht richten nach dem, was seine Augen sehen" ist, begründet den Zuspruch der Sündenvergebung im NAMEN des Gottes Israels mit seinem vollmächtigen Handeln als messianischer Menschensohn: „Der Menschensohn hat die Rechtsmacht, Sünden zu vergeben – d.h. die Sündenvergebung JHWHs zu vermitteln – schon hier auf Erden" (Mk 2,10). In diesem Vollmachtshandeln des Menschensohnes vollzieht Jesus das vergebende und heilende Handeln des Gottes Israels, von dem Ps 103,3 erzählt und dichtet.

Entspricht nach sadduzäischem Verständnis dem *einen* Gott ausschließlich der *eine* Tempel als Ort priesterlich angesagter Sündenvergebung – der Blasphemievorwurf taucht im Mk-Ev nicht zufällig nur noch einmal im sadduzäisch-majorisierten Prozess gegen Jesus (Mk 14,64) auf –, so entspricht in Mk 2,1–12 dem *einen* Gott der *eine* Menschensohn Jesus, der „als Mittler des göttlichen Erbarmens" und göttlichen Heilens handelt: „Gott hat den Messias-Menschensohn als Mittler seiner Gnade [Vergebung] und als Heiland der Notleidenden, Kranken und schuldig Gewordenen gesandt."[15]

Auch nach *Wolfgang Schrage* ist „bei Jesus der theozentrische Grundzug nicht zu übersehen [...], ist die von Jesus herbeigeführte Gottesherrschaft mit der Anerkenntnis der Einzigkeit Gottes eng verknüpft und viele seiner Worte und Taten lassen sich geradezu als Explikation des 1. Gebotes verstehen (Mt 6,24 par Lk 16,13 [‚ihr könnt nicht dem einzigen Gott dienen und dem Mammon']). [...] Ein illustratives Beispiel für die Verbindung von einmaliger exousia Jesu und der Gott allein zustehenden Prärogative ist die Praxis seiner in Mk 2,5 bezeugten Sündenvergebung.

---

13 J. Jeremias, Neutestamentliche Theologie, a. a. O., 116. J. M. Schmidt, dem ich für eine kritische Durchsicht des Beitrags zu danken habe, verweist mich für Mk 2,5 auf Lev 4,20–26.31.35.

14 O. Betz, Wie verstehen wir das Neue Testament?, Wuppertal 1981, 19.43.95.

15 A. a. O., 197f.

Einerseits wagt Jesus es, sie unkonditional zuzusprechen, andererseits zeigt das *passivum divinum* aphientai, dass letztlich allein Gott selbst vergeben kann.“[16]

Ich füge den weiterführenden Beobachtungen von Betz und Schrage hinzu: Die Überlieferung von Mk 2,1–12 endet nicht zufällig – dem Lobpsalm „Lobe [den] HERRN, meine Seele“ (Ps 103,1.22) entsprechend – mit dem Hinweis, dass „alle [dem] Gott [Israels] die Ehre, den Lobpreis gaben“ (Mk 2,12). Der messianische Menschensohn dient mit seinem die Vergebung und Heilung JHWHs vermittelnden Handeln der Ehre und dem Lobpreis des NAMENs Gottes, dient also als Mittler dem l. Gebot: der Heiligung des NAMENs des Gottes Israels.

1.2 Die Huldigung, nicht Anbetung, des messianischen Menschensohnes

Die Überlieferung von Mt 28,16–20 erzählt von der proleptischen Parusie des kommenden Menschensohnes. Das proskynein in Mt 28,17 taucht im Mt-Ev insgesamt achtmal auf, nicht zufällig zu Beginn und am Ende des Evangeliums. Luther hat bei der Übersetzung geschwankt: Er übersetzt proskynein – der altkirchlichen Tradition von Maria als der „Gottesgebärerin“, der theotokos,[17] folgend – in Mt 2,2.8.11 mit „anbeten“. Demgegenüber gibt Luther dasselbe griechische Verb in Mt 28,17 mit „huldigen“ bzw. „vor ihm niederfallen“ wieder. Und so tun es die revidierten Übersetzungen der Lutherbibel bis heute! Auch unser Liedgut[18] folgt der dogmatischen Auslegungstradition der Vulgata, die sowohl Mt 2,2.8.11 als auch Mt 28,17 mit adorare, d. h. anbeten, übersetzt.[19]

---

16 W. Schrage, Unterwegs zur Einheit und Einzigkeit Gottes (BThSt 48), Neukirchen-Vluyn 2002, 127f.

17 A. M. Ritter, Handbuch der Dogmen- und Theologiegeschichte, Bd. I, hg. von C. Andresen, Göttingen (1982) ²1999, 247f.

18 EG 45,2: „O lasset uns anbeten … den König!“; EG 52,1: „Und wir beteten es an“.

19 Die *authorised King James Version* übersetzt proskynein einheitlich sowohl in Mt 2,2.8.11 als auch in Mt 28,17 mit „to worship him“. Ebenso die New Oxford annoted Bible von 1962. Dagegen übersetzt die Überarbeitung von 1989 proskynein in Mt 2 mit „to pay him homage“, während sie in Mt 28,17 abweichend mit „they worshipped him“ übersetzt, und zwar mit der zusätzlichen Erklärung, dass die Jünger dieses Niederfallen in Anbetung zeitlich vor der Kreuzigung nicht vollzogen hätten. La Bible de Jérusalem (1981) übersetzt proskynein in Mt 2 mit „lui rendre hommage“, d. h. ihm huldigen, und gibt im gleichen Sinne Mt 28,17 mit „ils se prosternèrent“ wieder, versteht also beidesmal nicht im Sinne von Anbetung. Die holländische Bibel der Niederländischen Bibelgesellschaft von Haarlem (1979) übersetzt in Mt 2 mit „om hem hulde te bewizen“, dagegen in Mt 28,17 mit „aanbaden“ im

a) Beginnen wir mit der Überlieferung von der *Völkerwallfahrt der Weltweisen zum Zion* nach Mt 2,1–12: Da es sich in Mt 2,2 beim „Stern im Aufgang/Morgenland" um eine Anspielung auf den messianisch interpretierten Text von Num 24,17 handelt[20] und da die Magier bzw. Weltweisen nach dem Ort fragen, „wo der Messias geboren werden sollte" (Mt 2,4), kann das proskynein nur die Huldigung vor dem messianischen Kind aussagen, kann also hier keine Anbetung gemeint sein. Mt 2,1–12 erzählt die Vorwegnahme der Völkerwallfahrt zum Zion durch die Weltweisen, die in der Huldigung vor dem messianischen Kind,[21] „der mein Volk Israel weiden wird" (Mi 5,1; Mt 2,6), ihr Ziel hat. Zur Tradition der Völkerwallfahrt zum Zion gehört auch die Darbringung der Gaben aus den Völkern (Jes 60; Mt 2,11).

Maria wäre von daher als christotokos, als die Mutter des Messias, zu bekennen, in welchem der Gott Israels kommt und Wohnung nimmt. *Hartmut Gese* hat darauf hingewiesen, dass die in Lk 1,35 angesagte „Überschattung" durch den Geist sich auf Ex 40,34f. bezieht und also von der Einwohnung des Gottes Israels im Messias Jesus erzählt.[22]

Sinne der Anbetung. Die Zürcher Bibel übersetzt in Mt 2 mit „huldigen" und in Mt 28,17 gleichsinnig mit „sich vor ihm niederwerfen", versteht also proskynein nicht im Sinne der Anbetung. Die Elberfelder Bibel übersetzt in Mt 2 mit „ihm zu huldigen", bietet aber alternativ „ihn anzubeten" an, während sie davon abweichend für proskynein in Mt 28,17 alternativlos übersetzt: „sie warfen sich (vor ihm) nieder". Die wenigen Beispiele der Übersetzungsvarianten spiegeln dogmatische Differenzen wider, die im vorliegen Beitrag thematisiert werden sollen.

20 O. Betz, Wie verstehen wir, a. a. O., 29.

21 Das Wort „Huldigung" bezieht sich mit 170 Belegen im AT „sowohl auf Jahwe als auch [...] vor allem auf den König". Huldigt man dem König (1Sam 24,9; 2Sam 9,6; 14,4.22 u. ö.) oder einem Propheten (2Kön 2), so huldigt man ihnen „als den Repräsentanten Jahwes gegenüber Israel" (S. Kreuzer, Die Verbindung von Gottes Herrschaft und Königtum Gottes im Alten Testament, in: Congress Volume 1992, hg. von J. A. Emerton, Paris 1995, 145–161, 152f.). Huldigt man JHWH und dem König David, wie in 1Chr 29,20: „Sie huldigten JHWH und dem König", so bedeutet Huldigung gegenüber JHWH zugleich „Anbetung". Anbetung erfolgt aber nicht gegenüber dem König. Huldigt man dem König, dann deshalb, weil man in ihm den Repräsentanten der Herrschaft JHWHs gegenüber Israel anerkennt. Auf dieser Linie ist auch die Huldigung der Weltweisen gegenüber dem messianischen Kind (Mt 2) zu verstehen: Sie bedeutet keine Anbetung, sondern die Huldigung an den messianischen Repräsentanten der Weltherrschaft JHWHs.

22 H. Gese, Natus ex Virgine, in: ders., Vom Sinai zum Zion. Alttestamentliche Beiträge zur biblischen Theologie (BevTh 64), München 1974, 130–146: „[...] das seltsame Überschatten (episkiazein), das in der Septuaginta von der einwohnenden [...] Offenbarungswolke (Ex 40,35) [der schechina] ausgesagt wird, (zeigt) [...] die Präsenz des göttlichen kabod [der göttlichen Herrlichkeit] an. Entsprechend begegnet dieses Überschatten in der Verklärungsgeschichte (Mt 17,5; Mk 9,7; Lk 9,34)" (133). Gese übersetzt Lk 1,35: „‚Heiliger Geist wird auf dich kommen [...] und Kraft Eljons wird dich bedecken', wobei von vornherein an das schimmernde Bedecken der ‚Wolke' gedacht sein mag" (139).

b) In der Überlieferung von der Versuchung Jesu hat – anders als in Mt 2 – proskynein in Mt 4,9.10 die Bedeutung von „anbetend vor ihm [dem Satan] niederfallen", wie Barth richtig übersetzt.[23] Jesu Antwort mit Verweis auf Dtn 6,13; 4,9 „Es steht geschrieben: ‚Du sollst allein vor Gott anbetend niederfallen und ihm allein dienen'" (Mt 5,10 par Lk 4,8) macht deutlich, dass proskynein dem Satan gegenüber, der im Gegensatz zu Gott den totalen göttlichen Anspruch auf die Weltherrschaft stellt, im Sinne von Anbetung zu verstehen ist. Jesus besteht die Prüfung bzw. Versuchung: „Er wollte dabei bleiben [...], Gott anzubeten und ihm allein zu dienen. [...] Das war das Rechte, das er für uns getan hat."[24]

c) *Dass der Gott Israels in seinem Messias selber kommt,* bezeugt die Überlieferung von der Täuferfrage (Mt 11,2–6): Der gefangene Johannes der Täufer sieht „die Werke des Messias" und richtet angesichts der Unerlöstheit Israels und der Welt die messianische Frage „Bist du der Kommende?" an Jesus, der seinerseits mit dem Hinweis auf den erst fragmentarischen Anbruch der umfassenden Verheißung von Jes 35,5f. antwortet: „[einige] Blinde sehen, [einige] Lahme gehen ..." (Mt 11,5).

Julius Schniewind hat in seiner Exegese der Stelle zu Recht auf Jes 35,5f., „eine schon im Judentum messianisch verstandene Stelle", die in Mt 11,5 anklingt, hingewiesen. Und er hat Mt 11,5 im Blick auf Jes 35,4 deshalb so interpretiert: „G o t t selbst kommt und hilft/rettet euch."[25] Schniewind wollte damit betont zum Ausdruck bringen: *In dem Kommenden, in dem Messias Jesus, der kommt, kommt der Gott Israels und rettet. In dem Messias Jesus vollzieht sich das rettende Kommen des Gottes Israels selbst.*

In seiner letzten Fassung der Eschatologie „Das Kommen Gottes" sagt *Jürgen Moltmann* deshalb zu Recht zur Verheißung vom Kommen Gottes nach Jes 35: „*Der Gott der Hoffnung* ist selbst der *kommende Gott* (Jes 35,4; 40,5). [...] Es ist folgerichtig, daß nicht nur Gott selbst als ‚der Kommende' erfahren wurde, sondern auch die Hoffnungsträger, die sein Kommen vermitteln und die Menschen auf seine Parusie vorbereiten, diesen Titel bekommen: der Messias, der Menschensohn."[26] Das unterstreicht *die theozentrische Fundierung aller messianisch-christologischen*

---

23 K. Barth, KD IV/1, Zollikon-Zürich 1953, 288.

24 A. a. O., 289.

25 J. Schniewind, Das Evangelium nach Matthäus (NTD 2), Göttingen (1936) ^{9}1960, 139; vgl. auch Schniewinds entsprechende Formel in seiner Antwort an *Rudolf Bultmann*: Jesus ist als der Christus Israels „der, in dem [der] Gott [Israels] in einmaliger Gegenwärtigkeit handelt"; zit. bei W. Schrage, Unterwegs zur Einheit, a. a. O., 138f.

26 J. Moltmann, Das Kommen Gottes, Gütersloh 1995, 41.

Hoffnung: „Der kommende Gott ist älter als die verschiedenen Messias- und Menschensohnerwartungen. Diese leben von der Hoffnung auf ihn."[27]

d) Wir kommen damit zu der Überlieferung von Mt 28,16–20, *der österlichen, proleptischen Parusie des kommenden Menschensohnes* Jesus vor seinen Jüngern. *Ferdinand Hahn* folgt in seiner materialreichen Meditation der altkirchlichen Übersetzungstradition von proskynein und spricht von der „Anbetung" Jesu durch die Jünger.[28] Demgegenüber möchte ich im Anschluss an andere Übersetzungstraditionen mit *Georg Eichholz* im Blick auf die in Mt 28,16–20 erzählte „Proklamation des Menschensohnes in der Völkerwelt" zwar von *Huldigung und Proskynese*, aber *nicht von der Anbetung* der Jünger im Gegenüber zu Jesus, dem messianischen Menschensohn, reden.[29]

Analoges spiegelt sich auch in dem lukanischen *Abschiedsbericht* (Lk 24,50ff.): Jesus, der verheißene Messias seines Volkes Israel und der Völker, segnet die Jünger – priesterlich seine Hände erhebend – mit dem aaronitischen Segen (Num 6,22–27), indem er den NAMEN des Gottes Israels segnend auf die Jünger legt (Lk 24,50). Von diesen wird nicht behauptet, dass sie daraufhin „ihn anbeten" (Luther-Übersetzung), sondern: Diese huldigen ihm (Lk 24,52), kehren daraufhin nach Jerusalem zurück und „waren allezeit im Tempel, indem sie *Gott priesen*", d. h. ihn anbeteten (Lk 24,53).

Im messianischen Menschensohn ereignet sich also das Kommen des Gottes Israels. Deshalb *huldigt* man dem Messias-Menschensohn, *aber man betet nicht ihn, sondern den Gott Israels an*. Der verheißene messianische Menschensohn Jesus ist das Kommen des Gottes Israels zu seinem Volk und mit Israel zu den Völkern.[30]

---

27 Ebd.

28 F. Hahn, Mt 28,16–20, in: hören und fragen, hg. von A. Falkenroth, Bd. 3/2, Neukirchen-Vluyn 1975, 15–28, 22. Auch U. Luz, Das Evangelium nach Matthäus – Mt 26–28 (EKK I/4), Neukirchen-Vluyn 2002, übersetzt proskynein mit huldigen, interpretiert aber dann: „Bei Jesus schließt diese Haltung Anbetung ein" (a. a. O., 438).

29 G. Eichholz, Meditation zu Mt 28,16–20, in: ders. (Hg.), Herr tue meine Lippen auf, Bd. III, Wuppertal 1964, 282–284.

30 Mt 28,18 handelt von einer Selbstaussage des auferweckten und erhöhten Christus: „Mir ist alle Gewalt gegeben im Himmel und auf Erden." Das ist zunächst – wie auch H.-J. Kraus gezeigt hat – eine Anspielung auf Dan 7: „JHWH gibt dem ‚Menschensohn' Macht, er überträgt auf ihn königliche und richterliche Vollmacht" (H.-J. Kraus, Christologie, in: E. Brocke / J. Seim [Hg.], Gottes Augapfel, Neukirchen-Vluyn 1986, 1–23, 18). Im Blick auf die Königspsalmen 80,18; 110,1 und Ps 72, aber auch im Blick auf das chronistische Geschichtswerk formuliert Kraus: „Der König JHWH überträgt seine Herrschaft auf den ma-

II. *Die Gottespräsenz im messianischen Menschensohn Jesus*

Flusser hat in seinem bereits genannten Aufsatz „Das Schisma zwischen Judentum und Christentum“ über die jüdische Kontur aller christologischen Hoheitstitel gesagt: „Jesu Lehre war jüdisch, und das gleiche gilt für die Christologie und alle ihre Bestandteile. [...] Jesu persönliche Erfahrung der göttlichen Sohnschaft wurde mit dem jüdischen Konzept der Prä-Existenz des Messias verknüpft, und dies ebnete den Weg für den Gedanken, daß Christus gleichzeitig göttlichen Wesens (eine Hypostase Gottes) ist, daß ‚der Sohn‘ der Abglanz der Herrlichkeit Gottes und das Ebenbild des göttlichen Wesens ist [...] und dass Gott durch ihn die Welt geschaffen hat (Hebr 1,2–3).“[31]

II.1 Gott(esgegenwart) war der Logos (Joh 1,1)

Von daher ist auch in Joh 1,1 „Gott war der Logos“ das pädikativ gebrauchte theos nicht im Sinne der Vergottung Jesu misszuverstehen, sondern entweder von der *präexistenten Weisheit* als Schöpfungsmittlerin (Prov 8,22)[32] oder von der *Präexistenz des Messias* her zu verstehen. Die-

schiach-Menschensohn“ (19). Von daher wäre Mt 28,18 in Beachtung des passivum divinum und des differenzierten Gewaltbegriffs (power, force, violence) zu übersetzen: „JHWH hat mir übertragen alle Rechtsmacht (power) im Himmel und auf der Erde.“ Da der „Menschenähnliche/Menschensohn“ in der atl.-jüdischen Tradition sowohl messianisch-individuelle wie auch israelitisch-kollektive Züge trägt, gilt für Mt 28,18 weiter: „Der ‚Menschensohn‘ ist aus dem Israel-Geheimnis nicht herauszuheben, auch wenn er in der jüdischen Apokalyptik immer stärker individuelle maschiach-Züge trägt. Auch die Selbstaussage des Erhöhten in Mt 28,18 tritt nicht aus dem Mysterium ‚Israel‘ heraus“ (19). Übrigens auch darin nicht, dass sie in die „Sendung zu den gojim“, zu der Völkerwelt, verweist. „Denn es gilt, die Sendung des ebed/Israel zu erfüllen: ‚Lehret alle Völker!‘ (Mt 28,19)“ (ebd.) – mit Verweis auf Jes 42,1 und 43,10. Ich ergänze das von Kraus Gesagte: Wie der messianische Menschensohn nicht aus dem *Israelgeheimnis*, so tritt er auch nicht aus dem *NAMENsgeheimnis Gottes* heraus. Er wahrt vielmehr das NAMENsgeheimnis des Gottes Israels, wie die Differenzierung in Mt 28,19 deutlich zeigt: Die Taufe geschieht 1. auf den *NAMEN des Vaters*, des Gottes Israels, sodann 2. auf den *Namen des Messias Jesus* (vgl. Mt 1,21.23), des messianischen Menschensohnes, schließlich 3. auf den *Namen des Geistes*, der der Geist JHWHs und des Messias Jesus ist. Wenn die häufigen Verweise in den Bibelübersetzungen und Kommentaren auf den Zusammenhang von Mt 28,18 und Phil 2,9, wie ich meine, zu Recht bestehen, dann kann mit den vom Gott Israels auf den Messias Jesus übertragenen Kyrios-Namen nur der messianische marana-Kyrios-Titel, nicht aber der KYRIOS-NAME, das Tetragramm, gemeint sein (vgl. dazu mein Buch: Die Auferweckung des Gekreuzigten [1971] ^{3}1981, 140f.).

31 D. Flusser, Das Schisma, a. a. O., 216.

32 H. Gese, Der Johannesprolog, in: ders., Zur biblischen Theologie, Tübingen ^{2}1983, 152–201. Schon zu Anfang des 20. Jh.s kann man bei E. Kautzsch, Die Apokryphen und Pseud-

sem kommt von der messianischen Tradition des Alten Testaments her das El- bzw. Elohim-Prädikat zu (Jes 7,14; 9,5; Sach 12,8; Ps 45,7). Der Messias ist der *Mittler und Repräsentant des Gottes Israels* und die Vergegenwärtigungsgestalt seiner Herrschaft.

Nach *Brevard Childs* ist die Anwendung der religionsgeschichtlichen Kategorie des „Monotheismus" auf den Gott Israels „theologisch unangemessen und versagt weitgehend bei der Wahrnehmung der grundlegenden Merkmale von Gottes Selbstoffenbarung in Israel. [...] Vielmehr entwickelt Israel eine Vielzahl von hypostasenartigen Vorstellungen, mit deren Hilfe es zugleich sowohl von Gottes Transzendenz als auch von seiner Immanenz Zeugnis ablegte. Man sprach von den ‚Boten JHWHs', von seinem Angesicht (panim) und von seiner Herrlichkeit (kabod)."[33]

Nach 2Sam 7 wird von dem bleibenden Segen Davids und seiner Nachkommenschaft gesprochen, „dessen Herrschaft als eine Repräsentation der Herrschaft Gottes charakterisiert wird"[34]. Die kosmischen Dimensionen des Königs als des Repräsentanten der Gottesherrschaft werden Ps 72,6 geschildert.[35] „Er wird sogar als ‚Gott' angeredet, dessen Thron ewig bestehen bleibt (Ps 45,7; 21,1ff.; 110,1ff.)."[36]

An die Immanenz- und Kommensweisen des Gottes Israels in der Hebräischen Bibel wird auch im Neuen Testament angeknüpft.

Wir haben also – im Sinne der Präzisierung der Monotheismusthese – von der Lebendigkeit des Gottes Israels, seinen Repräsentationen und Hypostasierungen als Ausdruck seines Kommens zu sprechen, wenn wir die Christologie entfalten wollen. Deshalb kommt der Messias im NAMEN JHWHs (Mk 11,9).

Interpretiert man Joh 1,1 – was ebenfalls möglich ist – von der jüdischen Tradition des *Schaliach-Institutes* her, derzufolge der Gesandte den Sendenden vertritt und repräsentiert – der Sendende ist im Gesandten selber präsent[37] –, dann ist Joh 1,1 zu übersetzen: „Gott(esgegenwart) war der Logos."[38]

---

epigraphen des Alten Testaments, Bd. II (1900), Darmstadt ²1962, in seinen Anmerkungen zu aeth. Henoch 48,1–10 lesen: „Der Name des Messias ist vorweltlich. [...] Der Messias ist der Inhaber der himmlischen Weisheit – in solchen Vorstellungen wurzelt die johanneische Logoslehre" (264).

33 B. Childs, Biblical Theology, a. a. O., 355f.

34 A. a. O., 453.

35 A. a. O., 54.

36 Ebd.

37 J.-A. Bühner, Der Gesandte und sein Weg im 4. Evangelium (WUNT 2), Tübingen 1977: „Der Gesandte als Repräsentant seines Senders" (209), „der Gesandte eines Menschen ist wie dieser selbst" (Mischna Berachot 5,5; 233). „Die Jünger sind von Jesus gesandt und re-

Von daher wäre auch der 2., d. h. der christologische Artikel des Nizäno-Konstantinopolitanum von 381, der auf 1Kor 8,6 anspielt, erneut als christologische Auslegung des 1. Gebotes zu verstehen und wie folgt zu reformulieren: Wir glauben 1. an den *einen* Gott (Dtn 6,4) und 2. an den einen messianischen Herrn (1Kor 8,6), Gottes eingeborenen Sohn, aus Gott geboren (Ps 2,7) vor aller Zeit, wahrhaftige Gottesgegenwart vom wahrhaftigen Gott Israels (Joh 1,1).

II.2 Die messianischen Ich-bin-Logien

Auch die Ich-bin-Aussagen des johanneischen Christus werden mit einer langen dogmatisch-exegetischen Tradition im Sinne der Vergottung Jesu missverstanden. Als Beispiel für viele mag der 1998 erschienene Joh-Kommentar von *Ulrich Wilckens* dienen: „Gottes ureigener Name: ‚Ich bin, der Ich bin' […] ist Jesu Name.“[39] „Der Sohn als solcher (ist) zugleich

präsentieren ihn, der seinerseits Gott repräsentiert. […] Jesus ist Gottes Repräsentant“ (252; zu Joh 13,20). Vgl. dazu auch O. Betz, Wie verstehen wir, a. a. O., 29.

38 J. Denker, Das Wort wurde messianischer Mensch. Die Theologie Karl Barths und die Theologie des Johannesprologs, Neukirchen-Vluyn 2002, 186ff.313.

39 U. Wilckens, Das Evangelium nach Johannes (NTD 4), Göttingen 1998, 86. Nur einige weitere exemplarische Kostproben: Zu Joh 4,26 „ICH BIN es“ meint Wilckens: „Gottes ureigener Name: ‚Ich bin, der ich bin' […] (Ex 3,14; vgl. Ex 20,2), ist Jesu Name, mit dem er sich dieser samaritanischen Frau hier bekannt macht“ (86). Zu Joh 1,18 wird bemerkt: „Der ‚Einzig-eine (Sohn)' ist Jesus, indem er selbst Gott ist (1,1)“ (36). Joh 6,16–21 „ICH BIN es, fürchtet euch nicht“ versteht Wilckens: So „ist Jesu ‚Ich bin' dieselbe Identitätszusage wie die Gottes gegenüber Mose in Ex 3,6 oder in der Überschrift des Dekalogs Ex 20,2. Jesu ICH BIN ist zugleich Gottes ICH BIN“ (98). Zu Joh 8,12 „ICH BIN das Licht der Welt“ (140) verweist Wilckens zu Recht auf die im Targum messianisch interpretierten Stellen Jes 42,6–8 und 49,6–9, denen zufolge der messianische Gottesknecht das „Licht der Völker“ ist. Dies wird aeth Hen 48,4 vom messianischen Menschensohn ausgesagt. In aeth Henoch 48,2–4 wird dabei in Auslegung von Ps 72,17 nicht nur von der Präexistenz des Menschensohnes, sondern auch von dem präexistenten *Namen* des Menschensohnes gesagt: „Zu jener Stunde wurde jener Menschensohn bei dem Herrn der Geister und sein Name [!] vor dem Betagten [Gott] genannt. Bevor die Sonne [Anspielung auf Ps 72,17] und die Tierkreiszeichen geschaffen […] wurden, wurde sein Name [!] vor dem Herrn der Geister genannt. Er [der Menschensohn …] wird das Licht der Völker“ (48,2–4). Es ist dieser messianische Name des Menschensohnes, der nach Mt 28,18, Phil 2,9 von JHWH auf den Messias Jesus übertragen wird. Leider ist Wilckens in der Interpretation der sog. ICH-BIN-Logien dieser im aeth Henoch Kap. 48 angezeigten messianischen Linie bei der Interpretation der johanneischen Ich-bin-Logien nicht gefolgt. Vom „Licht des Messias“ hat das Judentum gesprochen (G. Stemberger, „Das Licht des Messias“, Midrasch, München 1989, 170–176; O. Michel, Das Licht des Messias, in: Das Institutum Judaicum der Universität Tübingen 1971–1972, 155–160; vgl. Billerbeck I, 151.161f.). Deshalb überschreibt Michel seine Auslegung von Joh 9,1–12, der Heilung des Blindgeborenen: „Eine ‚Lichtbehandlung' durch die (messianische) Vollmacht Jesu“ (Aufsehen auf Jesus, Metzingen 1968, 27–38). Zu Joh 9,11–

selbst Gott (Joh 1,18; 20,28; 1Joh 5,20!). Dies [... hat] den Grund gelegt [...] für die Findung des Fundamentalbekenntnisses der Kirche in der Form des Nizänums."[40]

Die Ich-bin-Worte des Joh-Ev sind aber keine das 1. Gebot übertretenden „ICH-BIN-Logien" im Sinne von Ex 3,14, wie Wilckens meint. Das johanneische Ich-bin ist zwar auch keine einfache Identifikationsformel, wie *Klaus Berger* will,[41] sondern eine z. B. an Mk 14,62, Lk 24,39, Act 9,5 orientierte *messianische Selbstvorstellungsformel*: „Ich bin es [...], ihr werdet den Menschensohn kommen sehen." „Ich bin (der Messias) Jesus, den du verfolgst."

Das Ich-bin des Joh-Ev ist ein *messianisches Ich* und meint deshalb keine Identifikation mit dem Tetragramm. Vielmehr dient das messianische Ich Jesu der Heiligung und Verherrlichung des NAMENs des Gottes Israels, wie Joh 17 besonders eindrücklich belegt: „Ich habe Deinen NAMEN den Menschen bekannt gemacht" (17,6), „damit sie DICH, den allein wahren GOTT, erkennen und den DU gesandt hast, Jesus Christus" (17,3).[42]

II.3 Das Bekenntnis zur Gottesgegenwart im Messias Jesus (Joh 20,28)

Das Thomas-Bekenntnis „mein Herr und mein Gott" scheint nach der Interpretation vieler Exegeten im Sinne der *Vergottung Jesu* verstanden werden zu müssen. So behauptet Gese: „Der Apostel Thomas bekennt bei

15 „Ich bin der gute Hirte" verweist Wilckens zu Recht auf Ez 34, versteht den Text im Sinne der Gottesrede (34,8) und also im Sinne des „ICH BIN" (166), übersieht aber dabei die breit ausgeführte Rede vom messianischen guten Hirten David (in Ez 34,23ff.), dessen Wiederkunft erwartet wird. An diese Tradition schließen sich die messianischen „Ich-bin"-Logien des Joh-Ev an.

40 U. Wilckens, Das Evangelium nach Johannes, a. a. O., 14.

41 K. Berger, Im Anfang war Johannes, Stuttgart 1997, § 27 „Die Ich-binWorte". Berger ist in seiner Kritik an einer Interpretation der sog. ICH-BIN-Worte im Sinne von Ex 3,14 Recht zu geben, derzufolge „die johanneischen Ich-bin-Worte zum Hort steilster Identitätsaussagen, die man nur als ultraorthodox bezeichnen kann", werden (195). „Diese Tendenz geht so weit, dass jedes ‚ich' (gr.: ego) und jedes ‚ich bin' (gr.: eimi) unter den Anspruch der Gottheit Jesu subsumiert wird" (ebd.). Deshalb ist nach Berger zu Recht die Position unmöglich, die für die johanneischen Ich-bin-Worte „eine exklusive Bedeutung im Sinne des Gottesnamens annimmt, wo immer von ‚ich' die Rede ist" (196).

42 Zur ausführlichen Begründung dieser messianischen Interpretation der johanneischen „Ich-bin-Logien" vgl. B. Klappert, The Coming Son of Man Became Flesh. High Christology and Antijudaism in the Gospel of John, in: Anti-Judaism and the Fourth Gospel, hg. von H. Bieringer u. a., Assen 2001, 159–186.

der Wahrnehmung des Auferstandenen (Joh 20,28) mit der Gebetsanrede des Psalmisten: JHWH älohaj" (Ps 35,23f.), d. h. er redet den Auferstandenen mit dem alttestamentlichen NAMEN Gottes an.[43] Ähnlich und noch drastischer argumentiert *Benedikt Schwank*: „Im Evangelium [des Johannes] war Jesus noch nie auf solche Weise mit dem ‚einzig wahren Gott' (17,3) gleichgesetzt worden."[44]

Demgegenüber heißt es richtig bei *Paul van Buren* im dritten Band seiner Trilogie „Christ in Context": „Als ein Zeugnis der frühen und ganz jüdischen Gemeinde kann dies nicht gemeint haben, *dass der Jude Jesus Gott* war, der Gott der Juden. Es konnte in der Tat nur meinen: Direkt und besonders in ihrer Begegnung mit Jesus *waren sie ihrem Gott, dem Gott Israels begegnet.*" Dazu sind auch die weiterführenden Ausführungen von Berger zu vergleichen, der zu Recht im Blick auf das Joh-Ev von „Gottes Präsenz in Jesus" spricht.[45]

III. Der NAME Gottes und der Name Jesu Christi

Wie wir bereits zu Mt 28,18 gesehen haben, ist *der Name des Messias Jesus* untrennbar mit dem *NAMEN des Gottes Israels* verbunden. Dennoch dürfen beide nicht einfach identifiziert werden, sondern müssen wechselseitig „unvermischt und ungetrennt" aufeinander bezogen werden. Freilich mit dem asymmetrischen Akzent, dass der Name Jesu und sein Kommen dem NAMEN des Gottes Israels und Seinem Kommen dienen und nicht umgekehrt.[46]

---

43 H. Gese, Über die biblische Einheit, in: Chr. Dohmen / Th. Söding (Hg.), Eine Bibel – zwei Testamente, Göttingen 1995, 37.

44 B. Schwank, Evangelium nach Johannes, St. Ottilien 1996, 487.

45 P. van Buren, A Theology of the Jewish-Christian Reality, Part III, Christ in Context, New York 1988, 87. K. Berger, Im Anfang war Johannes, Stuttgart 1997, § 25, 185ff.

46 Vgl. A. Ruck-Schröder, Der Name Gottes und der Name Jesu (WMANT 80), Neukirchen-Vluyn 1999. Auch sonst muss biblisch unterschieden werden. Ich nenne nur wenige Beispiele: *Avinu* „Unser Vater" kann sich auf Gott (Avinu Malkenu; Dt 32,6; Jes 63,16), aber auch auf Abraham (Abraham avinu) beziehen. *König und Hirte* (1Sam 14,39; Ps 23,1; Ps 80) kann sich auf Gott (Ex 15,18; Dtn 33,5; Ps 47; 93ff.), aber auch auf den König bzw. den königlichen Messias beziehen (Ez 34; Jer 23,5; 33,14–18; Mi 5,3; Ioh 10). Das Kommen kann sich auf Gott (Jes 35,4f.), aber auch auf seinen messianischen Mittler und Repräsentanten beziehen: das Kommen des Menschensohnes (Dan 7,14; Mt 11,19; Mk 14,62). So kann auch das hebräische Äquivalent für „huldigen", das soviel wie „hoch leben lassen" (S. Kreuzer), „sich niederwerfen" heißen kann, sich sowohl auf Gott (dann bekommt es die Bedeutung von „anbeten"), als auch auf den König beziehen (dann bedeutet es nie „anbeten", sondern „huldigen, Ehre erweisen"; Ps 2,11b: „Entbietet dem Sohn den Huldigungskuss"). In 1Chr 29,20, wo sich das Verb „huldigen" gleichzeitig auf Gott und den König be-

Da das Kommen des *einen* Gottes in seinem *einen* Messias geschieht, bedeutet dies für die Perspektive Israels und der Urgemeinde eine unauflösliche Einheit, wenn auch nicht Identität, zwischen dem Gott Israels und seinem Messias. Von daher sind die Elohim- und El-Prädikationen für den Messias bzw. das Haus Davids im Alten Testament verständlich.[47]

Von daher sind auch die neutestamentlichen Aussagen zu verstehen.[48] Wichtig ist dabei, dass im Neuen Testament die folgende von *Hans Conzelmann* formulierte Grenze überall eingehalten wird: Es wird „nur Gott, nie der kyrios Jesus angebetet“[49].

Wo diese Grenze in der Anbetung Jesu überschritten wird, liegt ein eindeutig dogmatisches und sakramentales Denken vor, das sich weder auf das Alte Testament noch auf das Neue Testament berufen kann.[50]

---

zieht, hat es einmal die Bedeutung von Huldigung im Sinne der Anbetung, sodann David gegenüber nur die Bedeutung von huldigen.

47 Vgl. Jes 9,7: der erwartete König ist El gibbor = „Gottheld“; Jes 7,14: der erwartete Herrscher heißt „El mit uns“; Sach 12,8: das Haus Davids ist „wie Elohim“; Ps 45,7 redet den König an: „Dein Thron, o Gott“.

48 Ob man freilich mit H. Conzelmann so weit gehen soll, dass bei Paulus der Kyrios-Titel „gerade dazu (dient), Jesus und seine Stellung von Gott zu unterscheiden (1Kor 8,6)“ (zit. nach W. Schrage, Unterwegs zur Einheit, a. a. O., 169), mag dahingestellt sein. Er dient jedenfalls entscheidend dazu, den messianischen Marana-Kyrios als Vermittler und Repräsentanten der kommenden Herrschaft des ADONAI-KYRIOS zu verstehen.

49 H. Conzelmann, Christus im Gottesdienst der neutestamentlichen Zeit, in: ders., Theologie als Schriftauslegung (BevTh 65), München 1974, 120–130, 126; zit. auch von W. Schrage, Unterwegs zur Einheit, a. a. O., 144. Conzelmann hat sich auch zu Recht gegen die gängige Identifizierung des Messiastitels Kyrios mit KYRIOS als der Übersetzung des NAMENs des Gottes Israels gewandt, in: ders., Grundriß der Theologie des Neuen Testaments, München 1967, 102f.

50 Zur altkirchlichen Gebetstradition „an den Vater durch den Sohn im Heiligen Geist“ vgl. die lehrreiche Arbeit von H. Scholl, Der Dienst des Gebetes nach Johannes Calvin, Zürich 1968, mit einem Anhang von Calvin-Gebeten, 271–380. Vgl. J. Calvin, Consilia dogmatica et polemica; „Wenn wir beten, richten wir uns besonders an den Vater, reden wir bezeichnenderweise ihn als Person an“. Unsere Anrufung Jesu Christi besteht dann darin, „daß wir ihn bitten, daß er uns als Mittler zum Vater führt und so ist dies [die Anrufung Christi] wie eine Vorbereitung, um zum Vater zu kommen“ (CO 10/I, 153–156, 155f.; Hinweis von H. Scholl). Calvin interpretiert damit die priesterliche intercessio und Fürbitte Jesu Christi, der unser schwaches Beten vor seinen Vater bringt und uns beim Vater fürbittend vertritt (Röm 8,34). Entsprechend hat auch K. Barth in der Nachfolge Calvins in seiner Auslegung des Vaterunsers im Rahmen seiner Ethik des ungekündigten Israelbundes und der Versöhnung der Welt nicht einer Anbetung Jesu Christi das Wort geredet. Vielmehr hat er darauf hingewiesen, dass unser Beten nicht durch einen religiösen Aufschwung oder unsere intensive Leidenschaft, sondern „ganz allein“ durch Jesus Christus geschieht und zwar durch „dessen Fürbitte“ den Vater erreicht. Unser Beten des Vaterunsers erfolgt „dann ganz allein durch die Kraft der Fürbitte, die der eine […] Vorbeter aller sechs Bitten des Unser Vater für sie [die Betenden] und für die ganze Welt getan hat und noch tut“ (Das christliche Leben 1959–61, 452). Und da unser Beten nicht freihändig, sondern nach der Maßgabe des uns von Jesus im Vater Unser gelehrten Betens erfolgt, fügt Barth hinzu: Wenn wir durch Jesus Christus zugleich in der Gemeinschaft mit Jesus Christus beten, werde im Beten der

ChristInnen „dessen [Jesu Christi] Fürbitte sich dann wohl [...] widerspiegeln" (452). Ganz analog hat E. Zenger in seiner Psalmenauslegung: Dein Angesicht suche ich, Neue Psalmenauslegungen, Freiburg i. Br. u. a. 1998, darauf aufmerksam gemacht, dass auch das Volk Israel, wenn es die von David verfassten bzw. David zugeschriebenen Psalmen betet, durch und mit Davids Beten zum Gott Israels betet. Auch hier erfolgt das Beten zu JHWH also nicht freihändig, sondern nach Maßgabe des Betens Davids. A. J. Heschel hat dies ein „impressives Beten" im Sinne des lernenden Mitbetens genannt und dieses von dem „expressiven Beten" als dem dann erst möglich werdenden freien Beten unterschieden. Dem atl. Gebet Israels durch den davidischen König zu JHWH entspricht dann im Neuen Testament das Gebet der Gemeinde zum Gott Israels im Namen Jesu Christi bzw. durch Jesus Christus, den Sohn Davids. Vgl. weiter K. Barth, Gebete, München 1967, 23–25, die sich ausschließlich an Gott und nicht an Jesus Christus richten: „Lieber Vater durch Jesus Christus, unseren Herrn [...]. Dein Name sei gelobt." Barth hat in seiner Versöhnungslehre, genauer im Zusammenhang seiner bundestheologischen Interpretation der Zwei-Naturen-Lehre in KD IV/2 § 64,2, auf die Konsequenzen des sog. genus maiestaticum, d. h. der Lehre von der Mitteilung der göttlichen Eigenschaften an die menschliche Natur in Jesus Christus aufmerksam gemacht: m. a. W. auf die Konsequenzen der Vergottung, der Apotheose, der Theopoiesis „des menschlichen Wesens Jesu Christi". Gemeint ist „die Allmacht, die Allwissenheit, die Allgegenwart des Fleisches, der menschlichen Natur Jesu Christi. [...] Und so sei diese, das ist die letzte, solenne Aussage der ganzen Lehre, mit seiner Gottheit wie diese *anzubeten*: [Es sei] das Fleisch des Mittlers Christus [...] zu verehren und anzubeten" (KD IV/2, 84, Übersetzung B. K.). Barth befragt diese für die Christologie wie für das Abendmahl fundamentale Lehre des Luthertums wie folgt: „Was ist es mit dieser von seiner Gottheit angeeigneten, durchdrungenen, durchleuchteten, mit Gottheit gewissermaßen geladenen, weil aller ihrer Prädikate teilhaftigen Menschheit Jesu Christi? [...] Ob da nicht doch eine Kreaturvergötterung [...] stattfinde?" (86f.). Die Theologie vollzieht aber in der Christologie des 17. und 18. Jh.s de facto solche Kreaturvergötterung, indem sie „von einer dem menschlichen Wesen Jesu Christi widerfahrenden *Vergottung* redet, indem sie diese Vergottung des Fleisches Jesu Christi bis hin zu dessen Anbetungswürdigkeit als den höchsten, letzten und eigentlichen Sinn der Inkarnation versteht" (88). Es ist „das apotheosierte, allmächtig-allgegenwärtig-allwissende, das anbetungswürdige Fleisch Jesu Christi" (89), es war die „These von der Vergottung der menschlichen Natur Christi" (93), von der sich Barth in der Nachfolge Calvins distanzieren wollte und überzeugend distanziert hat: „Daß in Jesus Christus, dem Menschensohn, die Fülle der Gottheit leibhaftig wohnt (Kol 2,9), ist wahr. Aber nun wird in diesem *locus classicus* doch wohl auch das katoikei [das Einwohnen] zu beachten sein, [...] wie Calvin (Instit. II 14,1) es getan hat: aus dem Leib der Jungfrau hat er sich einen *Tempel* erwählt, in welchem er *wohnen* wollte. [...] Ist Tempel, Wohnung – von der Gottheit erfüllte, in höchster Ausschließlichkeit und Ganzheit in Anspruch genommene und so geheiligte Wohnung, aber Wohnung! – wirklich nicht genug für das, was im Blick auf Jesus Christus, auf die in ihm sich ereignende Geschichte, vom menschlichen Wesen zu sagen ist? Muß diese Wohnung, dieser Tempel als solcher vergottet sein, damit das Wohnen der Gottheit in ihm ein reales sei? Hätte er, wäre er selbst vergottet, nicht aufgehört, sein Tempel zu sein? Ohne Bild: hätte ein vergottetes menschliches Wesen nicht aufgehört, unser aller menschliches Wesen [...] zu sein? Könnte Jesus Christus, wenn sein menschliches Wesen ein vergottetes wäre, der Mittler zwischen Gott und uns sein?" (IV/2, 97). In diesen Sätzen Barths ist – das sollte nicht überlesen werden – mit der Abgrenzung gegenüber dem lutherischen genus majestaticum zugleich *die Abgrenzung gegenüber jeglicher ebionitischen Christologie* vollzogen, insofern Barth von dem Einwohnen des Gottes Israels im Messias Jesus als seinem Tempel spricht: Gott wohnt in der Höhe und bei denen, die zerschlagen sind (Jes 57,15). Das „Gott war in Christus" von 2Kor 5,19 ist auf dieser atl. Linie zu interpretieren. Dabei ist von der Erniedrigungs- bzw. Einwohnungslinie in der Christologie – dem Anliegen der jüdischen Schechina-Tradition entsprechend – zuerst auszugehen, damit von daher das Kommen des

III.1 Die Gottes-Doxologie bei Paulus (Röm 9,5)

Das Ernstnehmen des 1. Gebotes ist auch in der Frage des Verständnisses und der Übersetzung von Röm 9,5 aktuell. Die Mehrheit der Bibelübersetzungen (Luther, Zürcher, New Revised Standard Version, La Bible de Jerusalem, Elberfelder) und die überwiegende Mehrheit der Kommentare übersetzen relativisch: „Christus, welcher ist Gott über alles, gelobt in Ewigkeit."[51] Ich kann dieser Übersetzungstradition aus exegetischen und gesamtbiblischen Erwägungen heraus nicht folgen und gebe in diesem Rahmen nur zwei Hinweise:

In dem zuletzt erschienenen Römerbriefkommentar plädiert *Klaus Haacker* anders als sein Lehrer *Otto Michel* für eine auf den Gott Israels bezogene Übersetzung von Röm 9,5: „Ja zu ihnen [Israels Gnadengaben] gehört der über allen stehende Gott, gepriesen in Ewigkeit, AMEN!" – mit der folgenden sachlichen Begründung: „Schwerer wiegt der formgeschichtliche Befund, dass Doxologien mit eulogetos [preisen, segnen] sich im Neuen Testament sonst immer unmissverständlich auf Gott beziehen."[52]

Ähnlich heißt es in dem für eine christologisch-trinitarische Neubesinnung wegweisenden Aufsatz von *W. Schrage*, „dass Paulus Christus nirgendwo als Gott qualifiziert, auch nicht in der Doxologie von Röm 9,5, wo manche wohl doch zu Unrecht von einer direkten Gottesprädikation Christi ausgehen. Der ‚Gott Jesu Christi' bzw. ‚der Gott und Vater unseres Herrn Jesu Christi' (Röm 15,6; 2Kor 1,3) kann nicht gut der Gott Jesus

---

Messias Jesus als vere judaeus verstanden und verkündigt werden kann. Calvin zieht zur Interpretation von Joh 2,19 die atl. Einwohnung Gottes im Tempel heran: „Wenn das Fleisch selber die Gottheit ist, so ist es nicht mehr deren Tempel. Auch kann doch keiner unser Erlöser sein als der, der aus Abrahams und Davids Samen kommt und wirklich nach dem Fleisch *Mensch geworden* ist" (Inst. 299, 302, 306; Übersetzung nach Otto Weber).

51 O. Michel, Der Brief an die Römer (KEKNT), Göttingen ^{5}1978, 296–298.

52 K. Haacker, Der Brief des Paulus an die Römer, ThHK 6, Leipzig 1999, 179.187. Auch G. Baumbach (Berlin-Ost) hat sich in der EKD-Kommission „Christen und Juden" seinerzeit entschieden für das Verständnis von Röm 9,5 als GOTTES-Doxologie ausgesprochen. Auch nach U. Wilckens, Der Brief an die Römer (EKK VI/2), Neukirchen-Vluyn 1980, 189 gilt, „daß alle sonstigen paulinischen Doxologien Gott, nicht Christus preisen. [...] Die antiarianische Polemik ließ in der Alten Kirche Röm 9,5 zu einem Topos der Gottheit Christi werden". Gegen die Prädizierung Christi mit dem Gottesprädikat spricht nach Wilckens, „daß Paulus sonst nirgendwo Christus direkt das Prädikat ‚Gott' zuspricht" (ebd.). Wilckens verweist als Ausnahme auf Phil 2,9, der aber eben keine Ausnahme ist!

Christus sein. Jesus Christus ist nur von Gott her und auf Gott hin zu verstehen.“[53]

Von daher wäre der in der Alten Kirche des 4. Jh.s vollzogene Überschritt von der *Anbetung des Vaters durch den Sohn im Heiligen Geist* zu der neuen, kappadozisch orientierten Formel, d. h. zu der *Anbetung des Vaters und des Sohnes und des Heiligen Geistes* biblisch zu hinterfragen und für die ältere Doxologieform zu plädieren: „Durch welchen (Messias Jesus) Dir, Vater, sei Anbetung und Ehre im Heiligen Geist.“[54] Die Doxologie in Röm 9,5 ist also zu übersetzen: „Der über allem ist, GOTT, sei gepriesen/gesegnet in Ewigkeit, Amen!“

III.2 Der Messiasname Jesu zur Ehre des NAMENs Gottes (Phil 2,9)

Auch der exegetisch-dogmatische Streit über Phil 2,9[55] gehört hierher: Wie ist die Aussage zu verstehen, dass ihm, dem messianischen Herrn Jesus, vom Gott Israels der „Name übertragen ist, der über alle Namen ist“? Ist damit das Tetragramm gemeint? Die dogmatische und exegetische Tradition behauptete dies und sie behauptet das bis heute: Der Gott Israels habe Jesus Seinen NAMEN gegeben, der über alle Namen ist, das Tetragramm, Gottes eigenen NAMEN, den ADONAI-KYRIOS-Namen. Aus der Vielzahl der Exegeten, die von dieser dogmatischen Voraussetzung her interpretieren, nenne ich nur wenige Beispiele:

Martin Hengel weist in einem materialreichen Aufsatz über „Psalm 110 und die Erhöhung des Auferstandenen zur Rechten Gottes“[56] zunächst zu Recht darauf hin, dass schon die judenchristliche Urgemeinde den zur Rechten Gottes erhöhten Christus mit „Herr“ angeredet hat: „Schon im Ps 110,1 nennt der Hofsänger den angeredeten König adoni, ‚mein Herr‘. […] Das maranatha in 1Kor 16,22 zeigt, dass Jesus so schon in der aramä-

53 W. Schrage, Unterwegs zur Einzigkeit und Einheit Gottes. Zum „Monotheismus“ des Paulus und seiner atl.-jüdischen Tradition, in: EvTh 61(2001),190–204, 200; vgl. ders., Unterwegs zur Einheit, a. a. O.

54 B. Klappert, Die Trinitätslehre als Auslegung des NAMENs des Gottes Israels, in: EvTh 62 (2002), 54–72, 60f.

55 W. Schrage, Einheit und Einzigkeit Gottes, a. a. O., 139–144.

56 M. Hengel, Psalm 110 und die Erhöhung des Auferstandenen zur Rechten Gottes, in: C. Breytenbach / H. Paulsen (Hg.), Anfänge der Christologie, FS F. Hahn zum 65. Geburtstag, Göttingen 1991, 42–73.

isch sprechenden Urgemeinde bezeichnet wurde."[57] Auch Mk 12,35–37: Davids Sohn ist zugleich Davids „Herr", gehört in diesen Zusammenhang.

Wäre Hengel nur dieser Interpretationslinie weiter gefolgt! Er fährt aber im Hinblick auf Phil 2,9-11 bezeichnenderweise fort: „Der Philipper-Hymnus geht freilich noch einen Schritt weiter: Das onoma to hyper pan onoma ist das Tetragramm: Gott überträgt seinen unaussprechbaren Namen auf den [...] Erhöhten."[58]

Von diesen höchst problematischen exegetischen Voraussetzungen her kommt Hengel in seinem Buch „Der Sohn" konsequenterweise zu der erstaunlichen These, dass sich auf dem kurzen Weg von Jesus über den Philipperhymnus bis zu Paulus in der Christologie beinahe „mehr ereignet [hat ...] als in den ganzen folgenden sieben Jahrhunderten bis zur Vollendung des altkirchlichen Dogmas"[59]. Die Übertragung des Tetragramms in vorpaulinischer Zeit auf den erhöhten Christus als die Vorwegnahme des altkirchlichen Dogmas!? Hier wird, wie so oft, das Neue Testament vom altkirchlichen Dogma statt – wie bei Barth KD IV/2 § 64,2 – umgekehrt das Dogma vom Alten und Neuen Testament her interpretiert.

Ähnlich wie Hengel exegesiert auch *Peter Stuhlmacher* Phil 2,9 in seiner Biblischen Theologie des Neuen Testaments: „Er allein [Christus als der Kyrios] trägt den Gottesnamen." Gott hat „ihm den Gottes Namen Kyrios verliehen"[60].

Schon zuvor hatte *Ferdinand Hahn* zu Phil 2,9–11 bündig erklärt: „Ihm als dem Erhöhten ist Gottes eigener Name, ‚der über alle Namen ist', übertragen."[61] Dadurch, „daß Gott selbst seinen eigenen Namen und damit seine göttliche Würde auf Jesus überträgt, [ist ...] die Göttlichkeit Jesu im eigentlichen Sinne bezeichnet"[62]. Daraus folgt für Hahn konsequenterweise die Identifizierung von Proskynese/Huldigung mit Anbetung: „In der Tat wird man von einer Anbetung Jesu [in Phil 2,9–11] zu reden haben"[63], was Schrage zu Recht zu der Bemerkung veranlasst hat:

---

57 A. a. O., 49.

58 Ebd.

59 M. Hengel, Der Sohn Gottes. Die Entstehung der Christologie und die jüdisch-hellenistische Religionsgeschichte, Tübingen (1975) ^{2}1977, 11.

60 P. Stuhlmacher, Biblische Theologie des Neuen Testaments, Bd. I, Göttingen 1992, 382; Bd. III, Göttingen 1999, 240.

61 F. Hahn, Christologische Hoheitstitel, Göttingen 1963, 121.

62 Ebd.

63 Ebd.

Man kann hier allenfalls eine Huldigung Jesu angedeutet finden, aber m. E. „kaum mit Hahn [...] von einer ‚Anbetung Jesu' reden“[64].

Ulrich Wilckens - dieser dogmatischen Auslegungstradition ebenfalls folgend - zieht und sieht in seinem Joh-Kommentar das Thomasbekenntnis (20,28) und die angebliche Übertragung des NAMENs Gottes auf Jesus in Phil 2,9 wie folgt zusammen: Thomas erkennt, dass der Sohn Gottes „als der Gekreuzigte *Gott* ist!“, wobei wahrscheinlich „‚mein Herr und mein Gott' dem alttestamentlichen Gottes-Bekenntnis nach Dtn 6,4f entspricht“.[65] Und so „spricht vieles dafür, dass der Titel ‚Herr' (Kyrios), der in der griechischen Bibel den Gottesnamen umschreibt“, in diesem Sinne auch auf Jesus übertragen wird: „Der heilige Gottesname ist der Name, mit dem der gekreuzigte und auferstandene, erhöhte Jesus bekannt und angerufen wird (vgl. Phil 2,9–11).“[66]

In der Nachfolge ihres Lehrers *Otfried Hofius*, der ebenfalls von der Übertragung des NAMENs Gottes auf Christus spricht,[67] hat insbesondere *Gisela Kittel* in ihrem Buch „Der Name über alle Namen“ den Text Jes 45,23–25, auf den sich der Philipperhymnus bezieht, zunächst sachgemäß so ausgelegt: „Es ist demnach der Kyrios JHWH selbst, zu dem am Ende alle Völker umkehren werden. Er ist es und niemand sonst, vor dem sich jedes Knie beugen wird. In dem anbetenden Lobpreis aller Zungen, die von des Herrn Heil und Stärke singen, ist der KYRIOS JHWH allein gemeint!“[68]

Dann aber fährt sie neutestamentlich fort: „In Phil 2,10f sind die Worte Deuterojesajas dagegen auf einen anderen bezogen. In diesem urchristlichen Lied heißt es, daß [...] jede Zunge Jesus Christus als ihren Herrn bekennen wird. Er hat jetzt den Namen und den Rang inne, der im Alten Testament allein dem Gott Israels zukommt. Dies sind unerhörte Aussagen, auf die aber dieser Hymnus hinführt. Gott hat dem, der sich bis in den Tod erniedrigte, den Kyrios-Namen der griechischen Bibel und in ihm verborgen seinen eigenen JHWH-Namen übereignet. Er hat Jesus auf den Platz gestellt, wo er selbst über allen Geschöpfen thront. Das ist die ‚höchste Höhe', zu der Jesus Christus durch die Macht Gottes erhoben

---

64 W. Schrage, Unterwegs zur Einheit, a. a. O., 143.

65 U. Wilckens, Das Evangelium nach Johannes (NTD 4), Göttingen 1998, 315f.

66 A. a. O., 316.

67 O. Hofius, Der Christushymnus Phil 2,6–11 (WUNT 17), Tübingen (1976) ^{2}1991, 51: Gott hat Christus „seinen eigenen Kyrios-Namen verlieh[en])“. Mit Berufung auf Hofius vgl. auch U. B. Müller, Der Brief des Paulus an die Philipper (ThHK 11/1), Leipzig 1993, 126f. Zur Kritik an Hofius vgl. W. Schrage, Unterwegs zur Einheit, a. a. O., z. St.

68 G. Kittel, Der Name über alle Namen II, Göttingen 1990, 9ff.18.

wurde, und das ist der ‚Name über alle Namen', den er aus Gottes Gnade empfing. ‚Kyrios Jesus Christus' bedeutet also: ‚JHWH Jesus Christus'".[69]

Das in Phil 2,9–11, wie ich meine, zur Ehre Gottes des Vaters gesprochene Messiasbekenntnis: „Messianischer Herr (Ps 110,1; 1Kor 16,22) ist Jesus Christus", in dessen Namen sich alle Knie beugen werden zur Verherrlichung JHWHs, des Gottes Israels, des Vaters Jesu Christi, wird von Kittel nun so verstanden: Jesus Christus *ist* J H W H ! Jesus Christus ist zu JHWH geworden. Das 1. Gebot als theologisches Axiom ist hier in aller Form übergangen.[70] Und dabei wird hier nur im Bereich der Religionspädagogik ausgeplaudert, was viele als Exegese des Neuen Testaments vortragen!

Interpretiert man aber die Gottgleichheit Jesu Christi von Phil 2,6 im Zusammenhang mit den messianischen theos-Aussagen der alttestament-

---

69 A. a. O., 18.

70 Geht man mit H.-J. Kraus, Christologie, a. a. O., von der Übertragung des NAMENs JHWHs auf Jesus Christus aus, so stellt sich in seiner Interpretation von Phil 2,9 sofort die Frage nach dem 1. Gebot, die zugleich eine Anfrage an die Positionen von *Hengel* bis *Kittel* darstellt: „Wird hier in einem aus dem atl.-jüdischen Kontext heraustretenden, der Synagoge unerträglichen Sinn der JHWH-Name auf Jesus übertragen und dieser Jesus als der Christus mit dem Gott Israels identifiziert und an seine Stelle gesetzt? Mit dieser Frage wird ein Problem von unabsehbarer Tragweite angerührt, das biblisch-ursprünglich jeder Trinitätslehre der Kirche zeitlich und sachlich vorgeordnet ist" (20f.). Im Unterschied zu den letztlich orthodox-dogmatischen Positionen von Hengel bis Kittel beantwortet Kraus diese Frage konkret im Blick auf das Bekenntnis von 1Kön 8: „Gott im Himmel und Sein NAME auf Erden im Tempel", und d. h. von der atl. Theologie des lebendigen NAMENs des Gottes Israels her: „Im Blick auf Phil 2,10f wird – im Rekurs auf den atl. Kontext – zunächst zu erklären sein, dass insbesondere die dt-dtn Theologie eine Rede vom schem-JHWH entwickelt und ausgeprägt hat, in der zum einen die Überweltlichkeit Gottes verkündigt, zum andern aber die Gegenwart seines auf Erden ‚wohnenden' Namens angezeigt wird" (21). Das im Rahmen dieser dtn NAMENs-Theologie ausformulierte Bekenntnis zu dem Kyrios-Namen Jesu Christi „wird im Neuen Testament aber nie als eine Entheiligung oder Entehrung des schem-JHWH (im Sinne einer Inanspruchnahme oder gar Identifikation, geschweige denn einer Substitution) verstanden, sondern *‚zur Ehre Gottes des Vaters'* und also als Lobpreis des Gottes Israels ausgesprochen (Phil 2,11). Dabei geht das urchristliche Bekenntnis davon aus, dass der ‚auf Erden wohnende Name' JHWHs, die Selbsterniedrigung und Kondeszendenz Gottes, in Jesus von Nazareth sich erfüllt und Gestalt gewonnen hat" (21). Überspringt oder übersieht man die atl. Dialektik der Theologie des NAMENs JHWHs in der Entfaltung der ntl. Namens-Christologie, dann hat das nach Kraus Folgen, die bei Hengel bis Kittel (und nicht nur dort) sichtbar werden: „Der exklusiv durch ‚Jesus Christus' bestimmte und geprägte schem [Name] absorbiert und usurpiert dann – im Sinne [...] der christlichen Substitutionstheorie – nicht nur [...] das AT und die Geschichte des erwählten Volkes [Israel], sondern auch den Gott Israels, an dessen Stelle die Allgemeinchiffre ‚Gott' (theos) tritt". Auch Joh 17,11f. wäre von daher zu interpretieren. In diesem Sinne sind auch die Interpretation von W. Thüsing, Per Christum in Deum, Münster 1965, 46–60, und seine weiterführende Analyse der paulinischen Rezeption von Jes 45,23 in Röm 14,11 und Phil 2,9 (56f.) zu vergleichen. Vgl. weiter Jes 23,5f. und Eph 1,16; 1,20–22, darin auch den indirekten Hinweis auf den messianischen Kyrios-Namen Jesu als Namen „über alle Namen" (1,21; als Parallele zu Phil 2,9).

lichen und jüdischen Tradition[71] und versteht sie zugleich von der bereits in der jüdischen Tradition ausgesagten Präexistenz des Messias her, so ist wiederum Schrage zuzustimmen: „Wie wenig die Gottgleichheit am Anfang und das Erhöhtwerden am Ende des Weges Christi aber als eine Konkurrenz zu Gott verstanden ist, zeigt der Schluss: Im Namen Christi soll sich jedes Glied beugen zur *Ehre Gottes*. Dass solche Huldigung in Jes 45,23, worauf V 10f anspielt, Gott selbst gegenüber geschieht, besagt nicht, dass Jesus zu JHWH geworden ist, denn zu JHWH kann der Erhöhte schon darum nicht werden, weil dieser selbst ihn in die Würde einsetzt und es auch der doxologische Schluss verwehrt, hier die Gottheit und Majestät Gottes berührt zu finden."[72]

Es kommt noch eine weitere Beobachtung hinzu: Ich habe Flusser in Jerusalem einmal Ps 110,1 wie folgt übersetzen hören: „Es sprach der HERR-GOTT zu meinem [Davids] Herrn." Von daher wäre der JHWH-KYRIOS vom messianischen Kyrios zu unterscheiden[73] und dieser als die

---

71 W. Schrage, Unterwegs zur Einzigkeit und Einheit Gottes, a. a. O., 92ff.98ff.

72 W. Schrage, Unterwegs zur Einzigkeit und Einheit Gottes, a. a. O., 200f. Versteht man – wie ich es tue – analog zu Mt 28,18 auch Phil 2,9 von der Übertragung des messianischen Kyrios-Namens durch den Gott Israels auf Jesus Christus her, dann ergibt sich auch ein Zusammenhang mit anderen ntl. Traditionen der messianischen Namens-Christologie: Nach Act 4,10 erfolgt die Heilung des Kranken „durch den Namen Jesu Christi". Von diesem messianischen Namen her ist auch Act 4,12 zu verstehen: „Und es ist in keinem anderen Heil/Rettung, denn es ist auch *kein anderer Name* unter dem Himmel [vom Gott Israels] den Menschen gegeben (passivum divinum), durch den wir gerettet werden sollen." Als Parallele zu dem Messias-Namen, der über alle Namen ist (Phil 2,9), ist auch Hebr 1,4f. zu verstehen: Danach hat Christus einen „vorzüglicheren Namen (als die Engel) ererbt" (1,4), nämlich den Messias-Sohnes-Namen. Auf diesen Sohn wird nicht nur (wie in Act 4,25f.) der messianisch gedeutete Ps 2,8, sondern auch Ps 45,7 angewandt: „Von diesem Sohn aber sagt ER (der Gott Israels): ‚Dein Thron, o Gott, besteht in alle Ewigkeit.' Deshalb hat dich, o Gott, Dein GOTT gesalbt" (Hebr 1,8f.). Auch von Act 4,12; Hebr 1,4ff., aber auch von Mt 1,21–23; 28,18 und nicht zuletzt von aeth Henoch 48,2–4 her besteht deshalb keine Veranlassung, den Namen, der über alle Namen ist, auf das Tetragramm zu beziehen. Wir finden uns vielmehr von diesen Parallelen her, die alle den Gott Israels zum Subjekt haben, veranlasst, von der Übertragung des Messias-Namens auf Jesus durch den Gott Israels zu sprechen: Jesus Christus ist der Marana-Kyrios (Phil 2,9), er ist der messianische Sohn (Ps 2,8; Hebr 1,5), er ist der Mittler und Repräsentant des Gottes Israels, der als „Gott" (Ps 45,7), d. h. als „reale Gottesgegenwart" angesprochen und verherrlicht wird.

73 H. Conzelmann, Grundriß, a. a. O., 102f. W. Schenk, Die Philipperbriefe des Paulus, Stuttgart u. a. 1984, hat zu Recht darauf hingewiesen, dass an den „paulinischen Stellen, an denen onoma im christologischen Bezug erscheint, immer der Kyrios-Titel steht und kein anderer: 1Kor 1,2.10; 5,4; 2Thess 1,12; 2,6; Röm 1,4f. „Die Inthronisationsvorstellung des Kontextes wie der Gattungskontexte sprechen dagegen, daß kyrios [im Sinne des Tetragramms] von Gott auf Jesus übertragen worden sei, da hier der von Gott ja verliehene Thronname des kyrios als messianischem Mitregenten vorliegt" (189). Schenks Argumentation wird noch gewichtiger, wenn man sieht, dass an allen genannten Stellen der Name im christologischen Zusammenhang mit dem messianischen ho-Kyrios-Titel (mit Artikel!) und nicht mit dem (in der überwiegenden Mehrheit verwendeten) artikellosen KYRIOS als

Vergegenwärtigung und Repräsentanz der Herrschaft JHWHs zu verstehen, nicht aber mit JHWH zu identifizieren. „Dem Erhöhten wird die Repräsentanz und Offenbarung Gottes der Welt gegenüber übertragen, was auch der Christustitel ‚Bild Gottes' bestätigt. Christus ist das Bild, in dem Gott sich sehen und erkennen lässt (2Kor 4,4); er ist das uns zugewandte Prosopon [Angesicht] Gottes (2Kor 4,6). Er ist aber nicht selbst Gott oder ein zweiter Gott neben ihm."[74]

Ich meine also, dass die Formulierung „der Name, der über alle Namen ist" (Phil 2,9), nicht das Tetragramm meinen kann, sondern von dem bereits von der Septuaginta messianisch interpretierten Psalm 72 her zu verstehen ist: „Sein (des messianischen) *Königs Name* soll ewig bleiben, soll sprossen vor der Sonne" (V. 17a), was die jüdische Tradition auf die Präexistenz des Messias, auf dessen Sprossen, bevor die Sonne geschaffen wurde, gedeutet hat. Mit seinem messianischen *Namen* sollen „sich Segen wünschen alle Völker der Erde, alle Völker sollen ihn preisen" (V. 17b). Dieser Name des Messias dient der Verherrlichung des NAMENs JHWHs und führt Israel und die Völker zu dessen Anbetung: „Und gelobt sei Sein herrlicher NAME in Ewigkeit" (V. 19).

Wiedergabe des Tetragramms in der Septuaginta vorkommt (F. Siegert, Zwischen Hebräischer Bibel und Altem Testament, Münster 2001, 202ff.: Die Wiedergabe „von JHWH durch Kyrios" ohne Artikel). Schenks Argumentation wird entscheidend auch durch die weitere Beobachtung gestärkt, dass der messianische ho-Kyrios-Titel an den genannten Stellen im Zusammenhang mit onoma als ho-Kyrios-heemoon erscheint: ChristInnen werden als solche angeredet, die „den Namen unseres Herrn (marana) Jesu Christi anrufen". Diese Formel bildet auch den Hintergrund zur Interpretation von Phil 2,9–11! W. Kramer, Christos. Kyrios. Gottessohn, Zürich/Stuttgart 1963, weist zu Recht darauf hin, dass Kyrios in Phil 2,11 als Prädikatsnomen zu verstehen ist (61f.), zieht aber daraus nicht die Konsequenz, den messianischen ho-Kyrios vom artikellosen JHWH-KYRIOS zu unterscheiden. Deshalb spricht auch er von der Übertragung des Tetragramms auf Jesus. Dennoch betont er zu Recht „die Tatsache, daß sich das Gemeindegebet [im NT] durchwegs an Gott, nicht an den Kyrios [Jesus] richtet" (78). Deshalb richtet sich die Doxologie an „Gott, den Vater unseres Herrn Jesus Christus" (2Kor 1,3; 11,31; Röm 15,6) (89). Kramer meint zu Recht, dass „die Gemeinde den ‚kommenden Menschensohn' unter der Bezeichnung Marana angerufen hat" (97), und ergänzt: „Adonaj als Bezeichnung für Jesus zu verwenden war aber für die aramäisch-sprechende Gemeinde undenkbar, stellt dies doch die Bezeichnung für Gott dar, wie sie in ntl. Zeit bei der liturgischen Verlesung [des AT] anstelle des Tetragramms zu hören war. Eine Ubertragung dieser Bezeichnung auf Jesus wäre einer krassen Gotteslästerung gleichgekommen, was sich die junge Gemeinde nicht zuschulden kommen lassen durfte, solange sie Wert darauf legte, im Synagogenverband zu verbleiben. Deshalb ist es unmöglich, in ‚Marana' die gebräuchliche aramäische Übersetzung für Adonaj zu sehen" (98). Diese richtigen Sätze machen es m. E. unmöglich, in Phil 2,9 von der Übertragung des Tetragramms auf Jesus zu sprechen: Was die junge Gemeinde nicht durfte, hat auch die spätere Gemeinde des Neuen Testaments nicht getan, hat aber die kirchliche Auslegungstradition des NT sich zuschulden kommen lassen.

[74] W. Schrage, Unterwegs zur Einzigkeit, a. a. O., 201.

Auch der aethiopische Henoch hat Ps 72,12 nicht nur messianisch verstanden, sondern – was für das Verständnis für Phil 2,9 noch wichtiger ist – auf den „Namen des Menschensohnes" hin interpretiert (48,2–4). Der Messias- bzw. der Menschensohn-Name ist also auch von daher der Name, der über alle Namen ist.

III.3 Die Christologie als Auslegung des 1. Gebotes

In der Fluchtlinie der angeblich in Phil 2,9 vollzogenen Übertragung des Tetragramms auf Jesus interpretieren *Gerd Theißen / Annette Merz* auch die Tradition von 1Kor 8,6. Diesem Bekenntnis zufolge entspricht dem *einen* Gott Israels der *eine* messianische Kyrios Jesus, wie im Deuteronomium dem *einen* Gott Israels der *eine* Tempel als Ort der Offenbarung des NAMENs Gottes entsprochen hatte, in welchem Gott seinen NAMEN wohnen lässt und so anrufbar macht.

Theißen/Merz verstehen demgegenüber aber wie folgt: „Hatte der historische Jesus noch ausdrücklich die Formel ‚es ist ein Gott' [...] streng auf Gott bezogen und sich dezidiert auf die Seite der Menschen gestellt (Mk 10,17f. [: Niemand ist gut, nur der eine Gott]), so wurde eben diese Formel jetzt auf Jesus selbst übertragen. Mit dieser Übertragung des Kyrios-Titels [auf Jesus] wird Jesus in der Tat in die Nähe Gottes gerückt: Das zeigt [...] auch die Versicherung des Philipperhymnus, Gott habe dem Erhöhten den Namen gegeben, der über alle Namen ist (Phil 2,9). Damit ist der Gottesname gemeint. [...] Vor allem aber wurde er nun als ein göttliches Wesen angerufen und verehrt."[75]

Vom 1. Gebot als *dem* theologischen Axiom des Alten und Neuen Testaments (Barth) kann dann wohl keine Rede mehr sein![76]

Was für die Worte und Taten Jesu gilt, dass sie „geradezu als Explikation des 1. Gebotes [zu] verstehen" sind, gilt auch für 1Kor 8,6: Hier ist das auf Christus bezogene Bekenntnis zu dem „einen (messianischen) Herrn" als Auslegung des Bekenntnisses zu dem „einen Gott Israels" (Dtn 6,4) verstanden: In dem *einen* messianischen Herrn begegnet uns der *eine* Gott Israels, der Vater Jesu Christi. Aber das Bekenntnis zu dem einen

[75] G. Theißen / A. Merz, Der historische Jesus, Göttingen 1996, 485f. Zur Kritik an Theißen vgl. W. Schrage, Unterwegs zur Einheit, a. a. O., 143.

[76] A. a. O., 127.

Gott JHWH „übergreift das des [messianischen] Kyrios und reicht darüber hinaus, wie 1Kor 15,23ff bestätigen“ kann.[77]

III.4 Christus ist Gottes (1Kor 3,23)

Siegfried Kreuzer hat in seinem Aufsatz zum monotheistischen Gottesbild[78] nicht nur zwischen Monotheismus, Polytheismus, Monolatrie und Henotheismus unterschieden, sondern besonders auf die innerhalb des Monotheismus bzw. der Monolatrie notwendig werdende Frage nach der „Vermittlung des göttlichen Wirkens“ hingewiesen.[79] Dabei vermittelt sich der Gott Israels nicht nur durch Seine Boten, Sein Wort, Seinen NAMEN und Seinen Geist, sondern auch durch Könige, Priester und Propheten. „In den eschatologischen Erwartungen wird schließlich die Gestalt des Messias besonders wichtig. Der Messias ist jene einerseits aus dem Bereich der Menschen kommende, dann aber doch weit herausgehobene Gestalt, die in der Gottesherrschaft das Wirken Gottes vermittelt und repräsentiert. In den Vorstellungen vom Messias findet das Thema der Vermittlung der Gottesherrschaft in der Spätzeit des Alten Testaments und im Frühjudentum seinen besonderen – wenn auch mehrgestaltigen – Ausdruck. In der Gestalt des Messias verkörpert sich in besonderer Weise die Frage des Wirkens des einen Gottes in der Welt der Menschen. Es ist nicht zufällig, dass diese Linie dann im Neuen Testament unter dem Stichwort der Mittlerschaft Jesu [Christi] besonders bedeutsam wird.“[80]

Der verheißene Messias Israels und der Völker ist der Mittler und Repräsentant der Gottesherrschaft für Israel und die Völkerwelt. Von daher sind auch die neutestamentlichen Aussagen zu verstehen und zu würdigen: Dem *einen* Gott Israels kann nur der *eine* Tempel (Dtn 12), kann deshalb auch nur der *eine* Messias entsprechen (1Kor 8,6), in welchem er jetzt Wohnung genommen hat. *Dem Kommen des Gottes Israels und sei-*

---

77 A. a. O., 169.

78 S. Kreuzer, Entstehung und Entwicklung des monotheistischen Gottesbildes, in: FS W. Eckey, Wuppertal 2000, 48–66; ders., Art. „Christos“ II. Der Messias (= Gesalbte), in: TBL II, Neuauflage Wuppertal 2000, 1090–1095. Vgl. dazu auch J. Moltmann, Kein Monotheismus gleicht dem anderen. Destruktion eines untauglichen Begriffs, in: EvTh 62 (2002), 112–122.

79 A. a. O., 58.

80 A. a. O., 58f.

ner Herrschaft kann nur das Kommen des einen Messias bzw. das des einen Menschensohnes entsprechen.

Auch der „Menschenähnliche", der im Verlauf der zwischentestamentlichen Traditionsgeschichte als der „Menschensohn" zu einer messianischen Hoffnungsgestalt wird (aeth. Henoch), repräsentiert und vermittelt die Herrschaft des Gottes Israels an sein Volk und die Völkerwelt.

So wird es auch im Neuen Testament verstanden: Weil Gott der Kommende ist, ist es auch der Menschensohn Jesus; weil Gott zur Hilfe kommt (Jes 35,4f.), kommt auch der Menschensohn in Jesus zur Hilfe und Rettung. In ihm vermittelt und repräsentiert, vergegenwärtigt sich und kommt der Gott Israels.

In einer kurzen, aber überaus inhaltsreichen Miszelle zu 1Kor 3,23 „Christus ist Gottes" hat *Jürgen Fangmeier*[81] im Anschluss an *Michael Wyschogrods* bahnbrechenden Aufsatz „Inkarnation aus jüdischer Sicht"[82] zu Recht darauf hingewiesen, „daß nicht erst Christen, sondern bereits Juden hinsichtlich Gottes inkarnatorisch gedacht haben". Deshalb ist es nicht zureichend, wenn christliche Theologie Jesus nur *ebionitisch* versteht. So wenig freilich übersehen werden darf, wie stark Bonhoeffer in seiner „Christologie" von 1933 die Bedeutung und die Vorzüge der „ebionitischen Häresie" gegenüber der „doketischen" hervorgehoben hat: Der *eine* Gott und kein zweiter Gott, „dazu das Festhalten an dem Gott des Alten Testaments".[83]

Fangmeier weist weiter zu Recht darauf hin, dass die Christologie Jesus „auch nicht nur messianisch verstehen müsse, um mit Juden im Dialog stehen zu können". Denn 2Kor 5,19 „Gott war in Christus" zeige, dass die Christologie über die ebionitischen und *messianischen* Traditionen hinaus – oder soll man besser formulieren: in und mit den unverzichtbaren ebionitischen und messianischen Traditionen? – auch inkarnatorisch sein müsse. 2Kor 5,19 hat Anhalt am „jüdisch-inkarnatorischen Denken. Solch christliches Bekenntnis extrapoliert [nur] jüdisches Bekenntnis von Gott"[84], wie Wyschogrod gezeigt habe.

Kennzeichnend ist nun nach Fangmeier für jüdische Theologie, dass sie den Gott Israels nicht beerben, sondern „*bei Gott bleiben*" will: „Jüdische

---

81 J. Fangmeier, Gott oder Christus? Eine Miszelle, aber eigentlich mehr, in: RKZ 137 (1996), 153. J. Fangmeier habe ich für die kritische Durchsicht meines Beitrages sehr zu danken. Vgl. weiter W. Thüsing, Per Christum, a. a. O., 10–20.

82 M. Wyschogrod, Inkarnation aus jüdischer Sicht, in: EvTh 55 (1995), 13–28.

83 D. Bonhoeffer, Christologie (1933), in: ders., GS III, hg. von E. Bethge, München 1960, 212f.207–212.

84 J. Fangmeier, Gott oder Christus?, a. a. O., 153.

inkarnatorische Theologie will selbstverständlich bei Gott bleiben, auch wenn sie von Gottes Engel, Gottes Namen, Gottes Einwohnung spricht."[85]

Demgegenüber warnt Fangmeier ähnlich wie Schrage vor einer „geradezu gottvergessen-christozentrischen" Theologie: „Ohne ‚das Wort' und ‚den Geist' ist nach unserer Überzeugung allerdings Gott [der Gott Israels] nicht zu verstehen. Aber noch weniger sind der Menschensohn und der Heilige Geist unter Absehung davon zu verstehen, daß sie Gottes sind."[86]

Fangmeier fasst seine wegweisenden Erwägungen so zusammen: „Ich habe in Vorlesungen manchmal davor gewarnt, protestantischerseits mit Jesus machen zu wollen, was katholischerseits leicht mit Maria geschieht, dass da nämlich der Mensch sich den Menschen [Jesus] als handlichen Gott erwählt. Man ist dann nicht weit vom ‚Goldenen Kalb' entfernt. Jesus Christus ist als das Lamm Gottes [ich ergänze: und der messianische Menschensohn Gottes] aber gerade kein Goldenes Kalb, sondern wirklich Gottes – womit ich wieder auf 1Kor 3,23 zurückkomme." Und Fangmeier will das zu Recht „nicht als Konzession gegenüber jüdischer Theologie, sondern als Ausdruck genuinen christlichen Selbstverständnisses" verstanden wissen.[87]

Epilog: Anbetung des Gottes Israels und Anrufung des Messias Jesus

Wir fragen zum Schluss noch einmal: Hat das Neue Testament den NAMEN des Gottes Israels auf Jesus übertragen? Hat das Neue Testament in der Christologie das 1. Gebot übertreten und Jesus vergottet?

Nach dem bisher Ausgeführten kann die Antwort nur lauten: Im Neuen Testament erfolgt keine Ersetzung des NAMENs JHWHs durch den Namen Jesu, es erfolgt auch *keine Identifikation Jesu mit dem Tetragramm*, es liegt also *keine Vergottung Jesu* und insofern auch *keine Übertretung des 1. Gebotes* vor. Eine solche Übertretung erfolgt aber in der exegetischen und dogmatischen Tradition und Interpretation des Neuen Testaments! Vielmehr geht es in den messianischen Marana-Kyrios-Aussagen des Neuen Testaments und also in dem Bekenntnis zu „unserem Herrn Christus Jesus" immer um den – sei es kommenden, sei es erhöhten, sei es

---

85 Ebd.
86 Ebd.
87 Ebd.

präexistenten – *Namen des Messias*, der zur Ehre und Verherrlichung des *NAMENs des Gottes Israels* kommt. Diesen Messias ehrt und segnet man, diesem Messias huldigt man: „Gelobt sei, der da kommt im Namen JHWHs, des HERRN" (Mk 11,9). Dieser messianische Menschensohn wird nicht angebetet, aber angerufen und zur Hilfe herbeigerufen: „Maranatha. Unser Herr komm!" (1Kor 16,22). „Jesu, Sohn Davids, erbarme dich meiner" (Mk 10,47; Lk 17,11–19; vgl. 2Kor 12,8). „Herr Jesus, nimm meinen Geist auf" (Act 7,59). Dieser messianische Herr wird von uns im Abendmahl und im Tischgebet herbeigerufen: „Komm, Herr Jesu, sei du unser Gast."

„Darum erfüllt sich der Glaube an Jesus Christus erst in dem Gebet: ‚Maranatha – komm Herr Jesu!' Er wird wiederkommen und er muß wiederkommen. Ein lediglich in uns, in unserer Wiedergeburt oder Umkehr […] lebendiger Christus braucht nicht wieder zu erscheinen. Er ist schon da. […] Die Wiederkunft Christi wird eines zur Folge haben müssen: Die Welt wird vor ihm offenbar werden, wie er vor ihr."[88] Indem wir so rufen und beten, gelangen wir auf die „Spur des Namens" Jesu Christi, in welchem wir die „Spur des NAMENs" des Gottes Israels, des einen Gottes, des Gottes des 1. Gebotes erkennen dürfen![89]

Die Christologie des Neuen Testaments ist die Auslegung des 1. Gebotes und nicht etwa dessen Abschwächung oder gar Beseitigung. Würde das Neue Testament mit seiner Christologie das erste Gebot abschwächen oder gar beseitigen, so wäre das Gespräch mit Juden und Muslimen, mit dem Judentum und dem Islam schon im Ansatz unmöglich gemacht. Der Messias Jesus dient in seinem Wort und Werk der Selbstvergegenwärtigung des kommenden Gottes Israels in ihm. Das ist mit dem altkirchlichen vere deus intendiert. Deshalb kommt „Gott in Christus" (2Kor 5,19), aber Christus ist nicht Gott. Deshalb wohnt im Christus Jesus „die Fülle der Gottheit leibhaftig" (Kol 1,19; 2,9), aber der Christus Jesus ist nicht Gott. Deshalb erzählt Joh 1,1 von der Gottesgegenwart im Christus-Logos, redet aber nicht einer Vergottung Jesu Christi das Wort.

Im Namen Jesu Christi beten wir zu Gott, dem Vater: „DEIN NAME werde geheiligt!" So macht Jesus den Gott Israels wahr. So nimmt Jesus

---

[88] H. J. Iwand, Christologie, hg. von E. Lempp und E. Thaidigsmann (NWNF II), Gütersloh 1999, 229.

[89] Vgl. zum Ganzen meiner Ausführungen die grundlegende Arbeit von W. Thüsing, Per Christum, a. a. O., zur christozentrischen Theologie und theozentrischen Christologie und F. Siegert, Register zur „Einführung in die Septuaginta", Münster/Hamburg/London 2003, 380–383.

Christus Gott wahr. So dürfen wir im Namen Jesu den NAMEN des Gottes Israels und Vaters Jesu Christi wahrnehmen und vor der Welt wahrmachen, „dass sie eure Werke sehen und euren Vater im Himmel segnen und preisen“ (Mt 5,16).[90]

[90] Vgl. M. L. Frettlöh, Theologie des Segens. Biblische und dogmatische Wahrnehmungen, Gütersloh ^{4}2002, 384ff.

III. Abraham als ökumenische Herausforderung

Abraham eint und unterscheidet

Begründungen und Perspektiven eines nötigen Trialogs zwischen Juden, Christen und Muslimen[1]

1. *Einleitung: Die Aktualität und die praktischen Herausforderungen des Trialogs*

Drei kurze Vorbemerkungen sollen am Anfang stehen. *Erstens:* Ich möchte zunächst die Formulierung des Themas ein wenig abändern. Statt „*Abraham eint und scheidet*" möchte ich lieber formulieren: *Abraham eint und (unter)scheidet.* Mit dieser präziseren Überschrift versuche ich zugleich eine Antwort zu geben auf die Frage: Wo liegt eigentlich der Unterschied zwischen dem Abraham-Verständnis der Juden und der Christen? Und ich möchte in meinem Referat unterscheiden zwischen einer Trennung, die im Laufe der Christentumsgeschichte erfolgt ist, und einer im Neuen Testament und in den biblischen Schriften vorhandenen Unterscheidung, die nicht Trennung bedeutet.

Zweitens: Ich fühle mich dem sachlich sehr nahe, was Abdoldjavad Falaturi, Köln, referiert hat,[2] und werde selber in diese Richtung weiter-

---

1 Der Aufsatz geht zurück auf einen Vortrag, den ich am 2.12.1992 auf der Trialog-Tagung der Kölnischen Gesellschaft für Christlich-Jüdische Zusammenarbeit gehalten habe. Referate und Korreferate hielten u. a. Smail Balic (Wien), Abdoldjavad Falaturi (Köln), Wolfgang Huber (seinerzeit Heidelberg / jetzt Berlin), Jonathan Magonet (London), E. M. Stein (Berlin), Martin Stöhr (Siegen) und Beate Winkler (Bonn), erstveröffentlicht in: RheinReden 1, 1996, 21–64.

2 Abdoldjavad Falaturi, Abraham und der Islam. Abraham aus der Sicht des Koran und der mündlichen Überlieferung (unveröffentlicht). – Ders., Wie ist menschliche Gotteserfahrung trotz des strengen islamischen Monotheismus möglich?, in: Abdoldjavad Falaturi /

gehen und am Ende meiner Ausführungen nicht zufällig auf Falaturis „Appell“ zurückkommen: Die Rückkehr zu den Quellen gibt uns einen größeren Freiraum. Auch ich möchte zu diesen zurückführen und fragen, ob von diesen Quellen her – nicht biblizistisch-fundamentalistisch, aber von einem biblischen Fundament her – Perspektiven neu zu entdecken sind, die wir bisher nicht gesehen und übersehen haben.

Drittens: Mir ist an dem Korreferat meines Freundes Rabbiner Jonathan Magonet, London, klar geworden, welchen Verlust an Spiritualität wir ohne eine lebendige liturgische Abraham-Tradition zu beklagen haben, auch an liturgischer Spiritualität, und wie kalt und apathisch wir Christen und Christinnen mit der Abraham-Tradition meistens umgehen.

Der bekannte Dichter und Pfarrer Jörg Zink aus Süddeutschland hat aus Anlass seines 70. Geburtstags zu dem konfessionellen Gott der Lutheraner, Katholiken und innerchristlichen Konfessionen gesagt: Der Gott nur der Lutheraner und nur der Katholiken und nur der Protestanten ist ein Götze. Und er hat dann im Hinblick auf die großen sog. Weltreligionen hinzugefügt: „Der Gott, der nur für das Christentum zuständig ist, ist ein Götze.“ Deshalb brauchen wir den Dialog zwischen Juden, Christen und Muslimen. „Wir müssen heute von dem Gott sprechen, der für die ganze Welt und ihre ganze Geschichte und Schöpfung zuständig ist.“[3] Ist doch Gott kein Partikulargott von Partikularinteressen, sondern der an der ganzen Menschheit, der ganzen Geschichte und der ganzen Schöpfung interessierte und mit ihren Leiden und Hoffnungen mitgehende Gott.

In ähnlicher Weise hat sich auch die 1991 erstmalig erschienene Evangelische Zeitschrift *„Dialog der Religionen“* ausgesprochen: „Zum Dialog mit den Religionen gibt es heute keine Alternative. Die Gefährlichkeit von religiösem Fanatismus, Missverstehen und Arroganz wird in diesen Monaten (es ist die Zeit des Golfkrieges mit ihrem Verkennen der realen Israelbedrohung und der Stilisierung des ersten Golfkrieges zu einer epochalen Auseinandersetzung zwischen der christlichen Welt und dem angeblich aggressiven Islam) überdeutlich bewusst. Spannungen und Hass zwischen den Religionen entladen sich auch in politischen Konflikten und umgekehrt.“ Die Herausgeber stellen sodann die Frage: „Können die Religionen überhaupt etwas zum Frieden beitragen?“ Und antworten:

Jakob J. Petuchowski / W. Strolz (Hg.), Drei Wege zu dem einen Gott. Glaubenserfahrung in den monotheistischen Religionen, Freiburg i. Br. 1976, 45–59.

3 Interview 1992.

„Trotz der fast unüberwindlich erscheinenden Schwierigkeiten ist der Dialog lebensnotwendig. Dies gilt umso mehr, da sich gleichzeitig mit den religiösen und politischen Konflikten die Menschheit ihrer Einheit bewußt wird. Das ist eine befreiende Erfahrung, die unser individuelles und kulturelles Selbstbewußtsein bereits verändert hat. Angesichts der Probleme unserer Zeit wird diese Erfahrung aber auch immer wieder angefochten."[4]

Aber wo finden wir den Punkt, von dem aus wir diesen Dialog führen oder weiterführen können? Denn dieser Ausgangspunkt entscheidet bereits über das Ziel, das wir anstreben.

Die Gesellschaft für christlich-jüdische Zusammenarbeit in Köln hat gut daran getan, mit dem Thema einen Einsatzpunkt vorzugeben, dem wir uns zu stellen haben und dem ich mich als christlicher Theologe stellen möchte: *„Abraham eint – Abraham (unter)scheidet."*

In der Festschrift für Rolf Rendtorff hat der Heidelberger Religionswissenschaftler Theo Sundermeier in einer Predigt über die Abraham-Verheißung (Gen 12) gesagt: „Wir leben heute in einer multireligiösen Gesellschaft, wir können gar nicht anders, als solch einen Text auch mit den Ohren derer zu hören, die einer anderen Religion angehören und sich auf Abraham beziehen und ihn in gleicher Weise wie wir als den Vater des Glaubens betrachten. Ist die Existenz von drei Weltreligionen, die sich auf Abraham berufen, eine Erfüllung dieses Segens? ‚Ich will segnen, die dich segnen!' Dass die Juden die Treue zu Abraham bewahrt haben, ist bis in die Gegenwart erkennbar. Aber wir Christen haben kein Fest, das sich auf Abraham bezieht, kennen keine liturgischen Formen, die ihn präsent machen, kennen keinen liturgischen Gruß, der auch Abraham einbezieht. Die Muslime aber beziehen sich auf Abraham, wenn sie auf ihrer großen mekkanischen Pilgerreise nicht in die Stadt Mohammeds, das wäre Medina, sondern in die Stadt Abrahams ziehen, um dort seiner zu gedenken und den letzten übrig gebliebenen Stein des Gotteshauses zu küssen, das Abraham einst – nach ihrer Tradition – errichtete. Sie gedenken in einer großen Feier der verhinderten Opferung des einzigen geliebten Sohnes und laden, wie es in der Türkei heißt, zum Bayram-Fest ein. Zu diesem Fest laden sie nämlich die armen Nachbarn ein, um mit ihnen zu feiern und Abrahams zu gedenken."[5]

---

4 Dialog der Religionen 1/1991, 1.

5 Theo Sundermeier, Mission nach der Weise Abrahams. Eine Predigt über Gen 12,1–9, in: Die Hebräische Bibel und ihre zweifache Nachgeschichte, FS R. Rendtorff, hg. von Erhard Blum u. a., Neukirchen-Vluyn 1990, 575–579, 575f. In seinem wegweisenden Artikel *Theo-*

Wir Christinnen und Christen lassen uns demgegenüber – sagt Sundermeier weiter – nur eben noch von einem Liedvers des Joachim Neander in unserem Gesangbuch an Abraham erinnern: „Lob' ihn mit Abrahams Samen"[6]. Und dieser Liedvers wird im katholischen Gesangbuch „Gotteslob" unter Ausschaltung des Abraham-Bezuges und des Abraham-Namens so abgewandelt: „Lobt ihn (Gott) mit allen, die seine Verheißung bekamen"[7]. Über Sundermeier hinaus habe ich nur zwei weitere Belege in unserem Gesangbuch über Abraham gefunden: Und zwar zunächst aus reformierter Tradition, wo es heißt: „Der Bund, der Abrahams Hoffnung war, steht jetzt noch da unwandelbar"[8] (Genf 1562). Sodann in dem bekannten Lied „Herzlich lieb hab ich dich o Herr", wo es heißt: „Ach Herr, laß dein lieb Engelein / an meinem End die Seele mein / in Abrahams Schoß tragen"[9].

Unser Thema ist keine akademische Spielwiese: Anlässlich der Tagung „Juden-ChristenMuslime in einer Welt" am 1. und 2. Dezember 1992 in Köln wurde von vierhundertzwanzig Teilnehmerinnen und Teilnehmern zum Abschluss eine Resolution gegen den Krieg im früheren Jugoslawien verabschiedet. Die Anwesenden verurteilen die Gewalttaten und fordern eine sofortige Einstellung aller Kampfhandlungen. Sie äußern ihr Entsetzen und ihren Abscheu angesichts der Not und des Elends der betroffenen Menschen, besonders in Bosnien-Herzegowina: „Wir appellieren an

logie der Mission hatte Sundermeier schon 1987 auf die fundamentale Bedeutung und zentrale Stellung Abrahams für den Dialog mit Israel und den Dialog mit den anderen nichtchristlichen Religionen aufmerksam gemacht. Mit Hinweis auf die Begegnung Abrahams mit Melchisedek, in welcher Abraham sich von Melchisedek segnen lässt, sagt Sundermeier: „Abrahams Gotteserkenntnis wird durch das Zusammenleben mit den anderen Religionen erweitert, aber gerade darin bleibt er er selbst. [...] Abrahams Erfahrungen mit Gott sind grundlegend für alle christliche Gotteserkenntnis" (in: Karl Müller / Theo Sundermeier [Hg.], Lexikon missionstheologischer Grundbegriffe, Berlin 1987, 470ff., Zitat: 481). Von Abraham her liegt der Dialog mit Israel und der Dialog mit den Religionen nicht auf einer Ebene: „Die Einheit mit Israel ist grundlegend für die Einheit der Kirchen untereinander" (ebd.). Anders formuliert: „Während [...] der Dialog mit Israel wie das Gespräch des Sohnes mit seiner Mutter, der er sich entfremdet hat, so ist der Dialog mit den anderen Religionen wie ein Gespräch unter Brüdern, die sich neu kennenlernen und ihre Fremdheit, ja Feindschaft überwinden müssen" (491). Dass unter den anderen Religionen der Islam dabei an erster Stelle des Dialogs stehen muss, sagt Sundermeier hier nicht. – Dass im Blick auf das abrahamische Dialogmodell nicht von einer „abrahamitischen Ökumene" gesprochen werden sollte, darauf hat Julie Kirchberg, Theologie in der Anrede als Weg zur Verständigung zwischen Juden und Christen, Innsbruck/Wien 1991, 72ff., mit Recht hingewiesen.

6 Evangelisches Gesangbuch, Gütersloh u. a. 1996, Liednr. 317,5.

7 Gotteslob, Stuttgart 1975, Liednr. 258,4.

8 Evangelisches Kirchengesangbuch, hg. 1951, Liednr. 462,4.

9 Evangelisches Gesangbuch, a. a. O., Liednr. 397,3.

die kriegführenden Parteien und die Politiker, die moralischen Werte ihrer jeweiligen Religionen höher zu achten als alle nationalen und ethnischen Unterschiede und den Haßgefühlen nicht nachzugeben. Als Christen, Muslime und Juden dürfen wir es nicht zulassen, daß neue Grenzen zwischen den Religionsgemeinschaften aufgerichtet werden. Als Muslime, Orthodoxe, Katholiken, Evangelische und Juden in Deutschland liegt uns daran, in unseren jeweiligen Gemeinden die Gemeinsamkeiten unserer Religionen gegen alle Mißverständnisse und Verdächtigungen zu verteidigen.

Mit Erschütterung haben wir von den Schandtaten gegenüber den muslimischen Mädchen und Frauen erfahren. Wir erklären unseren Abscheu. Die Lehren von Auschwitz verpflichten uns, gegenüber diesen Verbrechen nicht zu schweigen. Wir werden auch zukünftig nicht aufhören, die Verantwortlichen öffentlich anzuklagen und unsere Regierung zu schärfsten Protesten und Sanktionen gegenüber den Tätern, ihren Auftraggebern und Sympathisanten aufzurufen.

Wir ermutigen alle, ihren humanitären und religiösen Pflichten nachzukommen und das äußerste zu unternehmen, um in Deutschland wenigstens einen Teil des Flüchtlingselends lindern zu helfen. Die Nächstenliebe als das alle Religionen einende Grundgesetz fordert uns auf, die Not leidenden Menschen in Bosnien-Herzegowina nicht allein zu lassen."

Alltäglich betrifft es uns, die wir mit Juden in ein und derselben Stadt zusammenleben und deren Synagoge wir besuchen dürfen: So waren meine Frau und ich im November 1992 zwei Tage nach der Schändung des jüdischen Friedhofes in Wuppertal-Barmen von dem Vorsitzenden der jüdischen Gemeinde eingeladen. Herr Bleicher hat uns an dem Abend gesagt: „Ich habe mich immer als deutscher Jude gefühlt. Seit den Vorfällen der letzten Jahre fange ich wieder an, mich als Jude in Deutschland zu fühlen." Und er sagte dann: „Ich habe mein Grab auf dem Elberfelder Friedhof, und ich hoffe, dass ich dort begraben werden kann, neben meiner ersten schon verstorbenen Frau, die mit mir den Weg durch viele KZs gegangen und frühzeitig verstorben ist. Ich fürchte aber, dass ich im Ausland begraben werden muss. Ich bin damals unter dem Gejohle der Menge zum Bahnhof abtransportiert worden. Wenn ich das Gejohle der Neonazis heute höre, dann werde ich wieder daran erinnert."[10]

---

[10] WDR 3, Programm, 24.11.1992.

Hier geht es aber auch um eine praktische gesellschaftliche Herausforderung. Ich verfolge mit großem Interesse seit Jahren ein konkretes Projekt des CVJM Hagen. Dieser CVJM versucht, muslimische Jugendliche, Jugendgruppen, ja auch einen Fußballclub in seine Gemeinschaft zu integrieren: ein deutliches Zeichen, dass hier eine Solidarität bis in ganz konkrete praktische Modelle des öffentlichen Lebens hinein besteht.[11] Und sie haben nun als Christen und Christinnen mich gefragt: „Wir tun das aus Humanität und Gastfreundschaft. Kannst Du uns eigentlich von der Theologie her sagen, warum wir das nicht nur als Menschen tun, sondern warum wir es als Christinnen und Christen tun sollen?" Meine Ausführungen sind auch darauf der Versuch einer Antwort.

Der ägyptisch-islamische Gelehrte Fuad Kandil sagt: „Davon, daß die Muslime hier in der Bundesrepublik […] als gleichwertige Partner im Glauben an den einen Gott, an den Gott Abrahams, betrachtet und eingestuft werden, kann wirklich keine Rede sein. Daher meine Frage an die Christen: Sehen Sie eine Möglichkeit, die Muslime im Rahmen Ihres ‚religiösen Systems' oder Ihres ‚religiösen Paradigmas' […] einzustufen?"[12]

Wir haben uns damit die Aktualität des Themas und einige Beispiele seiner praktischen Herausforderung vor Augen geführt.

2. *Abschied von Modellen der Trialog-Verhinderung*

These 1: Die Exklusivitätsansprüche und Überlegenheitsideologien der Religionen werden keine Zukunft haben. Weder (1) ein Judentum und Islam ausschließender christlicher Fundamentalismus noch (2) das Verständnis des Christentums als absoluter Religion, aber (3) auch nicht das Stufendenken der Aufklärung (Lessing), einer Humanität ohne jüdische, christliche und muslimische Identität (E. Simon). – Zukunft wird nur haben die Rückkehr zu einem identischen Judentum, Christentum und Islam, die sich gemeinsam den sozialen und humanen Herausforderungen der Gegenwart stellen – im gemeinsamen Zusammenleben und Eintreten füreinander.

In diesem Prozess der trialogischen Begegnung und Identitätsfindung ist die Kritik der fundamentalistischen und imperialen Ideologie innerhalb der jeweils eigenen Religion unverzichtbar. Gottes Offenbarung ist die Krisis der Religion (K. Barth). – Bei dieser notwendigen und durch den Trialog zu

[11] CVJM Hagen (Hg.), 140 Jahre, 1995, 24ff., 34ff.
[12] Dialog der Religionen 1/1991, 63.

fördernden Identitätsfindung der drei Geschwisterreligionen wird Abraham, unser aller Vater, von großer Bedeutung sein.

Bevor wir den Einsatzpunkt bei Abraham näher betrachten, müssen wir uns klarmachen, was wir nicht wollen und wovon wir uns trennen müssen. Dabei beschränke ich mich jetzt auf die Darstellung der christlichen Seite, also auf die im Christentum entwickelten Modelle der Ausschließung (Wolfgang Huber hat von der verhängnisvollen Logik der Ausschließung gesprochen), der Absolutheit, der Überlegenheit und Einbeziehung der anderen unter Zwang. Das „*Cogite intrare*" – zwingt sie, in die Kirche hineinzukommen – ist sehr konkret gewesen und auch brutal exekutiert worden.

2.1 Das Modell der Exklusivität (der biblizistische Fundamentalismus)

Ich habe in meiner Schrift „Israel und die Kirche" (1980) die Modelle für die Verhältnisbestimmung von Kirche und Israel dargestellt und kann mich deshalb hier kurz fassen. Da hieß es: Die Kirche ersetze die Synagoge, weil das Neue Testament die Erfüllung alttestamentlicher Verheißungen sei. Oder: Die Kirche als das wahre Israel integriere die Judenchristen. Das Judentum aber selber bleibe außerhalb. Oder: Die Kirche repräsentiere das Heil endgültig, das lediglich auf einer Vorstufe von Israel dargestellt worden sei. Und schließlich: Die Synagoge, das Judentum, sei die Negativ-Folie der Kirche, von der sich die christliche Kirche positiv abhebe. Das Judentum repräsentiere das Gericht und die Gerechtigkeit, die Kirche die Gnade; dem Judentum gelten die Gerichtsanklagen der Propheten, die Kirche lebe von den Verheißungen der Vergebung. Die Synagoge sei mit Blindheit geschlagen, die gekrönte Kirche mit dem Sehen der Wahrheit und des Lichtes begabt.[13] Falaturi hat aus Schülerbefragungen zu Islam und Christentum über entsprechende Stereotype anschaulich berichtet.

Solche Modelle sind also nicht nur gegenüber dem Judentum, sondern auch gegenüber dem Islam verhängnisvoll geworden. Als Beispiel sei auf die Schriften Martin Luthers Bezug genommen: Bedrängt durch die mili-

[13] Herbert Jochum (Hg.), Ecclesia und Synagoga. Das Judentum in der christlichen Kunst (Ausstellungskatalog), Essen/Saarbrücken 1993.

tärische Bedrohung Europas durch die Osmanen zu Beginn des 16. Jahrhunderts und in seinem berechtigten Kampf gegen den seinerzeit entstellten Katholizismus hat Luther alle Elemente und Momente römischen Machtmissbrauchs und päpstlicher Werkgerechtigkeit in das Judentum und in den Islam hineinprojiziert. Judentum und Islam galten ihm als Prototypen von Werkgerechtigkeit und endzeitlich antichristlicher Macht.[14]

Wie sich dieses Denken im Modell der Exklusivität bis heute gegenüber den Muslimen durchhält, möchte ich an der Antrittsvorlesung des Erlanger Privatdozenten Johannes Triebel verdeutlichen. Ihr Thema war das Schriftverständnis in Islam und Christentum.

Aufgrund des islamischen Selbstverständnisses, demzufolge dem Koran göttlicher Charakter zukommt, da er seinen Ursprung in Gott selbst hat, kommt Triebel zu dem Ergebnis: Während im Islam der Koran selbst das geoffenbarte Wort Gottes ist, bezeugt das Neue Testament die Offenbarung Gottes in Jesus Christus. Die Selbstoffenbarung Gottes geschieht nicht in der Schrift, sondern im Fleisch gewordenen Wort. Der Buchwerdung des Wortes Gottes im Islam steht die Fleischwerdung des Wortes Gottes in Jesus Christus gegenüber.[15] Und Triebel wiederholt diese These, obwohl der von ihm in der Literatur genannte Smail Balic das Gegenteil bereits gesagt hat: Diese Annahme von der Buchwerdung des Wortes Gottes im Koran kann schwerlich als *„islamisch“* bezeichnet werden.[16]

Ja noch mehr: Ausgehend von dem Grundsatz, dass von der Mitte der Schrift her Jesus Christus als Grundnorm und Ziel beurteilt werden muss, folgert Triebel: Im Koran hat Jesus zwar eine hervorgehobene Stellung, aber eben nicht die, der alleinige Zugang zu Gott zu sein. Und Paulus sagt schon im Galater-Brief 1,8: „Wenn wir oder ein Engel vom Himmel (wie Gabriel bei Mohammed) euch ein Evangelium predigten, das anders ist, als wir es euch verkündigt haben, der sei verflucht.“[17]

Aber die Schrift, auf die sich Triebei beruft, kennt diese Exklusivität Christi, der so exklusiv den Zugang zum Vater eröffnet, nicht: Denn der Weg, den Christus geht, ist der Weg der Tora des Mose. Die Wahrheit, die Christus lebt, ist die Treue Gottes zu seinem Bund mit den Vätern.

---

14 Martin Luther, Schriften wider Juden und Türken, München 1936.

15 J. Triebel, Schriftverständnis im Islam und Christentum, in: Theologische Beiträge 6/1992, 317–332, 325.

16 Smail Balic, Worüber können wir sprechen? Theologische Inhalte eines Dialogs zwischen Christen und Muslimen, in: Dialog der Religionen 1/1991, 57–73, Zitat: 64.

17 J. Triebel, a. a. O., 330.

Und das Leben, das er repräsentiert, ist das Leben aus Bund und Tora, das er bestätigt und bekräftigt (Joh 14,6). Ein sich solchermaßen fundamentalistisch auf die Schrift berufendes Modell ist dialogunfähig, weil es der Logik der Ausschließung folgt.

2.2 Das Modell der Überlegenheit (das Christentum als absolute Religion)

Dieses Modell ist erstmals von den Apologeten im 2. Jahrhundert, sodann noch einmal von E. Troeltsch in seinem Buch „Die Absolutheit des Christentums und die Religionen" (1902) und zuletzt in umfassender Weise von dem Münchener Systematiker Wolfhart Pannenberg entfaltet worden. Dieses Modell erscheint auf den ersten Blick sehr dialogfreundlich, weil es das Christentum zunächst als Religion im Rahmen der Religionen betrachtet. Theologie wird verstanden als eine alle Religionen und die ganze Philosophie umgreifende Denkbemühung. Theologie unterzieht sich der Mühe, alle Religionen nach dem ihnen zugrunde liegenden Wahrheitsanspruch zu befragen. Und Theologie ist darin offen für die Wahrheitsmomente in den anderen Religionen.

In seinem Vortrag „Die Religionen in der Perspektive christlicher Theologie und die Selbstdarstellung des Christentums im Verhältnis zu den nichtchristlichen Religionen" hat Pannenberg seine bisherigen umfassenden Bemühungen noch einmal gebündelt vorgetragen: „Weil die Wahrheit nur eine sein kann, darum schließt die Pluralität der menschlichen Auffassungen von ihr unvermeidlich das Element des Konflikts ein. Solange Christen ihren Glauben an die eschatologische Offenbarung der Wahrheit Gottes in Jesus Christus ernst nehmen, werden sie auch das exklusive Moment [...] des Satzes, daß den Menschen in keinem anderen das Heil gegeben ist, festhalten müssen zusammen mit der aus dem Schöpfungsglauben folgenden Intention, alle Menschen als Geschöpfe Gottes in die Offenbarung des Sohnes einbezogen zu denken. Die Momente der Exklusivität (!) des christlichen Wahrheitsanspruches, der Inklusivität (!) des Glaubens an die Offenbarung Gottes als des einen Gottes aller Menschen und der Anerkennung eines faktischen (!) Pluralismus unterschiedlicher Glaubensformen [...] gehören im christlichen Selbstverständnis zusammen."[18]

[18] Wolfhart Pannenberg, Die Religionen in der Perspektive christlicher Theologie ..., in: Theologische Beiträge 6, 1992, 305–316, Zitat: 316.

Aber: Diese Theologie der Religionen dient schließlich doch nur dem Ziel, das Christentum bzw. die christliche Offenbarung als absolut und als allen anderen Religionen überlegen zu erweisen, d. h. aufzuzeigen, wie die christliche Offenbarung die Wahrheitsmomente der anderen Religionen in einem umfassenderen Rahmen zu inkludieren und zu integrieren vermag.

Der amerikanische Theologe Paul F. Knitter hat zu diesem Modell der Inklusivität und Absolutheit gesagt: „Ich kann die Verdienste eines anderen und meinen Wunsch, von ihnen zu lernen, noch so hoch stellen – wenn ich von vornherein davon überzeugt bin, daß seine Wahrheit letztlich nur insoweit verdienstvoll ist, als sie in meiner eingeschlossen und enthalten ist und von ihr erst voll zur Geltung und Erfüllung gebracht wird, dann kann solch ein Dialog [...] nur noch wie ein Gespräch zwischen Katz und Maus enden. Wie fein und gefällig ich es auch umkleide, entweder mein ‚letztes Wort' verneint das Wort des anderen, oder es weist ihm eine mindere Bedeutung zu. Noch einmal bildlich ausgedrückt: Voll zu ihrer Erfüllung kommt die Maus erst, wenn sie im Bauch der Katze eingeschlossen ist."[19]

Dieses Modell der Überlegenheit des Christentums über die anderen Religionen – im Durchgang durch den Dialog mit ihnen, diese aber letztendlich inkludierend – ist trotz der umfassenden Kenntnisse, mit denen es vorgetragen wird, ein Dialog-Modell der Absolutheit und Überlegenheit, das die These vom Christentum als absoluter Religion neuzeitlich lediglich variiert und modifiziert.

2.3 Das Modell der Aufklärung (Lessing und die relativistische Religionstheologie)

Das Modell der Toleranz ohne Identität ist das Modell der Aufklärung des 18. Jahrhunderts. Es ist das Modell Gotthold Ephraim Lessings. Die Abgrenzung auch von diesem Modell der Aufklärung muss zunächst überraschen. Denn die Aufklärung soll im Folgenden nicht etwa diskreditiert werden. Im Gegenteil! Sie hat eher eine bestimmte zu benennende Grenze, die uns nach Auschwitz zum Bewusstsein gekommen ist. Nur um das Benennen dieser Grenze, nicht etwa um die Diskreditierung der Auf-

[19] Paul F. Knitter, Nochmals die Absolutheitsfrage, in: Evangelische Theologie 49, 1989, 505–515, 512.

klärung als solcher, kann es hier gehen. Dieses Benennen der Grenze gilt auch gegenüber der pluralistischen Religionstheorie und dem religiösen Relativismus, wie sie heute besonders von John Hick (England) und Paul F. Knitter (USA) vertreten werden.[20] In der Zeit des ersten Golfkrieges, d. h. der Zeit der Existenzbedrohung des Staates Israel und des Wiederauflebens eines weltgeschichtlichen Gegensatzes zwischen dem angeblich zurückgebliebenen, konservativen islamischen Morgenland und dem angeblich so christlich-freiheitlichen, friedensbewegten Abendland, habe ich im Jahre 1992 in mehreren Theateraufführungen von Lessings „Nathan" die Bedeutung und Faszination der Aufklärung für den Trialog zwischen Juden, Christen und Muslimen miterleben können. Ich habe die Aufführungen in Frankfurt und Wuppertal vergleichen können. In Wuppertal noch auf dem besonderen Hintergrund, dass mit Beginn des Golfkrieges die Schauspieler und Schauspielerinnen Tag und Nacht, immer abwechselnd, von verschiedenen Podesten Stücke aus der Hebräischen Bibel, dem Neuen Testament und dem Koran vorgetragen haben – unter großer Beteiligung und Präsenz von Menschen, die hier Bibel und Koran erstmalig nacheinander und miteinander bewusst hören konnten. Ein wirklich ökumenischer Beitrag zur Friedensfrage von außerhalb der Kirchen, auf dem Forum der Bühne und des Theaters. Auch das ist eine Fernwirkung von Lessings „Nathan".

Ich hebe drei Punkte heraus. Zunächst: Lessing hat Recht in seiner Kritik am christlichen Fundamentalismus. Sittah sagt zum Sultan: „Du kennst die Christen nicht, willst sie nicht kennen. Ihr Stolz ist: Christen sein, nicht Menschen."

Sodann: Lessing hat Recht mit dem Hinweis auf die Schuld der Christen gegenüber Juden und Moslems: „Wann hat und wo die fromme Raserei, den besseren Gott zu haben, diesen besseren der ganzen Welt als besten aufzudrängen, in ihrer schwärzesten Gestalt sich mehr gezeigt als hier? als jetzt?"[21] Lessing spielt auf die Kreuzzüge an und schreibt dazu: „Die Kreuzzüge, die in ihrer Anlage ein politischer Kunstgriff der Päpste waren, wurden in ihrer Ausführung die unmenschlichsten Verfolgungen, derer sich der christliche Aberglaube jemals schuldig gemacht hat."[22]

---

[20] Ders., a. a. O., und R. Bernhardt, Ein neuer Lessing? Paul Knitters Theologie der Religionen, in: Evangelische Theologie 49, 1989, 516ff. – Ders., Der Absolutheitsanspruch des Christentums. Von der Aufklärung bis zur pluralistischen Religionstheologie, Gütersloh 1990, [2]1993. – Ders., Zwischen Größenwahn, Fanatismus und Bekennermut. Für ein Christentum ohne Absolutheitsanspruch, Stuttgart 1994.

[21] II, 1.

[22] II, 5.

Schließlich: Lessing hat schon weniger Recht in seiner Relativierung von Judentum, Christentum und Islam im Hinblick auf die Humanität der Aufklärung. Der Jude Nathan ist für ihn das Idealbild des wahren Menschen. Und der Muslim Saladin ist das Idealbild eines humanen, weisen Herrschers.

Der Leo-Baeck-Schüler Ernst Simon, Mitarbeiter beim jüdisch-christlichen Dialog auf dem Kirchentag 1965 in Köln, hat 1929 einen kleinen Aufsatz geschrieben: „Lessing und die jüdische Geschichte". Sein Fazit zu Lessings „Nathan" ist im Ganzen kritisch: Nicht einmal die Ringparabel hätte Mendelssohn von sich aus verwendet. Aus dem Munde eines Nichtjuden hätte er sie vielleicht gelten lassen. Nach Auschwitz, nach der Shoah, gilt umso mehr: „Wir sollten verzichten auf Nathans blasse Judenschemen. [...] Wir aber, die wir Lessings tapfere Humanität nur allzu sehr gerade in unserer zionistischen Bewegung brauchen könnten, wenden uns dennoch von seinem blassen und blutlosen Judenbilde ab."[23]

In einer viel beachteten Vorlesung über das Janusbild der Aufklärung unter dem Titel „Nathan der Weise aus der Sicht nach Auschwitz" hat Walter Jens 1991 in Tübingen geurteilt: „Folge der Emanzipation, die mit Moses Mendelssohns Wirksamkeit einsetzte, war letztlich die Preisgabe der jüdischen Identität zugunsten der deutschen. In Anbetracht dessen stellt sich dann aber die Frage [...], ob denn überhaupt eine deutsch-jüdische Symbiose bestand, eine Gemeinschaft im Sinne des Gebens und Nehmens."[24] Deshalb ist es nicht überraschend, dass Lessing schon ein Jahr nach der Schrift „Nathan der Weise" im Jahr 1780 die Schrift „Erziehung des Menschengeschlechts" veröffentlichte. Für Lessing sind hier die Schriften der Hebräischen Bibel lediglich die erste Stufe der Erziehung, ein Elementarbuch für Kinder, für das rohe und im Denken ungeübte israelitische Volk. Dieses Elementarbuch, also die Hebräische Bibel, gilt vornehmlich nur für ein gewisses Alter der Menschheit. Das diesem Kindesalter entwachsene Kind länger dabei verweilen zu lassen, ist schädlich. Und nun höre man die Fortsetzung ein Jahr nach dem „Nathan": Das Kind länger als nötig bei der Hebräischen Bibel verweilen zu lassen, „das gibt dem Kind einen kleinlichen, schiefen, spitzfindigen Verstand. Die

---

23 E. Simon, in: Brücken. Gesammelte Aufsätze, Heidelberg 1965, 219.

24 Vorlesung WS 1991/92. Vgl. auch W. Jens, Theologie und Theater, in: ders., In Sachen Lessing. Vorträge und Essays, Stuttgart 1983, 104–132. Vgl. darüber hinaus den vorzüglichen Aufsatz von Peter von der Osten-Sacken: Lessings „Nathan" und das Neue Testament, in: Ev. Theologie 56, 1996, 44–82.

nämliche Weise, wie die Rabbinen ihre heiligen Bücher behandelten. Der nämliche (schiefe, spitzfindige) Charakter, den sie dem Geist ihres Volkes dadurch erteilten."[25]

Auf das Judentum folgt als die zweite Stufe der sittlichen Erziehung das Christentum: „Ein besserer Pädagoge mußte kommen, um dem Kinde das erschöpfte (alttestamentliche) Elementarbuch aus den Händen zu reißen: Christus kam."[26] Aber auch dieses Elementarbuch wird einmal überflüssig werden. Denn dieses zweite Zeitalter, das des Christentums, wird abgelöst werden durch ein drittes Zeitalter, nämlich „die Zeit der Vollendung, da der Mensch das Gute tun wird, weil es das Gute ist."[27] Der Diffamierung des Talmuds als spitzfindig-kleinlich steht das Schweigen dem Koran gegenüber zur Seite. Fazit: Die Religionen – Judentum, Christentum und Islam – sind nach Lessings „Erziehung des Menschengeschlechtes" nur Durchgangsstufen zur wahren Humanität des Menschengeschlechtes. Es handelt sich dabei um eine Entwicklung vom sinnlichen Juden über den geistigen Christen hin zum humanen, aufgeklärten Menschen.[28] Was wir von Lessing bewahren sollten, ist erstens sein Hinweis auf die drei Epochen der Offenbarung. Versteht man die drei Epochen der Offenbarung nicht so, wie Lessing sie verstanden hat, dass nämlich die nächsthöhere Stufe die vorherige als die niedrigere Stufe überwindet. Versteht man sie vielmehr als Weg der Offenbarungsgeschichte Gottes, in der alle Momente und Elemente weiterhin gegenwärtig bleiben, so könnte sich für das Verständnis von Juden, Christen und Muslimen aus diesen Periodisierungen heraus Wichtiges ergeben: Der Gott Abrahams, Isaaks und Jakobs – das Judentum; Jesus Christus als der Abrahamsohn – das Christentum; und die Ausgießung des Geistes auf alles Fleisch – der Islam als Abraham-Gemeinschaft. Von dieser Ausgießung des Geistes Gottes auf alles Fleisch redet Lessing im Anschluss an Joachim von Fiore. Ich komme auch auf diesen Punkt später zurück.

Wir wollen zweitens Lessings Plädoyer für Aufklärung und Humanität nicht in Vergessenheit geraten lassen. Lessing könnte über den Hinweis auf den Gott Abrahams und über die Periodisierung der Offenbarungsgeschichte Gottes hinaus an ein Element erinnert haben, das die lutherisch-

---

25 § 52.

26 § 53.

27 § 85.

28 § 93. – Vgl. die eindrückliche Würdigung von Moses Mendelssohn und Gotthold Ephraim Lessing durch Leo Baeck, Dieses Volk, Bd. II, Frankfurt 1957, 253ff. und ders., Von Mendelssohn bis Rosenzweig, Stuttgart 1958.

orthodoxe Christenheit seiner Zeit vergessen hatte und das Hans Joachim Iwand, Theologe aus der Bekennenden Kirche und Liebhaber der Aufklärung, als notwendig zu erinnerndes Erbe Lessings in die folgenden Worte gekleidet hat: „Müßte nicht die Kirche heute die im Bereich des Politischen bedrohte oder auch verlorene und geschändete Toleranz neu begründen? Müßte sie nicht lebendige Zeugnisse einer solchen Toleranz aufrichten? Müßte es nicht etwas bedeuten, auch im Bereich des Politischen, daß Christus [als der Abrahamsohn] für alle Menschen gestorben ist?" Weiter: „Kam die Intoleranz der Reformationskirchen vielleicht daher, daß sie nur eine begrenzte Versöhnung des Menschengeschlechts [nur wenig Erwählte, die Mehrheit verworfen] lehrten, und mußte darum die Aufklärung eingreifen, indem sie einen universalen Begriff des Menschen und seiner Würde aufstellte?"[29]

Fazit: Wir werden die Aufklärung und Lessings Plädoyer für die eine ungeteilte Menschheit nicht aufgeben dürfen. Wir werden aber auch den jüdischen Einspruch von Ernst Simon – und ich frage: Gibt es auch einen islamischen Einspruch gegenüber dem „Nathan"? – erinnern müssen, einen Einspruch nicht gegen die Humanität und Toleranz, sondern gegen eine Humanität und Toleranz ohne jüdische, ohne christliche und ohne muslimische Identität.

3. Der Gott Abrahams – der Gott Isaaks, Ismaels und der Völker

These 2: An die Stelle der ausschließenden Kategorien von absoluter „Erfüllung", „Vollendung" und „definitiver Endgültigkeit" muss als kategorialer Bezugspunkt von Judentum, Christentum und Islam die Gestalt und Geschichte Abrahams treten und damit die ihm geschenkte Segensverheißung: (1) für Isaak, den Ersterwählten (Judentum), (2) für Ismael, den Erstbeschnittenen und im Bund Gesegneten (Islam), (3) für die Christenheit aus den Völkern als die durch Jesus Christus Hinzuerwählten und Mitgesegneten (Christentum). – Der Gott Abrahams und der Sara ist auch der Gott Ismaels und der Hagar und ist auch der Vater Jesu Christi und der Maria. – Die Mehrdimensionalität der Segensverheißung an Abraham schließt einen Rückgang auf Abraham unter Verneinung der anderen Verheißungsadressaten aus. Ein exklusiver Rückgang auf Abraham verstümmelt uns alle religiös, ja wir drohen uns selber von der Abrahamverheißung

29 Hans Joachim Iwand, Frieden mit dem Osten. Texte 1933–1959, München 1988, 150.

auszuschließen. – Der mehrdimensionale Abrahamsegen kann von Juden, Christen und Muslimen nur gemeinsam ergriffen und im gemeinsamen Dienst an der einen Menschheit weitergegeben werden.

Das Zweite Vatikanische Konzil hat im Jahr 1965 grundlegend formuliert: „Auch auf die Muslime blickt die Kirche mit Wertschätzung, denn sie verehren den einen Gott, der lebt und bleibt, der barmherzig und allmächtig ist, den Schöpfer des Himmels und der Erde und Sprecher zu den Menschen. Sie (die Muslime) streben danach, sich von ganzem Herzen sogar seinen unerforschlichen Befehlen zu unterwerfen, so wie es Abraham tat, mit dem sich der islamische Glaube besonders verbunden fühlt."[30]

Smail Balic hat über diese Erklärung sehr positiv geurteilt: „Diese von kompetenter kirchlicher Seite erstellte Islam-Darstellung (des Zweiten Vatikanischen Konzils) hat in der katholischen Welt einen wahrhaft revolutionären Gemütswandel in bezug auf die Beurteilung des Islam herbeigeführt. Sie hat eine fremde Religion dem christlichen Menschen näher gebracht." Balic folgert: „Mir scheint, daß der Dialog – von islamischer Seite her gesehen – dann eine ökumenische Dimension hat, wenn er mit anderen monotheistischen Gemeinschaften geführt wird. Der Islam ist von Haus aus dem Judentum und dem Christentum gegenüber offen."[31]

Ich möchte die Aussagen des Zweiten Vatikanischen Konzils aufgreifen, weil sie weiterführen und dort die Frage, ob Muslime und Christen zu demselben Gott beten, nicht beantwortet wird. Ferner fehlt schon dort jegliche Aussage über den Koran und Mohammed.

3.1 Der Gott Isaaks, Ismaels und der Völker

Der Gott Abrahams ist der Gott Isaaks, Ismaels und der Völkerwelt: In Gen 12 kommt es zu einer umfassenden Segensaussage für die Nachkommen Abrahams, für das Volk Israel. Aber über Isaak, d. h. Israel hinaus ist auch Ismael Teilhaber der Segensverheißungen Abrahams: „*Und ich will dich zu einem großen Volk machen.*"[32] Die dritte Dimension der

---

[30] Adel Theodor Khoury / Ludwig Hagemann / Peter Heine (Hg.), Islam-Lexikon 1991, Bd. II, 430 (eine erweiterte und aktualisierte Neuauflage ist 2006 erschienen); hier in der Übersetzung von Smail Balic.

[31] Vgl. Dialog der Religionen 1/1991, 68.

[32] Gen 17,20.

Segensverheißung gilt der Völkerwelt: *„In dir sollen gesegnet werden alle Geschlechter der Erde.“*[33] Auf dem Hintergrund der Fluchgeschichte bis zum Turmbau von Babel verheißt Gott durch Abraham über Israel und Ismael hinaus eine Segensgeschichte auch für die Völkerwelt. Nach Gen 12,1ff. ist Gott nicht nur der Schöpfer (wie im Vaticanum II), sondern der Gott Abrahams, der die Teilhabe an dem Segen Abrahams in drei zu unterscheidenden, aber nicht trennbaren Dimensionen verheißt. Wir müssen noch einen Schritt weitergehen: Die Hebräische Bibel spricht nicht nur von einer Beziehung Ismaels zum Schöpfergott, wie sie für alle Völker besteht, sondern viel intensiver von der Beziehung Ismaels zum Gott des ungekündigten Bundes.

3.2 Der ungekündigte Bund Gottes mit Isaak und lsmael

Die katholischen Theologen Norbert Lohfink und Erich Zenger haben in ihren Arbeiten zur Hebräischen Bibel überzeugend und nachdrücklich von dem niemals gekündigten Bund Gottes mit Israel gesprochen. Damit haben sie Martin Bubers 1933 wehrlos ausgesprochenes, dennoch richtiges und überlegenes Plädoyer für das Wissen Israels um den ungekündigten Bund Gottes mit Israel aufgenommen und weitergeführt: Der Bund Gottes mit Israel ist ungekündigt. Das ist ein Essential und die Basis des heutigen christlich-jüdischen Dialogs.

Aber nach dem 1. Buch Mose ist nicht nur Isaak/Israel, sondern ist auch Ismael/Islam Teilhaber dieses niemals gekündigten Bundes und seiner Bundesverheißung. Ismael ist nach Kapitel 17 in den Bund Gottes mit Abraham hineingenommen, ja er ist sogar vor Isaak beschnitten worden: *„Das ist aber der Bund zwischen mir und euch und deinen Nachkommen. Alles was männlich ist, soll beschnitten werden. Da nahm Abraham seinen Sohn Ismael und beschnitt ihn, noch am selben Tage, wie Gott ihm befohlen hatte. Sein Sohn Ismael war 13 Jahre alt.“*[34] Am selben Tag wurden Abraham und sein Sohn Ismael beschnitten, erst danach erfolgt die Verheißung der Geburt Isaaks.

---

[33] Gen 12,3.
[34] Gen 17,20.23.

3.3 Die Sympathie der Bibel für Ismael und Hagar

Michael Wyschogrod (USA) hat auf der Berliner Sommeruniversität 1991 von der Sympathie der Genesis-Texte für Hagar und Ismael gesprochen. Der Gott Abrahams hört das Schreien der unterdrückten Hagar, die heute in Gestalt der vergewaltigten muslimischen Frauen in Bosnien schreit. Der Israel erwählende Gott ist zugleich der Parteigänger für Ismael und Hagar, auch wenn dies die bleibende Ersterwählung Israels nicht aufhebt. Die Ersterwählung läuft – der Hebräischen Bibel zufolge – nicht über Hagar und Ismael, sondern über Sara und Isaak. Die Abraham-Gemeinschaft des Islam aber wird über Ismael, den Erstbeschnittenen, teilhaben an der Segensgeschichte dieses Abrahambundes, wie auch die Völkerwelt durch Jesus Christus teilhaben wird an der Segensgeschichte dieses Bundes.

3.4 Die Mehrdimensionalität der Segensverheißungen an Abraham

Wenn die Hebräische Bibel in dieser umfassenden Weise Ismael an den Segensverheißungen für Abraham beteiligt sein lässt, ihn in den Bund Gottes mit Abraham sogar als Ersten und Erstbeschnittenen einbezieht, und wenn der Gott Abrahams in dieser Sympathie, d. h. in diesem das Schreien der Hagar erhörenden Mitleiden sich Ismael und Hagar offenbart, dann wäre zu fragen: Warum bekennen wir uns heute in unseren Gottesdiensten – den richtigen Hinweisen der feministischen Theologie folgend – zwar zum Gott Abrahams und Saras, zum Gott Isaaks und Rebekkas, nicht aber auch in gleicher Weise zum Gott Ismaels und Hagars? Denn der Gott Abrahams und Saras ist immer auch der Gott Ismaels und Hagars. Die Selbigkeit dieses Gottes Abrahams, des Gottes Isaaks und Ismaels, kann von der Hebräischen Bibel her nicht offen gelassen werden, wie es das Vaticanum II und die Ökumene in Genf leider noch tun.

In dem heute angezeigten Rückbezug von Juden, Muslimen und Christen auf Abraham steckt ein Problem, das aus der Mehrdimensionalität der Segensverheißung Gottes an Abraham folgt: (1) aus der Segensverheißung an Isaak, (2) aus der Segensverheißung an Ismael und Hagar und (3) aus der Segensverheißung an die Völkerwelt, aus der wir Christinnen und Christen stammen.

Das Problem ist das Folgende: Wir gehen sehr oft – und die verschiedenen Adressaten der Segensverheißungen an Abraham haben das meistens getan und tun es weitgehend bis heute – auf Abraham zurück, indem wir zugleich die anderen Segensadressaten, die anderen Segensträger und deren andere Segensgeschichte ausdrücklich oder heimlich übergehen: Abraham ist dann nur Isaaks Vater und also nur der Juden Gott. Abraham ist dann nur der erste und urbildliche Muslim, und Abraham ist dann – und darauf komme ich gleich zu sprechen – nur der erste Christ, der – reformatorisch gesprochen – allein von der Rechtfertigung des Gottlosen lebt.

Die Mehrdimensionalität der Segensverheißung Gottes an Abraham (Gen 12,1ff.) hält uns aber dabei fest, dass ein Rückgang auf Abraham bzw. den Gott Abrahams unter Umgehung der anderen Verheißungsadressaten legitimerweise nicht unternommen werden darf. Die Segensverheißung an Abraham kann nur in ihrer Dreidimensionalität erkannt werden, oder sie wird überhaupt nicht erkannt. Die exklusive Begrenzung auf nur eine Dimension verstümmelt uns religiös und schließt uns am Ende von der Abrahamsverheißung aus. Der Abraham-Segen kann in dieser Mehrdimensionalität nur gemeinsam von Juden, Muslimen und Christen ergriffen und heute nur gemeinsam an die Menschheit weitergegeben werden.

4. *Jesus Christus bringt den Segen Abrahams in die Völkerwelt*

These 3: Die Sendung Jesu Christi und sein Isaak-Weg bis zum Kreuz (AQEDA) geschieht im Rahmen der Abrahamverheißung. Durch Christus wird Abraham auch zum Vater der Glaubenden aus allen Völkern (Röm 4,16). – Die Christenheit aus den Völkern nimmt teil am Segen Abrahams durch Jesus, den Juden, den David- und Abrahamsohn (Mt 1,1), der als der verheißene Messias des Gottes Israels, als Prophet und Knecht Gottes den Isaak-Weg geht (Mk 1,11; 12,6) und so den Segen Abrahams in die Völkerwelt hinein vermittelt. Sein Kreuz steht – wie die Geschichte Abrahams – im Wendepunkt von der Fluchgeschichte der Menschheit (Gen 3–11; Gal 3,13) zur Segensgeschichte für die Menschheit (Gen 12,1ff.; Gal 3,14). – Da Christus gekommen ist, um die den Vätern und Müttern gegebenen Verheißungen zu bekräftigen und festzumachen (Röm 15,8ff.), nicht aber zu beseitigen, gilt dies auch für die der Abraham-Gemeinschaft in Ismael gegebenen Segensverheißungen (Gen 16f.). – Eine durch Christus in den Raum der Abrahamverheißungen verwiesene ökumenische Theologie wird deshalb in ihrem Wirklichkeitsverständnis vier Größen in eine unauflös-

lich-praktische Beziehung zueinander setzen: (1) das Israel-Volk, (2) die Abraham-Gemeinschaft der Muslime, (3) das ökumenische Christusvolk aus allen Nationen - alle mit und in Abraham erwählt zum Dienst der Humanität (4) an den Völkern, d. h. in und mit Abraham berufen zum Eintreten für die eine und unteilbare Menschheit.

Der Gott Abrahams, Isaaks und Ismaels - das ist ein Essential des Neuen Testaments und definiert uns Christinnen und Christen - ist der Vater Jesu Christi, und Jesus Christus ist sein messianischer Sohn. Dieser hebt die Segensverheißungen an Abraham aber nicht auf, sondern bekräftigt sie durch seine Sendung und sein Leiden bis zum römischen Foltertod am Kreuz. Deshalb steht die Sendung Jesu Christi vor allem im Rahmen der Abraham-Verheißung für Israel und ist eine jeweils verschiedene - für Israel, für die Christenheit und für die Muslime. Das möchte ich im Folgenden entfalten.

4.1 Die Sendung Jesu Christi im Horizont der Abrahamverheißung (Mt 1,1)

Erstaunlicherweise in seiner theologischen Bedeutung von der Christenheit weitgehend verdrängt, beginnt der erste Satz des Neuen Testaments mit einem Stammbaum von 3 mal 14 Generationen, der die Geschichte Jesu Christi zunächst in die messianischen Hoffnungen Israels und des Judentums einbettet. Leo Baeck, Repräsentant des europäischen Judentums vor und nach Auschwitz, nach der SHOAH, hat in seiner Schrift „Das Evangelium als Urkunde jüdischer Glaubensgeschichte" (1938) und in dem in seinem Todesjahr gehaltenen Vortrag „Judentum, Christentum, Islam" (1956) dazu Wegweisendes gesagt: Die Jünger und Jüngerinnen haben Jesus als den verheißenen Messias des Gottes Israels verstanden, der die messianischen Verheißungen des Gottes Israels erweckt, bekräftigt und anfangend realisiert (Apg 10,36ff.). Jesus Christus wird aufgrund der Hall-Stimme vom Himmel (Mk 1,11) als der messianische Sohn Gottes insofern bekannt, als sich in ihm die Wirklichkeit und Wahrheit des Volkes Israel, das zuerst und von Haus aus „Sohn Gottes" genannt wird, verdichtet und verpersönlicht. Wichtig ist in diesem Zusammenhang weiter, dass auch Israel seinen König-Messias in den Horizont der Segensverheißungen an Abraham hineingestellt hat: Der messianisch interpretierte Königspsalm 72 schildert die Hoffnungen Israels und bekennt, dass der Segen Abrahams durch den messianischen König in die Völkerwelt vermittelt wird: Er – dieser messianische König – erbarmt sich des Geringen und Armen, den Seelen der Armen hilft er, von Druck und Gewalttat erlöst er sie, und ihr Blut ist kostbar in seinen Augen. Sein – des Königs – Name soll ewiglich bleiben und „mit seinem Namen (also dem des messianischen Königs) sollen sich Segen wünschen alle Geschlechter der Erde, alle Völker sollen ihn glücklich preisen“[35]

Indem nun aber Jesus Christus, der verheißene Messias (Mt 1,1a), auch als Sohn Abrahams kommt und wirkt (Mt 1,1b), wird deutlich: Als der verheißene Messias Israels des Gottes Israels, der gekommen ist, um die den Vätern gegebenen Verheißungen zu bestätigen (Röm 15,8), steht Jesus im Raum der Abraham-Verheißungen, kommt er als Mittler zwischen Israel und den Völkern, um die den Vätern gegebenen Verheißungen Israel gegenüber zu befestigen und an die Völkerwelt zu vermitteln (Röm 15,8f.). Der erste Satz des Neuen Testaments, Mt 1,1, will also zusammen mit dem letzten Abschnitt des Matthäus-Evangeliums, Mt 28,16–20, verstanden werden: Die Christenheit aus allen Völkern nimmt durch Jesus Christus, den verheißenen messianischen Befreier Israels und der Völker, teil am Segen Abrahams für Israel, für Ismael und die Völkerwelt.

4.2 Das Leiden Christi im Raum der Abrahamverheißung (Gal 3,13f.)

Jesus ist nach Mk 1,11 durch die Stimme Gottes bei seiner Berufung nicht nur zum messianischen Sohn gesalbt worden: „Du bist mein Sohn“, sondern die Stimme vom Himmel enthält ein weiteres Element, das meistens überlesen und ausgeblendet wird, nämlich: „Du bist mein Sohn, der Geliebte.“ Diese Aussage verweist uns auf Gen 22,2: Gott sprach zu Abraham: „Nimm deinen Sohn, den einzigen, den du lieb hast, den Isaak.“ Der Isaak-Weg, den Jesus als der einzige Sohn, der Geliebte, bis zum römischen Folterkreuz geht, stellt das Leiden und die Kreuzigung Jesu in den Zusammenhang der Bindung Isaaks, des jüdischen AQEDA-Leidens. Ein Zusammenhang, der von den Leiden der jüdischen Märtyrer der Makkabäer über die Verfolgungen des Mittelalters bis zur SHOAH reicht.

[35] Ps 72,17.

Im Gleichnis von den Weinbergpächtern (Mk 12,1ff.) heißt es im Anschluss an die göttliche Sendung der verfolgten und getöteten Propheten Israels in Mk 12,6: „Und dann hatte er noch einen, den Sohn, den Geliebten." Das ist wiederum ein Zitat von Gen 22,2. Ich folgere daraus: Indem Jesus in Treue zur Tora vor der Schmach der Verwerfung durch die sadduzäische Hierarchie und vor der Qual und Schande der römischen Kreuzigung nicht zurückscheut, besteht er die Prüfung Isaaks. Als der geliebte Sohn seines Vaters im Himmel (Mk 1,11 = Gen 22,1) nimmt er die römische Folterung der Kreuzigung auf sich im Gehorsam gegen das Erste Gebot, in der Heiligung des göttlichen Namens. Die ganze Sendung Jesu Christi wird damit zur Erfüllung des Ersten Gebots. Und so ist es nicht zufällig, sondern höchst sachgemäß, dass das Kreuz Christi von Paulus in Gal 3,13f. so verstanden wird: Es ist der Wendepunkt von der Fluchgeschichte der Völkerwelt hin zur Segensgeschichte für die Völkerwelt. Wie die Berufung Abrahams und die mehrdimensionale Segensverheißung an Abraham auf dem Hintergrund der Fluchgeschichte der Welt steht, so kommt durch das Kreuz Jesu, des Abraham-Sohnes und Abraham-Erben, der Segen Abrahams in die Welt (Gal 3,12). Wie die Sendung Jesu in Wort und Werk, so steht auch seine Kreuzigung im Raum der Abrahamverheißung und wird sein Kreuz zum Wendepunkt von der Fluch- zur Segensgeschichte. Das Kreuz Christi steht am Schnittpunkt der Fluchgeschichte der Welt und der Segensgeschichte Abrahams. So wird das Kreuz zu dem Ort, von dem her Israel und die Völkerwelt versöhnt und so unter die umfassende Segensverheißung Abrahams gestellt werden.

4.3 Abraham – der Vater auch der Glaubenden aus den Völkern (Röm 4,16)

Der amerikanische Theologe Paul van Buren hat eine dreibändige Theologie des Judentums veröffentlicht.[36] Da der erste ins Deutsche übersetzte Band seiner Trilogie kaum verkauft wird, werden auch die beiden anderen Bände seines umfassenden Werkes nicht im Deutschen erscheinen – ein für die wissenschaftliche Theologie entlarvendes Faktum.

---

36 Bd. I: Discerning the Way, 1980; Bd. II: A Christian Theology of the People Israel, 1983; Bd. III: Christ in Context, 1988.

Die von van Buren überzeugend entfaltete Grundthese lautet: Paulus konnte Christus unter den Völkern deshalb predigen, weil er Christus als die Bestätigung der dem Abraham zugesprochenen Verheißung an die Völker verstand, als Bestätigung der Verheißung, dass er (Abraham) Vater vieler Völker würde. Jetzt sah Paulus, dass die Verheißung an Abraham durch eben seine Sendung, seinen Apostolat sich realisieren sollte. Er wusste sich durch seine Sendung zum Mitarbeiter an der sich realisierenden Verheißung berufen. Durch das Kommen Christi erfährt die an Abraham ergangene Verheißung nun auch für die Völkerwelt ihre Bestätigung und anfangende Realisierung, weil nun Gott seine Verheißung an Abraham so erfüllt, dass er nicht nur Vater seines Sohnes Isaak und nicht nur Vater seines Sohnes Ismael, sondern auch Vater der Nichtjuden sein wird.

In Röm 4 entfaltet Paulus unter dem Leitmotto „Abraham nicht nur Vater Israels, sondern auch der Menschen aus der Völkerwelt" diesen Sachverhalt. Er bedient sich dabei nicht einer uns geläufigen Logik der Ausgrenzung und Ausschließung. Er bedient sich dabei vielmehr einer Logik der Einbeziehung und offenen Grenzen, der Logik des an der Hebräischen Bibel geschulten jüdischen Denkens von Gott, der nicht nur der Vater Israels, sondern auch der Vater der Menschen aus der Völkerwelt ist, wie Paulus gut jüdisch fragt: „Ist Gott nur der Juden Gott und nicht auch der Völker?" Und antwortet: „Doch, auch der Völker, wenn denn Gott einer ist" (Röm 3,29). Ich habe mich bewusst dieser Formulierung „Abraham – der Vater auch der Glaubenden aus den Völkern" bedient, und ich stelle jetzt zwei Fragen. Die erste Frage lautet: Wem gehört Abraham? Abraham ist, so lautet das beinahe einstimmige Urteil der protestantischen Exegese, die Urgestalt des von Gott gerechtfertigten Menschen. Abraham ist das Urbild des protestantischen Christen. Ich zitiere die erstaunlichen Sätze des Neutestamentlers G. Klein, der damit durchaus nicht allein steht: Paulus „hat den Abbau der jüdischerseits beanspruchten Abrahamssohnschaft zum Ziel". Mit Paulus steht fest, dass „es außerhalb der christlichen Gemeinde keine Abrahamssohnschaft gibt und es ante Christum (vor dem Kommen Christi) eine solche überhaupt niemals gegeben hat".[37]

Der katholische Neutestamentler Franz Mußner hat demgegenüber in dem Beitrag „Theologische Wiedergutmachung am Beispiel des Galater-

[37] Zit. bei Franz Mußner, Die Kraft der Wurzel. Judentum – Jesus – Kirche, Freiburg i. Br. u. a. 1987, 59.

briefes“[38] mit dem Untertitel „Wem gehört Abraham?“ deutlich gemacht: Thema des Paulus ist nicht die ausschließliche Abrahamssohnschaft der Christen, sondern die „Einbeziehung (auch) der Menschen aus der Völkerwelt in die dem Abraham zugesagte Verheißung, dass ‚gesegnet sein werden in dir alle Völker‘“[39].

Wie Abraham im Sinne der Logik der Ausschließung in der protestantischen Exegese bis heute als der erste aus der Rechtfertigung des Gottlosen lebende Christ, so wird auch im Koran „Ibrahim (als) der erste Muslim aus der prophetischen Vorgeschichte“ verstanden. Deshalb hat sich der Islam vom Judentum und Christentum abgewandt, „weil er in Abraham den vollkommenen religiösen Menschen vor der jüdisch-christlichen Offenbarung, die dieses (Abraham-)Bild entstellt hat, gefunden hatte“[40]. Deshalb wird in kritischer Abgrenzung von den dem Islam zeitlich vorausgehenden abrahamischen Überlieferungen des Judentums und des Christentums im Koran von Abraham gesagt: „Wahrlich, mein Herr hat mich auf einem geraden Weg rechtgeleitet: eine festgegründete Religion, die millat lbrahim (Religion Abrahams), der ein hanif war und nicht zu den Götzendienern gehörte“ (Sure 6,161).

Die zweite Frage lautet: Wer ist im Neuen Testament das Israel Gottes? Die Tradition der Kirche seit dem 2. Jahrhundert gibt bis ins 20. Jahrhundert hinein die Antwort: Das Israel Gottes ist die Kirche, exklusiv nur sie, bestehend aus Judenchristen und Heidenchristen unter Ausschluss von Israel-Judentum. Demgegenüber hat wiederum Mußner bahnbrechend für ein anderes Verständnis plädiert, indem er den Israelnamen dort belässt, wo er nach Paulus (auch nach Gal 6,16) hingehört: Er ist niemals die Bezeichnung der Kirche, sondern immer die Auszeichnung Israels. Er meint, was er sagt: Israel und nicht die Kirche! Die Kirche ist nicht Israel. Die Kirche wird im ganzen Neuen Testament nirgendwo als Israel bezeichnet oder mit dem Israelnamen benannt.

4.4 Die vier Dimensionen der Abrahamverheißung

Standen wir mit Franz Mußner am Punkt einer Revolution im Bereich der Exegese, die noch nicht abgeschlossen ist, so stehen wir mit der Arbeit des Berliner Systematikers FriedrichWilhelm Marquardt am Anfang einer

38 A. a. O., 55ff.
39 A. a. O., 59.
40 Johan Bouman, Gott und Mensch im Koran, Darmstadt 1977, ^{2}1989, 76.78.

Revolution in der Systematischen Theologie, die noch kaum zur Kenntnis genommen worden ist, und zwar nicht zur Kenntnis genommen im Hinblick auf die Bedeutung der Berufung Abrahams: Die Abraham-Berufung darf nicht nur ausschließlich als Urbild der christlichen Berufung (miss-)verstanden werden. Vielmehr übergreift die Berufung Abrahams die Berufung der Christen und Christinnen bei weitem. Marquardt hat sein Buch nicht zufällig eine Dogmatik der Umkehr und Erneuerung genannt und seinen Prolegomena den bezeichnenden Titel: „Von Elend und Heimsuchung der Theologie“[41] gegeben.

In einem mehr als 110 Seiten umfassenden Paragraphen mit der Formel „Abraham unser Vater“, deren Verständnis in der Theologie auf das Thema der Berufung der Christen verengt und reduziert wurde, entfaltet Marquardt die Dimensionen der Abrahamgeschichte, an der auch wir Menschen aus der Völkerwelt durch den Messias Jesus teilnehmen (Prolegomena § 6). So wird im Lobgesang der Maria „die ganze Jesusverkündung ins Zeichen der Abraham-Verheißung gestellt“: Der Gott Israels hat sich Israels, seines Knechtes, angenommen, um der Barmherzigkeit zu gedenken, die er unseren Vätern versprochen hat, Abraham und seiner Nachkommenschaft in Ewigkeit (Lk 1,73; 1,55). Zacharias stellt in seinem Lobgesang die Jesusgeschichte ebenfalls ins Zeichen der Abraham-Verheißung gegenüber Israel-Judentum: Gepriesen sei der NAME, der Gott Israels, denn er hat sich seines Volkes Israel angenommen und ihm anfangende Erlösung bereitet. Errettung aus der Gewalt unserer Feinde und aus der Hand aller, die uns hassen. Zu gedenken seines Bundes, den er Abraham, unserem Vater, geschworen hat, damit Israel, erlöst aus der Gewalt seiner Feinde ohne Furcht IHM dienen kann in Heiligkeit und Gerechtigkeit (Lk 1,68–75). Marquardt folgert daraus: „Die Tatsache, daß im Neuen Testament die Jesusverkündigung und das Verständnis des christlichen Glaubens mit der Geschichte und dem Glauben Abrahams in Verbindung gebracht worden sind, kann man in ihrer Bedeutung schwer überschätzen.“[42] Durch Jesus Christus, den verheißenen Messias Israels, wird die Christenheit in eine Beziehung gesetzt: einmal zum jüdischen Volk, zum anderen zur Geschichte der gesamten Menschheit.[43] Aber – und das ist meine Anfrage an Marquardt: Auch in diesem revolutionären Abraham-Kapitel vermisst man schmerzlich eine Dimension der Abra-

---

41 Friedrich-Wilhelm Marquardt, Von Elend und Heimsuchung der Theologie. Prolegomena zur Dogmatik, München 1988.

42 Friedrich-Wilhelm Marquardt, a. a. O., 280.

43 A. a. O., 281.

ham-Nachkommenschaft und Abrahamverheißung, nämlich die Beziehung auf die Abraham-Gemeinschaft der Muslime und die Ismael-Verheißung. Das ist umso auffallender, als Marquardt den zweiten Band seiner Dogmatik „Das christliche Bekenntnis zu Jesus, dem Juden. Eine Christologie" mit einem Kapitel „Jesus außer Landes" einleitet und unter den nichtchristlichen Verständnisweisen Jesu eben auch „Jesus unter Moslems" behandelt.[44] Alle wichtigen Einsichten Marquardts zu Abraham, die ich hier nur nachdrücklich unterstreichen kann, sind deshalb um eine weitere und wichtige Dimension zu ergänzen, sodass ich im engen Anschluss an Marquardt, zugleich aber auch über ihn hinaus folgende These formuliere:

Die Menschen aus den Völkern, die Söhne und Töchter Abrahams werden sollen, werden eben damit auch Geschwister der leiblichen Kinder Abrahams, der Juden und der Muslime. Nur in der Geschwister-Beziehung zum Judentum und Islam hat Kindschaftsbeziehung zu Abraham einen guten Sinn. Unsere in Jesus Christus vollzogene Mitberufung zu Abrahamkindern stellt die ökumenische Kirche in eine Beziehung zum Israel-Volk, dem Judentum, zur Abraham-Gemeinschaft, dem Islam, und zu der einen, unteilbaren Menschheit, der der ungeteilte Segen Abrahams letztendlich gilt. Indem die Theologie diesen vier Dimensionen der Abraham-Verheißung heute biblisch nachdenkt, nämlich der Israel-Dimension, der Ismael-Dimension, der Christus-Dimension und der Völker-Dimension, kommt sie ökumenisch auf verbindliche Wege.

5. *Die Ausgießung des Geistes auf alles Fleisch*

These 4: Da Abraham nicht nur eine Gestalt der Vergangenheit ist, sondern eine Geschichte unabgegoltener Verheißungen repräsentiert, wird sich eine ökumenische Theologie auch der Frage nach der Realisierung der dem Abraham gegebenen Ismael-Verheißung stellen müssen. Und sie wird dann über das Bekenntnis zur Selbigkeit des Gottes Abrahams in Judentum, Christentum und Islam hinaus auch den als Gesandten des Gottes Abrahams betrachten, durch den allein die Muslime zur Anbetung des einzigen Gottes geführt worden sind und durch den der Gott Abrahams zu der Abraham-Gemeinschaft gesprochen hat: Muhammad, den Gesandten Gottes

44 Friedrich-Wilhelm Marquardt, Das Bekenntnis zu Jesus, dem Juden. Eine Christologie, Bd. 1, München 1990, 14ff.

(H. Küng / W. Zimmerli). – Eine ökumenische Theologie des Heiligen Geistes (K. Barth) wird die Verbindung zum Judentum und zum Islam nicht nur zu Abraham, dem Vater der Juden, Muslime und Christen, nach rückwärts verfolgen. Sie wird diese Verbindung im Wissen um die sich in der Ausgießung auf alles Fleisch (Joel 3) realisierende Abrahamsverheißung auch nach vorwärts suchen. Weiß sie doch seit Schawuot-Pfingsten, dem Gründungsfest der Christenheit, dass Geistempfang (Acta 10; Gal 3,2) in jedem Fall Mitgesegnetwerden mit dem glaubenden Abraham bedeutet (Gal 3,9).

Wir kommen an dieser Stelle zurück auf Gotthold Ephraim Lessings Schrift über die „Erziehung des Menschengeschlechts" (1780). Im Anschluss an Joachim von Fiore und dessen Erwartung eines Zeitalters des Geistes hatte Lessing das Zeitalter der wahren und alle Menschen umfassenden Humanität erwartet und in seinen Aufklärungsschriften beispielhaft und tatkräftig gefördert. Dabei nehmen wir Lessings Hinweis nunmehr verändert auf. Denn das erwartete Zeitalter des Geistes, der Humanität und der Toleranz war bei Lessing gerade durch den Überschritt über die sich auf Abraham beziehenden Glaubens- und Abstammungsgemeinschaften – Juden, Muslime, Christen – hinaus gekennzeichnet, war also ein Modell von Toleranz ohne religiöse und glaubensbestimmte Identität. Wir gehen anders als Lessing mit dem Neuen Testament davon aus, dass die Ausgießung des Geistes auf alles Fleisch zu Pfingsten das Gründungsereignis des ökumenischen Gottesvolkes aus allen Nationen ist, dass aber dieses Gründungsereignis der Kirche nicht die Überschreitung und Beseitigung, sondern die anfangende Realisierung der dem Abraham für die Völker gegebenen Verheißungen darstellt. Und wir sagen: Die Ausgießung des Geistes auf alles Fleisch, die die alttestamentliche Prophetie mit Joel erwartet, ist die sich realisierende Abraham-Verheißung für Juden, Christen, Muslime und die ganze Menschheit. In Joel 3 heißt es: *„Und danach wird es geschehen, daß Ich Meinen Geist ausgießen werde auf alle Menschen, und eure Söhne und Töchter werden weissagen, und eure Jugendlichen werden Gesichte sehen; auch über die Knechte und Mägde werde Ich in diesen Tagen Meinen Geist ausgießen."*

5.1 Christus als die Bestätigung der Abraham gegebenen Verheißungen

Indem wir von der Hebräischen Bibel und vom Neuen Testament her nach der Ausgießung des Geistes Gottes auf alles Fleisch fragen, fragen wir nach der Realisierung der dem Abraham gegebenen Verheißungen für das Israel-Volk der Juden, für das Christus-Volk der Christen und für die Abraham-Gemeinschaft der Muslime. Wir gehen also nicht von einer allgemeinen Schöpfungsoffenbarung aus, sondern von Pfingsten / Schawuot als der anfangenden Realisierung der Abraham-Verheißung in die Christenheit und die Welt hinein.

Wir vergessen bei diesem Überschritt zur universalen Geistverheißung und verheißenen Geistausgießung der Hebräischen Bibel nicht die in den bisherigen Abschnitten I–III erarbeiteten Voraussetzungen. Wir bedienen uns also nicht des auf dem Boden der sog. natürlichen Theologie stehenden Toleranzmodells von Hans Küng: Er grenzt sich zwar mit Recht von der „Exklusivitätsseuche" des frühkatholischen Satzes „Außerhalb der Kirche kein Heil!" ab.[45] Küng orientiert sich dann aber – wie auch das Vaticanum II – bei der positiven Entfaltung des Toleranzgedankens gegenüber den Muslimen lediglich an der Tradition der natürlichen Theologie, die auch in anderen Religionen verstreute Funken der göttlichen Wahrheit, sog. *logoi spermatikoi*, voraussetzt und anzuerkennen bereit ist. Diese Tradition rechnet von der „Schöpfungsoffenbarung" Gottes an alle Menschen, also von dem Bund Gottes mit der ganzen Schöpfung und Menschheit (Noahbund) her mit Wahrheiten auch in der Geschöpfwelt und also auch in den Religionen, sodass „für sie sogar Platon, Aristoteles und Plotin ‚Pädagogen' zu Christus waren"[46]. Schwierig bleibt freilich bei diesem Toleranzdenken, dass hier die Abrahamgemeinschaft der Muslime nur unter die allgemeine Schöpfungsoffenbarung Gottes an alle Menschen (1. Artikel), nicht aber unter das Besondere der Abraham-Verheißung und des Abraham-Bundes zu stehen kommt. Der Toleranzgedanke nur auf der Basis der Schöpfungsoffenbarung stellt die Muslime lediglich auf die Stufe aller Menschen, auch der Nicht-Monotheisten. Das

---

45 Hans Küng, Christentum und Weltreligionen. Hinführung zum Dialog mit Islam, Hinduismus u. Buddhismus, München 1984, 54.

46 A. a. O., 65. – Die verschiedenen eindrücklichen Publikationen Küngs zu „Kein Weltfriede ohne Religionsfriede" und „Projekt Weltethos" sind damit nicht pauschal kritisiert; vgl. zuletzt und überzeugend ders., Ich hätte sonst für die Macht in der Kirche meine Seele verkauft (FR Nr. 59 vom 9.3.1996, 14).

Modell der Toleranz aufgrund der allgemeinen Schöpfungsoffenbarung Gottes in allen Religionen leugnet aber, dass die Abraham-Gemeinschaft der Muslime in den Horizont des Abraham-Bundes gehört und unter dem besonderen Abraham-Segen steht.

Indem wir von der Hebräischen Bibel und ihrer Bundesverheißung her, indem wir vom Neuen Testament und von Jesus Christus her (2. Artikel) nach der Ausgießung des Geistes auf alles Fleisch (3. Artikel) fragen, fragen wir nach der anfangenden Realisierung der dem Abraham gegebenen Verheißungen für das Israel-Volk der Juden, für das ökumenische Christus-Volk der Christen und für die Abraham-Gemeinschaft der Muslime, wobei wir also die Muslime nicht mit Küng unter die allgemeine Schöpfungsoffenbarung einordnen, sondern der spezifischen Offenbarung Gottes an Abraham und Ismael-Hagar zuordnen.

Eine ökumenische Theologie des Heiligen Geistes wird deshalb die Verbindung zum Judentum und zum Islam nicht nur über Abraham, den Vater der Juden, Christen und Muslime, nach rückwärts finden. Sie wird diese Verbindung im Wissen um die in der Ausgießung des Geistes auf alles Fleisch sich realisierende Abrahamverheißung auch nach vorwärts suchen. Weiß sie doch seit Schawuot/Pfingsten, dem Gründungsfest der Christenheit, von der Ausgießung des Geistes Gottes auf alles Fleisch (Joel 3, Acta 2) und davon, dass Geistempfang in jedem Fall Mitgesegnetwerden mit dem glaubenden Abraham bedeutet.

5.2 Barths Vision einer ökumenischen Theologie des Heiligen Geistes

Smail Balic hat darauf hingewiesen, dass die dialektische Theologie Karl Barths wesentlich zum innerchristlichen Dialog geführt hat.[47] Auch Barths bekannte These von der Offenbarung Gottes als Aufhebung der Religion dient diesem Dialog.[48] Sie ist nämlich nicht eigentlich religionskritisch nach außen gerichtet, wie immer wieder fälschlich behauptet wird, sondern – wie Barth öfters gesagt hat – nach innen in den Raum der christlichen Religion hinein: Das Evangelium bedeutet die Krisis und Kritik der christlichen Religion und ihres Fundamentalismus und Imperialismus und ihrer schrecklichen Schuldgeschichte von Gottes Offenba-

47 Smail Balic, in: Dialog der Religionen 1/1991, 57.
48 Karl Barth, Kirchliche Dogmatik 1938, § 17.

rung in Jesus Christus her! Barths Christologie des ungekündigten Bundes hat bekanntlich zum christlich-jüdischen Dialog beigetragen, Barths Vision einer von daher zu entfaltenden ökumenischen Theologie des Heiligen Geistes, die er Freunden noch mündlich mitgeteilt hat, ist leider nicht mehr zur Ausführung gelangt. Barth hat aber in diesem Zusammenhang ausdrücklich von deren Bedeutung für den christlich-muslimischen Dialog und für das Verständnis des Verhältnisses von Bibel und Koran gesprochen.

Im Unterschied zu Lessings Erwartung eines dritten Zeitalters des Geistes auf der Basis der Aufklärung (freilich mit viel Sympathie dafür!), im Unterschied zu Schleiermachers Theologie des Heiligen Geistes unter Ausschluss des Alten Testaments und des Judentums, im Unterschied zu Hans Küngs Theologie der Schöpfungsoffenbarung Gottes an alle Menschen mit Einschluss der Muslime, auch im Unterschied zu Wolfhart Pannenbergs Modell vom Christentum als der überlegenen und insofern absoluten Religion, hat Barth in seinen letzten Lebensjahren von „einer Theologie des Heiligen Geistes als eines noch umfassenderen Unternehmens" gesprochen und in diesem Zusammenhang auch auf den Dialog mit den Muslimen und die nötige Verständigung über das Verhältnis von Bibel und Koran ausdrücklich hingewiesen.[49] Diese ökumenische Theologie des Heiligen Geistes, die den Dialog mit dem Judentum als der Wurzel zur Voraussetzung hat, rechnet seit Pfingsten mit dem Übergreifen der Prophetie Jesu Christi auf alle Menschen und alle Völker, die sich in der Ausgießung des Geistes Gottes auf alles Fleisch (Joel 3) konkretisiert. Einer Ausgießung, mit der die Christenheit nach Pfingsten rechnet (Acta 10) und von welcher Verheißung aus sie den Dialog mit den Muslimen führen kann und führen darf.

Eine solche ökumenische Theologie des Heiligen Geistes würde im Blick auf die Muslime ernst nehmen, was Paulus als apostolische Weisung der Christenheit auf den Weg gegeben hat: „Den Geist dämpfet nicht. Prophetische Rede (warum dann nicht auch die Muhammads?) verachtet nicht. Prüfet alles, das Gute behaltet" (1Thess 5,21).

Ein ähnliches Konzept wie Karl Barth vertritt – ohne Barths Vision eines ökumenischen Dialogmodells zu kennen – der Heidelberger Neutestamentler Klaus Berger in seinem höchst informativen Artikel „Hei-

[49] Karl Barth, Briefe 1961–1968, 1975, 505; Bertold Klappert, Versöhnung und Befreiung, Neukirchen-Vluyn 1994, 43ff.

den. Heidenchristentum"[50]. Gegenüber dem traditionellen Modell der verstreuten Funken der einen Wahrheit auch in anderen Religionen von der Alten Kirche bis zu Hans Küng, urteilt Berger zu Recht: „Die Frage ist jedoch, ob man so dem Selbstverständnis anderer Religionen gerecht wird und nicht gleichzeitig das Christentum verkürzt." Positiv vertritt Berger – ganz ähnlich wie Barth – ein „Modell konzentrischer Kreise", demzufolge das Judentum zur Wurzel des Christentums zählt und deshalb „schwerlich als eigene Religion vom Christentum abzutrennen"[51] ist. Der christlich-jüdische Dialog ist die Basis und die Voraussetzung aller anderen Dialoge: „Jede christliche Bestimmung des Verhältnisses zu fremden Religionen sollte sich daran erinnern, daß den Christen durch ihre Einbeziehung in die Geschichte des jüdischen Gottesvolkes in bestimmter Hinsicht die Hände gebunden sind; als Nur-Hinzugekommene können sie die ‚Rechnung nicht ohne den Wirt machen', d. h. sie müssen das Verhältnis Israels zu den Fremdreligionen mitbedenken."[52] Von dieser axiomatischen Voraussetzung der Verwurzelung des Christentums im Judentum her „gibt es dann aber Religionen […], die dem Christentum besonders nahestehen, z. B. der Islam". Dieser Dialog mit dem Islam sollte nach Berger „einen ersten ‚Ring' bilden, in dem auch die theologische Gemeinsamkeit weit reicht, ein weiterer Ring wären andere Hochreligionen (Buddhismus, fernöstliche Religionssysteme)"[53].

Wichtig sind in diesem Zusammenhang Bergers Ausführungen zur Gabe des Geistes an Nicht-Juden: „Denn allein der Geist Gottes, der im Auferstandenen wirkt, bringt Menschen in eine unüberbietbare Nähe und in ein Kindschaftsverhältnis zu Gott" (Gal 4,6).[54] Noch wichtiger ist Bergers Verknüpfung zwischen der Geistbegabung und Abrahamverheißung: „Doch dieser Geist [die zu Pfingsten und nach Pfingsten erfolgte Geistbegabung] an Nichtjuden ist nichts anderes als die Verheißung an Abraham (Gal 3,8.14), und daher sind die Heidenchristen nur als zu Israel Hinzugekommene theologisch denkbar (Ölbaumgleichnis in Röm 11,15–24). Damit […] erlangen sie ihr Christsein, betrachtet man es aus der Perspektive Israels, nur dadurch, daß sie seit und mit Jesus in Gottes Geschichte mit Israel einrücken dürfen", wobei „die nichtchristlichen Juden Gottes

[50] Klaus Berger, Evangelisches Kirchenlexikon, Bd. II, ^{3}1989, 407–410.

[51] A. a. O., 409f.

[52] A. a. O., 410.

[53] A. a. O., 409f.

[54] A. a. O., 409.

auserwähltes Volk“[55] bleiben. Soviel zu Klaus Bergers wichtigen exegetisch-systematischen Hinweisen.

Mit dem Jahre 1967/68 stoßen wir also bei Barth auf Aussagen, die die Richtung der positiven Inbeziehungsetzung Jesu Christi zu den Religionen weiter präzisieren und konkretisieren; nicht von der allgemeinen Schöpfungsoffenbarung, sondern von der Ausgießung des Geistes auf alles Fleisch her. Ich nenne folgende Dokumente:

1. Barths Stellungnahme zu dem fälligen Dialog mit den Muslimen: Barth stellt über die theologisch verbotene Einordnung des Judentums in den Bereich der nicht-christlichen Religionen und über ein fehlendes Schuldbekenntnis der Katholischen Kirche zur Verfolgungs- und Auslöschungsgeschichte gegenüber dem Judentum hinaus die Frage, ob „bei Erwähnung der Muslime ein solches (Schuldbekenntnis) in Erinnerung an die fatale Rolle der Kirche in den sog. Kreuzzügen“ nicht auch am Platz gewesen wäre.[56]

Ein Jahr später – im Jahr 1968 – schreibt Barth einen Brief an Hendrikus Berkhof (Leiden), in welchem er über ein Gespräch mit dem Islamwissenschaftler Johan Bouman aus dem Libanon berichtet: „In der theologischen Würdigung der dortigen Lage (im Libanon) [...] waren wir aber völlig einig“ und auch darin, dass „eine neue Verständigung über das Verhältnis von Bibel und Koran für uns eine dringende Aufgabe“[57] sei.

2. Barths letztes Gespräch über den fälligen Dialog mit den Religionen: Jürgen Fangmeier berichtet, dass Barth mindestens dreimal in den letzten Jahren seines Lebens auf die Frage des fälligen Dialogs mit den Religionen von sich aus zu sprechen gekommen sei. Wenn er, Barth, noch Zeit und Kraft hätte, so würde er sich noch intensiver beschäftigen a) mit dem römischen Katholizismus; b) mit den Ostkirchen; c) gleicherweise und gleichstimmig mit den Religionen.

In diesem Zusammenhang ist folgende Gesprächsnotiz von Jürgen Fangmeier wichtig: „Als ich im September 1968 das letzte Mal bei Karl Barth sein konnte, sprach er davon, womit er sich beschäftigen würde, wenn er noch Jahre theologischen Schaffens vor sich hätte. Und er nannte nach dem römischen Katholizismus die Ostkirchen und dann die nicht-

55 Ebd.
56 Karl Barth, Ad Limina Apostolorum, 1967, 40.
57 Karl Barth, Briefe 1961–1968, 1975, 504f.

christlichen Religionen; aber, so fügte er hinzu, ganz anders, als man in der Regel daran gehe: nicht so (sei der Dialog mit den Religionen zu führen), daß das Allgemeine die Basis sei, auf der sich dann vielleicht Jesus Christus als der Gipfel höchster erheben soll, sondern daß Jesus Christus der Grund sei, von dem her mit den Religionen vielleicht ein noch ganz neues Gespräch zu eröffnen wäre.“[58]

Nach Johannes 14,6 ist Jesus der WEG, die WAHRHEIT und das LEBEN. Aber das hebt Joh 4,22 nicht auf: „Das Heil kommt von den Juden.“ Und beides hat bei sich die Verheißung Jesu vom messianischen Tröster, den Gott in Gestalt des Geistes senden wird: „Und ich werde den Vater bitten und er wird euch einen anderen Beistand geben, damit er in Ewigkeit bei euch sei, den Geist der Wahrheit“ (Joh 14,16f.). Diese Tradition des verheißenen Parakleten konnte von Muslimen in verschiedenen Zeiten und Epochen mit Mohammed, dem „Gepriesenen“, in Verbindung gebracht werden.[59]

5.3 Die Sendung des geistbegabten Gesandten durch Gott (Mohammed)

Smail Balic hat in seinem wegweisenden Aufsatz „Worüber können wir sprechen? Theologische Inhalte eines Dialogs zwischen Christen und Muslimen“ zum Verhältnis der Christen und Muslime Folgendes ausgeführt: „Es ist undenkbar, daß ein Islambekenner sich über Jesus, seine Mutter und seine Jünger abfällig äußern könnte. Hier liegt ein wichtiger Verhaltensunterschied. […] Bei den letzteren [den Christen, B. K.] fehlt diese über das Eigene hinausgehende Sicht. Mit anderen Worten: Der Christ fühlt sich Muhammad gegenüber zu keinerlei Respekt verpflichtet.“[60] Genau das hat der katholische Missionstheologe Ludwig Hagemann im Blick auf das Vaticanum II moniert: Das Vaticanum II betont die Gemeinsamkeiten zwischen Christentum und Islam im Hinblick auf

[58] A. a. O., 505.

[59] Johan Bouman, Das Wort vom Kreuz und das Bekenntnis zu Allah. Die Grundlehren des Korans als nachbiblische Religion, Frankfurt a. M. 1980, 130ff., ders., Gott und Mensch im Koran. Eine Strukturform religiöser Anthropologie anhand des Beispiels Allah und Muhammad, Darmstadt 1977, ^{2}1989, 32f.; Olaf Schumann, Der Christus der Muslime. Christologische Aspekte in der arabisch-islamischen Literatur, Gütersloh 1975, 36f.

[60] Smail Balic, in: Dialog der Religionen 1/1991, 70.

den einen, einzigen Gott, aber „ausdrücklich ausgeklammert wurde der muslimische Glaube an die Sendung Muhammads“[61].

Von katholischer Seite hat Hans Küng in seinem Buch „Christentum und Weltreligionen“ (1984) deshalb gemeint: Wenn das Vaticanum II „auch Muslime mit Hochachtung betrachtet, die den alleinigen Gott anbeten, dann müßte m. E. dieselbe Kirche und müßten alle christlichen Kirchen auch den einen mit Hochachtung betrachten, dessen Name in jener (vatikanischen) Erklärung (und ich ergänze: auch in den ökumenischen Erklärungen aus Genf) aus Verlegenheit verschwiegen wird, obwohl doch er und er allein die Muslime zur Anbetung dieses einzigen Gottes geführt hat und nun einmal durch ihn dieser Gott zu den Menschen gesprochen hat: Mohammed, den Propheten!“[62]

Neben Hans Küng auf katholischer Seite steht auf protestantischer Seite nur mein alttestamentlicher Lehrer Walther Zimmerli: Er hat schon im Jahre 1943 in einer radikalen Abwendung von dogmatischen Vorurteilen seines Lehrers Emil Brunner gegen den Islam einen Aufsatz verfasst: „Der Prophet im Alten Testament und im Islam“. Er sagt dort zunächst: „Der Titel *rasul* entspricht etymologisch genau dem neutestamentlichen *apostolos.*“[63] Diese Beobachtung leitet ihn sodann zu der entscheidenden Frage: „Ist Mohammeds Prophetie echt?“[64] Und Zimmerli antwortet, indem er die Berufung der alttestamentlichen Propheten und das dabei beobachtete Phänomen, dass die Propheten vom Worte Gottes gegen ihren Willen gleichsam überfallen werden, zum Vergleich heranzieht: „Die in älterer Zeit erhobenen Vorwürfe, daß Muhammed ein Betrüger gewesen sei, lassen sich vor ihr (der wissenschaftlichen Erforschung der alttestamentlichen Prophetie) nicht aufrecht erhalten. Was den biblischen Propheten recht ist, ist Muhammed billig. Wir haben nicht das Recht, an der Echtheit der prophetischen Erlebnisse Mohammeds zu zweifeln. Es ist ein Fremderlebnis gewesen, das Muhammed überfallen und ihm die Gewissheit prophetischer Sendung gegeben hat. Wo Prophetie vom prophetischen Erlebnis her auf Echtheit beurteilt wird, kann man schwerlich darum herumkommen, auch Muhammed echte Prophetie zuzubilligen.“[65]

---

61 Khoury/Hagemann/Heine, Islam-Lexikon, Bd. 2 (vgl. Anm. 30), Freiburg i. Br. u. a. 1991, 431.

62 Hans Küng, Christentum und Weltreligionen. Hinführung zum Dialog mit Islam, Hinduismus und Buddhismus, München/Zürich 1984, 60.

63 Walther Zimmerli, Studien zur alttestamentlichen Theologie und Prophetie, Gesammelte Aufsätze II, München 1974, 284ff., Zitat: 289.

64 A. a. O., 290.

65 A. a. O., 295.

Ich fasse den Abschnitt über die Sendung des geistbegabten Gesandten Muhammed zusammen: Da Abraham nicht nur eine Gestalt der Vergangenheit ist, sondern eine Geschichte unabgegoltener Verheißungen auf Zukunft hin repräsentiert, wird sich eine ökumenische Theologie auch der Frage nach der Realisierung der dem Abraham gegebenen Ismael-Verheißungen stellen müssen. Und sie wird dann über das Bekenntnis zur Selbigkeit des Gottes Abrahams im Judentum, Christentum und Islam hinaus auch den einen als Gesandten des Gottes Abraham betrachten, durch den allein die Muslime zur Anbetung des einen Gottes geführt worden sind und durch den der Gott Abrahams zu der Abraham-Gemeinschaft der Muslime gesprochen hat: Mohammed, den Gesandten Gottes.

6. *Die Ethik der Nachfolge Abrahams*

These 5: In der Lebensbeziehung zum jüdischen Volk und zur Abraham-Gemeinschaft der Muslime nimmt die ökumenische Christenheit aus allen Völkern teil am WEG Abrahams und seiner Nachkommen: (1) an Abrahams Appell an den Richter aller Welt, Recht zu üben (Gen 18), (2) an Abrahams Kampf um die Rettung des einzelnen Menschenlebens, durch den er „Freund Gottes" genannt wird (Jes 41,8; Jak 2; Sure 9, 35) und (3) an Abrahams Offenheit und Toleranz aus Identität, sich von Melchisedek (= „Mein König ist Gerechtigkeit") segnen zu lassen. An die Stelle der Dialogmodelle der Exklusivität, Überlegenheit und Toleranz ohne Identität tritt so die Beziehung in Unterscheidung: (4) das Denken von den anderen her (Emmanuel Lévinas) und die Faszination durch den Reichtum und die Schönheit der anderen.

Abraham ist ein kritischer Maßstab für das Leben der Abraham-Nachkommen. Deshalb soll es zuletzt um die Skizzierung und den Abriss der gemeinsamen Aufgaben von Juden, Christen und Muslimen gehen. Nach dem Jakobusbrief wird Abraham wegen seines Tuns der Gerechtigkeit gerecht gesprochen. Wir aber haben seit der Reformation Luthers den Jakobusbrief theologisch verächtlich gemacht, ihn zu „einer strohernen Epistel" erklärt und uns dadurch im Protestantismus einer Ethik der Nachfolge Abrahams weitgehend nicht mehr gestellt. Nur Johannes Calvin hat sich in der Reformationszeit von der theologischen Kritik an Jakobus distanziert und einen bis heute wichtigen Kommentar zum Jakobusbrief geschrieben. Calvin wusste nämlich, dass die Rechtfertigung des gottlosen Menschen ohne Vorleistung die Gerechtsprechung seiner Werke im Endgericht nicht aufhebt oder überflüssig macht. Franz Mußner hat 1964 seinen wegweisenden Kommentar zum Jakobusbrief auch als Wiedergutmachung gegenüber Jakobus dem Gerechten geschrieben und in der fünften Auflage durch ein Nachwort über das philosophische und theologische Thema „Der Andere“ ergänzt: „Wofür der Jude E. Lévinas philosophisch kämpft, nämlich die radikale Sicht [...] des ‚Anderen‘ [...], dafür kämpft auch der Jude Jakobus.“[66]

Wie sieht diese Halacha, wie das Ethos dieses Gehens in der Nachfolge Abrahams aus? Was sind die gemeinsamen Aufgaben, in denen Juden, Christen und Muslime miteinander und zugunsten der ganzen Menschheit auf den Wegen Abrahams zusammenarbeiten können? Ich nehme mit diesen Ausführungen zuletzt auch das Thema der Aufklärung und das Anliegen Lessings positiv auf.

6.1 Der Kampf um menschliche Gerechtigkeit (Abrahams Appell an die Gerechtigkeit Gottes)

Wir haben bisher in den Teilen I–III von der Bedeutung von Gen 12 und 22 gesprochen: die Segensverheißung an Abraham (Gen 12) für Isaak, lsmael und Hagar und die Völkerwelt und den Weg der AQEDA Isaaks (Gen 22), wie ihn der Abraham-Sohn Jesus Christus in seinem Leiden und Gefoltertwerden in der Kreuzigung gegangen ist und geht.

Zwischen Gen 12 und Gen 22 steht aber Gen 18: der Appell Abrahams an die göttliche Gerechtigkeit und der Kampf Abrahams um die menschliche Gerechtigkeit. Rabbinische Exegese hat auf diesen Sachzusammenhang aufmerksam gemacht: Der AQEDA, d. h. der Bindung Isaaks in Gen 22, geht der Kampf Abrahams um das menschliche und physische Überleben Sodoms voraus. Dies ist ein Kampf um menschliche Gerechtigkeit, ein Appell an Gott als den Gott des Rechtes und der Gerechtigkeit: „Der aller Welt Richter ist, sollte der nicht (selbst) Recht üben?“ (Gen 18,25)

[66] Franz Mußner, Der Jakobusbrief. Auslegung (Herders Theologischer Kommentar zum NT), ^{5}1987, 254ff., Zitat: 258.

Man vergleiche das eindrückliche Kapitel, das Smail Balic in seinem informativen Buch „Ruf vom Minarett“[67] geschrieben hat. Man kann dann verstehen, warum die großen jüdischen Lehrer des Mittelalters, darunter Yehuda Halevi (1085–1145) bis zu Leo Baeck (1873–1956), Christentum und Islam in ihrem ethischen Handeln für Gerechtigkeit und Recht als Wegbereitung für das Kommen des messianischen Reiches Gottes verstanden und anerkannt haben. Wir haben deshalb eine Ethik der Wegbereitung für das Kommen des Reiches Gottes und seiner Gerechtigkeit in der Nachfolge Abrahams, Jesu Christi und Mohammeds zu entfalten. Aus Gen 18 jedenfalls lernen wir: Abrahams Kampf um menschliche Gerechtigkeit ist ein Teil der Verwirklichung des Segens Abrahams für die Völkerwelt und die Menschheit.

Es ist öfters behauptet worden: Das Neue Testament kenne die alttestamentliche und muslimische Tradition von dem Kampf Abrahams um menschliche Gerechtigkeit nicht. Aber genau das Gegenteil ist der Fall: Die Geschichte vom reichen Mann und armen Lazarus und von Lazarus in Abrahams Schoß im Jesusgleichnis (Lk 16,11–31) ist ein leuchtendes und eindrückliches Dokument des Kampfes um menschliche Gerechtigkeit in der Nachfolge Abrahams.

Walther Zimmerli wies bereits 1943 auf die Verwandtschaft der ethischen Sendung Mohammeds mit der prophetischen Verkündigung hin, insofern „für ihn (Mohammed) wie für jene (die alttestamentlichen Propheten) der praktische Beweis […] (des Glaubens) im rechten und barmherzigen Verhalten zum Nächsten besteht“. So ist bei Muhammed die Forderung des rechten Verhaltens zum Nächsten stark betont: die Sorge für die Waisen, Speisung der Armen (Sure 89,18f.; 107,1–3), Loskauf der Gefangenen (90,1–3). Und „wie unbedingt der Prophet (Muhammed) unter dieser Forderung Allahs lebt, zeigt sich darin, daß er […] den (kritischen) Anruf nicht verschweigt, der ihm selber von Allah zuteil geworden ist: Als er einmal einen armen Blinden, der geistlichen Rat von ihm wollte, um eines ungläubigen Reichen willen, mit dem er gerade redete, zurückwies, hörte er die Offenbarung der Sure ‚der Morgen‘ (93,6ff.): ‚Hat Er (Gott) dich nicht als Waise gefunden und dir Unterkunft besorgt und dich […] bedürftig gefunden und reich gemacht? So unterdrücke die Waise nicht und fahre den Bettler nicht an und erzähle von der Gnade des Herrn.‘“

[67] Smail Balic, Ruf vom Minarett. Weltislam heute – Renaissance oder Rückfall? Eine Selbstdarstellung, Hamburg ^{3}1984, 184ff., 241ff.

6.2 Die Ethik der Rettung des einzelnen Menschenlebens (Abraham – der Freund Gottes)

Der Kampf um die menschliche Gerechtigkeit ist nie nur global und allgemein, sondern immer zugleich konkret zu verstehen und individuell zu leben. Deshalb ist für die jüdische, muslimische und christliche Tradition der Nachfolge Abrahams charakteristisch, die Rettung des einzelnen Menschenlebens und den Einsatz für das einzelne Menschenleben deutlich zu akzentuieren: Die Rettung auch nur eines einzelnen Menschenlebens ist oberstes Gebot und darin Teilnahme am Abraham-Segen und Realisierung der Abraham-Nachfolge. Die Ethik der Gerechtigkeit für die Gesellschaft im Ganzen erhält also ihre Nagelprobe in der Ethik der Verantwortung für das Menschenleben im Einzelnen.

Für die jüdische Tradition muss hier auf die Rechtsoffenbarung am Sinai und den Talmud als Dokument einer großen sozialen Proklamation verwiesen werden. Leo Baeck schreibt in seiner Theologie des Judentums „Dieses Volk", Bd. I, 1955: „Im Talmud bricht überall das Soziale hindurch. [...] Jetzt verstand man es, wie eine ganz andere Stellung zu den sozialen Problemen durch die Bibel gegeben war: Die Gesetze in der Welt ringsumher – in der orientalischen, in der griechischen, der römischen Welt – waren geschrieben vom Standpunkte der Besitzenden aus: Dem Besitzenden sollte sein Besitzstand garantiert sein! Das alte biblische Gesetz, wie dann die Propheten es verkündeten, ist vom Standpunkt des Kleinen, des Schwachen, des Bedürftigen aus geschrieben. Das Schlußwort ist immer: ‚Dein Armer [...], dein Bedürftiger [...], die Witwe [...], die Waise [...], damit sie leben können, und der Fremdling, der im Lande ist, leben kann.' Darum sind diese Gesetze gegeben. Ein ganz anderer Standpunkt ist eingenommen: Vom Standpunkte des Schwachen, des Bedürftigen, des Kleinen aus werden die Gesetze gegeben, werden sie immer neu verkündet und proklamiert."[68]

Für die christliche Tradition hat Karl Barth in seiner Schrift „Christengemeinde und Bürgergemeinde" (1946) den Einsatz und den Kampf der Christen für Gerechtigkeit und Recht im Raum der Bürgergemeinde beschrieben. Ich zitiere hier schließlich den Koran, der mit der jüdisch-christlichen Tradition übereinstimmend lehrt: „Wer einen Menschen getötet hat [...], so ist es, als habe er die ganze Menschheit getötet. Wer

[68] Leo Baeck, Dieses Volk. Jüdische Existenz, Bd. I, Frankfurt a. M. 1955, 126.

aber auch nur eines Menschen Leben rettet, so ist es, als habe er die ganze Menschheit gerettet“ (Sure 5,32).

Diese Ethik der Verantwortung für den Einzelnen und der Rettung des einzelnen Menschenlebens konkretisiert die Abrahamverheißung von der Segnung aller Menschen und realisiert sie für die ganze Welt. Im Neuen Testament finden wir einen dieser Aussage im Koran entsprechenden und für die Jesustradition höchst charakteristischen Text im Jakobusbrief: „Was hilft es, Brüder und Schwestern, wenn jemand sagt, er habe wie (Abraham) Glauben, aber keine Werke hat? Wenn da z. B. ein Bruder und eine Schwester unbekleidet und an der täglichen Nahrung Mangel leiden, (wenn sie gefangen sind und um Asyl nachfragen,) und jemand sagt von euch zu ihnen: Gehet hin in Frieden. Kleidet euch warm und esset euch satt, ihr gebt ihnen aber nicht, was für den Leib nötig ist, was hilft das? Du glaubst, daß es einen Gott gibt? Auch die Dämonen glauben das. Du siehst, daß der Glaube (Abrahams) zusammenwirkte mit seinen Werken. So aber glaubte Abraham Gott, und es wurde ihm zur Gerechtigkeit gerechnet, und er wurde ein Freund Gottes genannt“ (Jakobus 2,14–26).

6.3 Der Kampf um die universalen Menschenrechte (Abraham und Melchisedek)

In diesem Kampf um die soziale Gerechtigkeit und um das individuelle Menschenrecht und Menschenleben in der Nachfolge Abrahams wissen sich Juden, Christen und Muslime mit allen Nichtjuden, Nichtchristen und Nichtmuslimen verbunden, die auch ihrerseits um die individuellen und sozialen Menschenrechte, wie sie in der Menschenrechtscharta der UNO dokumentiert sind, kämpfen.[69] Hier – im Kampf um die Rettung des Menschenlebens, der Menschenrechte und der Menschenwürde – gibt es ein praktisches Bündnis von Juden, Christen und Muslimen mit allen Menschen aus welchen Religionen und demokratisch-rechtsstaatlichen Traditionen bzw. demokratisch-sozialistischen Utopien sie auch sonst kommen mögen. Hier bekommt Lessings Plädoyer für Aufklärung und Humanität jenseits von Judentum, Christentum und Islam sein bleibendes Recht.

---

[69] Vgl. Wolfgang Huber, Artikel Menschenrechte/Menschenwürde, TRE Bd. 22, Berlin u. a. 1992, 577–602.

Aber Juden, Christen und Muslime nehmen – anders als es Lessing meinte und erhoffte – nicht aufgrund einer Toleranz ohne Identität, sondern aufgrund einer Toleranz aus jüdischer, christlicher und muslimischer Identität an diesem Kampf um die universalen Menschenrechte teil. Goethe hat im West-Östlichen Divan diesen Zusammenhang der Gotteserfahrung bzw. ELOHIM-Offenbarung in den sog. monotheistischen Religionen mit Recht mit der Gerechtigkeitsforderung verbunden und also die Gerechtigkeits- und Menschenrechtsfrage zum Kriterium eines verantwortlichen Redens von Gott und Handelns in der Nachfolge Gottes gemacht:

„Gottes ist der Orient, Gottes ist der Okzident,
Nord und südliches Gelände, liegt im Frieden seiner Hände.
Er, der einzige Gerechte, will für jedermann das Rechte.
Sei von seinen hundert Namen dieser hochgelobet. Amen."

Entsprechend wird im Psalm 82 nicht bestritten, dass der Gott Israels in der Gottesversammlung, im Rat der Götter, steht (Ps 82,1). Wohl aber wird das Kriterium genannt, von dem her die ELOHIM, die Götter der Völker, beurteilt und an dem sie gemessen werden: „Wie lange noch wollt ihr ungerecht richten und die Frevler begünstigen? Seid Richter dem Geringen und helft dem Elenden und Dürftigen zum Recht. Rettet den Geringen und Armen und befreit ihn aus der Gewalt der Gottlosen" (Ps 82,2–4).

Dementsprechend hat das Judentum in der 11. Beracha-Bitte des Achtzehnbittengebetes die Wegbereitung auf das messianische Kommen des Reiches Gottes und seiner Gerechtigkeit in der Wiederaufrichtung des Rechtes erbeten und erhofft: „Bringe unsere Richter wieder wie am Anfang und unsere Ratgeber wie zu Beginn. Lass von uns weichen Klage und Seufzen. Herrsche Du über uns, ADONAI, in Güte und Erbarmen und rechtfertige Du uns im Gericht. Gelobt seist Du, ADONAI, der Gerechtigkeit und Recht liebt!" Dementsprechend hat das Judentum in den für die nichtjüdische Völkerwelt formulierten sieben noachidischen Geboten die Aufrichtung gerechter Gerichte nicht zufällig an erster Stelle genannt.

Deshalb sollten Juden, Christen und Muslime in der Bundesrepublik Deutschland für die nächste Zukunft konkret am Kampf für eine multikulturelle, sozial- und rechtsstaatliche Republik im Unterschied zu einem national und völkisch orientierten Modell „Deutschland" teilnehmen (Wolfgang Huber).

Aber nicht nur das Bündnis von Juden, Christen und Muslimen mit anderen, um demokratische und soziale Gerechtigkeit kämpfenden Gruppen und Utopien ist hier gemeint. Die Bibel sagt noch mehr und überraschend darüber Hinausgehendes. Ich denke dabei konkret an die Begegnung zwischen Abraham und Melchisedek, den „König der Gerechtigkeit“ aus Jerusalem. Für Juden wie Christen und Muslime ist daran überraschend und ungewöhnlich, dass nicht Abraham den Melchisedek segnet, wie man von der Segensverheißung Abrahams für die Völkerwelt (Gen 12,1–3) her erwarten müsste. Sondern dass Melchisedek den Abraham segnet und sich Abraham von Melchisedek segnen lässt (Gen 14). Jakob Petuchowski hat dazu einen informativen Band herausgegeben: „Melchisedek. Urgestalt der Ökumene“. Darin weist er auf, wie schwer es jüdisch-rabbinischer Exegese gefallen ist, anzuerkennen: Nicht Abraham segnet Melchisedek, den heidnischen König der Gerechtigkeit aus der Völkerwelt, sondern Melchisedek segnet Abraham und – was noch bedeutungsvoller für Juden, Christen und Muslime ist – Abraham lässt sich von Melchisedek segnen.[70]

Es gibt also eine rabbinische Diskussion, die es entsprechend auch im Christentum und, wie Smail Balic in seinem Buch „Ruf vom Minarett“[71] deutlich gemacht hat, auch im Islam gibt, die sagt und denkt und praktiziert: Eigentlich muss doch Abraham den Melchisedek gesegnet haben und segnen, umgekehrt geht es doch in keinem Fall. Kommt doch der Segen Abrahams in die Völkerwelt und nicht umgekehrt. Doch, sagt Gen 14, und warnt damit Juden, Christen und Muslime vor Überheblichkeit gegenüber den Nichtjuden, Nichtchristen und Nichtmuslimen: Es gibt die Segnung Abrahams durch den heidnischen König Melchisedek von draußen. Doch, es geht nach Gen 14 genau umgekehrt, als ihr aus eurer orthodoxen Tradition heraus erwarten würdet: Melchisedek segnet Abraham *und* – noch wichtiger – Abraham lässt sich von Melchisedek segnen. Gen 14, die Begegnung des Abraham mit Melchisedek, ist also eine bis heute unabgegoltene Überlieferung, die über den Trialog hinaus das weite Feld der Begegnung und der Zusammenarbeit mit den außerabrahamischen Religionen eröffnet und auch von dorther Segen, Segnung und Belehrung erwartet und erhofft.

70 Jakob Petuchowski, Melchisedek. Urgestalt der Ökumene, Freiburg i. Br. u. a. 1979, 11–37.

71 Smail Balic, Ruf vom Minarett, a. a. O., 117–245.

6.4 Das Denken und Leben vom Anderen her

Der jüdische Philosoph Emmanuel Levinas aus Frankreich hat eine Philosophie und Ethik - nicht des Einzelnen in seinem egozentrierten Selbst und nicht des universalen Ganzen der Welt, sondern eine Ethik des Denkens und Lebens vom Anderen her - entfaltet.

Leitbild einer Ethik des Lebens und Denkens vom Angesicht des Anderen her ist nach Levinas deshalb nicht Odysseus, der am Ende nach Ithaka und das heißt nur zu sich selbst zurückfindet. Leitbild der Begegnung mit dem Anderen ist vielmehr und nicht zufällig Abraham: „Dem Mythos von Odysseus, der nach lthaka zurückkehrt, möchten wir die Geschichte Abrahams entgegensetzen, der für immer sein Vaterland verläßt, um nach einem noch unbekannten Land aufzubrechen, und der seinem Knecht gebietet, selbst seinen Sohn nicht zu diesem Ausgangspunkt zurückzuführen." Lévinas nennt dieses Aufbrechen zum ganz Anderen und diese Faszination durch das Antlitz des Anderen einen „Aufbruch ohne Wiederkehr, der aber dennoch nicht ins Leere führt"[72]. Zu einer solchen Ethik vom Antlitz des Anderen her könnte auch der Trialog zwischen Juden, Christen und Muslimen beitragen.

Die Verwundbarkeit durch die Schönheit des Anderen, die Faszination durch das Angesicht des Anderen wurde dokumentiert im Israel-Museum in Jerusalem anlässlich einer Ausstellung „The Bible in the Islamic World" (Dokumentationsband Jerusalem 1991). Ich habe dort ein islamisches Dokument von beeindruckender Offenheit für den anderen und der Faszination durch das Angesicht des Anderen gesehen. Es ist ein sprechendes Dokument gegen die religiösen Vorurteile und für islamische Toleranz, wie sie Smail Balic in seinem mehrfach genannten Buch „Ruf vom Minarett" und Abdoldjavad Falaturi in seinem informativen Büchlein über Mohammed „Der Islam im Unterricht" 1992 überzeugend und für den Islam gewinnend beschrieben haben. Die folgende Geschichte, so haben mich Islamwissenschaftler belehrt, ist auch ein Dokument der Leidenserfahrung und Leidensverarbeitung im Islam. Das Bild, das ich vor Augen habe, stammt aus dem Iran des 19. Jahrhunderts, der Heimat von Falaturi, und trägt den Titel: „Die Hofdamen Ägyptens - überwältigt durch die Schönheit Josephs". Die auf dem Bild wiedergegebene

---

72 Emmanuel Lévinas, Die Spur des Anderen 1983, 215f.; H. H. Henrix (Hg.), Verantwortung für den anderen - und die Frage nach Gott. Zum Werk von Emmanuel Lévinas, Aachen 1984.

Bankett-Szene aus der Josephgeschichte ist dabei ein beliebtes Motiv der späteren persischen Malerei. Die islamische Tradition erzählt diese Geschichte – im Bild aus dem 19. Jahrhundert dokumentiert – wie folgt: „Einige der Frauen in der Stadt begannen zu tratschen und zu tuscheln: Die Frau des Potiphar sucht ihren Sklavenjungen zu verführen. Sie muss durch ihn verblendet und in ihn vernarrt sein. Wir Frauen der Stadt betrachten das als eine große Dummheit, die sie damit begeht. Als der Klatsch die Frau des Potiphar erreichte, lud sie die Hofdamen zu einem Bankett in den Palast ein, bereitete Sitzkissen für sie und versah eine jede von ihnen mit einem Messer, mit dem sie sich Äpfel schälen konnten, um ihre Blicke nicht nur auf Joseph lenken zu müssen. Dann bat sie den Joseph, vor ihnen zu erscheinen. Als die Frauen seine Gestalt und sein Angesicht erblickten, sahen sie gebannt auf ihn. Und in ihrer Verwunderung und Faszination schnitten sie sich, anstatt ihre Äpfel zu schälen, in ihre Hände. So fasziniert waren sie von der Gestalt und dem Angesicht des Joseph."[73]

Ich will mit dieser Geschichte sagen und will mir durch diese Geschichte sagen lassen: Wer sich nicht religiös und menschlich für andere Religionen und andere Kulturen öffnet, der verstümmelt sich selbst am Ende religiös und auch menschlich.

7. Epilog: Das Dialog-Modell der Nachbarschaft und WEG-Gemeinschaft

Was ich hier als Trialog-Modell vorgestellt habe und wozu ich hier einladen möchte, ist kein statisches Modell der religiösen Überlegenheit, von dem aus die eine Religion die andere bzw. deren Wahrheit sich integriert und sich so am Ende als überlegen erweist. Ich habe nicht plädiert für ein Modell der Intoleranz aus Überlegenheit und Exklusivität, aber auch nicht für ein Modell der pluralistischen und relativistischen Toleranz und Preisgabe von religiöser Identität. Ich habe vielmehr vorgestellt ein Modell der Nachbarschaft der Religionen, ein Modell der Nachbarschaft des Israelvolkes, des ökumenischen Christenvolkes und der Abraham-Gemeinschaft der Muslime im Dienst der Segensverheißungen Abrahams für die ganze Menschheit. Ich habe damit vorgeschlagen ein Modell des

73 In: Biblical Stories in Islamic Paintings, Israel-Museum, Jerusalem 1991; vgl. auch Hans Jochen Margull, Verwundbarkeit, in: Ev. Theologie 34, 1974, 410–420.

WEGES: auf dem von Abraham her die Söhne Isaaks und Ismaels, die Töchter der Sara und der Hagar gesegnet werden und auf dem der Segen durch den Abraham-Sohn, Jesus Christus, in die Völkerwelt gelangt, durch den wir als Christen und Christinnen gesegnet werden und zur Sendung an die eine Menschheit bestimmt und zur Bewahrung der Schöpfung berufen sind.

Der Gott Abrahams ist der eine und einzige Gott, der Israel Bund und Treue hält ewiglich und nicht loslässt das Schöpfungswerk seiner Hände. Er ist – wie ihn die Muslime bekennen – der Hohe und Erhabene, der Schöpfer des Himmels und der Erde, der kommende Richter der Gerechtigkeit.

Aber der Gott Abrahams ist als der Unendliche und Erhabene zugleich der nahe und mitgehende Gott, der Gott, der oben im Himmel ist, aber zugleich bei denen, die arm, entrechtet und zerbrochenen Herzens sind, wie es die Hebräische Bibel unvergesslich sagt (Jes 65,15). Oder wie es eine der schönsten und faszinierendsten Suren aus dem Koran über Gott verkündet, die zur sprichwörtlichen Rede geworden ist: „Gott ist dir näher als deine Halsschlagader" (Sure 50,15). Worum es in dieser Ethik der Nachfolge Abrahams geht, hat Abdoldjavad Falaturi in einem „Appell" aus dem Jahre 1991 so umschrieben: „Zweifelsfrei bildet das Streben nach Gerechtigkeit und Frieden und in diesem Sinne die Bewahrung und der Schutz der Rechte der Menschen den Kern der Botschaft der drei Religionen Judentum, Christentum und Islam. Dieser Wert bleibt unberührt, selbst dann, wenn er immer wieder von Anhängern jeder dieser Religionen verletzt wurde. Es ist die Aufgabe der heutigen Generation von verantwortungsbewußten Juden, Christen und Muslimen, sich gegenseitig im Sinne der Verwirklichung der Verantwortung für den Frieden in Europa und in der Welt zu bestärken, statt die Verletzung dieser Kardinalwerte zum Anlaß für neue Streitigkeiten zu nehmen. Ansätze für diese gemeinsame Verantwortung gibt es zahlreich in den Schriften der Religionen. Es gibt keinen Frieden in der Welt, ohne den bewußten Einsatz der Anhänger der großen Religionen für den Weltfrieden."[74]

---

[74] Abdoldjavad Falaturi, Der Islam im Unterricht. Beiträge zur interkulturellen Erziehung in Europa, Frankfurt a. M. 1991, 11; vgl. Martin Stöhr (Hg.), Abrahams Kinder. Juden – Christen – Moslems, Arnoldshainer Texte 17, Frankfurt a. M. 1983; vgl. weiter die grundlegenden Ausführungen des katholischen Alttestamentlers Norbert Lohfink: „Auf Abraham berufen sich die drei großen Religionen. [...] Die Moslems nennen ihn (und Hebron, den Ort seines Grabes) Al-Chalil, ‚den Freund'. Denn Gott hat ihn als Freund bezeichnet – etwas ganz und gar Unerhörtes. [...] Die Araber leiten sich auch genealogisch über Ismael von Abraham her. Mohammed betrachtete die Religion, die er verkündete, einfach als die

Danach war es nicht zufällig, sondern höchst charakteristisch, dass König Hussein von Jordanien, ein leiblicher Nachfahre des Propheten Muhammed, am Sarg des ermordeten israelischen Ministerpräsidenten Rabin in Jerusalem mit Berufung auf ALLAH-ELOHIM sagte: „Lasst uns die Stimme erheben und laut und öffentlich von unserem Bekenntnis zum Frieden sprechen, nicht nur heute hier, sondern für alle Zeiten. Wir glauben an den Frieden. Wir glauben, dass unser Gott, der eine Gott, will, dass wir in Frieden leben, und will, dass Friede auf uns kommt. [...] Lasst uns hoffen und beten, dass Gott uns allen, einem jeden in seiner Position die Rechtleitung gibt, das ihm Mögliche für eine bessere Zukunft zu tun."[75]

Religion Abrahams. Denn dieser war der erste Muslim, der erste Gottergebene. Die Juden nennen ihn stets ‚Abraham, unseren Vater'. Dem ist kaum etwas hinzuzufügen. [...] Nach dem Neuen Testament müßten wir Christen ihn ebenfalls unseren Vater nennen (Lk 1,73; Röm 4, 1.12; Jak 2,21). [...] Abraham ist für ihn (Paulus) der Vater aller Juden, die den Weg des Glaubens gehen, und überdies auch aller, die glauben, auch wenn sie keine Juden sind (Röm 4,11f.). So wäre es das beste, auch wir Christen sagten nicht einfach ‚Abraham', sondern sprächen von ‚unserem Vater Abraham'" (Abraham, in: Josef G. Plöger / Josef Schreiner (Hg.), Heilige im Heiligen Land, Würzburg 1982, 9f.). Vgl. schließlich Karl-Josef Kuschel, Streit um Abraham. Was Juden, Christen und Muslime trennt – und was sie eint, München/Zürich 1994.

75 Aus: „Jerusalem Post" vom 7.11.1995. Diese Vision König Husseins hat die Wuppertaler Dichterin Else Lasker-Schüler schon 1937 in „Hebräerland" in ihrer Israel und die Palästinenser umfassenden Friedensvision vor Augen gehabt: Israel und die Palästinenser sind „semitische Brüder", weil sie von Isaak und Ismael herkommen. In „Arthur Aronymus und seine Väter" lässt sie ihren Großvater am Sederabend des Pessach in Anwesenheit des zuhörenden katholischen Bischofs hellsichtig sagen: Nicht die Juden werden in den Neuen Bund der Christen aufgenommen, sondern die Christen werden in den ungekündigten Bund Gottes mit Israel aufgenommen (Jakob Hessing, Else Lasker-Schüler. Biographie einer deutsch-jüdischen Dichterin, Karlsruhe 1985, 27ff.157ff.).
Wir bedürfen solch dichterischer und künstlerischer Visionen und Symbole, auf die ich neulich im Kunsthaus Wien stieß und die wir dem Österreicher Hundertwasser verdanken. Im Kunsthaus Wien hat er 1978 eine Fahne der Versöhnung zwischen dem jüdischen und palästinensischen Volk entworfen: Blauer Davidstern über grünem Halbmond auf weißem Grund. Er hat dazu im Sinne der abrahamischen Einheit geschrieben: „Die Fahne ist das Symbol der Versöhnung zwischen dem jüdischen und arabischen Volk. Der lange Krieg ist zu Ende. [...] Beide Völker sind für eine neue Zukunft vereint. [...] Es ist die Fahne der Toleranz, unter der Glaubens- und Lebensweise des anderen Volkes geschützt sind. [...] Es ist das Symbol der wechselseitigen Abhängigkeit, es ist das Symbol der gegenseitigen Befruchtung. [...] Blau ist die Farbe des Himmels, des Wassers. [...] Es ist die Farbe des seherischen Geistes des Menschen. [...] Grün ist die Farbe der Bäume und des Pflanzenreiches. [...] Grün ist die Farbe der Hoffnung. Grün ist die Farbe des Propheten Mohammed. [...] Die Fahne ist Symbol der neuen Ära der Liebe und Zusammenarbeit, weit weg von dem vermeintlichen Zwist im Namen Zions und Mohammeds, der niemals gewollt war. [...] DIE FAHNE KEHRT ZURÜCK ZU ABRAHAM. ES IST DIE FAHNE DER EINHEIT. ES IST DIE FAHNE DES GELOBTEN LANDES" (der bisher nicht veröffentlichte Text datiert vom 3.9.1978).

Hat infolge des Christlich-Jüdischen Dialoges ein Paradigmenwechsel in Kirche und Theologie stattgefunden?

Karl-Joseph Kuschel,
dem Hans-Küng-Nachfolger in Tübingen,
Religionsdialogiker und Welt-Ethos-Promotor,
ist dieser Beitrag als Zeichen der Dankbarkeit für langjährige und vertrauensvolle Weggemeinschaft und gemeinsames ökumenisches Leben und Lernen zugeeignet.

Als Paradigmenwechsel wird zunächst die Absage an ein traditionell heidenchristliches Denkmodell bezeichnet, das das Judentum als zum Inneren der christlichen Religion gehörend bestimmt und im Sinne eines inklusiven dogmatischen Denkens das Judentum ohne das ökumenische Christentum der Völker als defizitär versteht. Paradigmenwechsel meint die Abkehr und Umkehr von allem inklusiv-christomonistischen Denken, das das Judentum im Rahmen der Ekklesiologie oder der Ökumene christlich zu- und einordnet, indem es das Judentum inklusiv zur Ökumene der Völker rechnet und nicht nur – gesamtbiblisch zurecht – die Ökumene ohne das Judentum, sondern auch umgekehrt zu Unrecht das Judentum ohne die Ökumene als defizitär bestimmt. Dieses traditionelle und auch heute noch weithin das ekklesiologische und dogmatische Denken und Handeln von Kirche und Theologie bestimmende Integrations- und Inklusionsmodell ist das Gegenmodell zu einem gesamtbiblisch fundierten und heute anzustrebenden Paradigmenwechsel.

Paradigmenwechsel in einem positiven Verständnis meint sodann, dass die Kirche als das ökumenische Gottesvolk aus allen Völkern ihre eigene Sendung an die Völker innerhalb der bleibenden Erwählung und Sendung Israels und seiner von JHWH gesetzten Bestimmung, das Licht für die Völker zu sein (Jes 42,6; 49,6; Lk 2,32), versteht. Von daher ist das Judentum nicht mehr, wie es in Umkehrung der gesamtbiblischen Inklusion bis heute geschieht, als „das alte Gottesvolk des alten Bundes", dem die Kirche als „das neue Gottesvolk des neuen Bundes" gegenübersteht, zu bestimmen, weil das Judentum selbst bereits anfangend innerhalb des Israel verheißenen neuen Bundes (Jer 31,31–34) lebt und seinen Weg zum Ziel der Vollendung des verheißenen neuen Bundes in der neuen Welt Gottes entgegengeht (Röm 11,27), wie Norbert Lohfink in seinem Buch „Der niemals gekündigte Bund“[1] gezeigt hat.

1. *Der Passacharakter des letzten Mahles des Messias Jesus*

Karl-Joseph Kuschels Buch „Festmahl am Himmelstisch. Wie Mahl feiern Juden, Christen und Muslime verbindet“[2] hat uns von katholischer Seite her begründet Mut gemacht, bei der Feier der Eucharistie die Passamahltradition des Judentums für die Deutung des letzten Mahles Jesu wieder in den Blick zu nehmen, wie es mein Lehrer Joachim Jeremias in seinem Abendmahlsbuch im Jahre 1960 überzeugend getan hat.[3]

Kuschel wendet sich zurecht unter den Überschriften „Jesu letztes Mahl: Kein Pessachmahl“ bzw. „Die Konsequenz: Entjudaisierung des Abendmahles“[4] gegen die Ausführungen von Benedikt XVI. und dessen Plädoyer für die johanneische Tradition in seinem Jesus-Buch (Bd. II 2011).[5] Diese Tradition ist aber doch nichts anderes als eine Vertiefung der synoptischen Passatradition, weil Johannes Jesu Kreuzigung am Passarüsttag des 14. Nisan zur Zeit der Schlachtung der Passalämmer stattfinden lässt (Joh 18,28; 19,14), um damit zum Ausdruck zu bringen, dass der messianische Menschensohn das wahre Passalamm ist (Joh 1,29). Trotz der differenzierter gewordenen historischen und exegetischen Diskussionslage, die Günter Stemberger umsichtig erörtert hat,[6] stehe ich,

---

1 Lohfink, Norbert: Der niemals gekündigte Bund. Exegetische Gedanken zum christlich-jüdischen Dialog, Freiburg: Herder 1989.

2 Kuschel, Karl-Josef: Festmahl am Himmelstisch. Wie Mahl feiern Juden, Christen und Muslime verbindet, Ostfildern: Patmos 2013.

3 Jeremias, Joachim: Die Abendmahlsworte Jesu, Göttingen: Vandenhoeck & Ruprecht [3]1960.

4 Kuschel: Himmelstisch, 79–85.

5 Ratzinger, Josef/Benedikt XVI.: Jesus von Nazareth. Zweiter Teil: Vom Einzug in Jerusalem bis zur Auferstehung, Freiburg: Herder 2011.

6 Stemberger, Günter: Pesachhaggada und Abendmahlsberichte des Neuen Testaments, in: Kairos 29 (1987) 147–158; wiederabgedruckt in: Ders.: Studien zum rabbinischen Judentum, Stuttgart: Kath. Bibelwerk 1990, 357–374. Dabei bestätigt Stemberger ausdrücklich „das Verständnis der synoptischen Abendmahlsberichte, die auf jeden Fall an ein Pesachmahl denken“ (359). Auch Philo überliefert, dass es „ein festliches Mahl mit dem Osterlamm und ungesäuerten Broten, begleitet von Gebeten mit Gesängen“ zur Zeit des Neuen Testamentes gegeben hat (372). Und „natürlich [war] der Tempel das Zentrum der Feier […] und ein Pesachlamm [durfte] im eigentlichen Sinn nur in Jerusalem gegessen werden“ (ebd.). Wahrscheinlich ist „das Neue Testament als [älteste] Quelle für die frühe Entwicklung des Pesachseders zu verwenden“ (373), wie auch Flusser und Safrai mir gegenüber

wie mein Göttinger Kollege Berndt Schaller und der Mußner-Schüler Michael Theobald, ganz zu schweigen von den jüdischen Gelehrten wie David Flusser, Shmuel Safrai, Yehuda Aschkenazy, Shalom ben Chorin und Chana Safrai auch weiterhin zur These von der Passa-Kontur des letzten Mahles Jesu meines Göttinger Lehrers Joachim Jeremias.

Denn Deuteworte kommen bei der erstmaligen Erwähnung des Passafestes im josianischen Festkalender vor: „Du sollst [...] ungesäuerte Mazzen essen“, „[das ist] Brot des Elends“ (Dtn 16,3). Und das jüdische Passamahl wurde und wird im Unterschied zu den anderen Mahltypen nur „in der Nacht“ (1Kor 11,23), als „Nachtmahl“ (Martin Luther) gefeiert. Hinzu kommt, dass es schwer zu begründen ist, warum man nach Ostern ein Abschiedsmahl Jesu vor seinem Sterben, das wegen des fehlenden Passakontextes als „ein schlichtes Essen“ und „Ersatz“-Mahl gegen die jüdische Passaliturgie und den Tempelkult gefeiert worden sein soll,[7] nachträglich in ein Passamahl verwandelt hätte. Die Ableitung des HERRENMAHLES von hellenistischen Mahltypen liegt der Forschung und ökumenischen Praxis heute historisch-exegetisch und dogmatisch-liturgisch wieder näher, „als wäre nichts geschehen“! Und auch unser protestantisches „Abendmahl“, das wir – obwohl sich kaum jemand über den Terminus „Abendmahl“ Gedanken macht – sonntäglich am Morgen feiern, wird liturgisch nach wie vor begangen, „als wäre nichts geschehen!“[8] Denn außer dem Rückgriff auf ein jüdisches Mahlgebet aus der Didache (EG 218) hat sich in unserer *protestantischen Abendmahlsliturgie* kaum etwas geändert.

Im Gegenteil: Nicht einmal der *eschatologische Ausblick* der messianischen Hoffnung von Mk 14,25 wird bei den Spendeworten mitzitiert.

---

mündlich geäußert haben. – Michael Theobald hat in kritischer Weiterführung von Günter Stembergers mit Recht zurückhaltender Quellenanalyse auf die von Lukas gezielt verstärkte Passakontur des letzten Mahles Jesu hingewiesen und darüber hinaus wertvolle Hinweise auf den Zusammenhang von Passamahl und Eucharistiefeier gegeben. Vgl. Theobald, Michael: Paschamahl und Eucharistiefeier. Zur heilsgeschichtlichen Relevanz der Abendmahlsszenerie bei Lukas (Lk 22,14–38), in: „Für alle Zeiten zur Erinnerung“ (Jos 4,7). Beispiele zu einer biblischen Gedächtniskultur, FS Franz Mußner zum 90. Geburtstag (SBS 209), Stuttgart: Kath. Bibelwerk 2006, 133–180, 157. Die Thesen von Haarmann (Anm. 12) und Theobald sind von Kuschel, Himmelstisch, 54ff., 65ff. aufgenommen worden.

7 So Theissen, Gerd / Merz Annette: Der historische Jesus. Ein Lehrbuch, Göttingen: Vandenhoeck & Ruprecht [4]2011, 359–386, 382.

8 Vgl. Klappert, Bertold: Gedenken, Ertrag und Auftrag des Rheinischen Synodalbeschlusses von 1980, in: Kreuzer, Siegfried / Ueberschär, Frank (Hg.): Gemeinsame Bibel – Gemeinsame Sendung. 25 Jahre Rheinischer Synodalbeschluss zur Erneuerung des Verhältnisses von Christen und Juden (Veröffentlichungen der Kirchl. Hochschule Wuppertal 9), Neukirchen-Vluyn: Neukirchener 2006, 236–255.

Hinzu kommt: Die Einsetzungsworte sind im Evangelischen Gesangbuch (EG 189) zum Teil falsch wiedergegeben: Jesus wird nach 1Kor 11,23 „dahingegeben". Das schließt zwar auch das „er wurde verraten" (EG 189) ein, ist aber in seiner theologischen Bedeutung tiefer und bedeutungsvoller. Hinzu kommt: Die *Deuteworte Jesu zu den zerbrochenen Mazzen* „das ist mein Leib" (Mk 14,22) verweisen nicht auf eine Opferterminologie (Fleisch und Blut Christi als Elemente des Opfertieres; so leider auch noch Joachim Jeremias), sondern meinen eine Ganzheitsaussage in dem Sinn: „Das (diese zerbrochene Mazze) bin ich selbst". Und die *Deuteworte Jesu zum roten Pesach-Wein* meinen die durch Jesus in seinem Leiden vollbrachte Lebenshingabe für die vielen (Mk 14,24), d. h. für alle beide, für das Judentum und die Völker. Und sie erzählen von der durch den Messias Jesus bekräftigten Öffnung des in Jeremia 31 nur für Israel verheißenen, „neuen Bundes" auch für die Völker, d. h. für alle Menschen aus den Völkern (J. Jeremias, Fr. Mußner), sie beziehen sich aber nicht auf „das Neue Testament in meinem Blut" (EG 189), wie das Evangelische Gesangbuch fälschlich sagt.

Und die *zwölf Jünger*, die voller *Hoffnung für ganz Israel* das eschatologische Zwölf-Stämmevolk Israel repräsentieren, erwähnen wir nicht mehr, z. T. wegen der an anderen Stellen nötigen und richtigen Verwendung der inklusiven Sprache. Weiter: Aus *„einem Becher"* (nicht: Kelch!), wie Jesus es ausdrücklich befohlen hat, trinken wir schon gar nicht, sondern mit stets wechselnden faulen, aber behebbaren Begründungen aus kleinen ‚Pinnchen'. War doch das Herrenmahl und das Trinken aus *einem* Becher der Testfall für die Gemeinschaft zwischen Menschen jüdischer und hellenischer Provenienz in der entstehenden urchristlichen Gemeinde (Gal 3,28), dann dort ebenfalls zwischen Armen und Reichen (Gal 3,24–26).[9]

---

9 In Japan zwischen der unterdrückten und verarmten Urbevölkerung der Ainu und den über Südkorea eingewanderten, diese schließlich beherrschenden Stämmen; in Indien zwischen den kastenlosen Dalith, die von dem verheerenden Tsunami 2004 am meisten getroffen wurden, und der Oberschicht; während des so genannten „Dritten Reiches" zwischen Deutschen und den an Jesus als Messias glaubenden Jüdinnen und Juden z. B. in Berlin-Dahlem unter den Pastoren Martin Niemöller und Helmut Gollwitzer; schließlich auch zwischen Schwarz und Weiß in Südafrika. Denn, so hat der Ökumeniker Ulrich Duchrow geurteilt, „wenn irgendetwas […] von dem häretischen Charakter der weißen und aller Apartheidchristen und -kirchen überzeugt hat, so war und ist es der Bruch der Abendmahlsgemeinschaft selbst bei gleichem Bekenntnis" (vgl. Duchrow, Ulrich: Bekennende Kirche werden – 1934 und 1984 – Barmen III, in: Moltmann, Jürgen [Hg.]: Bekennende Kirche wagen [KT 83], München: Kaiser 1984, 126–190). Aus einem Becher tranken auch die Drogenabhängigen und die „Bürgerlichen" in dem von mir bis zu meinem Weggang nach Göttingen geleiteten Drogenhaus des „Christlichen Vereins Junger Menschen"

Weiter fehlt der *rote Wein*, das Symbol für die ganzheitliche Lebenshingabe des Messias Jesus, und *der Opferteller*, der in den reformierten Gemeinden bis heute auf dem Abendmahlstisch (nicht auf dem Altar!) steht, weil Paulus die ChristInnen aus den Völkern zum ökumenisch-diakonischen Gedenken der „Armen in Jerusalem" im Abendmahl (1Kor 16,1) und zur Rücksicht der reichen „Freien" auf die sozial verarmten „Sklaven" (Gal 3,28; 1Kor 11,17–34) auffordert. Duchrow hat in seiner ökumenischen Deutung von Barmen Art. III Entsprechendes im Zusammenhang seiner Analyse „des massenmordenden Weltwirtschaftssystems"[10] auch für Luthers Abendmahlsverständnis nachgewiesen: „Bereits Luther hat die unlösliche Einheit von Abendmahl und universaler Gerechtigkeit und Solidarität im einen Leibe Christi herausgestellt".[11] Diese sozial-ethische Dimension, der Armen beim Mahl zu gedenken, ist wiederum abkünftig vom jüdischen Passamahl als einem Mahl der Befreiung der Versklavten aus Ägypten und aus jeder sich auf der Welt findenden Sklaverei und Ausbeutung der Elenden und Miserablen (Victor Hugo), der weltweit Marginalisierten. Mein jüngst verstorbener Kollege und Barth-Schüler Jürgen Fangmeier hat sich zu Gründonnerstag (und nur für Gründonnerstag) von der Synagoge in Wuppertal Mazzen und Pessach-Wein zum Gedenken an das Letzte Pessach-Mahl des messianischen Menschensohnes Jesus besorgt und dies am Sonntag vor Karfreitag der Gemeinde in Schöller-Wuppertal ausführlich liturgisch erläutert.

Auch im Hinblick auf die gemeindliche, reale Utopie von Gal 3,28, anfangend realisiert in einer heidenchristlichen Gemeinde mit einer jüdischen Minorität in Galatien, die zwar nicht das Passamahl feiert, aber dessen gedenkt, ist die unumkehrbare Reihenfolge im Paulustext zu beachten: 1. die Versöhnung zwischen Jüdinnen/Juden und Hellenen, den Menschen aus den Völkern, wie sie durch die Kollekte „für die Armen in Jerusalem" (1Kor 16,1) praktisch wird, 2. die Überwindung der Ausbeutung der Versklavten durch die Herren, wie sie durch den Exodus anfänglich geschehen ist und in der Pesach-Feier auf neue Befreiung hin erinnert wird, und 3. die Versöhnung zwischen „männlich und weiblich" (vgl. 1Kor 7,11), die ihrerseits nicht von der Befreiung der durch die Herren aller Zeiten versklavten und dadurch sich selbst entfremdeten „Män-

(CVJM) Bonn in der Kaiserstraße und schließlich trinken auch aus einem Becher die „Gesunden" und Aidskranken in Gemeinden, die diese durch den Fundamentalismus in Amerika Stigmatisierten sammeln.

10 Ebd., 144.

11 Ebd., 149.

ner" und auch nicht von der Befreiungsgeschichte des jüdischen Volkes durch die Jahrtausende zu trennen ist.[12]

Könnte nicht, so möchte ich fragen, die Überwindung des Passaverschweigens und die Wiederentdeckung der Passa-Kontur von Abendmahl und Eucharistie helfen, den evangelisch-katholischen – wahrscheinlich bis auf Weiteres nicht aufhebbaren – Gegensatz in der Abendmahlsfrage zu überbrücken?

2. Die Tauf- und Abendmahlslehre des späten Karl Barth

Der späte Karl Barth hat noch in seinem hohen Alter mehrere Seminare zu Abendmahl und Eucharistie in Basel gehalten und eine *Entsakramentalisierung des Abendmahles* wie schon zuvor der Taufe vorgeschlagen: Wie die *Geisttaufe* (durch Jesus Christus im Geist, der hier allein handelt und das alleinige Sakrament der Vermittlung ist) von der *Wassertaufe* (in welchem Akt die Gemeinde handelt) zu unterscheiden ist (KD IV/4), so ist nach Barth auch das *Herrenmahl* (in welchem nicht der katholische Priester oder der lutherische Pastor als Mittler, sondern der Messias Jesus allein sakramental vermittelnd als Herr verheißend und befreiend handelt) von der *Eucharistie* zu unterscheiden. Einer Eucharistie, in welcher die Gemeinde ihrerseits für das Geschenk der Versöhnung und Befreiung (KD IV/1–3; 1953/1956/1959) in εὐχαριστία, d. h. in Dankbarkeit antwortet. Dabei sind die beiden Aspekte sowohl des Herrenmahles als auch der Eucharistie untrennbar aufeinander zu beziehen. Das alles hat Barth freilich schon in reformiert Barmen (Januar 1934; Thesen IV/1–3; V/1–3) und dann auch in uniert Barmen (Mai 1934; Thesen III/IV) angesprochen. Barth hat im Vorwort zu KD IV/4 dazu ausführlich Stellung bezogen: Die Taufe und das Abendmahl gehören als Geisttaufe und als messianisches Abendmahl nicht in die Ethik, wohl aber die von der Gemeinde zu vollziehende Wassertaufe und „die auf die Präsenz [d. h. Selbstvermittlung] Jesu Christi in seinem Selbstopfer [d. h. in seiner

12 Vgl. die von mir betreute Dissertation von Haarmann, Michael: „Dies tut zu meinem Gedenken!" Gedenken beim Passa- und Abendmahl. Ein Beitrag zur Theologie des Abendmahls im Rahmen des christlich-jüdischen Dialogs, Neukirchen-Vluyn: Neukirchener 2004, worauf sich Kuschel neben der Analyse von Michael Theobald in seiner Analyse der Mahltradition im Koran zurecht weitgehend stützt, und auch Bieler, Andrea / Schottroff, Luise: Das Abendmahl. Essen, um zu Leben, Gütersloh: Gütersloher Verlagshaus 2007.

Selbsthingabe] antwortende und seiner Zukunft entgegenblickende Danksagung".[13]

Barths Tauflehre (KD IV/4, 1967) und die geplante Abendmahlslehre ist deshalb auf dem Hintergrund seiner Lehre von Versöhnung und Befreiung (KD IV 1–3) zu verstehen und darf von diesem befreiungstheologischen Hintergrund nicht getrennt werden.[14] Deshalb kommt der französische Pfarrer der Bekennenden Kirche, Mitkämpfer in der Résistance in Frankreich und Schwiegersohn Karl Barths, Georges Casalis, mit den folgenden Thesen zum Abendmahl inhaltlich in die Nähe des von Barth avisierten Neuentwurfs: „1. Die Gemeinde Christi wird permanent durch die Sakramente Christi in der Welt angesprochen. – 2. Die Sakramente Christi in der Gemeinde erinnern ständig daran, dass Christus nicht außerhalb der Welt zu begegnen sei. – 3. Die um das Wort und die Sakramente versammelte Gemeinde selbst wird in ihrem Gehorsam zum Sakrament der neuen Welt Christi."[15]

Barth hätte freilich die durch Casalis vorgeschlagene Ausdehnung des Sakramentsbegriffs über Christus hinaus auch auf die Gemeinde und die Welt der Armen und Entrechteten nicht mitvollzogen, denn Christus ist nach Barth das einzige Sakrament. Aber warum sollte nicht im Blick auf die Identifizierung des messianischen Menschensohnes mit den Hungernden, Kranken und Gefangenen (Mt 25,31–46) und von Bonhoeffers ekklesiologischem Grundsatz „Christus als Gemeinde existierend" her darüber im Sinne der lehrreichen Ausführen von Casalis nachgedacht werden!?

Casalis hat in seinem Vortrag zur Tauf- und Abendmahlslehre noch einen weiteren grundlegenden Hinweis gegeben: „Im Alten Testament", sagt er, „werden die Heiden aufgefordert, auf Israel zu blicken, auf das Volk, das auf seine Weise Sakrament Gottes in der Geschichte ist. [...] Ich möchte hier gleich bemerken, daß es kein echtes Denken über Sakramente gibt, wenn man nicht entschieden im Sinne dieser Antwort jeglichem Antisemitismus bzw. jeglichem Rassismus den Rücken kehrt, auf die Juden hört und sich solidarisch zu ihnen bekennt".[16] Wenn Casalis dann allerdings meint, dass im Neuen Testament im Unterschied zum Alten

---

13 Barth, Karl: Die Kirchliche Dogmatik IV/4, Zürich: Evangel. Verl. 1967, IX.

14 Vgl. Klappert, Bertold: Versöhnung und Befreiung. Versuche, Karl Barth kontextuell zu verstehen (NBST 14), Neukirchen-Vluyn: Neukirchener 1994.

15 Casalis, Georges: Die Zeichen der Hingabe Christi an die Welt, in: Herbert, Karl (Hg.): Christliche Freiheit im Dienst am Menschen. Deutungen der kirchlichen Aufgabe heute. Zum 80. Geburtstag von Martin Niemöller, Frankfurt a. M.: Lembeck 1972, 79–95.

16 Ebd., 84.

Christus alleine und nicht zugleich Israel Sakrament der Vermittlung ist, dann übersieht er: Die Formel Bonhoeffers „Christus als Gemeinde existierend“ hat als axiomatischen und exzentrischen Grundsatz zur Voraussetzung „Christus, der Jude, als Israel-Judentum existierend“.[17]

Ich habe die bisher nicht publizierten, inhaltlich und theologisch-liturgisch hoch interessanten schriftlichen Ausführungen Barths im Barth-Archiv in Basel eingesehen und ausgewertet. Mein Schüler Michael Haarmann hat sie in seiner Dissertation[18] zum Teil ausgewertet. Weil er dies übersehen hat, hat der von mir hochgeschätzte Clemens Thoma, in dessen Festschrift ich gerne mitgeschrieben habe[19], in einer Rezension zu Haarmans Buch diesem und damit auch mir doch wohl zu Unrecht einen antikatholischen Unterton aus eng reformierter Perspektive vorgeworfen.[20] Denn Barths späte Tauf- und Abendmahlslehre ist nicht einfach reformiert im Sinne Zwinglis oder Calvins. *Allerdings hat auch Barth nicht den Passacharakter des Herrenmahles/der Eucharistie für deren inhaltliche Interpretation beachtet.* Das hat sein Sohn Markus Barth in einem grundlegenden Aufsatz[21] und dann ausführlich in seinem Buch mit dem überaus charakteristischen Titel: „Das Mahl des Herrn. Gemeinschaft mit Israel, mit Christus und unter den Gästen“[22] getan, nunmehr aber unter lebhafter Zustimmung auch seines zeitlebens lernfähigen Vaters Karl Barth.

Kuschels überraschender Nachweis unter der Fragestellung „Das Abendmahl Jesu im Koran? Zu Sure 5,112–115“[23], dass auch im Koran, und zwar mit Bedacht in der letzten Sure des Koran 5,112–115, auf diese Passamahltradition des Judentums und des Messias Jesus angespielt wird, war mir und meinem früheren Assistenten Haarmann völlig neu. Gefragt

---

17 Vgl. dazu Marquardt, Friedrich-Wilhelm: Die Gegenwart des Auferstandenen bei seinem Volk Israel. Ein dogmatisches Experiment (Abhandlungen zum christlich-jüdischen Dialog 15), München: Kaiser 1983.

18 Vgl. Haarmann: „Dies tut zu meinem Gedenken!“, 215–243.

19 Klappert, Bertold: Israel und die Kirche. Zeugen Gottes vor der Welt und voreinander, in: Käppeli, Silvia (Hg): Lesarten im jüdisch-christlichen Dialog. FS Clemens Thoma zum 70. Geburtstag (Judaica et Christiana 20), Bern: Lang 2002, 97–107.

20 Vgl. Thoma, Clemens: Rez. „Michael Haarmann: ‚Dies tut zu meinem Gedenken!‘ Passamahl und Abendmahl. Ein Beitrag zur Theologie des Abendmahls im Rahmen des christlich-jüdischen Dialogs“, Neukirchen-Vluyn: Neukirchener 2004“, in: FrRu NF 1 (2006) 56–58.

21 Barth, Markus: Das Abendmahl. Passamahl, Bundesmahl und Messiasmahl (Theologische Studien 18), Zürich: Evangel. Verl. 1945.

22 Barth, Markus: Das Mahl des Herrn. Gemeinschaft mit Israel, mit Christus und unter den Gästen, Neukirchen-Vluyn: Neukirchener 1987.

23 Kuschel: Himmelstisch, 121–147.

werde ich gelegentlich, welche Bedeutung die Passamahltradition des Judentums und des Messias Jesus im Koran über die Anspielung auf dieselbe hinaus für den Islam selbst hat, weil es doch kein dieser Tradition entsprechendes Mahl im Islam gibt. Weitere Forschungen über die Wirkungsgeschichte dieser Sure in der islamischen Tradition jenseits des Koran werden darüber Auskunft geben können.

Kuschels Buch über Theodor Heuss[24] legt erstmalig eine bisher vergessene Dimension von dessen Leben und Wirken, nämlich sein enges und von „Umkehr und Neuanfang" geprägtes Verhältnis zum Judentum und zu vielen jüdischen Zeitgenossen umfassend frei. Kuschel zeichnet eindrücklich den Weg von Heuß (1884–1963) durch die Zeit des „Rassenantisemitismus und seiner tödlichen Folgen"[25], den „Judenboykott"[26], die Gefährdung seiner Freunde[27] und das Überleben in der NS-Zeit[28] bis in die Zeit nach der Schoah, in der Heuss eine umfassende Umkehr zum Judentum und Selbstreinigung im Hinblick auf seine Zeit vor und nach 1933 vollzieht, indem er im Hinblick auf die Schoah das Wort der „Kollektivscham" prägt. Heuss ermuntert Adenauer zu einer israeloffenen Politik der Entschädigung der Opfer im Sinne der Wiedergutmachung nationalsozialistischen Unrechts innerhalb und außerhalb des Staates Israel und unternimmt schließlich, nur wenige Jahre vor seinem Sterben 1960, eine Reise nach Israel,[29] die mit einem Vortrag an der Hebräischen Universität in Jerusalem, der durch Buber eingeführt wird, und in den Begegnungen mit Buber und Shalom Ben Chorin u. a. ihren Höhepunkt erfährt. Demgegenüber behandelt das später erschienene Buch von Joachim Radkau, „Theodor Heuss",[30] die Modernisierung Deutschlands von der Kaiserzeit durch das Dunkel der NS-Zeit hin zur Demokratie. Besonders eindrucksvoll ist die Würdigung, die Heuß zum 80. Geburtstag Leo Baecks im Jahre 1953 geschrieben hat: „Es darf nicht beim Abbruch des Gesprächs mit Israel bleiben. Und wenn gerade der furchtbare Ausbruch […] in Hass, in Verachtung und Schändung zu unserer Zeit geschehen ist und auch an Leo Baeck, dem stillen, alten Mann, nicht vorüberging, sondern ihm furchtbare Wunden schlug, so ist sein 80.

24 Kuschel, Karl-Josef: Theodor Heuss, die Shoah, das Judentum, Israel. Ein Versuch, Tübingen: Klöpfer & Meyer 2014.
25 Ebd., 61ff.
26 Ebd., 77ff.
27 Ebd., 165ff.
28 Ebd., 96ff., 125ff.
29 Ebd., 35ff.
30 Radkau, Joachim: Theodor Heuss, München: Hansen 2014.

Geburtstag ein erschütternder Weckruf für die christliche Kirche". Bewegend sind dabei die Dokumentation der Einladung, die Heuss an Baeck 1951 schreibt, und die Begegnung, die dann am 22. August in Bonn zustande kommt, dazu die Ausführungen Kuschels über *die Begegnung zwischen Heuß und Leo Baeck* drei Jahre später 1954 im Landtag in Düsseldorf.[31] Dort hält Leo Baeck seine Rede über Maimonides.[32] Leider ist das Tonband der von Baeck völlig frei gehaltenen Rede über Maimonides, der Heuss beiwohnte, bis heute in den Archiven des Düsseldorfer Landtages nicht aufgefunden worden. Kuschels Ausführungen über Baeck sollten aber unbedingt der Leo Baeck-Gesellschaft und dem Leo Baeck-College in London und New York bekannt gemacht werden, da diese das nicht in Kuschels informativen Heuss-Buch vermuten werden. Kuschel sollte ermutigt werden, ein entsprechendes Buch über Gustav Heinemann und sein Verhältnis zum Judentum und Israel nach der Schoah zu schreiben.

3. *Hat der christlich-jüdisch-islamische Dialog einen Paradigmenwechsel in der Theologie zur Folge gehabt?*

Das von der katholisch-theologischen Fakultät in Graz 2014 organisierte Symposion zur Geschichte des christlich-jüdischen Dialogs seht unter der Leitfrage, ob es nach 1945 durch den christlich-jüdischen Dialog einen *Paradigmenwechsel* in den christlich-jüdischen Beziehungen sowie in Theologie und Kirche gegeben hat. Leider kann ich diese Frage für die Evangelische Theologie nur teilweise positiv beantworten, weil man in Theologie und Kirche weiterhin dem ekklesiozentrisch-christologischen Denkmodell verpflichtet ist. In diesem Zusammenhang habe ich nochmals in Kuschels Opus Grande über „Juden, Christen und Muslime"[33] zu seiner Analyse des Status der NichtchristInnen im II. Vatikanum gegriffen. Dort zeigt Kuschel die doppelte Argumentationsrichtung zu dieser Frage einmal von innen nach außen in *Lumen Gentium* (LG) und andermal von außen nach innen in *Nostra Aetate* (NA) auf. Dabei bleibt, wenn ich richtig verstanden habe, trotz aller vorher in katholischer Theologie

[31] Kuschel: Heuss 17, 45ff., 291ff.

[32] Vgl. Baeck, Leo: Maimonides – der Mann und seine Wirkung, in: Friedlander, Albert H. / Klappert, Bertold (Hg.): Leo Baeck Werke. 5: Nach der Schoa – Warum sind die Juden in der Welt? Schriften aus der Nachkriegszeit Gütersloh: Gütersloher Verlagshaus 2002, 139–157.

[33] Kuschel, Karl-Josef: Juden, Christen, Muslime. Herkunft und Zukunft, Düsseldorf: Patmos 2007.

und Kirche unbekannten „revolutionären“ Öffnungen, wie Karl Rahner diese kommentierte, die ekklesiozentrische Sicht der antijüdischen und antiislamischen Tradition der Kirche weiterhin unangetastet, sodass man besser von einer Inklusion und Integration als von einer wirklichen dialogischen Öffnung reden sollte.

Ein wirklicher Dialog im Sinne auch der Selbstinfragestellung im Lichte der „Wahrheit der Anderen“ findet nach Kuschel aber nicht statt. Dennoch ist die Öffnung gegenüber der bisherigen antijüdischen und antiislamischen Tradition der katholischen Kirche beträchtlich, weil nunmehr anerkannt wird, dass es in den Religionen „Wahres und Heiliges“ gibt, das die katholische Kirche nicht verwirft, und dass es ethische Werte gibt, die man mit anderen teilt und die man als Kirche „wahren und fördern“ will (NA 2). Vor allem ist die Kategorie des „gegenseitigen Verstehens“ (NA 3) als Ziel aller Dialogbemühungen nach Kuschel ein kostbares Vermächtnis des Konzils. Denn das schließt ein, dass das Ziel des Dialogs nicht das „Verschwinden“ der Unwahrheit des je Anderen, wie es in der alten Missionstheologie verstanden wurde, sondern ein letzter Respekt vor der Andersheit des Anderen ist.[34]

Die Ökumene der Evangelischen Kirchen in Deutschland und weltweit steht freilich noch weit hinter dieser partiellen Öffnung zum Islam im II. Vatikanum zurück! Davon ist auszunehmen das missionstheologische und religionsdialogische Konzept des mit mir freundschaftlich verbundenen Theo Sundermeier (Heidelberg)[35], dessen Dialogmodell – ganz im Sinne des Rheinischen Synodalbeschlusses von 1980 mit der These 4,6: „Wir glauben, daß Juden und Christen je in ihrer Berufung *Zeugen Gottes* vor der Welt *und voreinander* sind“ – „das Zeugnis als integralen Teil des Dialogs“ versteht, dessen Konzept aber bisher leider nur in der Erklärung „Religionen, Religiosität und christlicher Glaube“ der VELKD und der Arnoldshainer Konferenz eine kirchliche Rezeption erfahren hat. Im Anschluss an Karl Barth hat Robert Brandau in der von mir betreuten Dis-

---

34 Vgl. auch Kuschel, Karl-Josef: Leben ist Brückenschlagen. Vordenker des interreligiösen Dialogs, Düsseldorf: Patmos 2011; vgl. zur Theologie der Mission weiter Kollbrunner, Fritz: Art. „Vaticanum II“, in: Müller, Karl W. / Sundermeier, Theo (Hg.): Lexikon missionstheologischer Grundbegriffe, Berlin: Reimer 1987, 520–525.

35 Vgl. Sundermeier, Theo: Art. „Religion, Religionen“ und Art. „Theologie der Mission“, in: Lexikon missionstheologischer Grundbegriffe, 411–422, 470–495; Ders.: Was ist Religion? Religionswissenschaft im theologischen Kontext. Ein Studienbuch (Theologische Bücherei 96), Gütersloh: Kaiser 1999; Ders.: Mission – Geschenk der Freiheit. Bausteine für eine Theologie der Mission, Frankfurt a. M.: Lembeck 2005.

sertation den „innerbiblischen Dialog" mit dem Judentum von der „dialogischen Mission" mit den Religionen unterschieden.[36]

Nun hat Karl Barth 1967 nach einer Audienz bei Papst Paul VI., nachdem dieser sich lobend über das epochale Werk der Kirchlichen Dogmatik geäußert hatte, schmunzelnd gemeint, es könne an dem Dogma der päpstlichen Unfehlbarkeit doch etwas dran sein. Nach diesem Besuch in Rom, um Klarstellungen über zentrale Themen des II. Vatikanum zu suchen, und nach seinem Bericht darüber in „Ad Limina Apostolorum" (1966)[37] hat Barth in mehreren Gesprächen von einem *von ihm geplanten religionsdialogischen Neuentwurf in Sachen des Dialogs mit den Religionen* gesprochen. Es gehe ihm darum, nach dem interkonfessionellen Dialog zwischen der evangelischen und der katholischen Kirche zunächst in einem *ersten* Kreis den grundlegenden Dialog mit dem Judentum und sodann in einem *zweiten* Kreis diesen mit dem Islam zu führen. Weiter in einem *dritten* Kreis mit den östlichen Religionen (Buddhismus und Hinduismus) und schließlich in einem *äußersten* Kreis mit der Weisheit (Philosophie) und dem Atheismus.

Barths Bildersprache von den konzentrischen Kreisen und sein Dialog-Weg von innen nach außen haben dabei, wie Kuschel gesehen hat, eine auffällige Parallele zu der zwei Jahre vor Barths Rom-Besuch publizierten Enzyklika Pauls VI. „Ecclesiam suam" vom 6. August 1964, in der das Lehramt erstmals die Welt der Religionen in verschiedene konzentrische Kreise je nach Nähe und Ferne zur Kirche einteilt (Abschnitt 107). Dabei müsse die Kirche mit allen „Kreisen" in je verschiedener Weise den Dialog führen.

Markus Barth hat mir von diesem *Konzept einer „ökumenischen Theologie des Heiligen Geistes"*, d. h. einer Ausgießung der Geisteskraft JHWHs auf alles Fleisch, erzählt: zuerst zu Pfingsten auf das Volk Israel und die jüdische Diaspora (Acta 2), dann in der Samaritaner-Mission durch Philippus auf die Samaritaner (Acta 8); schließlich in der anfangenden Ausgießung der Geisteskraft JHWHs gemäß der Verheißung von Joël 3 auch auf die Völker von Antiochien über Athen bis nach Rom (Acta 10–28) und in weitere ethnische und kosmische Horizonte hinein. In diesem Zusammenhang hat mein Schüler, Prof. Dr. Bernd Wander (Heidelberg), zu Recht von einem „zerdehnten [vielleicht besser: entschränkten] Pfings-

[36] Vgl. Brandau, Robert: Innerbiblischer Dialog und dialogische Mission. Die Judenmission als theologisches Problem, Neukirchen-Vluyn: Neukirchener 2006.

[37] Vgl. Busch, Eberhard: Meine Zeit mit Karl Barth. Tagebuch 1965–1968, Göttingen: Vandenhoeck & Ruprecht 2011, 82–91, 209ff., 216ff.

ten" gesprochen. *Ich selbst würde das „von Gott selbst geöffnete/offene Pfingsten" aufgrund der universalen Verheißung von Joël 3 mit Barth auf die Ausgießung der Geisteskraft JHWHs auch auf den Propheten und die Prophetie Muhammads und die Entstehung der weltweiten islamischen Umma ausweiten.* Davon haben mich die 60% der toleranten Muslime meiner indonesischen Heimat[38] und meine islamischen Lehrer, der Bosniake *Smail Balić*[39] und der aus dem Iran stammende islamische Theologe *Abdoldjavad Falaturi*[40] überzeugt.

Kuschel hat die Entstehung des Islam zurecht *ein „Zeichen des Geistes Gottes"*[41] genannt und sie damit terminologisch und theologisch hilfreich wie Barth in KD IV 3 § 69 als Teil der fortschreitenden Offenbarungsgeschichte des Messias und des Fortschreitens der Geisteskraft JHWHs im Sinne des entschränkten Pfingstens beschrieben.[42] Dabei handelt es sich in der Prophetie Muhammads und der Entstehung der islamischen Ökumene *nur* um ein Zeichen der Geschichte der Prophetie des Messias Jesus und der dynamischen Geisteskraft im Sinne der Verheißung von Joël 3, der Geisteskraft JHWHs, wie Kuschel christologisch ganz im Sinne von

---

38 Vgl. dazu Schumann, Olaf: Der Christus der Muslime. Christologische Aspekte in der arabisch-islamischen Literatur, Gütersloh: Gütersloher Verlagshaus Mohn 1975, mit dem ich zusammen in Pematang-Siantar (Sumatra/Indonesien) Vorlesungen gehalten habe und dem die tolerante Mehrheit der Muslime Indonesiens so vertraute, dass er seinerzeit als einer von wenigen Staatspräsident Abdul Rachman Wahid im Krankenhaus in Djakarta besuchen durfte.

39 Vgl. Balić, Smail: Ruf vom Minarett. Weltislam heute – Renaissance oder Rückfall? Eine Selbstdarstellung, Hamburg: EB-Verl. Rissen ^{3}1984.

40 Vgl. Falaturi, Abdoldjavad: Der Islam im Dialog. Aufsätze, Köln: Islam. Wissen. Akademie ^{4}1992; Ders.: Dialog zwischen Christentum und Islam, Köln: Islam. Akad. Deutschland ^{2}2002; vgl. Tworuschka, Udo: Gottes ist der Orient – Gottes ist der Okzident, FS für Abdoldjavad Falaturi zum 65. Geburtstag (Kölner Veröffentlichungen zur Religionsgeschichte 21), Köln: Böhlau 1991.

41 Kuschel: Juden, Christen, Muslime, 618ff.

42 Vgl. dazu die Dissertation meines indonesischen Schülers Sihombing, Fridz P.: Versöhnung, Wahrheit und Gerechtigkeit. Die ökumenische Bedeutung der Barmer Theologischen Erklärung für den Weg der Kirchen in Indonesien, Neukirchen-Vluyn: Neukirchener 2007, besonders Kp. I „Barmen Artikel I/II und der Kampf um die Wahrheiten der Pancasila", d. h. die in der Staatsverfassung Indonesiens verankerte Religionsfreiheit, Demokratie, soziale Gerechtigkeit u. a., 31–80, und Kp. IV „Barmen Artikel VI und der Dialog mit dem Islam", 203–243. Vgl. weiter Klappert, Bertold: Barmen I und der Dialog mit dem Islam aus christlicher Sicht, in: Evangelische Kirche im Rheinland (Hg.): Jesus Christus, das eine Wort Gottes – Barmen I und der Dialog mit dem Islam, Tagung vom 21./22. Januar 2005 unter der Schirmherrschaft des rheinischen Präses Manfred Kock 16–26; vgl. weiter das dort gehaltene Referat der Juristin und islamischen Theologin Mohagheghi, Hamideh: Die Barmer Theologische Erklärung aus islamischer Sicht, 9–16, auch zugänglich in: Siedler, Dirk Chr. / Fallois, Annette de / Klußmann, Jürgen (Hg.): (K)eine Chance für den Dialog? Christen und Muslime in der pluralen Gesellschaft. Beiträge zu kontroversen Themen, Berlin: Alektor-Verl. 2007, 89–100.

Barmen Art. I formuliert, weil „alle Geschichte nach Christus eine Geschichte mit und durch Christus“[43] und mit und durch die Heilige Geisteskraft JHWHs ist. Kuschel formuliert dies sowohl in Abgrenzung von allen exklusiven, eine solche Öffnung dogmatistisch verweigernden, als auch in Abgrenzung von allen religions- und universalgeschichtlichen Konzepten einer fortschreitenden Offenbarung in der Geschichte in der Theologie meines Lehrers Wolfhart Pannenberg, die in dieser Ausweitung und Öffnung auf den Islam und weitere Religionen hin eine Etappe der fortschreitenden Offenbarung Gottes in der Weltgeschichte sehen möchten.

Karl Barth hat also um das Jahr 1967 herum nach dem II. Vatikanum (1962–1965) und kurz vor seinem Sterben (1968) von diesem *dogmatisch-religionsdialogischen Konzept einer ökumenischen Theologie des Heiligen Geistes* gesprochen, von dem mir sein Sohn, Markus Barth, Neutestamentler in Chicago/USA, erzählt hat. Dabei ging es Barth um ein ernsthaft dialogisches Konzept auf Augenhöhe und nicht um den Aufweis der „Absolutheit des Christentums“ im Sinne von Ernst Troeltsch bis zu dem diesen fortschreibenden universalgeschichtlichen Programm „Offenbarung als Geschichte“ in der Nachfolge Hegels von Wolfhart Pannenberg. Ich habe diesen Bericht von Markus Barth verschriftlicht und mir von ihm wie auch von dem Barth-Biographen Eberhard Busch bestätigen lassen. Daraufhin habe ich diesen Hinweis, in welchen *Barth seine bereits 1959 entfaltete und christologisch begründete Lehre von den wahren Worten im Weltgeschehen und Lichtern in der Schöpfung* (KD IV 3, 1959, § 69,1–4) im Jahre 1967 fortschreibt, veröffentlicht.[44]

In konsequenter Weiterführung seines theozentrisch-christologischen Ansatzes, dazu unter Zitierung von Barmen Art. I als Leitsatz des ganzen § 69, – was in der ganzen KD einmalig ist – hat sich Barth *für einen interreligiösen Dialog geöffnet,* und zwar im Sinne seines sich an der Lebendigkeit JHWHs im Messias Jesus orientierenden Leitwortes, „man müsse

---

[43] Kuschel: Juden, Christen, Muslime, 619.

[44] Vgl. Klappert, Bertold: Versöhnung und Befreiung, 42–50. Ich muss hier nicht eigens betonen, dass Barth zwar im Blick auf sein religionsdialogisches Modell von konzentrischen Kreisen und insofern h i e r christologisch-ekklesiozentrisch spricht, dass Barths Dogmatik als ganze aber in keiner Weise einem ekklesiozentrisch-inklusiven Denken folgt. Vielmehr zeigt nicht zuletzt die Struktur der großen Versöhnungslehre (KD IV 1–IV 4), dass Barth theozentrisch-christologisch denkt und im Rahmen der universalen Prophetie des messianischen Menschensohnes Christus von den wahren Worten im Weltgeschehen und Lichtern in der Schöpfung spricht. In diesem Rahmen schreibt er auch von den Religionen und dem Dialog mit diesen auf Augenhöhe (vgl. dazu Klappert: Versöhnung und Befreiung, 3–52, bes. 40ff.).

theologisch immer mit dem Anfang wieder neu anfangen". Von den Barthkritikern, die ihm eine Unfähigkeit zum Dialog immer vorgeworfen haben, wie auch von der Barth-Orthodoxie, die ihm darin bisher kaum gefolgt ist, ist diese ökumenische Öffnung Barths bisher nicht ernst genommen worden. Wohl aber hat der schon genannte Linkssozialist, Widerstandskämpfer in der französischen Résistance, Dozent für reformierte Theologie an der Kirchlichen Hochschule Berlin und danach Pfarrer in Straßburg, Georges Casalis, bekannt geworden durch sein Buch „Les idées justes ne tombent pas du ciel",[45] in welchem er eine „kontextuelle Theologie" im Sinne der Befreiungstheologie Lateinamerikas vertritt, mir gegenüber im Barmen-Gedenkjahr 1984 zurecht *die große Kirchliche Dogmatik als einen spannenden „Kommentar zur Zeitgeschichte" und also als durch und durch kontextuelle Theologie* bezeichnet.[46]

Schaut man sich aber dieses weiterführende Konzept Barths genauer an, so ist freilich auch dieses wie das des II. Vatikanum noch weithin christologisch-pneumatologisch-ekklesiozentrisch zentriert und orientiert. Das zeigt sich daran, dass der Dialog mit dem Judentum nicht grundlegend *vor* anderen Themen, sondern erst *nach* einer innerkonfessionellen katholisch-evangelischen Verständigung, wenn auch bereits in dem *ersten* Kreis, zur Sprache kommen soll. Wahrscheinlich ist dieses Konzept, wie mir Eberhard Busch einmal sagte, unmittelbar am II. Vatikanum orientiert, und zwar an *Lumen Gentium* (LG) mit seiner Argumentationsrichtung von innen nach außen, wie Kuschel[47] gezeigt hat.

4. *Die große ökumenische Frage oder der Paradigmenwechsel*

Für ein anderes Konzept des Dialogs als das des II. Vatikanums hat Manuel Goldmann plädiert.[48] Dort gehört der christlich-jüdische Dialog zum

---

45 Vgl. Casalis, Georges: Les idées justes ne tombent pas du ciel. Éléments de „théologie inductive", Paris: Ed. du Cerf 1977.

46 Vgl. dazu Barth, Karl: Briefe 1961–1968, hg. v. Jürgen Fangmeier, Zürich: Theolog. Verl. 1975; Ders.: Offene Briefe 1945–1968, hg. v. Diether Koch, Zürich: Theolog. Verl. 1984; vgl. weiter die unter meiner Betreuung entstandenen Dissertationen von dem jetzigen japanischen Professor und Übersetzer der politischen Aufsätze Karl Barths, Amano, Yu: Karl Barths Ethik der Versöhnungslehre. Ihre theologische Rezeption in Japan und ihre Bedeutung für die kirchlich-gesellschaftliche Situation in Japan, Frankfurt a. M.: Lang 1994, und von Hoffmann, Klaus: Die große ökumenische Wegweisung. Die Bedeutung der Versöhnungsethik Karl Barths für die ökumenische Bewegung im konziliaren Prozess für Gerechtigkeit, Frieden und Bewahrung der Schöpfung heute, Frankfurt a. M.: Lang 2004.

47 Kuschel: Juden, Christen, Muslime, 56ff.

48 Goldmann, Manuel: „Die große ökumenische Frage …". Zur Strukturverschiedenheit christlicher und jüdischer Tradition und ihrer Relevanz für die Begegnung der Kirche mit

Basisdialog, in welchem die Kirche sich der grundlegenden Bezogenheit auf das Judentum, ihrer Wurzel und ihres Stammes (Röm 11,17f.), bewusst bleibt. Goldmann entwickelt einen anderen, und zwar einen dialogischen Wahrheitsbegriff, demzufolge das Ich vom Du her verstanden wird (Martin Buber) und Theologie nicht erst im Nachhinein auf das Du des jüdischen Dialogpartners zu sprechen kommt, sodass das Judentum das bleibende externe Fundament unserer ökumenischen Kirche aus allen Völkern ist. So wird sich das Ich vom Du her verstehen, sich also nicht, wie in der abendländischen kirchlichen wie philosophischen Tradition, in einem Akt des selbstbezüglichen Bewusstseins konstituieren, sondern vom Angesicht des Anderen her lernen und vor dem Angesicht des Anderen sich handelnd ver-antworten (Emmanuel Lévinas).

Neuere Arbeiten wie die von Peter Schäfer[49] zeigen demgegenüber, wohin die Reise wieder gehen soll: in die Richtung der Umkehrung des unumkehrbaren Begründungszusammenhangs zwischen Judentum und Christentum. Ich bin mir durchaus bewusst, dass die babylonische Diaspora nicht solchen Verfolgungen ausgesetzt war wie die im Römischen Reich lebenden jüdischen Gemeinden und ich weiß auch *um die korrelativ sich entwickelnden, wenn auch asymmetrisch verlaufenden Wechselbeziehungen zwischen Christentum und Judentum durch die Jahrhunderte.*[50] Dennoch habe ich für mich dem Buch von Peter Schäfer einen anderen Titel gegeben und auf dem Cover des Buches eingetragen: *„Die Antwort des verfolgten Judentums auf den antijüdischen Ungeist des seit Konstantin etablierten und sich antijüdisch verstehenden und auch handelnden Christentums“*. Obwohl in der Tat einige Diskussionen der Rabbinen nur kontextuell aus der kritischen Abgrenzung gegenüber der das Judentum verfolgenden Frühen Kirche und als Polemik gegen deren problematische antijüdische Lehren zu verstehen sind, wie schon Leo

Israel (NBST 22), Neukirchen-Vluyn: Neukirchener 1997. Ders.: Umkehr und Erneuerung. Zur Differenzerfahrung in der christlich-jüdischen Begegnung, in: KuI 1 (2013) 47–51.

49 Schäfer, Peter: Die Geburt des Judentums aus dem Geist des Christentums. Fünf Vorlesungen zur Entstehung des rabbinischen Judentums (TrC 6), Tübingen: Mohr Siebeck 2010. – Obwohl Schäfer in der englischen Fassung seines Buches auf diesen provokanten Titel verzichtet hat, relativiere man den Titel der deutschen Fassung nicht zu schnell. Auch das inzwischen überholte Sprechen vom „Spätjudentum“ hatte seine antijüdischen Konnotationen und Implikationen: „Deine Sprache verrät dich!“

50 Vgl. dazu die Konzepte von Hilton, Michael: „Wie es sich christelt, so jüdelt es sich“. 2000 Jahre christlicher Einfluss auf das jüdische Leben, Berlin: JVB 2000; von Juval, Israel: Zwei Völker in deinem Leib. Gegenseitige Wahrnehmung von Juden und Christen in Spätantike und Mittelalter, Göttingen: Vandenhoeck & Ruprecht 2007 und von Boyarin, Daniel: The Jewish Gospels. The Story of the Jewish Christ, New York: New Press 2012; vgl. weiter die überzeugende Kritik von Peter Schäfer an Boyarins Buch in: KuI 2 (2012) 100–109.

Baeck zur Pesach-Haggadah beobachet hat, würde ich nicht einmal von einer nur partiellen Geburt des Judentums aus dem Geist des Christentums sprechen können.

Und gilt nicht Entsprechendes auch für den Konsens in Augsburg zwischen Evangelischer und Katholischer Kirche in der Rechtfertigungslehre, wo wiederum übersehen wurde, dass nicht die das Heidenchristentum betreffende Rechtfertigungslehre, die gesamtbiblisch erst an zweiter Stelle zu stehen kommt, die Basis ist, aus der die Erwählung Israels ihre Wahrheit bezieht? Denn umgekehrt ist JHWHs, des einen GOTTes, freies Erwählen des jüdischen Volkes die Basis unserer, der Heidenchristen, Hinzu-Erwählung. In diesem Zusammenhang hat Hans-Joachim Kraus öfters mündlich darauf hingewiesen, dass *das Judentum als das erste extra nos der Kirche noch vor der Rechtfertigungsverkündigung als dem zweiten extra nos* zu thematisieren sei.[51] Das ist trotz der berechtigten Kritik von *Eberhard Jüngel*, die der reformatorischen Linie meines Göttinger Lehrers E. Wolf folgt, an der „Gemeinsamen Erklärung der Rechtfertigungslehre" von Augsburg (1996) auch im Hinblick auf seine eigene Darstellung der reformatorischen Rechtfertigungslehre[52] zu sagen: Sie kommt ohne den Rekurs auf das Alte Testament und erst recht ohne Rekurs auf das Judentum, d. h. ohne das erste *extra nos* des christlichen Glaubens und ohne die Begründung der Rechtfertigungslehre in der Erwählung des Volkes Israels *sola gratia* (Dtn 7,6f.) aus. *Sie steht deshalb noch vor einem nötigen Paradigmenwechsel in der Systematischen Theologie* und ist von daher – um mit Barth zu reden – „abstrakt, billig und bedeutungslos in dem Maß", als Jüngel „das für eine beiläufige und zufällige [ich ergänze: und zu vernachlässigende] Bestimmung zu halten"[53] gedenkt.

Jüngel, der als ein führender Interpret der Theologie Barths gilt, hat jedenfalls von der für die Dogmatik im Sinne des ersten und grundlegenden extra nos zentralen Israeltheologie Barths und dessen Verhältnis zum Judentum nichts verlauten lassen. Auch Jüngels Versuch einer Paraphrase der Gotteslehre Karl Barths in seiner Schrift „Gottes Sein ist im Werden"[54] kommt ohne irgendeinen Rekurs auf das Alte Testament und erst

51 Vgl. Kraus, Hans-Joachim: Rückkehr zu Israel. Beiträge zum christlich-jüdischen Dialog, Neukirchen-Vluyn: Neukirchener 1991.

52 Jüngel, Eberhard: Das Evangelium von der Rechtfertigung des Gottlosen als Zentrum des christlichen Glaubens. Eine theologische Studie in ökumenischer Absicht, Tübingen: Mohr Siebeck 1998.

53 Vgl. Barth, Karl: Die Kirchliche Dogmatik IV/1, Zürich: Evangel. Verl. 1967, 182.

54 Jüngel, Eberhard: Gottes Sein ist im Werden. Verantwortliche Rede vom Sein Gottes bei Karl Barth, eine Paraphrase, Tübingen: Mohr ^{2}1967.

recht ohne eine Bezugnahme auf das Gottesverständnis und das Gotteserleiden des Judentums aus und ist eine dogmatische Existentialisierung Gottes.[55] Würde Jüngel sich am „Vater Unser“ orientiert haben, so würde er nicht ontologisierend von „Gottes Sein ist im Werden“, sondern wie Barth verheißungsgschichtlich von „Gottes Reich ist im Kommen“ (Hans-Joachim Kraus, Jürgen Moltmann) sprechen. Sollte sich Jüngels Titel auf Ex 3,14 „ICH werde dasein als der ICH dasein werde“ beziehen, was dieser freilich an keiner Stelle andeutet, dann wäre daran zu erinnern, dass das Gottes-Prädikat von Ex 3,14 auf den JHWH-NAMEN zielt: „Und weiter sprach GOTT zu Mose: So sollst du zu den Israeliten sprechen: Der GOTT eurer Vorfahren, der GOTT Abrahams, der GOTT Isaaks, der GOTT Jakobs hat mich zu euch gesandt. Das ist mein NAME für immer, und so soll man mich anrufen von Generation zu Generation“ (Ex 3,15). Das GOTTes-Prädikat von Ex 3,14 zielt also, was geflissentlich in der Nachfolge des metaphysisch-ontologisierenden Verständnisses von Ex 3,14 in der Septuaginta übersehen wird, entscheidend auf den JHWH-NAMEN. Es legt diesen NAMEN mittels der Geschichte seiner heilvollen und rechtsetzenden Taten aus (Walther Zimmerli), es kann und darf aber diesen Heiligen NAMEN nicht ersetzen, wie es in einer in den Fesseln der antiken Metaphysik gefangenen Theologie erfolgt ist und bis heute erfolgt. Der Gottes-NAME spielt in der ganzen Theologie Jüngels keine Rolle.

Das hier aufgezeigte Defizit zeigte sich im gleichen Jahr, im Oktober 1967, auch auf der „Parrhesia“-Tagung, einem Zusammensein Karl Barths mit den Autoren seiner Festschrift zum 80. Geburtstag, besonders aber in dem Streitgespräch zwischen Jüngel und dem holländischen Alttestamentler Frans Breukelman. Im Blick auf das Verständnis des Alten Testaments und das Israel der Gegenwart hatte „Jüngel hervorgehoben, dass nach dem Erscheinen Jesu ein besonderes Verhältnis Gottes zu Israel aufgehoben sei. Ein Verständnis des Alten Testamentes sei ausgeschlossen, außer dass es im Licht der neutestamentlichen Christusverkündigung erfolge“. Dieser antijüdischen These widersprach Breukelman entschieden mit der Gegenthese, „dass Christus vielmehr nur in dem im ‚Tenach‘ dokumentierten höchst besonderen Verhältnis Gottes zu Israel recht zu verstehen sei“. Barth hatte die Diskussion schweigend verfolgt, äußerte

55 Vgl. ebd., 69ff.

sich aber dann später „vehement dazu: Er stehe in dieser Sache grundsätzlich auf der Seite des […] Herrn Breukelman."[56]

Deshalb frage ich: Wie sähe es aus, wenn wir auch den Dialog mit dem Islam, der im Unterschied zum christlich-jüdischen Dialog zwar nicht zum Basisdialog zu rechnen ist, weil der Koran nicht Teil der „ganzen Heiligen Schrift" ist, nicht nur im Sinne einer sekundären Integration bzw. Inklusion, wie man heute gerne sagt, und parallelen Bestätigung unseres etablierten Christentums, sondern im Sinne einer dialogischen Partnerschaft und eines in seinem Du, der uns viel zu sagen hätte, unauflösbaren und nicht ekklesiologisch-christologisch integrierbaren Partners führen würden? Der Islam wäre dann, wie Kuschel formuliert hat, als ein „Zeichen des Geistes" GOTTes eine echte Herausforderung von außen, analog zu dem, wie es Manuel Goldmann für die Begegnung mit dem Judentum vorbildlich beschrieben hat. Wir würden dann katholischer- wie evangelischerseits endlich auch Positives zu Muhammads Prophetie und zur anfangenden Realisierung der Abraham-Ismael-Verheißungen im Islam seit dem 7. Jahrhundert bis heute theologisch und ökumenisch sagen. Wir würden dann endlich ernst nehmen, was der Philosoph und orthodoxe Theologe, Michael Wyschogrod, in seinem Buch „Abraham's Promise"[57] zu den aus der Abraham-Verheißung heraus entstandenen und einander von der universalen Abraham-Verheißung her begegnenden Religionen Judentum, Christentum und Islam geschrieben hat. Wir würden dann endlich das sagen können, was wir bis heute evangelischer- und katholischerseits in offiziellen Dokumenten zu dem Propheten Muhammad und seiner Prophetie nicht sagen, was aber Leo Baeck 1956 noch kurz vor seinem Tode geschrieben hat: „Mohammed war einer der […] kühnsten Menschen, die es je gegeben hat, ein Mann von einer Kraft des Glaubens, welcher […] Berge versetzen kann. […] Was trennt Islam und Judentum? Es ist weniges […]. Für Juden ist Mohammed nicht der letzte und entscheidende der Propheten […], sondern nur Prophet, aber der Glaube an den einen Gott eint, und der Islam hat auch das Gebot aufgenommen: er fordert Wohltun".[58]

---

56 Busch: Meine Zeit mit Karl Barth, 485; vgl. Ders.: Unter dem Bogen des einen Bundes. Karl Barth und die Juden 1933–1945, Neukirchen-Vluyn: Neukirchener 1996.

57 Wyschogrod, Michael: Abraham's Promise. Judaism and Jewish-Christian Relations, hg. v. R. Kendall Soulen, Grand Rapids: Eerdmans 2004.

58 Baeck, Leo: Judentum, Christentum und Islam (1956), in: Friedlander, Albert H. / Klappert, Bertold (Hg.): Leo Baeck Werke. 5: Nach der Schoa – Warum sind die Juden in der Welt? Schriften aus der Nachkriegszeit Gütersloh: Gütersloher Verlagshaus 2002, 472–492, 486f. Vgl. Kuschel: Juden, Christen, Muslime, 63.

5. *Hat in der Systematischen Theologie ein Paradigmenwechsel stattgefunden?*

Was besagt der hier verwendete Terminus „*Paradigmenwechsel*“ inhaltlich? Paradigmenwechsel meint die unzweideutige Absage an das traditionelle heidenchristliche Konzept der „Judenmission“ auch in ihrer eschatologischen Variante und die positive Erkenntnis, dass Israel und die Kirche, „daß Juden und Christen je in ihrer Berufung Zeugen Gottes vor der Welt und voreinander sind“ (Rh Sy B These 4,6). Paradigmenwechsel meint die Umkehr von allem inklusiven, ekklesiologisch-christologisch enggeführten dogmatischen Denken, das das Judentum im Rahmen der Ekklesiologie, der Soteriologie oder der Ökumene christlich einordnet und damit das Alte Testament und das Judentum als das allem vorgeordnete erste *extra nos* des Glaubens (Kraus) überspringt. Paradigmenwechsel beschreibt die in allen dogmatischen Lehrinhalten zu berücksichtigende „Mit-Struktur“ im Sinne der Formel von Hans Joachim Iwand: „Vergeßt das MIT (mit Israel-Judentum) nicht!“ Der Paradigmenwechsel meint eine Ortsanweisung, nämlich den Ort des primären Hörens und Lernens vom Judentum als dem uns von JHWH vorgegebenen Anderen (Lévinas[59]) nicht zu verlassen und so *die immer neu durch Konvivenz, Zeugnis und Dialog zu suchende Begegnung auf Augenhöhe*[60] nicht zu verspielen. Nicht eigentlich um „Umkehr und *Erneuerung*“ geht es dabei, denn „‚Erneuerung‘ kann sich mit Reparatur begnügen“, wie der Alttestamentler, Kraus-Schüler und langjährige Vorsitzende des Rheinischen Ausschusses „Christen und Juden“ der Evangelischen Kirche im Rheinland (EKiR), Johann Michael Schmidt, zurecht schreibt. Er spricht demgegenüber von „dem gebotenen Weg zu ‚Umkehr und *Neuanfang*‘“, womit er den Paradigmenwechsel eindeutig beschreibt.[61]

Die systematischen Entwürfe von Wolfhart Pannenberg, Walter Kreck, Wilfried Joest, Wilfried Härle, Hans-Martin Barth u. a. haben den Paradigmenwechsel nicht vollzogen und folgen nach wie vor einem israelver-

59 Vgl. Wohlmuth, Josef: Begegnung mit Emmanuel Lévinas, in: Haarmann, Michael u. a. (Hg.): Momente der Begegnung. Impulse für das christlich-jüdische Gespräch. Bertold Klappert zum 65. Geburtstag, Neukirchen-Vluyn: Neukirchener 2004, 217–220.

60 Vgl. Sundermeier, Theo: Konvivenz als Grundstruktur ökumenischer Existenz heute, in: Huber, Wolfgang / Ritschl, Dietrich / Sundermeier, Theo: Ökumenische Existenz heute, München: Kaiser 1986, 49–100.

61 Vgl. Schmidt, Johann Michael: 2010 – Ein Jahr mehrerer runder Gedenkdaten, in: Brocke, Edna / Seim, Jürgen (Hg.): Helmut Starck: Festgabe zum 80. Geburtstag, Düsseldorf: Evang. Kirche im Rheinland 2010, 37–39, 37.

gessenen dogmatischen Schema im Dreischritt von Schöpfung Versöhnung und Erlösung. Sowohl in der Ethik[62] als auch in der Ekklesiologie[63] (ein Jahr nach dem Rheinischen Synodalbeschluss von 1980 publiziert) meines Doktorvaters Walter Kreck, dem ich persönlich viel und wissenschaftlich die präzise, zum eigenständigen Denken anleitende Einführung in das Opus Grande der Kirchlichen Dogmatik Barths und in die Theologie Hans-Joachim Iwands verdanke, als auch in dessen Dogmatik,[64] die sich zwischen der Reformation Luthers und Calvins einerseits und zwischen Bultmann und Barth andererseits positioniert, fehlt die Israel- und Judentums-Dimension ganz. – Mein Wuppertaler Lehrer in der Systematik, Wolfhart Pannenberg, dem ich wie später meinem Göttinger Mentor bei der Habilitation, dem Wolfgang Cramer-Schüler sowie ausgewiesenen Adorno- und Horkheimer-Kenner, Hans-Georg Geyer, die Einführung in die Philosophie des Deutschen Idealismus verdanke, kommt erst im Bd. 3 seiner materialreichen und universalgeschichtlich orientierten Systematischen Theologie *im Rahmen der Ekklesiologie* und in der Reihenfolge „Kirche und Israel", d. h. im Sinne der ekklesiologisch-christologischen Integration und Inklusion, auf das Judentum zu sprechen.[65]

Die Dogmatik von Wilfried Härle bezieht sich im Rahmen der Christologie auf nur eineinhalb Seiten unter der vielsagenden Überschrift „Die Möglichkeit und Wirklichkeit anderer Gottesoffenbarung" auf das Alte Testament, wobei die dort erzählte Gottesoffenbarung *„nicht den Weg zum Leben erschließt"*,[66] was Paulus geschrieben haben soll. Vom Judentum und seiner Geschichte bis heute ist dabei nichts zu hören, vermutlich, weil dort erst recht der Weg zum Leben verschlossen ist. – Die „Dogmatik im Kontext der Weltreligionen" von Hans-Martin Barth sucht auf dem Boden einer intakten, lutherisch orientierten Tradition nach Analogien in außerchristlichen Religionen. Dabei kommt das Judentum an erster und der Islam an zweiter, schließlich der Hinduismus an dritter und der Buddhismus an vierter Stelle *im Rahmen von „außerchristlichen Entsprechungen"* (!) zur christlichen Theologie vor. Das II. Vatikanum mit seinem kirchenzentrierten Weg von innen nach außen in *Lumen*

62 Kreck, Walter: Grundfragen christlicher Ethik, München: Kaiser 1975.

63 Ders.: Grundfragen der Ekklesiologie, München: Kaiser 1981.

64 Ders.: Grundfragen der Dogmatik, München: Kaiser 1970.

65 Pannenberg, Wolfhart: Systematische Theologie. 3, Göttingen: Vandenhoeck & Ruprecht 1993, 509–517.

66 Härle, Wilfried: Dogmatik, Berlin: de Gruyter 1995, 98f.

Gentium ist hier zum Vorbild genommen.[67] – Die informative Dogmatik von Wilfried Joest positioniert sich zwischen Luther und Barth und entfaltet im traditionellen, an Luthers „disputatio de homine" (1536) orientierten Schema vom geschaffenen, versöhnten/gerechtfertigten und auf Hoffnung angelegten Menschen im Bd. 1 „Die Wirklichkeit Gottes" und im Bd. 2 den „Weg Gottes mit dem Menschen"[68], wobei der Geschichte Israels im Alten Testament die Bedeutung einer „Vorgeschichte" zukommt. Die Dogmatik von Joest, der mir gegenüber mündlich das Defizit in der Behandlung des Alten Testaments und das völlige Fehlen des Dialogs mit dem Judentum zum Ausdruck gebracht hat, hat in der durch meinen Wuppertaler Kollegen Johannes von Lüpke völlig neu bearbeiteten Auflage[69] im Hinblick auf diesen alttestamentlich-jüdischen Fragenkreis eine anfängliche Ergänzung erfahren. Denn das Alte Testament zählt hier nicht mehr wie noch bei Joest zur „Vorgeschichte" des Neuen Testaments, sondern wird zu allen dogmatischen Hauptabschnitten zur Sprache gebracht.

Demgegenüber haben die Entwürfe **a)** meines väterlichen Freundes Helmut Gollwitzer[70] und **b)** die nur fragmentarisch überlieferte, aber inspirative Dogmatik von *Hans Joachim Iwand*[71] mit seiner Formel „Vergeßt das Mit (mit dem Volk Israel) nicht!" den Weg eines *Paradigmenwechsels* beschritten. Dieser ist dann entscheidend weiter gegangen worden: **c)** in dem Lebenswerk von Eberhard Bethge, der uns die fragmentarisch gebliebene Ethik und Theologie Dietrich Bonhoeffers vermittelt hat.[72] Seine Person hat als Mittler des Erbes seines zum Märtyrer gewordenen Freundes, aber auch als eigenständiger Vermittler der amerikani-

---

67 Barth, Hans-Martin: Dogmatik. Evangelischer Glaube im Kontext der Weltreligionen. Ein Lehrbuch, Gütersloh 2001, 85–104.

68 Joest, Wilfried: Dogmatik 1: Die Wirklichkeit Gottes, Göttingen: Vandenhoeck & Ruprecht 1984; 2: Der Weg Gottes mit dem Menschen, Göttingen: Vandenhoeck & Ruprecht 1986.

69 Joest, Wilfried / Lüpke, Johannes von: Dogmatik I: Die Wirklichkeit Gottes, Göttingen: Vandenhoeck & Ruprecht ^{5}2010 und Dogmatik II: Der Weg Gottes mit den Menschen, Göttingen: Vandenhoeck & Ruprecht ^{5}2012.

70 Gollwitzer, Helmut: Befreiung zur Solidarität. Einführung in die evangelische Theologie, München 1978.

71 Vgl. Iwand, Hans Joachim: Christologie: Die Umkehrung des Menschen zur Menschlichkeit. Nachgelassene Werke Neue Folge 2, bearbeitet, kommentiert und mit einem Nachwort versehen von Eberhard Lempp und Edgar Thaidigsmann, Gütersloh: Kaiser 1999. Ders.: Göttinger Predigt-Meditationen 1963/64, Göttingen: Vandenhoeck & Ruprecht 1964. Vgl. dazu Seim, Jürgen: Hans Joachim Iwand. Eine Biographie, Güterslohser 1999.

72 Bethge, Eberhard: Dietrich Bonhoeffer. Theologe, Christ, Zeitgenosse, München: Kaiser 1967; zu Bethge vgl. Gruchy, John W. de: Eberhard Bethge – Freund Dietrich Bonhoeffers. Eine Lebensgeschichte, Gütersloh: Gütersloher Verl.-Haus 2007.

schen Holocaust-Theologie entscheidend dazu beigetragen, dass der Rheinische Synodalbeschluss 1980 von der Synode angenommen wurde. Bethge, den ich regelmäßig zu meinen Seminaren und Vorlesungen nach Wuppertal eingeladen habe, hat dann über Bonhoeffer hinaus, ja sogar in vorsichtiger Kritik sowohl an dem antijüdischen Pharisäerbild Bonhoeffers in der Tradition seines Lehrers Adolf von Harnack als auch an der hohen Christologie mit ihren Vergottungstendenzen das erste Gebot als theologisches Axiom in das Zentrum seiner Bemühungen gestellt.[73] – **d)** Zeitlich parallel sind hier mit Berufung auf Bonhoeffer die Entwürfe einer nicht-antijüdischen Christologie von Heinz Kremers zu nennen, der schon früh einen lebendigen Dialog in Jerusalem, Nes Ammim und Duisburg mit David Flusser, Shmuel Safrai, Yehuda Aschkenasy u. a. geführt und die christliche Siedlung Nes Ammim in Israel mitbegründet hat. Er hat sich engagiert für die diplomatische Anerkennung des Staates Israel eingesetzt und mit seinen vielseitigen Aktivitäten entscheidend zum Rheinischen Synodalbeschluss und zum EKD-Ausschuss bzw. den EKD-Studien „Kirche und Israel I–III“ beigetragen.[74] Sein fragmentarisches Lebenswerk ist in dem Aufsatzband „Liebe und Gerechtigkeit“ (1990) erschienen.

e) Vollzogen wurde der Paradigmenwechsel in der Systematischen Theologie von Hans-Joachim Kraus[75] mit seinem Neuentwurf einer „messianischen Geist-Christologie im Kontext alttestamentlich-jüdischer Tradition“ und seiner an dem einen NAMEN JHWH und seinem Kommen orientierten Trinitätslehre, sodann **f)** in dem Entwurf des Heidelberger Systematikers Dietrich Ritschl „Zur Logik der Theologie“[76] mit seiner erhellenden Unterscheidung zwischen dem Jerusalemer und Athener anthropologischen Modell und von dem Bochumer Systematiker Chris-

---

73 Bethge, Eberhard: Jesus Christus – Christologie und das Erste Gebot, in: Edna Brocke / Jürgen Seim (Hg.): Gottes Augapfel. Beiträge zur Erneuerung des Verhältnisses von Christen und Juden, Neukirchen-Vluyn: Neukirchener 1986, 47–58; vgl. dazu Klappert, Bertold: Bonhoeffer und die Juden, in: Tietz, Christiane (Hg.): Bonhoeffer-Handbuch, Tübingen: Mohr Siebeck, in Vorbereitung.

74 Vgl. Kremers, Heinz: Liebe und Gerechtigkeit. Gesammelte Beiträge, Neukirchen-Vluyn: Neukirchener 1990. Ein weiterer Aufsatzband ist geplant: Kremers, Heinz: Vom Judentum lernen – Impulse für eine nichtantijüdische Christologie, hg. v. Klappert, Bertold / Kremers, Thomas, Neukirchen-Vluyn: Neukirchener 2015.

75 Vgl. Kraus, Hans-Joachim: Systematische Theologie im Kontext biblischer Geschichte und Eschatologie, Neukirchen-Vluyn: Neukirchener 1983.

76 Ritschl, Dietrich: Zur Logik der Theologie. Kurze Darstellung der Zusammenhänge theologischer Grundgedanken, München: Kaiser 1984. Vgl. weiter ders. / Hailer, Martin: Diesseits und jenseits der Worte. Grundkurs christlicher Theologie, Neukirchen-Vluyn: Neukirchener 2006.

tian Link mit seiner eindrucksvollen Rede von der „Spur des Namens" und seinem Hinweis auf die für eine gesamtbiblische Theologie grundlegende „Bedeutung des biblischen Gottesnamens",[77] weiter **g)** in den Arbeiten von Martin Stöhr,[78] der als Mitbegründer des Studienprogramms „Studium in Israel", an dem auch ich lange Jahre beteiligt war, sich öfters die Frage gefallen lassen musste, ob *stattdessen* ein „Studium in Athen" nicht viel angemessener sei, und der mit der Israelthematik immer auch betont die Islam-Frage und die Palästinenser-Problematik verbunden hat.

h) Weiter ist hier die siebenbändige Dogmatik von Friedrich-Wilhelm Marquardt zu nennen.[79] Seine Dogmatik stellt sich von Anfang bis Ende der Israel- und Judentum-Problematik im Sinne des ersten *extra nos* und versteht dieses grundlegende *extra nos* des christlichen Glaubens als Anfrage an das Elend und die Heimsuchung von Theologie und Kirche durch die Schoah. Ich bin nach dem jeweiligen Erscheinen der Bände regelmäßig an die Akademie Berlin-Brandenburg zum kritischen Referat eingeladen worden und habe aus der Beschäftigung mit den nach und nach publizierten Bänden viel gelernt, wobei Marquardt mündlich wie schriftlich auf meine Rezensionen immer ausführlich geantwortet hat.[80] Marquardt nahm Thesen spontan zurück und war im Dialog flexibler, als es die Dogmatik-Bände vermuten lassen. Gegenüber viel Kritik an Marquardt aus der dogmatischen Zunft steht das Urteil des unvergessenen Landesrabbiners von Baden und Kraus-Freundes Robert Raphael Geis: In den beiden Barth-Büchern Marquardts, „Israel im Denken Karl Barths"

---

77 Link, Christian: Die Spur des Namens. Wege zur Erkenntnis Gottes und zur Erfahrung der Schöpfung, Neukirchen-Vluyn: Neukirchener 1997, 37–66.

78 Stöhr, Martin: Dreinreden. Essays, Vorträge, Thesen, Meditationen, hg. v. Klaus Müller und Alfred Wittstock, Wuppertal: Foedus 1997.

79 Marquardt, Friedrich-Wilhelm: Von Elend und Heimsuchung der Theologie. Prolegomena zur Dogmatik, München: Kaiser 1988; Ders.: Das christliche Bekenntnis zu Jesus, dem Juden. Eine Christologie, Bd. 1–2, München: Kaiser 1990/1991; Ders.: Was dürfen wir hoffen, wenn wir hoffen dürften? Eine Eschatologie, Bd. 1–3, Gütersloh: Kaiser 1993/1994/1996; Ders.: Eia, wärn wir da. Eine theologische Utopie, Gütersloh: Kaiser 1997.

80 Vgl. Klappert, Bertold: Jesus als König, Priester und Prophet. Eine Wiederholung der Wege und des Berufs Israels. Versuch einer Würdigung der Christologie Friedrich-Wilhelm Marquardts, in: BThZ 11 (1994) 25–41; Ders.: Tora und Eschatologie. Auf dem Schulweg der Tora. Mosetora – Christustora – Noachidische Völkertora und die Neue Welt Gottes. Friedrich-Wilhelm Marquardt zum Gedenken, in: Licharz, Werner / Zademach, Wieland (Hg.): Treue zur Tradition als Aufbruch in die Moderne. Visionäre und mahnende Stimmen aus Judentum und Christentum, Waltrop: Spenner 2005, 188–263; Ders.: Der Gott Israels in seinem Reich und Ort. Plädoyer für eine ortsorientierte Utopie, in: Frettlöh, Magdalene L. / Döhling, Jan-Dirk (Hg.): Die Welt als Ort Gottes – Gott als Ort der Welt. Friedrich-Wilhelm Marquardts Theologie der Utopie im Gespräch, Gütersloh: Kaiser 2001, 36–85 u. ö.

und „Theologie und Sozialismus" wird, so schreibt er am 15. April 1972 an Hans-Joachim Kraus, „der Versuch unternommen, die tiefe Kluft zum Judentum abzubauen. Imponierend ist das, schon gar, wenn man bedenkt, daß das Judentum für die christliche Theologie bis heute nicht existiert. Ich kenne kaum einen, der als Lernender ohne christliche Arroganz so tief in Wesentliches des Judentums vorgedrungen ist wie Marquardt. Mehr noch, Marquardt wird bei Betrachtung des Judentums von seinem Christentum nicht gestört, sondern angetrieben".[81]

Freilich lässt Marquardt aus der nur zu berechtigten Sorge heraus, *das Bekenntnis zu Jesus als dem verheißenen Messias Israels* könne wieder judenmissionarisch missbraucht werden, leider eine klare Antwort auf die Frage der Messianität Jesu, *des verheißenen Messias aus und für Israel und der Völker* vermissen, eine Antwort, die m. E. vom Neuen Testament her nicht umgangen werden kann. In einem sieben Seiten langen Brief an mich kurz vor seinem Sterben im Jahre 2001, nachdem ich ihn zuvor brieflich auf die messianische Menschensohntradition und ganz elementar auf 1 Joh 5,1 u. a. hingewiesen hatte, hat Marquardt mir auf meine Fragen ausführlich geantwortet und sich, wenn auch nur zögerlich, dann doch zur Messianität Jesu positiv geäußert, die er aber in seiner Dogmatik leider durchgängig offen gelassen hat. Bei Marquardt fehlt weiter die Berücksichtigung der innovativen Werke von Jürgen Moltmann und Hans-Joachim Kraus und deren am Alten Testament, am Judentum und an der Reformation geschulten systematischen Einsichten, zuletzt dokumentiert bei Kraus in seinen „Beiträgen zum christlich-jüdischen Dialog"[82]. Erst kurz vor dem Sterben von Kraus habe ich beide im Hause Marquardt noch miteinander persönlich bekannt gemacht. Marquardt hat mir das Fehlen eines innerevangelischen Dialogs mit anderen systematischen Entwürfen damit entschuldigt, dass er einen völligen „Neuanfang" zunächst alleine gehen musste. Das mag stimmen. *Wir sollten aber, um eine Terminologie Barths abzuwandeln, in Abgrenzung von einer antijüdischen „hohen Christologie im Exzess" nicht dem Gegenteil einer „israelorientierten Christologie im Defekt" verfallen, sondern den Weg einer im Dialog erst noch zu gewinnenden „Christologie im Prozeß" zu gehen versuchen.*

i) Die Ablehnung des urchristlichen Bekenntnisses zu Jesus, dem verheißenen Messias aus und für Israel und die Völker, vollzieht auch der

[81] Geis, Robert Raphael: Leiden an der Unerlöstheit der Welt. Reden, Aufsätze, Briefe, hg. v. Dietrich Goldschmidt und Ingrid Ueberschär, München: Kaiser 1984, 363f.

[82] Vgl. Kraus: Rückkehr zu Israel, Neukirchen-Vluyn: Neukirchener 1991.

amerikanische Systematiker Paul M. van Buren in seiner dreibändigen Dogmatik.[83] Darin *kritisiert* van Buren wie Marquardt den Rheinischen Synodalbeschluss mit seinem *Bekenntnis zu Jesus, dem verheißenen Messias Israels aus und für Israel* und bestreitet damit wie Marquardt die Legitimität des Messiastitels für Jesus nach Auschwitz. Van Buren will stattdessen nur noch von „Christus als dem Herrn der Kirche" sprechen, der „ein Licht für die Heiden" sei . – **j)** Dazu hat der holländische Ökumeniker und Systematiker Simon Schoon, der lange Jahre nach Heinz Kremers als Leiter in Nes Ammim/Israel gearbeitet hat, eine Christologie aus den Erfahrungen der christlich-jüdischen Begegnungen in Europa und Israel[84] entworfen und diese Erfahrungen auch für den christlich-islamischen Dialog fruchtbar gemacht hat, auf der Nes Ammim-Tagung 1986 zurecht gesagt: Man müsse diese wichtigen Positionen ernst nehmen, die einen christlichen Triumphalismus bekämpfen möchten. „Aber ich möchte doch fragen: Ist es dafür [...] wirklich nötig, auf den Messias-Titel zu verzichten? Wird dieses ‚Opfer' [...] im Dialog von den Juden uns gegenüber verlangt? Ich meine, dass die Herausforderung tiefer geht als nur den messianischen Titel für Jesus zu vermeiden. Es geht darum, (im Sinne von Heinz Kremers) eine nicht antijüdische und nicht-triumphalistische Christologie aus den vielen Christologien des Neuen Testaments zusammenzudenken"[85]. – **k)** Innerhalb der der Systematischen Theologie benachbarten Religionswissenschaft hat der mit mir befreundete Heidelberger Missionswissenschaftler Theo Sundermeier als Schüler von Hans-Werner Gensichen[86] mit einer in der ökumenischen Missionstheologie heute nur selten zu findenden Absage an die „Judenmission" diesen Pa-

---

83 Buren, Paul M. van: A Theology of the Jewish Christian Reality, Part I: Discerning the Way, New York: Seabury Press 1980, Part II: A Christian Theology of the People of Israel, New York: Seabury Press 1983, Part III: Christ in Context, New York: Seabury Press 1988. Vgl. dazu Klappert, Bertold: Mitverantwortung aus messianischer Hoffnung. Paul van Burens Theologie im christlich-jüdischen Kontext, in: Schweitzer, Wolfgang (Hg.): Der Jude Jesus und die Völker der Welt. Ein Gespräch mit Paul M. van Buren (Institut Kirche und Judentum 19), Berlin: Institut Kirche und Judentum 1993, 191–214.

84 Schoon, Simon: De Weg van Jezus. Een christologische heroriëntatie vanuit de joods-christelijke ontmoeting, Kampen: Kok 1991.

85 Schoon, Simon: Nes Ammim Tagung 1986, in: Kremers, Heinz: Vom Judentum lernen – Impulse für eine nichtantijüdische Christologie, hg. v. Klappert, Bertold / Kremers, Thomas, Neukirchen-Vluyn: Neukirchener 2015; vgl. Kremers: Liebe und Gerechtigkeit, 93–152; vgl. weiter Klappert, Bertold: Jesus, der messianische Prophet und prophetische Messias. Die Versuche zu einer nicht-antijüdischen Christologie von Heinz Kremers, in: Kremers, Heinz: Vom Judentum lernen – Impulse für eine nichtantijüdische Christologie, hg. v. Klappert, Bertold / Kremers, Thomas, Neukirchen-Vluyn: Neukirchener 2015.

86 Vgl. Gensichen, Hans-Werner: Glaube für die Welt. Theologische Aspekte der Mission, Gütersloh: Mohn 1971.

radigmenwechsel ebenfalls vollzogen. Erschüttert, wie er mir brieflich berichtet hat, von dem hautnahen Erlebnis eines judenfeindlichen Wutausbruchs von James Cone auf einer Konferenz und als großer Kenner der nicht-antijüdischen, erst durch die Theologie der Missionare antijüdisch beeinflussten afrikanischen sogenannten „Primärreligionen" hat er in das von ihm und Karl Müller herausgegebene „Lexikon Missionstheologischer Begriffe"[87] einen höchst informativen Artikel „Judentum" von Kriestlieb Adloff[88] aufgenommen Darin spricht dieser von der „primäre[n] prophetischen Sendung Israels, auf dem Wege zur Aufrichtung der Königsherrschaft Gottes durch seine Existenz in der nicht endenden Tat der Treue zur Tora, inmitten der Weltvölker den Einen zu verkündigen"[89].

l) Ein epochaler Paradigmenwechsel ist aber insbesondere in dem großen eschatologischen Entwurf einer ökumenischen Hoffnungs- und Befreiungstheologie meines Wuppertaler Lehrers Jürgen Moltmann zur Ausführung gelangt. Von der in Wuppertal geschriebenen „Theologie der Hoffnung"[90] über die Theologie des Kreuzes („Der gekreuzigte Gott"),[91] die ich als Vorlesung während meiner Bonner Zeit als Assistent bei Walter Kreck hören konnte, über „Der Weg Jesu Christi"[92] bis hin zur abschließenden Fassung der „Theologie der Hoffnung" im Buch „Das Kommen Gottes"[93] spannt sich ein weiter faszinierender Bogen, und darin finden sich bisher unentdeckte Einsichten.

Freilich gibt es einige Thesen, die mit einem Paradigmenwechsel noch nicht kompatibel sind: Die Konflikte Jesu mit den Pharisäern um das Gesetz seien eine causa crucis.[94] Das ist die Fortschreibung der These Ernst Käsemanns, derzufolge sich Jesus in souveräner Vollmacht über die Autorität des Mose hinweggesetzt habe, was letztlich seinen Tod zur Folge hatte. Eine von Käsemann zwar leidenschaftlich vertretene, aber historisch falsche These, weil die sadduzäische Hierarchie im Bündnis mit

87 Müller, Karl / Sundermeier, Theo (Hg.): Lexikon missionstheologischer Grundbegriffe, Berlin: Reimer 1987.
88 Adloff, Kristlieb: Art. Judentum, in: Müller / Sundermeier (Hg.): Lexikon, 200–204.
89 Ebd., 201.
90 Moltmann, Jürgen: Theologie der Hoffnung. Untersuchungen zur Begründung und zu den Konsequenzen einer christlichen Eschatologie (BEvTh 38), München: Kaiser 1964.
91 Ders.: Der gekreuzigte Gott. Das Kreuz Christi als Grund und Kritik christlicher Theologie, München: Kaiser 1972.
92 Ders.: Der Weg Jesu Christi. Christologie in messianischen (und apokalyptischen) Dimensionen, München: Kaiser 1989.
93 Ders.: Das Kommen Gottes. Christliche Eschatologie, München: Kaiser 1995.
94 Ders.: Der gekreuzigte Gott, 121ff.

Pilatus diese causa crucis darstellt. Weiter: Die Epheser- und Kolosser-Hymnen mit dem „kosmischen Christus“ sollen gegenüber dem verheißenen Messias Israels einen diesem gegenüber „größeren Christus“ repräsentieren,[95] obwohl der verheißene Messias Israels schon in den messianischen Verheißungen des Alten Testaments (Jes 11,1–10; Ps 2 u. ö.), aber auch im Neuen Testament (Mk 1,13) immer eine kosmische Dimension impliziert. Schließlich ist in „Das Kommen Gottes“, das hoffnungstheologisch zurecht auf eine kosmische Weltstadt zielt,[96] nicht mehr klar, inwieweit die zwölf Stämme Israels und die zwölf Apostel als deren Repräsentanten die Fundamente des „neuen Jerusalem“ (Offb 21) sind – eine Frage, die im Hinblick auf das „Kairos- und Wahrheitsdokument“[97] der palästinensischen Christinnen und Christen von 2009 und deren These von einer kosmischen Weltstadt Jerusalem, die der Menschheit, d. h. allen Menschen, zugänglich ist, nicht offen gelassen werden kann. Hans-Joachim Kraus hat in seiner Systematischen Theologie im Kapitel „Die Weltvollendung“ diese Frage präzis beantwortet: „Die Stätte der universalen Gemeinschaft mit Gott ist [...] die Stadt, in der der Gott Israels seinem erwählten Volk zuerst gegenwärtig war“.[98]

Aber auch Moltmann will in seinem Brief an mich vom 23. Februar 2014 im Blick auf Offb 21 diese Frage nicht unbeantwortet lassen: „Zum ‚himmlischen Jerusalem‘ fällt mir ein [...], daß die Tore und Mauern nach den 12 Stämmen Israels und den 12 Aposteln genannt werden und damit wäre die göttliche Stadt aus Israel und der Christenheit gebaut und für alle Völker offen und nach ihren Maßen eine [kosmische] Verbindung von Himmel und Erde“. All das einem Paradigmenwechsel noch nicht Entsprechende ändert aber nichts *an dem grundsätzlich vollzogenen Paradigmenwechsel, der in allen Werken Moltmanns erstmalig bahnbrechend erfolgt ist.* So ist für den christologischen Entwurf Moltmanns charakteristisch, dass er eine „Christologie in messianischen und apokalyptisch-kosmischen Dimensionen“ entwirft, *die die messianische Sendung Christi zu Israel und den Völkern in das Zentrum der Überlegungen stellt.*[99] In seinem abschließenden Entwurf einer messianisch orientierten Escha-

95 Ders.: Der Weg Jesu Christi, 297ff.

96 Moltmann: Das Kommen Gottes, 338ff.

97 Vgl. die deutschsprachige Übersetzung des Dokuments „Die Stunde der Wahrheit: Ein Wort des Glaubens, der Hoffnung und der Liebe aus der Mitte des Leidens der Palästinenser und Palästinenserinnen“, in: http://www.jai-pal.org/images/campaigns/international/German.pdf [zuletzt abgerufen am 30.9.2014].

98 Kraus: Systematische Theologie, 553ff., 562f.

99 Vgl. Moltmann: Der Weg Jesu Christi, 92ff., 172ff.

tologie hat Moltmann für einen eschatologischen Entwurf einmalig *vor* aller Entfaltung der christlichen Gotteslehre *das erste extra nos, d. h. die Externität der Israel- und Judentums-Begründung jeder Gotteslehre nach Auschwitz* darin ernstgenommen, *dass er zuerst nach „der Wiedergeburt des messianischen Denkens im Judentum" des 20. Jahrhunderts (Ernst Bloch, Franz Rosenzweig, Gershom Scholem, Walter Benjamin und Jacob Taubes) fragt.*[100] Hat Jürgen Moltmann in der „Theologie der Hoffnung" das Alte Testament entdeckt und eine in den alttestamentlichen Verheißungen verwurzelte Eschatologie entworfen, so hat er im „Kommen Gottes" darüber hinaus eine auch am Judentum und seiner messianischen Hoffnung orientierte Hoffnungslehre entfaltet.[101]

100 Moltmann: Das Kommen Gottes, 47–64. Vgl. folgende Besprechungen der Bände Moltmanns: Klappert, Bertold: Die Gottverlassenheit Jesu und der gekreuzigte Gott. Beobachtungen zum Problem einer theologia crucis in der Christologie der Gegenwart, in: Welker, Michael (Hg.): Diskussion über Jürgen Moltmanns Buch „Der gekreuzigte Gott", München: Kaiser 1979, 57–73; Ders.: Worauf wir hoffen. Das Kommen Gottes und der Weg Jesu Christi, München: Kaiser 1997, mit einer Antwort Jürgen Moltmanns; Ders.: Adventliche Hoffnung und kosmische Verwandlung. „Die ganze Erde – die Fülle Seiner Herrlichkeit" (Jes 6,3), in: ThLZ 4 (1997) 313–322 u. ö.

101 Wie Moltmann seine ganze Theologie, so hat soeben der im jüdisch-christlichen Dialog im Sinne des hier präzisierten Paradigmenwechsels zuvorderst engagierte Berliner Neutestamentler und Träger der Buber-Rosenzweig-Medaille, Peter von der Osten-Sacken, seine „Gesammelten Aufsätze zur Theologie des Paulus" mit dem Hinweis auf Jürgen Moltmanns epochalen Entwurf unter dem Titel „Der Gott der Hoffnung" veröffentlicht (Leipzig: Evangel. Verlagsanstalt 2014).

IV. Abraham-Land und die Palästinenser

Israel und Palästina

Konflikte im Land der Verheißung

Dir, lieber Jonathan, widme ich diesen Beitrag in Bewunderung für Deine inspirierenden Auslegungen der Hebräischen Bibel, Deine dialogische Offenheit und in Dankbarkeit für gemeinsames Lernen und Lehren an vielen Orten in Deutschland.

In Anerkennung seiner wissenschaftlichen Leistung wurde dem Rabbiner Dr. Jonathan Magonet im Jahre 2005 die Würde eines Doktors der Theologie ehrenhalber durch die Protestant University Wuppertal-Barmen verliehen.

Im Jahre 1970 hat die Niederländisch-Reformierte Kirche in einer Handreichung ‚Israel: Volk, Land und Staat' im Blick auf die Hebräische Bibel erklärt: „Nach dem ganzen Alten Testament in all seinen Zeugnissen gehören das erwählte Volk (Israel) und das verheißene Land Israel zusammen. Das Land war der Ort, der diesem Volk zugewiesen war, damit es hier seine Bestimmung als Gottesvolk [...] erfülle" (Abschnitt II). *Das feste Band von JHWH, dem Gott Israels, dem Volk Israel und dem Israel verheißenen Land kann im Blick auf die Fülle alttestamentlicher Zeugnisse nicht strittig sein.*

a) Israel-Palästina – das Land der Verheißung im Alten Testament

Dieser Zusammenhang gilt schon für die Abraham und Sara gegebene Verheißung. Zur Mehrungsverheißung, Abraham zu einem großen Volk werden zu lassen, gehört immer auch und konstitutiv die Landverheißung. Diese lautet nach 1Mose 12,1: „Geh los […] in das Land, das ich dir zeigen werde." Zur Land- und Volkverheißung tritt noch die Segensverheißung für alle Völker der Erde hinzu: „Und Segen sollen durch dich erlangen alle Völker der Erde" (12,3).

Die Frage stellt sich sofort: Gilt der Segen für alle Völker auch für die Landesbewohner, in deren Land Abraham mit seiner Familie einwandert? Genau das erzählt das Alte Testament: Abraham wohnt bei dem Amoriter und seinen Brüdern und „sie waren Bundespartner Abrams" (14,13). M. a. W.: „Dieser Segen gilt offenkundig gerade auch für die Bewohner des Landes, in das er (Abraham) kommt. So hält Abraham Fürbitte für die Kanaanäer (1Mose 18), sorgt für die Sicherheit und ihr Eigentum (1Mose 14) und wird deshalb von ihnen gesegnet (F. Crüsemann): nämlich von Melchisedek, dem Stadtkönig von Salem. Landverheißung und für beide Seiten segensvolle, friedliche Beziehungen schließen sich in keiner Weise aus. Und die nach dem Streit um Wasser und Brunnen geschlossenen Friedensabkommen Abrahams und Isaaks mit dem Stadtfürsten des Philisterlandes Abimelech kommen erst da zum Ziel, wo dieser erklärt: ‚Wir haben tatsächlich gesehen, dass JHWH mit dir ist. […] Wir wollen mit dir einen Bund schließen. […] Du bist nun einmal der Gesegnete JHWHs'" (1Mose 26,28f).

In der Mosetradition, in der die Landgabe und Landverheißung wiederum eine große Bedeutung haben, wird an die den Erzeltern gegebenen Verheißungen erinnert: „Ich will euch in das Land bringen, das ich Abraham, Isaak und Jakob zu geben geschworen habe, und ich werde es euch zum Besitz geben. Ich bin JHWH" (2Mose 6,8). Die grundlegende Selbstoffenbarung JHWHs vor Mose, in welcher die Befreiung aus der Sklaverei Ägyptens angesagt wird, hat in der Verheißung und Gabe des Landes ihr Ziel. Werden die Heilstaten JHWHs an Israel, von den Zeiten der Erzeltern über die Befreiung aus der Sklaverei bis zur Gabe der Tora, im Bekenntnis zusammengefasst, so zielen sie immer auf die Hineinführung in das verheißene Land (5Mose 6,20–25; 26,5–10). Aber die besondere Befreiungsgeschichte des Volkes Israel hat neben sich als Verheißung auch die Befreiungsgeschichten anderer unterdrückter Völker. Deshalb heißt es bedeutungsvoll in 2Mose 12,38: „Auch viel fremdes Volk zog mit." Und nach der Befreiung Israels aus der Sklaverei freut sich Jethro, ein Mensch aus den Völkern, „über all das Gute, das JHWH an Israel getan hatte" (2Mose 18,9).

Dabei kommt der Tatsache große Bedeutung zu, dass die Gabe der Tora am Sinai (2.–4. Buch Mose) und die Wiederholung der ganzen Tora im fünften Buch Mose vor die Landnahme unter Josua gestellt wird. *Damit wird kanonisch zum Ausdruck gebracht: Das Land soll ein Ort werden, an dem die Gebote gelten und Gerechtigkeit und Recht geübt werden sollen. Damit wird das dauernde Wohnen im Land an das Halten der Tora gebunden.* Dabei regelt das Sabbatjahr, dass der Boden ein Jahr lang ruhen und nicht bearbeitet werden darf (3Mose 25,1–7). Und das Jobeljahr regelt, dass Familien, die ihren Landbesitz verloren haben, durch einen Schuldenerlass wieder in den ursprünglichen Besitz des ihnen von JHWH zugesprochenen Landes kommen (25,6ff.). Denn das Land ist als Ziel der Befreiung zugleich die „Basis ihrer Freiheit" (Crüsemann). JHWH ist und bleibt der eigentliche Eigentümer des Landes, wie es in 3Mose 25,23 grundsätzlich erinnert wird: „Das Land darf nicht für immer verkauft werden, denn mein ist das Land."

Wo aber die Sozialgesetze nicht eingehalten werden und der König oder die Großgrundbesitzer ihren Erbbesitz den Kleineren und Armen wegnehmen, da kann das Land auch verloren gehen und Israel aus dem Lande vertrieben werden. Darin besteht die Botschaft der vorexilischen Gerichtspropheten. Bei Jeremia wird die Verknüpfung von Landgabe und sozialer Gerechtigkeit so verkündigt: „Wenn ihr wirklich Recht schafft untereinander und den Fremden, die Waise und die Witwe nicht unterdrückt und kein unschuldiges Blut an diesem Ort vergießt und nicht anderen Göttern nachlauft zu eurem eigenen Unheil, dann werde ich euch wohnen lassen an diesem Ort, in dem Land, das ich euren Vätern gegeben habe, vor langer Zeit für immer" (Jer 7,5–7).

Drei Momente sind hier noch eigens hervorzuheben. *Zunächst:* Auch wo das Land wie in der Geschichte des Nord- und Südreichs verloren geht, bleibt die Verheißung des Landes weiterhin gültig. Deshalb verkündigt der Prophet Jeremia an die nach Babylon Exilierten: „So spricht JHWH Zebaoth, der Gott Israels: Man wird wieder Häuser und Äcker und Weinberge kaufen in diesem Land" (32,15). „Ich wende euer Geschick und sammle euch aus allen Völkern und aus allen Orten, wohin ich euch verstoßen habe [...] und bringe euch zurück an den Ort, von dem ich euch weggeführt habe" (29,11.14). *Sodann:* Die Gebote der Tora, die von der gerechten Verteilung des Landes und von der Tora des Rechtes und der Gerechtigkeit sprechen, können auch für die Völker der Welt, wenn sie von den gerechten Weisungen der Tora hören, zum Vorbild und Muster für ihre eigene Sozialordnung werden, so dass diese sprechen: „Was für ein weises und einsichtiges Volk, ist diese große Nation (Israel). [...] Und welch große Nation hätte Satzungen und Rechte, die so gerecht sind wie die ganze Weisung/Tora" (5Mose 4,5–8). Der Alttestamentler F. Crüsemann hat daraus zu Recht gefolgert: „Genau das ist in der Theologie der Befreiung geschehen." *Schließlich:* In der Bibel ist das „Land der Verheißung" keine geographisch klar bestimmte, sondern eine in seinen Grenzen sehr unterschiedlich umrissene Größe wie etwa das Land „vom Bach Ägyptens bis nach Dan", „von Dan bis Beersheva" oder „dieses Land vom Strom Ägyptens bis zum großen Strom, dem Euphrat". *Der Terminus „Land der Verheißung" bezeichnet deshalb das sichere Lebensrecht des Volkes Israel und des jüdischen Volkes im Israel-Land von damals bis heute, zugleich aber auch das Recht der Fremden innerhalb und der Völker außerhalb der Grenzen Israels.* „Landverheißung und für beide Seiten segensvolle, friedliche Beziehungen schließen sich in keiner Weise aus. In vielfältigen Varianten steht also hier das prototypische Bild eines friedlichen Zusammenlebens im Land [...] und die Zusage des Landes schließt ein solches Miteinander nicht aus" (Crüsemann).

b) Israel-Palästina – das Land der Verheißung im Judentum

Der enge Zusammenhang zwischen dem Gott Israels, dem Volk Israel, der Israel am Sinai geschenkten Weisung und dem Land ist über das Alte Testament hinaus vom Judentum mit wenigen Ausnahmen zu allen Zeiten festgehalten worden.

Die Psalmen Salomos schildern die messianische Hoffnung, wie sie in den pharisäischen Kreisen noch vor der Zeitenwende lebendig war. Und diese Hoffnung schließt immer auch die Wiederherstellung des Landes in Recht und Gerechtigkeit mit ein. Der kommende Messias aus dem Hause Davids, der Gesalbte des HERRN, wird die Herrschaft JHWHs bringen, das Volk Israel aus der Diaspora sammeln und das Land nicht nur reinigen, sondern es an die 12 Stämme neu verteilen. Zugleich wird er damit die von den Propheten verheißene Völkerwallfahrt zum Zion einleiten (Ps.Sal. 17f.). Und trotz der Tempelzerstörung im Jahre 70 durch Titus und auch nach der Niederschlagung des Bar Kochba-Aufstandes im Jahre 135 blieb das pharisäische Judentum auf das Land der Verheißung grundlegend bezogen. Denn obwohl Juden die Stadt Jerusalem nicht mehr betreten durften, siedelten sie weiterhin im Lande der Verheißung und hatte das Synhedrium als das oberste jüdische Entscheidungsorgan seinen Sitz im Land Israel bis in das 5. Jahrhundert hinein. Zugleich wird zu erinnern sein, dass der Kaiser Hadrian nach der Niederschlagung des jüdischen

Aufstandes (132–135 n. Chr.) der zuvor „Judäa“ genannten römischen Provinz den Namen „Palästina“ zwangsweise verordnete, um das Andenken an die Juden und ihr Land Israel aus dem Gedächtnis zu streichen. Deshalb spreche ich hier mit Bedacht von „Israel-Palästina“ und nicht nur von Palästina oder vom „Heiligen Land“ oder von der „südlichen Levante“.

Auch das auf sehr alte Traditionen zurückgehende Achtzehnbittengebet, das in den Synagogen durch die Jahrtausende gebetet wurde und bis heute gebetet wird, hält im Vertrauen auf die Verheißungstreue Gottes an der Landverheißung fest. So lautet die 14. Bitte nach der palästinensischen Rezension: „Erbarme dich, JHWH, unser Gott, in deiner großen Barmherzigkeit über dein Volk Israel, über Jerusalem, deine Stadt, und über den Zion, die Wohnung deiner Herrlichkeit und über deinen Tempel und über das Königtum des Hauses David, des Messias deiner Gerechtigkeit. Gepriesen bist Du, JHWH, der Jerusalem erbaut.“

Der Zusammenhang von Erwählung Israels, Volksverheißung, Tora und Landverheißung zeigt sich auch bei den großen jüdischen Denkern und Lehrern des 20. Jh.s. Nur wenige Beispiele seien hier genannt. So heißt es bei Moses Heß, der einem demokratischen Sozialismus mit dem Ziel gerechter gesellschaftlicher Verhältnisse nahe stand: „Ja, das Land ist es, was uns fehlt, um unsere Religion auszuüben“, so „dass wir, seitdem wir das Land verloren haben, Gott nicht mehr als Nation durch Institutionen dienen können.“ Entsprechendes schreibt der an der Seite M. L. Kings in den USA für die Rechte der Schwarzen kämpfende Abraham Jehoshua Heschel: „Die Verbindung von Volk und Land Israel ist einzigartig. Noch ehe Israel ein Volk war, wurde ihm das Land bestimmt. Das, was wir in unseren Tagen (der Staatsgründung Israels) erlebt haben, ist eine Erinnerung an die Macht des geheimnisvollen Versprechens, das Gott dem Abraham gab.“ Martin Buber schreibt in seinem Buch „Der Jude und sein Judentum“ (1963): „Wir brauchen eigene Erde, um es (das Gebot) zu erfüllen.“ Und der verstorbene jüdische Neutestamentler an der Hebräischen Universität in Jerusalem, David Flusser, schreibt: „Zum Volk Israel gehört auch sein Land. [...] Die Realisierung des Judentums im Land Israel gehört ganz bestimmt zu der Struktur der jüdischen Religion. [...] Sie (die Juden) haben es meistens wieder gelernt, als sie sahen, wie ein Teil des jüdischen Volkes in sein Land zurückkehrte und wie dann der jüdische Staat erneuert wurde.“ *Das jüdische Festhalten an der Landverheißung nimmt das alttestamentliche Verständnis der Einheit von JHWH, Volk und Land auf und trägt es bis in unsere Gegenwart hinein. Für die christliche Theologie und Kirche stellt sich damit die Frage, wie sie mit diesem biblischen und jüdischen Festhalten am Land der Verheißung, wie sie mit der unauflöslichen Verbundenheit von Gott Israels, Volk Israel und Land Israel umzugehen gedenkt, ob sie diese ablehnt oder ob sie zu diesem erwählungsgeschichtlichen Zusammenhang ja sagt.*

c) Israel-Palästin – das Land der Verheißung im Neuen Testament

Einem sehr problematischen Verständnis christlicher Theologie zufolge spielt, anders als im alttestamentlichen und jüdischen Verständnis, im Neuen Testament die Verheißung des Landes für das Volk Israel keine Rolle. *Die Verheißung des Landes für Israel sei dort vielmehr, so lautet die gängige antijüdische These, durch die Verheißung für die ganze Erde und die Menschheit ersetzt worden.* Demgegenüber hat der Wuppertaler Missionstheologe G. Eichholz schon 1957 von der bleibenden Unterscheidung zwischen Israel und den Völkern auch im Neuen Testament gesprochen: „Die Völkerwelt wird *von Israel her* anvisiert. „Deshalb kann auch im Missionsbefehl an ‚alle Völker' (Mt 28,19) das Volk Israel nicht mitgemeint und ‚Judenmission' nur illegitim sein."

Die bleibende Unterscheidung zwischen Israel und den Völkern hat aber auch Konsequenzen für die in der theologischen und kirchlichen Tradition traditionelle *Spiritualisierung der Landverheißung.* Der gegenüber betrat die bereits genannte Handreichung der Niederländisch-Reformierten Kirche theologisches und politisches Neuland, als sie 1970 unter der Überschrift „Das Land im Neuen Testament" ausführte: „Wenn die Erwählung des Volkes (Israel) und die damit verbundenen Verheißungen in Kraft bleiben, folgt daraus, dass auch das Band zwischen Volk und Land von Gott wegen aufrechterhalten bleibt. [...] Alle Verfasser des Neuen Testaments kannten also das Land als den Mittelpunkt für die Juden" (Abschnitt III). *Die enge Verknüpfung zwischen dem jüdischen Volk und dem Land Israel ist also auch im Neuen Testament keineswegs aufgehoben. Im Gegenteil:*

Nach Mt 2,20f. wird Joseph aufgefordert, nach dem Tod des Herodes mit Jesus und Mirjam wieder in das „Land Israel" zurückzukehren. Bei der Ankündigung der Geburt Jesu sagt der Engel Gabriel, dass der Messias Jesus aus dem Geschlecht Davids „herrschen wird über das Haus Jakob für immer" (Lk 1,32f.). Der Terminus „Haus Jakob" meint aber das 12-Stämmevolk im Land Israel. Deshalb besingt Zacharias die messianische Hoffnung, „uns (das Volk Israel) zu retten aus der Hand unserer Feinde, [...] zu gedenken des Schwures, den Er Abraham, unserem Vater, geschworen hat, [...] dass wir Ihm ohne Furcht dienen in Gerechtigkeit vor Ihm alle unsere Tage“ (1,68–75). Deshalb beruft Jesus 12 Jünger als die Repräsentanten des erneuerten Volkes Israel im Lande Israel. Deshalb gibt Jesus den Zwölfen den konkreten Auftrag, das „Salz des Landes“ Israel und das „Licht der Völkerwelt“ zu sein (Mt 5,13f.). Deshalb kündigt Jesus die Sammlung der Diaspora Israels durch den Menschensohn an (Mk 13,26), die im Zusammenhang mit der Sendung an die Welt der Völker steht (13,10). Deshalb erwartet Jesus mit den Propheten die Völkerwallfahrt zum Zion in der Tischgemeinschaft mit Abraham (Mt 8,11) und darin zugleich die Wiederherstellung des 12-Stämmevolkes Israel im Lande Israel. Deshalb unterscheidet die Erzählung von der wunderbaren Brotvermehrung die „Speisung der Fünftausend“ im Israelland (Mk 6,30–44) von der „Speisung der Viertausend“ im Land der Völker (8,1–10). Von Israel her sind also immer auch die Völker und der ihnen verheißene Segen Abrahams und Saras im Blick. Deshalb wiederholen die Jünger nach der Auferstehung Jesu die messianische Hoffnung mit der Frage an Jesus: „Wann richtest du die Herrschaft für Israel auf?“ Und Jesus negiert diese Frage nicht, sondern bestätigt die Gültigkeit der Verheißung und deren Erfüllung für die messianische Zukunft (Apg 1,6f.).

In der Kritik an der verhängnisvollen christlichen These von der Krisis der Landverheißung für Israel in der Verkündigung und dem Weg Jesu heißt es bei Crüsemann zu Recht: ‚Wenn der Gott Israels für uns mit diesem Menschen (Jesus) auf einzigartige Weise verbunden ist, wenn sich in ihm für uns das verdichtet, was Israel von Gott wusste und was wir aus dem Alten Testament von ihm kennen, dann ... geht es um diesen einen konkreten Menschen, den Juden ... und es geht auch um sein Leben, das nur in diesem Land möglich war. Das Land gehört zu ihm wie er zum Land. Wenn die Christologie den Irdischen meint, dann gehört das Land zu seiner Kontur.‘ Deshalb schrieb lange zuvor Leo Baeck im Jahr der Synagogenbrände 1938(!) vom jüdischen Jesus, ‚der während erregter, gespannter Tage im Lande der Juden lebte und half und starb‘, ein Mensch ‚aus dem jüdischen Volk, auf jüdischen Wegen, im jüdischen Glauben und Hoffen, dessen Geist in der Heiligen Schrift wohnte.‘

Paulus hat das Band zwischen dem Messias Jesus und dem Land Israel ebenfalls betont und von der bleibenden Gültigkeit der Verheißungen für ganz Israel gesprochen (Röm 9,4). Er erwartet das Kommen des messianischen Retters Jesus vom Zion, durch welches ‚ganz Israel gerettet/befreit werden wird' (11,26). Er hält darin fest, dass der Messias Jesus gekommen ist, ‚um die den Vätern gegebenen Verheißungen zu bestätigen' (15,8). Deshalb ist Christus die Bestätigung aller Verheißungen, die JHWH seinem Volk Israel und den Völkern der Welt gegeben hat (2Kor 1,20). Und deshalb ist das ‚Land der Verheißung', von dem der Hebräerbrief (11,9) spricht, keine Spiritualisierung der Landverheißung in ein transzendentes Jenseits, sondern *das Festhalten an der messianischen Hoffnung auf die erwählte Stadt Jerusalem und das erneuerte Land Israel als Mitte der neuen Schöpfung im Gegensatz zur römischen Ideologie der ewigen Stadt Rom, der Roma Aeterna.* Und so schließt das Neue Testament nicht zufällig mit der messianischen Utopie von der Neustadt Jerusalem als der Mitte des erneuerten Israelvolkes und Israellandes und der Einwohnung JHWHs inmitten der Völker und des neugeschaffenen Kosmos (Offb 21).

Der bereits zitierte David Flusser sagt deshalb zu Recht: ‚Zum Volk Israel gehört auch sein Land. Das wird in der Hebräischen Bibel bezeugt. Im Neuen Testament wird dem nicht widersprochen … Mir scheint es jedenfalls ausgeschlossen zu sein, dass eine christliche Theologie des Judentums, die verneinen würde, dass es eine gottgewollte Verbindung zwischen Israel und seinem Land gibt, heute möglich ist.'

d) Israel-Palästina – umstrittenes Land der Verheißung für zwei Völker und Staaten

H. Gollwitzer, Gründungsmitglied der Arbeitsgemeinschaft Juden und Christen beim Deutschen Evangelischen Kirchentag, in welcher auch Jonathan Magonet mitarbeitet, kritisierte bereits 1976 die in der christlichen Tradition gängige Beseitigung der Landverheißung: ‚Immer schon haben Christen den Juden vorschreiben wollen, wie sie sich zu verstehen haben … Der Zusammenhang von Volk und Land gehört zur Essenz des Judentums … Da dieser Zusammenhang biblisch begründet ist, muß er christlichen Theologen zu denken geben. Ohne Zweifel hat hier der Zionismus die Bibel mehr auf seiner Seite als die übliche christliche Spiritualisierung der Landverheißung.'

Auf dieser Linie hat der Synodalbeschluss der Evangelischen Kirche im Rheinland von 1980 im Blick auf die biblische Landverheißung die Einsicht formuliert, ‚dass (1) die fortdauernde Existenz des jüdischen Volkes, (2) seine Heimkehr in *das Land der Verheißung* und (3) auch die Errichtung des Staates Israel Zeichen der Treue Gottes gegenüber seinem Volk sind' (Abschnitt 2, 3). Er suchte dabei einen dritten Weg jenseits einer pseudobiblischen Legitimierung einer Groß-Israel-Ideologie einerseits und einer judenfeindlichen palästinensischen Befreiungstheologie andererseits. Er ist darin sehr kritisiert geworden, zuletzt auch durch das Kairos-Palästina-Dokument ‚Die Stunde der Wahrheit', das am 11.12.2009 in Bethlehem veröffentlicht worden ist. Dieses schildert zu Recht die unsäglichen Leiden des palästinensischen Volkes sowie die Bedrängnisse der christlichen Gemeinden unter der israelischen Besatzung, verschweigt allerdings den menschenverachtenden Terror der palästinensischen Terroristen sowie der Raketenschützen aus dem Gazastreifen. Zwanzig Jahre haben auf der Verhandlungsebene für die palästinensische Seite keinerlei Fortschritte gebracht. Im Gegenteil! Während dieser Zeit breiten sich die illegalen jüdischen Siedlungen im besetzten palästinensischen Land ungebremst aus.

Historisch und politisch geht es im Konflikt in Israel-Palästina, im Land der Verheißung, um das Recht und die wechselseitige Zuordnung zweier Befreiungsbewegungen, der jüdischen und der palästinensischen. *Der Zionismus ist die Befreiungsbewegung des jüdischen Volkes.* Und ‚Zionismus ist kein Rassismus', wie Philip Potter, der damalige Generalsekretär des ÖRK/WCC, gegen die Resolution der UN-Vollversammlung vom 10.11.1975 mutig formuliert hat. Aber auch der Kampf des palästinensischen Volkes um Befreiung ist der zutiefst berechtigte Kampf einer Befreiungsbewegung, die im Unterschied zu Israel noch keine Staatlichkeit erreicht hat. Dabei hat der Staat Israel, wenn er die Staatswerdung der Palästinenser nicht fördert, keine Perspektive im Land der Verheißung. Denn wenn Israel die völkerrechtswidrige Bautätigkeit der fundamentalistischen Siedler in den Palästinensergebieten weiter fördert und damit die Zweistaatenlösung verhindert, wird es in absehbarer Zeit aus demographischen Gründen aufhören, ein *jüdischer* Staat zu sein.

Auch *der Kampf des palästinensischen Volkes ist also der zutiefst berechtigte Kampf einer Befreiungsbewegung*, die im Unterschied zu Israel noch keine Staatlichkeit erreicht hat, aber auf dem Weg zu einer Staatlichkeit und hoffentlich auch Rechtsstaatlichkeit ist. Deshalb verdient auch sie die volle Unterstützung nicht nur durch die in der UNO vertretenen Völker, sondern auch des Staates Israel, der seine Existenz ebenfalls einem UNO-Beschluss verdankt. Freilich wird eine gegen das Existenzrecht Israels im Land der Verheißung in sicheren Grenzen ankämpfende palästinensische Befreiungsbewegung, die ihrerseits die Frage der Rückkehr der Flüchtlinge weiterhin offen lässt und sich nicht eindeutig von der Gewalt der

Hamas abgrenzt, die zu Recht angestrebte Rechtsstaatlichkeit eines palästinensischen Staates mit der Hauptstadt Ost-Jerusalem verfehlen. Zu diesen Fragen schweigt leider das Kairos-Palästina-Dokument.

Leider fehlt aber darin auch eine biblische Theologie der Landverheißung. Die Israel bleibend zugesprochene Verheißung des Landes wird in theologisch fragwürdiger und politisch gefährlicher Weise durch eine Theologie der Erde Gottes und der ganzen Menschheit ersetzt (Abschnitt 2–3). Der Beseitigung der Erwählung Israels zugunsten der ganzen Menschheit geht also im Palästina-Dokument die Beseitigung der auf Israel bezogenen Landverheißung parallel. So wird auch Israel seines verheißenen Landes enteignet.

Demgegenüber geht der palästinensische Theologe Shihadeh Jadallah, Leiter der Abraham-Herberge von Beit Jala, von der Abraham-Verheißung aus, die die Besonderheit des in Abraham erwählten Israel-Volkes und des verheißenen Israel-Landes nicht bestreitet, diese aber sofort mit der Universalität der Segensverheißung für alle Völker (1Mose 12,3; 17,4; Röm 4,17) und speziell für das Ismael-Volk der Palästinenser (1Mose 16,10; 17,20) verbindet. Er erinnert an die in 1Mose 25,9 berichtete konfliktfreie Begegnung von Isaak und Ismael bei der Beerdigung Abrahams sowie an die in 1Mose 25,12–18 dokumentierte Genealogie der 12-Stämme Ismaels, die parallel als Segensgeschichte zur 12-Stämme-Geschichte des Volkes Israel erzählt wird. Daraus folgert er zu Recht, *dass der Segen des erwählten Volkes Israel und seiner bis heute gültigen Landverheißung auch zum Segen für das palästinensische Volk und seines Landes werden müsse, wenn die bleibende Erwählung Israels nicht zur nationalistischen Erwähltheit verkommen soll.* Shihadeh vertritt politisch die These, dass der Trennzaun angesichts der vielen jüdischen Opfer des palästinensischen Terrors vorläufig notwendig sei, wenn auch darin illegitim, dass er über weite Strecken völkerrechtswidrig über palästinensisches Land verläuft und große Flächen Ackerland und wertvolle Olivenhaine des Landes Palästina zerstört.

Das Kairos-Palästina-Dokument beruft sich schließlich wiederum auf sehr problematische Weise auf die Reich-Gottes- und Jerusalem-Utopie der Propheten. Parallel zur Beseitigung der Israelerwählung und des Israel verheißenen Landes wird auch hier Jerusalem zur ‚Stadt Gottes in der Geschichte der Menschheit' verallgemeinert (Abschnitt 9, 3–5): ‚Alle Menschen (scil. darunter fallen auch die Juden) sind auf dem Weg zu dieser Stadt' (9, 5). Dadurch wird Jerusalem ohne die Hoffnung auf die Wiederherstellung des 12-Stämmevolkes Israel einseitig als Menschheitsstadt erhofft und anders, als es das letzte Buch des Neuen Testamentes in Offb 21 erwartet, zu einer Israel-freien, kosmischen Weltstadt als Zentrum einer weltweiten kosmischen Erlösung erklärt. Gegenüber einer solchen judenfeindlichen Beseitigung der besonderen Jerusalemverheißung für Israel zu einer kosmischen Menschheitsstadt hat der reformierte Theologe H.-J. Kraus, ein Wegbereiter des christlich-jüdischen Dialoges in Deutschland, 1983 erklärt: ‚Die Stätte der universalen Gemeinschaft mit Gott ist nicht einfach die Erde ..., sondern die Stadt (Jerusalem), in der der Gott Israels in seinem erwählten Volk zuerst gegenwärtig war. Die Völker ... kommen hinzu (Jes 60,1ff.). Ihr Ziel ist ... die Teilhabe am Geheimnis Israels.‘

Israel-Palästina ist heute ein zwischen zwei Völkern strittiges Land. Es kann und soll aber zu einem Land der Verheißung für zwei Völker und zwei Staaten in Recht und Gerechtigkeit werden. Denn der Segen des Israel verheißenen jüdischen Landes muss und kann sich auch zum Segen für das palästinensische Volk und seines Landes auswirken. *‚An keiner Stelle sagen die (biblischen) Landverheißungen, dass Israel allein im Lande leben soll oder wird‘ (Crüsemann).*

In diesen Zusammenhang gehört auch das Gedicht des jüdischen Schriftstellers Shin Schalom, das Jonathan Magonet in das von ihm herausgegebene Gebetbuch der Reformsynagogen Großbritanniens aufgenommen hat:

‚Ismael, mein Bruder, / wie lange sollen wir einander bekämpfen? / Mein Bruder aus vergangenen Zeiten, / mein Bruder – Hagars Sohn / mein Bruder der Wanderer. / Ein Engel war uns beiden gesandt. / Ein Engel wachte über unserem Heranwachsen. / Da ist die Wüste, todddrohend durch Durst, / ich ein Opfer auf dem Altar, Sarahs Erster. / Ismael mein Bruder, höre meine Bitten: / es war ein Engel, der dich an mich band. / Die Zeit wird knapp, leg den Hass schlafen. / Schulter an Schulter, lass uns unsere Schafe tränken.‘

Literatur

Baeck, L.: Das Evangelium als Urkunde der jüdischen Glaubensgeschichte, in: Leo-Baeck-Werke, Bd. 4, hg. von A. H. Friedlander, B. Klappert und W. Licharz, Gütersloh 2000, 401–473.

Crüsemann, Fr.: Bausteine zu einer christlichen Theologie des jüdischen Landes, in: Deutscher Ev. Kirchentag, Frankfurt a. M. 2001, Gütersloh 2001, 384–394.

Ders., ‚Christen können den Anspruch des jüdischen Volkes auf das Land Israel respektieren', in: H. Frankemölle (Hg.), Juden und Christen im Gespräch über ‚Dabru emet', Paderborn/Frankfurt 2005, 155–184.

Eichholz, G.: Der Begriff ‚Volk' im Neuen Testament (1957), in: ders., Tradition und Interpretation, Th. Bü. 29, München 1965, 78–84.

Hirschberg, P.: Die bleibende Provokation, Neukirchen-Vluyn 2008, 195–270.

Klappert, B.: Zeichen der Treue Gottes, in: Umkehr und Erneuerung, Neukirchen-Vluyn 1980, 73–88 (hier auch die Zitate der jüdischen Gelehrten des 20. Jh.s.).

Kraus, H.-J.: Systematische Theologie, Neukirchen-Vluyn 1983.

Kreuzer, S. / Überschaer, Fr. (Hg.): Gemeinsame Bibel – Gemeinsame Sendung, Neukirchen-Vluyn 2006 (darin die Laudationes auf J. Magonet, 153–166 und die Dankesrede von J. Magonet, 167–170.

Magonet, J.: Die subversive Kraft der Bibel, Gütersloh 1998.

Shihadeh, J.: Freiheit – nichts als Freiheit, Karlsruhe 2008.

Wengst, K.: Land Israel und universales Heil im Neuen Testament, in: Informationsbrief des Freundeskreises Kirche und Israel in Baden Nr. 83, 2011, 28–34.

Die bleibende Erwählung Israels und die Segensverheißung für die Völker

Plädoyer für einen Weg jenseits von pseudo-christlichem Fundamentalismus und judenfeindlicher Befreiungstheologie. Überlegungen zum palästinensischen „Wahrheitsdokument“

Siegfried Kreuzer, dem langjährigen Wuppertaler Kollegen, ist dieser Beitrag in freundschaftlicher und theologischer Verbundenheit zu seinem 65. Geburtstag zugeeignet.

1. Das Wahrheitsdokument aus Palästina wurde am 11. Dezember 2009 in Bethlehem veröffentlicht. Der Titel **Kairos-Palästina-Dokument** erschien dabei nicht eigens im Dokument der palästinensischen Christen und Christinnen. Es ist vom Sekretariat des Genfer Weltkirchenrates so benannt worden. Der damalige Generalsekretär des ÖRK, Samuel Kobia, hat das Dokument als „frische Basis für den Kampf um Gerechtigkeit“ bezeichnet und damit in ökumenischer Perspektive legitimiert. Nicht nur im Dokument selbst, sondern auch in dessen ökumenischer Unterstützung dokumentiert sich freilich, wie wir noch sehen werden, *dass weder der ÖRK noch die ökumenische Missionstheologie bis heute ein glaubwürdiges theologisches Konzept zum Verhältnis Israel und Völkerwelt hat.*[1] Allerdings kann auch nicht übersehen werden, dass im Wahrheitsdokument selbst in Abs. 4.2–6 die Nähe und Parallele zu Südafrika zum Ausdruck gebracht wird, so dass die Überschrift *Kairos-Palästina-Dokument* nicht als falsch zu bezeichnen ist. Im Folgenden soll vom *Wahrheitsdokument der palästinensischen Christen und Christinnen* gesprochen und dieses mit dem südafrikanischen Kairos-Dokument von 1985 verglichen werden. Zunächst aber gilt: Dieses Wahrheitsdokument von 2009 muss

---

1 Vgl. dazu B. Klappert, Dialog mit Israel und Mission unter den Völkern, in: B. Klappert, Miterben der Verheißung. Beiträge zum jüdisch-christlichen Dialog, Neukirchen-Vluyn 2000, 407–430. Eine englische Fassung des Kairos-Dokumentes findet sich in dem wichtigen Buch eines der Mitunterzeichner des Kairos-Dokumentes Y. Katalancho, The Land of Christ. A Palestinian Cry, Nazareth 2012, 143–171.

trotz seiner theologischen Problematik und politischen Einseitigkeit zuerst ohne Wenn und Aber als *Dokument verstanden werden, das die unsäglichen Leiden des palästinensischen Volkes mit seinen großen kulturellen Traditionen sowie die Bedrängnisse der christlichen Gemeinden sowie der Christen und Christinnen in Palästina unter der fortdauernden israelischen Besatzung zum beredten, ja schreienden und deshalb nicht zu überhörenden Ausdruck bringt.*

2. Der berechtigte **gewaltfreie zivile Widerstand der Palästinenser** und der palästinensischen Christenheit unter der israelischen Besatzung (4–2–5) kann, wie der Befreiungskampf im südlichen Afrika damals gezeigt hat, an seinen Rändern und im Grenzfall auch widerstehende „Gewalt von unten" einschließen, wie auch der Weg Dietrich Bonhoeffers in den militärischen Widerstand seit 1938 und die Debatte um den Sonderfond des Antirassismus-Programms des ÖRK (PCR) seinerzeit und auch der Streit innerhalb der Rheinischen Kirche darüber gezeigt haben.[2] Dennoch ist dieser Grenzfall berechtigter Gewalt von unten vom **Terrorismus der Raketenschützen und Selbstmordattentäter der Hamas** deutlich zu unterscheiden. Das wird im Wahrheitsdokument aber leider nicht gesagt bzw. nicht zu sagen gewagt. Im Gegenteil: Der menschenverachtende Terror der Hamas und anderer palästinensischer Gruppierungen wird euphemistisch als „Widerstand" bezeichnet, weshalb der die Bevölkerung Israels und auch die eigene Bevölkerung unterdrückende Terrorismus verharmlosend mit Anführungsstrichen versehen und also als sog. „Terrorismus" apostrophiert wird. Damit verfehlt das „Wahrheitsdokument" genau das, was das südafrikanische „Kairos-Dokument" seinerzeit mit deutlichen Worten, Analysen und Dokumentationen eindrücklich gebrandmarkt hat! Weiter muss gefragt werden: Warum gibt es zwar auf der Seite der Bevölkerung Israels kritische Stimmen, protestierende Gruppierungen und Initiativen gegen die Politik der Regierung des eigenen Staates und die Siedlerbewegung, während es eine solche innerpalästinensische Kritik im Wahrheitsdokument auf palästinensischer Seite nicht gibt?

---

2 Vgl. dazu B. Klappert / A. Maasdorp (Hg.), Die Kirche vor der Namibia-Frage. Die Barmer Theologische Erklärung als Weisung zur ökumenischen Partnerschaft mit den Kirchen in Namibia. Zur Versammlung von Christen am 1.–3. Juni in Wuppertal-Barmen, Wuppertal 1985.

3. **Rassismus ist innerhalb der Bevölkerung Israels** sowie auch in Kreisen der religiösen Rechten **innerhalb der Siedlerbewegung in Israel** vorhanden und äußert sich in subtilen Maßnahmen der Vertreibung und in Transferplänen im Blick auf die arabischen Israelis und die Palästinenser in der Westbank, auch in dem z. B. in Saphet und anderswo erlassenen Verbot für Juden, Wohnungen an arabische Israelis zu vermieten. Dieser Rassismus muss aber vom **generellen Rassismus der Weißen in Südafrika** abgegrenzt werden. Der frühere palästinensische Pfarrer Shihadeh Jadallah aus Beit Jala bei Bethlehem hat sich in Stellungnahmen gegen den Vergleich der Politik Israels mit dem Rassismus und Totalitarismus des nationalsozialistischen Terrorregimes gewandt, das die Entrechtung, Vertreibung und Auslöschung des jüdischen Volkes programmatisch gefordert und dann auch seit der Wannsee-Konferenz 1942 in die Tat umgesetzt hat. Shihadeh hat sich dabei auch gegen den Vergleich mit dem weißen Homeland-Rassismus Südafrikas gewandt, wovon sein eindrückliches und informatives Buch „Freiheit – nichts als Freiheit" (2008) Zeugnis gibt. Von einer Auslöschung der Palästinenser sei in der offiziellen Politik Israels nicht die Rede. Auch die höchst problematische israelische Politik der „kollektiven Bestrafung" der Bevölkerung Gazas sei etwas anderes als die z. T. in die Tat umgesetzte kollektive Auslöschung des Judentums durch und in Nazi-Deutschland! Das südafrikanische Kairos-Dokument von 1985 hat eine genaue Analyse der kirchlichen, ökonomischen, gesellschaftlichen, durch rassistische Gewalt von oben geprägten Gesellschaft Südafrikas gegeben.[3] Vergleicht man dies mit dem Kairos-Palästina-Dokument aus dem Jahr 2009, dann stellt sich sofort die Frage, wo und ob überhaupt eine **gesellschaftspolitische Analyse im palästinensischen „Wahrheits-Dokument"** geleistet worden ist. Werden die innerpalästinensischen Probleme, werden die politischen und gesellschaftlichen Gründe für das vielfältige Versagen der Autonomiebehörde wirklich umfassend benannt? Ich denke an den Geldtransfer im Rahmen der beträchtlichen Entwicklungshilfe der Europäischen Union in die Taschen der palästinensischen „Führungseliten". Ich denke darüber hinaus an die gewaltsame innerpalästinensische Auseinandersetzung zwischen Hamas und Fatah, die die seitens der Palästinenserbehörde zu Recht erhobene Forderung nach einem eigenen palästinensischen Staat erschwert. Ich denke an die antisemitischen Passagen in den Schulbüchern in der

3 Vgl. dazu W. Kistner, Gerechtigkeit und Versöhnung. Theologie und Kirche im Transformationsprozess des neuen Südafrika, Hamburg 2008, 63ff.104ff.

Westbank, an die judenfeindlichen Hassfilme im palästinensischen und jordanischen Fernsehen, die den Forderungen und Kriterien der Road Map grundlegend widersprechen, weil sie dem jüdischen Volk sowie den einzelnen Juden und Jüdinnen die Würde absprechen und damit „das Ebenbild Gottes in dem Israeli" (2–5) mit Füßen treten.

4. Im Wahrheitsdokument wird, parallel zu den Forderungen der Menschenrechtsgruppen aus Südafrika damals, mit dem Motto „Kauft keine Früchte" zum Boykott der Waren und darüber hinaus generell der Institutionen Israels aufgerufen (4,2–6). Ein **Boykott** könnte sich allenfalls **auf die Früchte aus** den von Israel – durch den Siedlungsbau, die Landkonfiszierungen und den Raub an Wasser und Quellen und durch den Verlauf des Trennzaunes / z. T. der Mauer – widerrechtlich besetzten **palästinensischen Gebieten** beziehen. Diese Früchte müssten nach EU-Vorschrift den Vermerk „no product of Israel" tragen, was sie aber de facto nicht tun![4] Was die geforderten **Boykottmaßnahmen** anbetrifft, so ist der *Aufruf des „Wahrheitsdokumentes" aber in sich unklar, was ihn im Ganzen unglaubwürdig macht*: Geht es generell darum, „nun systematisch mit wirtschaftlichen Sanktionen und Boykottmaßnahmen gegen Israel zu starten", also um einen umfassenden Boykott gegen den Staat Israel und seine Institutionen (Abs. 7)? Oder geht es speziell „um einen Wirtschafts- und Handelsboykott für alle unter der Besatzung produzierten Güter" (Abs. 4)? Die Antwort auf diese Fragen darf nicht offen gelassen werden, wird aber offensichtlich bewusst offen gelassen. Hinzukommt: Zumindest für uns als Deutsche, die Verantwortung für ihre Geschichte der Jahre 1933–1945 tragen, ist ein genereller Boykott jüdischer Institutionen und Waren, wie er aus England und Italien, aber auch von Helmut Schmidt und Richard von Weizsäcker im November 2010 in Deutschland gefordert wurde, historisch, politisch und theologisch unmöglich, weil er mit dem 1. April 1933 und seinem Slogan „Deutsche wehrt Euch! Kauft nicht bei Juden!" schuldbeladen verknüpft ist! *Andererseits: Mehrere Jahrzehnte haben auf der Verhandlungsebene für die palästinensische Seite keinerlei Fortschritte gebracht. Im Gegenteil! Während dieser Zeit breiteten sich die illegalen Siedlungen in den widerrechtlich besetzten palästinensischen Gebieten ungebremst aus.* Aber die Frage muss auch gestellt werden, ob ein

---

4 Vgl. den Bericht von Entwicklungs-, Menschenrechts- und Friedensorganisationen aus elf europäischen Staaten „Handel gegen den Frieden. Wie Europa zur Erhaltung illegaler israelischer Siedlungen beiträgt", 2012, 1–35, erhältlich unter www.crisisaction.org.

begrenzter Boykottaufruf nicht den weltweit im Steigen begriffenen Antisemitismus und Judenhass fördert und damit politisch das Gegenteil bewirkt: „Viele Israelis meinen sowieso, dass die ganze Welt gegen Israel ist. Druck von außen schließt manchmal im Innern auch die zusammen, die eigentlich gar nicht für die Politik ihrer Regierung sind.“[5] Auch ein begrenzter Boykottaufruf ist aus diesen Gründen abzulehnen! Israel wird schon sowieso von seinen Nachbarn boykottiert. Und wer sich für einen begrenzten Boykott entscheidet, sollte zumindest mit dem Slogan werben: „Kauft bei Israel, nur nicht die Früchte aus den widerrechtlich besetzten Gebieten!“

5. In Abs. 6,6–1 wird, wie auch sonst mehrfach im palästinensischen Wahrheitsdokument, zur **Umkehr von „fundamentalistischen theologischen Positionen“** aufgerufen. Damit ist nicht nur zu Recht der Fundamentalismus der ultraorthodoxen Siedler, damit sind nicht nur die Kreise der „Christian Ambassy“, die „Jews for Jesus-Bewegung“, nicht nur die für ein Großisrael und die unteilbare Stadt Jerusalem eintretenden christlich-evangelikalen Zionisten in Gestalt der einflussreichen biblisch-fundamentalistischen US-Fernsehprediger gemeint. Damit soll auch die Theologie des verstorbenen Berliner Theologen Fr.-W. Marquardt, aber erst recht der *Rheinische Synodalbeschluss von 1980* mit seiner Erklärung zur „fortdauernden Existenz des jüdischen Volkes“ als Volk der bleibenden Erwählung durch die Jahrtausende, mit dem weiter präzisierenden Hinweis auf die Rückkehr und „Heimkehr in das *Land der Verheißung*“ und „auch die *Errichtung des Staates Israel als Zeichen der Treue Gottes gegenüber seinem (jüdischen) Volk*“ (Rheinischer Synodalbeschluss These 2,3) kritisiert werden. Angesichts dieser ungerechtfertigten Kritik an der Rheinischen Position muss freilich zur Klarstellung derselben auch eine Distanzierung von F.-W. Marquardts problematischen und nach außen missverständlichen Äußerungen zur palästinensischen Theologie der Befreiung und zu seiner „Theologie des Ausweichens“ der Palästinenser zugunsten des jüdischen Volkes und Landes erfolgen.[6] Marquardt projiziert hier den christologischen und kreuzestheologischen Dual von Erwählung und Verwerfung Christi aus Barths Erwählungslehre[7] in problematischer Weise auf einen Konflikt in Israel-Palästina und sieht Israel

[5] Brief von Wahat Al Salam / Neve Shalom vom Januar 2011.
[6] F.-W. Marquardt, Was dürfen wir hoffen, wenn wir hoffen dürften? Eine Eschatologie, Bd. 2, Gütersloh 1994, § 5,7.
[7] K. Barth, Kirchliche Dogmatik II/2, Zürich 1942.

auf der Seite des Lichtes und der Erwählung, sieht aber zugleich die Palästinenser im Sinne einer „Theologie von der Kehrseite Gottes“[8] auf der Seite des Schattens und also des Zurückweichens und „Ausweichens“. Marquardts folgender politischer Vorbehalt kann in diesem Kontext dann leicht überhört werden und ist auch de facto überhört worden: „Was wir *theologisch* als notwendig erkennen, berechtigt *nicht*, damit etwas *politisch zu legitimieren* […]. Weder Israels Anspruch ans Land noch seine Politik können theologisch gerechtfertigt werden.“[9] Im Unterschied zu solchen problematischen *theo-politisierenden* Äußerungen Marquardts[10] ist positiv nach einer **wechselseitigen Zuordnung zweier Befreiungsbewegungen**, der jüdischen und palästinensischen, zu fragen. Dabei ist herauszustellen, dass der Staat Israel, sofern er die Staatlichkeit der Palästinenser, die auch im wohlüberlegten Eigeninteresse Israels liegt, nicht fördert, demographisch ohne Perspektive ist und nationalistisch zu werden droht. Noch konkreter gesagt: Israel wird, wenn es die Zweistaatenlösung verhindert und die völkerrechtswidrige Bautätigkeit in den besetzen Gebieten weiterhin fortsetzt, in absehbarer Zeit aus demographischen Gründen mit einer nichtjüdischen Bevölkerungsmehrheit aufhören, ein *jüdischer* Staat zu sein. Und wenn eine palästinensisch-arabische Mehrheit innerhalb Israels infolge einer *Einstaatenlösung* dann zu Bürgern zweiter Klasse gemacht wird, wird Israel aufhören, ein *demokratischer* Staat zu sein. Umgekehrt wird eine gegen das Existenzrecht Israels und seine Staatlichkeit in sicheren Grenzen weiterhin anredende und ankämpfende palästinensische Befreiungsbewegung, die ihrerseits die Frage der Rückkehr der Flüchtlinge weiterhin offen lässt und nicht die Kraft besitzt, sich eindeutig von der Gewalt der Hamas und anderer Gewalt verherrlichenden Gruppierungen abzugrenzen, terroristisch verkommen und die zu Recht angestrebte Rechtsstaatlichkeit eines palästinensischen Staates mit der Hauptstadt Ost-Jerusalem verfehlen. Die Frage stellt sich erneut: Warum hat das palästinensische Wahrheitsdokument nicht den Mut gehabt, die selbstzerstörerische Politik der Hamas eindeutig zu verurteilen? Das jedenfalls hat das südafrikanische „Kairos-Dokument“ von 1985 getan. Andererseits gilt aber auch: Wäre dem palästinensischen Wahrheitsdokument mit seinem Notschrei und Aufschrei nicht darin

8 Marquardt, Was wir hoffen dürfen, 285.

9 Marquardt, Was wir hoffen dürfen, 273f.

10 Vgl. dazu die kritischen Anmerkungen des Marquardt-Schülers T. Kriener, Landverheißung und Zionismus in der Theologie F.-W. Marquardts – eine Problemanzeige, in: H. Lehming u. a. (Hg.), Wendung nach Jerusalem (FS Marquardt), Gütersloh 1999, 217–226.

konkret zu entsprechen, dass – um nur ein Beispiel zu nennen – wir als Christinnen und Christen in Deutschland überall dafür eintreten, dass die seinerzeit bis heute historisch bedeutsamen Städtepartnerschaften zwischen Städten in Deutschland und Israel jeweils durch eine Städtepartnerschaft mit einer palästinensischen Stadt erweitert und damit zu Dreieckspartnerschaften vertieft werden? Eine solche Städtepartnerschaft besteht bereits zwischen Köln, Tel Aviv und Bethlehem.

6. In der Reihe der Unterschriften des Wahrheitsdokumentes fehlt der Name des ehemaligen Leiters der **Abraham-Herberge von Beit Jala**, des Pfarrers Jadallah Shihadeh. Denn dieser vertritt im Anschluss an Martin Buber, Karl Barth und Dietrich Bonhoeffer eine politische Theologie der Versöhnung, der Freiheit und Befreiung. Diese basiert nicht auf der Theologie der Substitution und Verallgemeinerung der in der Bibel speziell dem jüdischen Volk und Land geltenden Verheißungen. Shihadeh geht demgegenüber von der zentralen Abraham-Verheißung aus, die die Partikularität des in Abraham erwählten Israelvolkes nicht bestreitet, die aber sofort die Universalität der Segensverheißung an alle Völker (Gen 12,3; 17,4; Röm 4,17) betont. Shihadeh geht von der besonderen und bleibenden Bedeutung der Hagar-Ismael-Verheißung aus (Gen 16,10; 17,20). Er interpretiert die in Gen 25,9 erzählte Begegnung von Isaak und Ismael bei der Beerdigung Abrahams als Versöhnung der beiden und erinnert an die in Gen 25,12–18 dokumentierte **Genealogie der 12 Stämme Ismaels**, die die **parallele Segensgeschichte zur 12-Stämme-Geschichte des Volkes Israel** erzählend entfaltet. Ob es zufällig ist, dass im palästinensischen Wahrheitsdokument zwar zu Recht *schöpfungstheologisch* von der Ebenbildbestimmung aller Menschen und der Menschheit, nicht aber erwählungstheologisch von der Abrahamverheißung im Blick auf das Zwölf-Stämmevolk Israel die Rede ist? – Shihadeh bestreitet infolgedessen gesamtbiblisch nicht die bleibende Erwählung des Volkes Israel, sondern vertritt die biblische These, dass *der Segen des erwählten Volkes Israel auch zum Segen für das palästinensische Volk werden müsse*, wenn die bleibende Erwählung Israels, die immer zugleich Dienst an anderen bedeutet, nicht zur nationalistischen Erwähltheit verkommen soll, wie es in der südafrikanischen Ideologie und Politik der Apartheid geschehen ist. Shihadch vertritt schließlich die These, dass der Trennzaum bzw. die Mauer angesichts des palästinensischen Terrors für die Sicherheit des Staates Israel politisch nötig und vorläufig legitim sei, wenn auch illegitim darin, dass sie über weite Strecken völkerrechtswidrig über palästinensi-

sches Territorium verlaufen und weite Flächen Ackerland und wertvolle Olivenhaine der palästinensischen Bauern zerstört haben.[11]

7. Theologisch zeigen die Verfasser des Wahrheitsdokumentes (2–1ff.), dass sie eine Trinitätslehre der Substitution der bleibenden Erwählung Israels in dem folgenden Dreischritt vertreten: (1.) „Gott der Schöpfer – (2.) Christus das ewige Wort Gottes zum Heil der Menschheit und Welt – (3.) der Heilige Geist als die Kraft der Kirche und der ganzen Menschheit". Hier liegt die traditionelle Wurzel der Israelvergessenheit, die die Evangelische Kirche im Rheinland zu einer nicht-antijüdischen Reformulierung der Trinitätslehre in ihrer Arbeitshilfe 2009 veranlasste. Und zwar durch die Fortschreibung des Rheinischen Synodalbeschlusses von 1980 in Richtung auf ein trinitarisches Beten, Bekennen und theologisches Reden von dem einen JHWH, dem Gott Israels und Vater Jesu Christi, der sich in der triadischen Lebendigkeit seiner NAMENsoffenbarung in Israel, im Messias Jesus und im Heiligen Geist zu Shawuoth / Pfingsten (Apg 2) und in der Berufung der ökumenischen Kirche aus allen Völkern (Apg 15,14) konkret geschichtlich offenbart und vermittelt hat. Deshalb „sollte im Gottesdienst wieder stärker deutlich werden, dass es der eine Gott ist, der zum einen als Vater seine Bundesgeschichte mit Israel bzw. dem Judentum fortsetzt, der sich zum anderen in Jesus Christus, seinem Sohn, auch an die Völker wendet und zum dritten in seinem Geist jeweils gegenwärtig unter den Menschen anwesend ist"[12]. An die Stelle der Erwählung Israels tritt demgegenüber im palästinensischen Wahrheitsdokument die Erwählung aller Menschen zu Ebenbildern Gottes. – Damit arbeitet man mit der theologischen Kategorie der Universalisierung, präziser der universalen Verallgemeinerung: Die partikulare Erwählung Israels im Alten Testament sei mit dem Kommen Jesu Christi durch die Menschwerdung Gottes zu der Erwählung aller Menschen zu Ebenbildern Gottes verwandelt worden. Hier beseitigt in traditioneller Weise ein allgemeiner schöpfungstheologischer Rahmen die Partikularität der Erwählung Israels im Dienst aller Völker. Nicht der Zusammenhang von partikularer Berufung Abrahams zum universalen Segen aller (Gen 12,1–3), nicht der gesamtbiblische Zusammenhang der Partikularität der Erwählung Israels zum Licht und Zeugen für die Völker (Jes 42,6; Lk 2,32)

---

11 J. Shihadeh, Freiheit – nichts als Freiheit, Karlsruhe 2008.

12 Evangelische Kirche im Rheinland (Hg.), Den Synodalbeschluss zum Verhältnis von Christen und Juden weiterdenken – den Gottesdienst erneuern. Arbeitshilfe, Düsseldorf 2009, 20.

ist hier das Paradigma, sondern die durch das Kommen Jesu Christi angeblich erfolgte Generalisierung und Substitution der Erwählung Israels. Daraus folgt, dass wir im Juden wie in jedem Menschen nur noch das geschöpfliche Ebenbild Gottes, nicht mehr das zuerst zum Dienst an allen Völkern erwählte Israel zu sehen hätten. – Wer jemals die These von dem traditionellen Antijudaismus, d. h. der Judenfeindschaft in der theologischen Tradition der kirchlichen Trinitätslehre bezweifelt hat, kann hier die Notwendigkeit einer Reformulierung der traditionellen kirchlichen Trinitätslehre in ihrer Judenvergessenheit, ja Judenfeindschaft erkennen. In seiner Systematischen Theologie im Kontext biblischer Geschichte und Eschatologie hat H.-J. Kraus schon 1983 zu einem solchen Umdenken mit dem folgenden trinitarischen Dreischritt angeleitet: Gott kommt in Israel zur Welt (2. Teil). Gott kommt in Jesus, dem Messias Israels zu Israel und zur Welt der Völker (3. Teil). Gott kommt in seinem Geist mit dem Ziel der Weltvollendung zu Israel, der Kirche und der Welt der Völker (4. Teil).[13] Die traditionelle Trinitätslehre hatte zur Voraussetzung die Beseitigung des NAMENs des Gottes Israels und die Beseitigung Israels als des erwählten Volkes dieses NAMENs. Wie es der Göttinger Alttestamentler R. Smend klassisch formuliert hat: An die Stelle des Bundes JHWHs mit Israel im Alten Testament sei im Neuen Testament der Name Jesus Christus mit seiner Beziehung auf die Kirche und die universale Menschheit getreten.[14] Demgegenüber hat S. Kreuzer in seinem Aufsatz über den Weg des alttestamentlichen JHWH-Glaubens zum Monotheismus und über das daraus notwendig folgende Problem der Vermittlung und der Mittler des Heilshandelns Golles zu Recht eine Brücke vom Alten zum Neuen Testament und dann auch zur christlichen Trinitätslehre gesehen: Die Vermittlung des Wirkens JHWHs, des einen Gottes Israels, des *Vaters* und Schöpfers der Welt, geschieht in seinem kommenden Messias und seinem schöpferischen Geist. Nicht einfach mit dem Neuen Testament und dem christlichen Gottesverständnis im Sinne der Trinitätslehre identisch gilt Kreuzer zufolge doch, „dass die neutestamentlichen Aussagen über Christus und den Heiligen Geist wichtige Aspekte des alttestamentlichen Gottesbildes und der alttestamentlichen Gotteserfahrung

13 H.-J. Kraus, Systematische Theologie im Kontext biblischer Geschichte und Eschatologie, Neukirchen-Vluyn 1983, vgl. dazu B. Klappert. Die Trinitätslehre als Auslegung des NAMENs des Gottes Israels. Die Bedeutung des Alten Testaments und des Judentums für die Trinitätslehre, EvTh 62 (2002), 54–72.

14 Vgl. R. Smend, Die Mitte des Alten Testaments, München 1998.

aufnehmen und weiterführen“[15]. *In der Tat müssten die triadischen Aussagen des Neuen Testaments und die spätere Trinitätslehre wieder in alttestamentlicher Perspektive als Antwort auf die Frage nach der Vermittlung JHWHs, des einen Gottes Israels und Schöpfers der Welt, verstanden werden.* Wie R. Smend hat auch der reformierte Theologe O. Weber in seiner Dogmatik von der Beseitigung des NAMENs des Gottes Israels im Neuen Testament gesprochen: „Gott hat einen Namen und dieser Name heißt Jesus Christus. Wollte die Kirche jetzt noch ‚Jahwe‘ [...] sagen, so leugnete sie, was Gott (in Jesus Christus) getan hat.“[16] Allen solchen Substitutionstheorien gegenüber hat Bonhoeffer in seinem Brief vom Dezember 1943 in „Widerstand und Ergebung“ die Unübersetzbarkeit, die Unaussprechlichkeit und auch die Unübertragbarkeit des NAMENs des Gottes Israels eindrücklich in Erinnerung gerufen. Dort schreibt er: „Ich spüre übrigens immer mehr, wie alttestamentlich ich denke und empfinde [...]. Nur wenn man die Unaussprechlichkeit des Namens Gottes kennt, darf man auch einmal den Namen Jesus Christus aussprechen.“[17]

8. Zur Theologie des Landes im palästinensischen Wahrheitsdokument ist zu sagen, dass dieses die Verheißung des Landes an Israel in exegetisch und theologisch höchst problematischer Weise zugunsten einer *allgemeinen Theologie der Erde Gottes und des Erdkreises aller Völker bzw. der ganzen Menschheit* verallgemeinert (2,3,1ff.). Zur Neuorientierung in der Theologie des Landes Israel-Palästina sind die Arbeiten von Frank Crüsemann[18] und weiter die umsichtig entfaltete Theologie des Landes im Buch von Peter Hirschberg[19] zu vergleichen. Der Verallgemeinerung der Erwählung Israels geht also im palästinensischen Wahrheitsdokument die Verallgemeinerung **der auf Israel bezogenen Landverheißung** parallel. Dabei wird einmal die neutestamentliche Differenzierung zwischen

---

15 S. Kreuzer, Entstehung und Entwicklung des monotheistischen Gottesbildes im Alten Israel und im alten Testament, in: Seminar für Evangelische Theologie an der Bergischen Universität Wuppertal. Festschrift für W. Eckey, Wuppertal 2002, 48–66.

16 O. Weber, Grundlagen der Dogmatik, Neukirchen-Vluyn 1954, 462.

17 Brief an E. Bethge vom 5.12.1943, in: D. Bonhoeffer, Widerstand und Ergebung (DBW 8), München 1998, 226.

18 F. Crüsemann, Bausteine einer christlichen Theologie des jüdischen Landes, in: Deutscher Evangelischer Kirchentag (Hg.), Dokumentationsband des Deutschen Evangelischen Kirchentages Frankfurt, Fulda 2001, 384–394; F. Crüsemann, Abraham und die Bewohner des Landes, in: F. Crüsemann (Hg.), Kanon und Sozialgeschichte, Gütersloh 2003, 66–79; F. Crüsemann, Christen können den Anspruch des jüdischen Volkes auf das Land Israel respektieren, in: H. Frankemölle (Hg.), Juden und Christen im Gespräch über „Dabru emet – Redet Wahrheit“, Gütersloh 2005, 155–180.

19 P. Hirschberg, Die bleibende Provokation, Neukirchen-Vluyn 2008, 195ff.

„Land" und „Welt" im folgenden Jesus-Logion übersehen: Ihr (angesprochen sind die 12 ganz Israel repräsentierenden Jünger) seid das „Salz des *Landes* und das Licht der *Welt*" (Mt 5,13 nach der Übersetzung von David Flusser). Weiter wird übersehen, dass Jesus auf den Befehl Gottes mit seinen Eltern in das „Land Israel" (*erez Jisrael*) als „ein Zeichen der messianischen Hoffnung für sein jüdisches Volk"[20] zurückkehrt und dass der vorösterliche Messias Jesus die Grenzen des Israellandes nur in Ausnahmen, aber nicht grundsätzlich überschritten hat (A. Alt, J. Jeremias). Freilich wird andererseits der folgende fundamentale Sachverhalt auch von der jüdischen Siedlerbewegung übersehen: In der Bibel ist das **„Land der Verheißung"** keine geographisch klar bestimmte, sondern eine in seinen Grenzen sehr unterschiedlich umrissene Größe mit keiner eindeutigen geographischen Festlegung. Die Bibel spricht „vom Bach Ägyptens bis nach Dan", „von Dan bis Beersheva" oder von „diesem Land vom Strom Ägyptens bis zum großen Strom, dem Euphrat". Der Terminus „Land der Verheißung" (Hebr 11,9) bezeichnet deshalb weniger den Umfang als *das Lebensrecht des Volkes Israel und des jüdischen Volkes bis heute, im Land der Verheißung zu wohnen, zugleich aber auch das Recht der Fremden innerhalb und der Völker außerhalb der Grenzen Israels.* Der Staat bzw. die Staatlichkeit Israels, die schon in biblischen Zeiten in keiner Weise durchgängig[21] und erst recht nicht nach der Zerstörung Jerusalems durch Titus durch die ganze Geschichte des Judentums hindurch gegeben war, dient, wie Barmen Art. V formuliert, nach der Shoah bis auf weiteres dem Lebensrecht des israelitisch-jüdischen Volkes, in Recht, Frieden und Freiheit zu leben, notfalls unter Androhung und Ausübung von staatlicher Gewalt. Und insofern der Staat Israel das Lebensrecht des Volkes Israel schützt bzw. angesichts atomarer Bedrohung durch den Iran heute erst recht zu schützen in der Lage sein muss, ist dieser Staat und also auch „die Errichtung des Staates Israel als Zeichen der Treue Gottes zu seinem Volk" Israel, ist damit auch die Fortexistenz dieses Staates Israel in der noch nicht erlösten Welt in seiner relativen Notwendigkeit theologisch und politisch zu behaupten und bis auf weiteres auch von der Völkergemeinschaft (UNO) zu garantieren sowie zu verteidigen. Eine Theologie des verheißenen Landes muss dabei gegen die traditionelle christliche Theologie entwickelt werden, die die These vertrat und bis heute vertritt,

20 P. Fiedler zu Mt 1,20, in: P. Fiedler, Matthäusevangelium, Düsseldorf 2006, 67.

21 Vgl. H. J. Boecker, Das Problem des Staates in der Geschichte des alten Israel, in: H. J. Boecker, Gott gedachte es gut zu machen. Theologische Überlegungen zum Alten Testament (BthSt 54). Neukirchen-Vluyn 2003, 107–126.

dass mit dem Kommen Christi zwar nicht die Volksverheißung, wohl aber die Landverheißung abgeschafft worden sei.

9. Das Wahrheitsdokument endet mit der **Reich-Gottes- und Jerusalem-Utopie der Propheten**. Im Gefälle der antijüdischen Tradition seiner Verfasser, die zuvor die Israelerwählung und die Landverheißung theologisch beseitigt hatten, wird Jerusalem verallgemeinernd zur Stadt „Gottes in der Geschichte der Menschheit" erklärt (Abs. 9,3–5): „Alle Menschen" – darunter fallen nun auch die religiös verstandenen Juden – „sind auf dem Weg in diese Stadt" (9,5). Dadurch wird Jerusalem ohne das wiederhergestellte 12-Stämmevolk Israel, das Jesus mit seinen 12 Jüngern verheißungsvoll repräsentiert hatte, eschatologisch als Menschheitsstadt erhofft und anders, als es das letzte Buch der Bibel erwartet (Apk 21f.), zu einer israel- und judenfreien *kosmischen Weltstadt als Zentrum einer weltweiten kosmischen Erlösung*. Politisch würden die Thesen des Wahrheitsdokumentes zur immer wieder christlicher- und politischerseits geforderten Internationalisierung Jerusalems führen. Demgegenüber wäre die *Jerusalem-Utopie im Dienst der Völker* von F.-W. Marquardt zu vergleichen.[22] H.-J. Kraus betonte schon 1983 gegenüber der gesamtmenschheitlichen Verallgemeinerung einer Reich-Gottes-Theologie und einer Generalisierung Jerusalems zu einer kosmischen Menschheitsstadt: „Die Stätte der universalen Gemeinschaft mit Gott ist nicht einfach ‚die Erde' […], sondern die Stadt, in der der Gott Israels in seinem erwählten Volk zuerst gegenwärtig war (und, wie ich im Sinne von Kraus ergänzen möchte, auch bleibend ist und sein wird!). Die Völker […] kommen hinzu (vgl. Jes 60,1ff.). Ihr Ziel ist nicht eine abstrakte ‚Seligkeit' [oder, wie ich wiederum im Sinne von Kraus ergänze: nicht nur eine neue kosmische Weltgemeinschaft], sondern die Teilhabe am Geheimnis Israels."[23]

10. Bedauerlich ist, dass im Wahrheitsdokument eine **palästinensische Theologie der Befreiung** in bekannter antijüdischer Tradition der Ökumene auf Kosten der Befreiung des Volkes Israel entwickelt wird. Denn der Zionismus ist die Befreiungsbewegung des jüdischen Volkes. P. Pot-

---

22 Vgl. die Aufsätze in seiner Festschrift zum 70. Geburtstag H. Leming u. a. (Hg.), Wendung nach Jerusalem (FS Marquardt), Gütersloh 1999; weiter vgl. B. Klappert, Der Gott Israels in seinem Reich und Ort. Plädoyer für eine ortsorientierte (Jerusalem-)Utopie, in: M. L. Frettlöh / J.-D. Döhling (Hg.), Die Welt als Ort Gottes – Gott als Ort der Welt. Marquardts theologische Utopie im Gespräch, Gütersloh 2001.

23 Kraus, Systematische Theologie, 562 A13.

ters, des damaligen Generalsekretärs des ÖRK, verfasstes mutiges Plädoyer *„Zionismus ist kein Rassismus“* gegen die Resolution der UN-Vollversammlung vom 10.11.1975, derzufolge „der Zionismus eine Form des Rassismus und der rassischen Diskriminierung“ ist, scheint in dem sich ökumenisch verstehenden „Wahrheitsdokument“ völlig vergessen zu sein. Hinzu kommt: Obwohl das Wahrheitsdokument, wie schon gezeigt, die Parallele zwischen der Situation der Palästinenser und der Lage der Schwarzen in Südafrika zieht, verweigert es sich einer wirklichen Einzelanalyse mit den Fragen: Wo ist die Situation in Palästina gegenüber derjenigen in Südafrika grundlegend anders? – Aber auch anders herum: Wo gibt es in der Tat erschreckende Parallelen? Ich nenne z. B. die nur von Israelis befahrbaren, nur für sie trotz ursprünglich anders gegebener Zusagen freigegebenen und ihnen alleine vorbehaltenen Straßen über palästinensische Gebiete. Ich nenne weiter die Zerstückelung der palästinensischen Wohn-, Anbau- und Lebensgebiete. – Trotz aller dieser im „Wahrheitsdokument“ zu Recht beklagten Situation müsste, um den Rechtsforderungen seitens der palästinensischen Christen und Christinnen die nötige Begründung zu geben, theologisch und politisch die Wahrheit festgehalten werden: **Der Zionismus ist eine Befreiungsbewegung des jüdischen Volkes**, die seit 1947 *den Status eines Staates und der Rechtsstaatlichkeit erreicht* hat.[24] Wie für andere Befreiungsbewegungen gilt auch hier, dass ein solcher Befreiungskampf immer auch mit Unrecht und Gewalttat verbunden ist, der nachträglich aufgearbeitet werden muss. Das ist im Falle des *Befreiungskampfes in Südafrika* so weit wie möglich erfolgt,[25] das ist im Hinblick auf die *Gefangenenlager der SWAPO in Namibia* bis heute nur z. T. erfolgt.[26] Das ist auch im Hinblick auf den *Kirchenkampf während der Suharto-Diktatur in Nord-Sumatra* bisher nicht geschehen.[27] Die neue Historiker-Debatte in Israel hat sich dieser Frage der *Vertreibung von 1/3 der Palästinenser aus ihren angestammten Wohn-*

---

[24] Vgl. M. Stöhr (Hg.), Zionismus. Beiträge zur Diskussion, München 1980; P. von der Osten-Sacken (Hg.), Zionismus. Befreiungsbewegung des jüdischen Volkes, Berlin 1986; M. Krupp, Zionismus und Staat Israel. Ein geschichtlicher Abriss (GTB 791), Gütersloh 1992.

[25] Vgl. W. Lienemann, Nachträgliche Gerechtigkeit? Schuld und Versöhnung im Kontext der südafrikanischen Wahrheitskommission, in: J. Ebach u. a. (Hg.), „Wie auch wir vergeben unseren Schuldigern?“ Mit Schuld leben, Gütersloh 2004, 40–58.

[26] Vgl. dazu S. Groth, Namibische Passion, Windhoek 1985, und B. Klappert, Deutschland und seine Christenheit vor der Namibia-Frage damals und heute, in: J. Motte (Hg.), 100 Jahre Beginn des Antikolonialen Befreiungskrieges in Namibia, Wuppertal 2004, 25–60.

[27] F. Sihombing, Versöhnung, Wahrheit und Gerechtigkeit. Die ökumenische Bedeutung der Barmer Theologischen Erklärung für den Weg der Kirchen in Indonesien, Neukirchen-Vluyn 2007.

gebieten gestellt.[28] – Auch der **Kampf des palästinensischen Volkes um Befreiung** ist der zutiefst berechtigte Kampf einer Befreiungsbewegung, die *noch keine Staatlichkeit und Rechtsstaatlichkeit erreicht* hat, aber – durch UNO-Beschlüsse sanktioniert – auf dem Weg zu einer Staatlichkeit ist und deshalb die Unterstützung nicht nur der in der UNO vertretenen Völkerwelt, sondern auch des Staates Israel verdient, der ja seine Existenz ebenfalls einem UNO-Beschluss verdankt. Denn die Partikularität der Exodusgeschichte des jüdischen Volkes durch die Jahrtausende[29] hat neben sich als Verheißung die Befreiungsgeschichten auch aller unterdrückten Völker. Heißt es doch nach Ex 12,38 bedeutungsvoll: „Auch viele andere Menschen (viel fremdes Volk) zogen (mit Israel aus der Sklaverei Ägyptens) mit." Deshalb ist es auch nicht zufällig, dass in der die Befreiung aus der Sklaverei erinnernden Pessach-Haggadah bis heute die Völker aufgerufen werden, in den Lobgesang des Gottes Israels, der auch diese befreien will, einzustimmen (Ps 117; Röm 15,10). Deshalb heißt es in der Liturgie des jüdischen Passamahles, dass nicht nur das Volk Israel, sondern *jeder Mensch*, d. h. jedermann und jedefrau verpflichtet sind, „sich in jeder Generation so zu betrachten, dass er/sie selbst aus Ägypten ausgezogen ist"[30]. Deshalb endet die Pessach-Liturgie mit dem Liedsegen aus Ps 150,6: „Der Atem alles Lebendigen segne / lobe Deinen NAMEN, DU, unser GOTT"[31], was Mendelssohn in unvergessener Weise mit den Worten vertont hat: „Alles, was Odem hat, lobe den HERRN." Das aber bedeutet: *Die Befreiungsbewegung des jüdischen Volkes dient, muss dienen(!), der Befreiungsgeschichte der anderen unterdrückten Völker. Die Partikularität der Israelgeschichte steht gesamtbiblisch im Dienst der Universalität der Völker. Die Erinnerung an die eigene Unterdrückung durch die Jahrtausende müsste auch Israel für die Unterdrückungs- und Demütigungsgeschichte des palästinensischen Volkes und seiner Menschen sensibel machen.*

11. **Sowohl von kirchlicher als auch von staatlicher Seite** kann der Kampf des jüdischen Volkes und des Staates Israel um ein Leben in siche-

---

[28] Vgl. dazu T. Segev, Die ersten Israelis, Tel Aviv 1986 / 2008; T. Segev, Es war einmal ein Palästina. Juden und Araber vor der Staatsgründung Israels, Tel Aviv 1999 / 2005; I. Pappe, Die ethnische Säuberung Palästinas, Tel Aviv 2006f.

[29] L. Baeck, Dieses Volk. Jüdische Existenz, Bd. 1 London 1953, Bd. 2 London 1956; wieder abgedruckt in: A.-H. Friedlander / B. Klappert (Hg.), Leo Baeck-Werkausgabe, Gütersloh 1996, 33–374.

[30] R. R. Geis, Pessach-Haggadah, Düsseldorf 1954, 39.

[31] Geis, Pessach-Haggadah, 59.

ren Grenzen einerseits und das Recht des palästinensischen Volkes auf eigene Staatlichkeit und Lebensfähigkeit in Würde und Gerechtigkeit andererseits vielfältig unterstützt werden: *Politisch* darin, dass der widerrechtliche deutsche Export von „hightech" zum Bau atomarer Massenvernichtungsmittel an den Iran wirksam verhindert und nicht nur verbal gefordert wird. Weiter sollten die europäische Christenheit und angesichts ihrer Geschichte besonders die deutschen Kirchen die Europäische Union drängen, sich nicht hinter der amerikanischen Israel-Palästina-Politik zu verstecken, sondern eigene konstruktive Lösungen vorschlagen, um ein höheres politisches und ökonomisches Friedensprogramm mit dem Ziel der Realisierung der Zwei-Staatenlösung in Gang zu setzen. – *Theologisch* kann der Existenzkampf beider Völker dadurch gefördert werden, dass die solidarische Liebe zum Volk Israel und seinen Menschen praktiziert wird und die während der Nazizeit wiedergewonnene biblische Erkenntnis der bleibenden Erwählung dieses Volkes als Fundament und Wurzel der Kirche (Röm 11,18) immer neu erinnert wird. Sach 2,12 wurde von D. Bonhoeffer und K. Immer während der Judenpogrome der Synagogenschändungen des 9. November 1938 wiederentdeckt: „Wer euch (Israel) antastet, der tastet meinen (GOTTes) Augapfel an."[32] Mit anderen Worten: *Mit der Solidarität zum Volk Israel steht die Gottesfrage auf dem Spiel. GOTT schaut uns, die ökumenische Christengemeinde aus allen Völkern, mit Seinen Augen durch das Volk Israel an.* Was die Liebe zum Volk Israel und zu seinen Menschen anbetrifft, stellt sich für uns Christen und Christinnen damit die Frage, ob wir konkret diejenigen Gruppierungen, Institutionen und Menschen tatkräftig unterstützen, die sich in Israel für den Frieden mit den Palästinensern im Sinne einer Zwei-Staatenlösung einsetzen. Ich nenne auf der Seite Israels beispielhaft und ohne Anspruch auf Vollständigkeit: die Rabbiner für den Frieden, die Menschenrechtsorganisation B'Tselem, die Organisation Jad be Jad und Neve Shalom / Wahat al Salam, The Settlement Watch von Peace Now, die Leo Baeck-Schule in Haifa und nicht zuletzt die Siedlung Nes Ammim mit ihrer Neuorientierung auch in Richtung auf den Dialog mit den arabischen Israelis. Dabei stellt sich immer die Frage, ob z. B. unsere heute nötige Kritik an der vom Staat Israel geförderten oder geduldeten widerrechtlichen Siedlungspolitik noch unterschieden werden kann von denjenigen, die dies zum Anlass und Vorwand nehmen, Israel und seine Menschen generell an den Pranger zu stellen. Andererseits kann es doch nicht

[32] Vgl. dazu E. Brocke / J. Seim (Hg.), Gottes Augapfel, Neukirchen-Vluyn 1986.

angehen, dass der Friedensprozess, den Präsident Obama und seine Administration mit weitgehenden Sicherheitsgarantien für den Staat Israel voranzutreiben versucht, durch eine Schar von zelotischen Siedlern mit möglicherweise verhängnisvollen weltpolitischen Folgen zum Scheitern gebracht wird. Hinzu kommt: Der von Israels Regierung geförderte bzw. geduldete *Abriss von Häusern* sowie der systematisch betriebene *Aufkauf von Häusern im arabischen* – und übrigens auch christlichen – *Viertel von Jerusalem*, der an den sich mehrenden Fahnen Israels dort sichtbar wird und eine palästinensische Hauptstadt Ost-Jerusalem verhindern soll, *unterhöhlt die Neutralität und Legitimität der militärischen Aufsicht Israels über ganz Jerusalem.* – Aber nun gilt auch umgekehrt: *Die Liebe zum Volk Israel und seinen Menschen ist biblisch nicht zu trennen, sondern eng verbunden mit der Frage nach der Gerechtigkeit und also unlöslich mit der Frage nach dem Recht für das Werden des palästinensischen Volkes und seiner zu Unrecht auf so vielfällige Weise entrechteten, verachteten und gedemütigten Menschen.*[33] Daraus folgt, dass ein heute gängiger Slogan: „Wir müssen uns beiden Seiten gegenüber *neutral* verhalten“, theopolitisch nicht möglich ist. Denn die Liebe und Solidarität mit dem bleibend erwählten Volk Israel weist uns auf den Weg der Gerechtigkeit und Liebe zur palästinensischen Christenheit, die im ökumenischen Leib des Messias Jesus mit uns verbunden ist. M. a. W.: *Die Liebe zum Volk Israel als Wurzel der Kirche (Röm 11,18) und die Liebe zu den palästinensischen Geschwistern, die Teil des ökumenischen Leibes Christi sind, ist unteilbar.* Gerade von der theo-politischen Treue des Gottes Abrahams und der Sara zum Volk und Land Israel her haben wir nach dem Segen Abrahams und der Sara, der Hagar und des Ismael (Gen 16; 25,12ff.) für das palästinensische Volk auf dem Weg zu seiner Rechtsstaatlichkeit zu fragen und entsprechend zu handeln. Und auch hier stellt sich wiederum konkret die Frage, ob wir als Christen und Christinnen bereit sind, die christlichen und gesellschaftlichen Gruppierungen, die sich für das Werden der palästinensischen Gemeinden und die Weiterentwicklung der palästinensischen Kultur und Gesellschaft einsetzen, solidarisch und finanziell zu unterstützen. Ich nenne beispielhaft die Kulturarbeit von Mitri Raheb in Bethlehem und die Arbeit in der Abrahamherberge von Beit Jala.

---

[33] Vgl. dazu das Buch von A. Senfft, Fremder Feind, so nah. Begegnungen mit Palästinensern und Israelis, Wuppertal 2009.

12. Das palästinensische Wahrheitsdokument steht mit seiner **substitutionstheologischen Generalisierung der Erwählung Israels** und seiner Charismen (Röm 9,4f.) auch in der Tradition, wie sie in Palästina von alters her in der Theologie der Alten Kirche vorherrschend war. Martin Stöhr nennt in seinem Aufsatz über eine in der Theologie der Ökumene bisher verschwiegene Problematik folgende Repräsentanten einer Jahrhunderte alten palästinensischen Theologie der Substitution: 1. *Justinus Martyr* hat im Dialog mit dem jüdischen Mishnah-Gelehrten Tarphon (ca. 160 n. Chr.) die Substitutionstheologie anhand der Jeremia-Verheißung vom neuen Bund (Jer 31,31–34) bereits zu der – von Luther in seinen Schriften gegen die Juden (1543) mit Berufung auf Justin aufgenommenen – These verdichtet: Das wahre, in Jer 31 verheißene Israel, das sind wir, das ist die Kirche als das „geistliche Israel". – 2. Der 260 n. Chr. in Palästina geborene und aufgewachsene Hoftheologe *Euseb v. Caesarea* hat in seiner Konstantin-Biographie (Vita Constantini) die Abkoppelung des christlichen Ostertermins vom jüdischen Pessach mit der These begründet: „Nichts soll uns also mit dem überaus verhassten Judenvolk gemein sein." Dadurch wurde der Sakramentalisierung des ursprünglich aus der jüdischen Pessach-Tradition stammenden Abendmahles Jesu und der Urgemeinde Tor und Tür geöffnet und das große Passaverschweigen in der christlichen Theologie des Abendmahles / der Eucharistie eingeleitet. – 3. *Johannes Chrysostomos*, Bischof von Antiochien und Konstantinopel († 406 n. Chr.), hat in seinen Hetzpredigten gegen die Juden die Synagogen mit Bordellen verglichen.[34] Hier behandelt Stöhr auch die Befreiungstheologie zweier Mitunterzeichner des Wahrheitsdokumentes, Mitri Raheb und Naim Ateek. Denn dieses plädiert de facto nicht für eine „Zwei-Staaten-Lösung" (das Wort taucht im gesamten Wahrheitsdokument an keiner Stelle auf), verneint deshalb ausdrücklich einen „jüdischen oder islamischen Staat". Es spricht sich vielmehr vage und abstrakt aus für einen „Staat für alle seine Bürger und Bürgerinnen, […] der nicht auf Herrschaft einer Religion oder einer zahlenmäßigen Mehrheit" beruht (9,3). Im Unterschied zu einer biblischen Theo-Politik des bleibend Israel verheißenen Landes und der Versöhnung mit seinen Fremden und Nachbarn in Gerechtigkeit plädiert das „Wahrheitsdokument" für „ein neues Land" und „einen neuen Menschen" (Ab. 10). Damit unterstützt das Wahrheitsdokument indirekt politische Ziele der Hamas, die sich bis

34 M. Stöhr, Jüdisch-christlicher Dialog und palästinensische Theologie. Ein notwendiger Streit in der Ökumene, in: Ders., Drein-Reden, Wuppertal 1997, 156–170.

heute nicht für einen Staat Israel in sicheren Grenzen ausgesprochen hat und den Kampf im Bündnis mit dem Terrorstaat Iran und der syrischen Hisbollah so lange fortsetzen will, bis Israel aufgehört hat, als Staat auf der Landkarte zu existieren. Zu einem solchen hinter dem Wahrheitsdokument stehenden Ziel eines arabisch-palästinensisch dominierten, *binationalen Einheitsstaates* gehört auch, dass ein Israeli an keiner Stelle des Dokumentes sich als ein israelischer Staatsbürger, sondern nur noch als Vertreter der jüdischen Religion angesprochen findet. Es gehört dazu weiter nicht nur das Offenlassen der palästinensischen und jüdischen *Flüchtlingsfrage* zu Beginn des Wahrheitsdokumentes (1,1–6), sondern auch das Offenlassen der *Grenzfragen*: Sind die Grenzen von vor 1967 gemeint, hinter die sich die Militärbesatzung Israels zurückziehen soll, was aber die Entwurzelung von 0,5 Millionen jüdischer Staatsbürger zur Folge haben würde. Oder fordert das Wahrheitsdokument pragmatisch-politisch den von den meisten Regierungen der UNO unterstützten, weil allein praktikablen gerechten Landausgleich im Rahmen einer Zwei-Staaten-Lösung? Oder will man diese wichtige Frage. ohne die ein wirklicher Friede in Israel-Palästina nicht möglich sein wird, bewusst offen lassen, weil es eigentlich um das Ziel einer Einstaatenlösung mit der Folge einer demographisch zu erwartenden palästinensischen Bevölkerungsmehrheit geht? Anders gefragt: Geht es dem Wahrheitsdokument, wenn es dieser Linie folgt, wirklich – wie damals dem südafrikanischen Kairos-Dokument von 1985 – um eine *Theologie und Utopie realer politischer Befreiung*? Oder geht es ihm doch eher um politische Ziele, die dem eigenen Volk – anders als es Willy Brandt vor mehr als 30 Jahren im Blick auf die Gebiete jenseits von Oder und Neiße dem deutschen Volk zugemutet hat – schmerzliche Wahrheiten verschweigen und damit letztlich nicht dem Recht, dem Frieden und der Freiheit dienen? – Umgekehrt gilt aber auch im Blick auf viele Kritiker des Wahrheitsdokumentes, dass sie *die Tatsache, dass die Jahrzehnte dauernden Verhandlungen mit der Regierung Israels für die palästinensische Seite nichts gebracht haben, nicht wirklich menschlich sensibel und politisch realistisch in Rechnung stellen.*[35] Darüber hinaus antworten sie nicht auf die seit langer Zeit sich aufdrängenden Fragen, z. B. auf die Frage, *welche Optionen innerhalb des non-violence-movement den palästinensischen Christen und Christinnen, aber*

[35] Z. B. M. F. Lowe, Das palästinensische Kairos-Dokument. Eine Hintergrundanalyse, Berlin 2010, und R. Schieder, EKD regt Diskussion über Wirtschaftsboykott Israels an, KuI 2 (2010), 184–190-191–194.

auch der palästinensischen Autonomiebehörde denn konkret zur Verfügung stehen. Auch auf die weitere Frage gehen die genannten Beiträge nicht ein: Warum redet das Wahrheitsdokument nicht mehr von einer Zwei-Staatenlösung? Etwa nur deshalb, weil sie der Einstaatenlösung folgen oder etwa auch deshalb, weil durch die extensive Siedlungspolitik Israels in der Westbank und infolgedessen durch die Zerstückelung der palästinensischen Gebiete eine Zwei-Staatenlösung gar nicht mehr realisiert werden kann? Müssen wir nicht erkennen, dass die sich polarisierenden Lager auf beiden Seiten spiegelbildlich einander entsprechen? Der Groß-Israel Ideologie auf der Seite der religiösen Rechten in Israel entspricht exakt auf der anderen Seite die Forderung nach einem Groß-Palästina als multireligiöser und multiethnischer Staat.

13. Demgegenüber muss es heute um einen **dritten Weg** jenseits von pseudo-christlichem Fundamentalismus und judenfeindlicher Befreiungstheologie gehen. In seinem Buch „Leben nach dem Holocaust" (2010) hat der renommierte Japanische Jurist und Theologe, Prof. Dr. Mitsuo Myata aus Sendai/Nordjapan, der so etwas wie der Gustav Heinemann Japans ist, sich unter Berufung auf das palästinensische Wahrheitsdokument zu Recht gegen **(a) eine fundamentalistische Theologie der Landnahme** gewandt, wie sie von einflussreichen amerikanisch-fundamentalistischen Fernsehpfarrern und der zelotischen Siedlerbewegung in Israel vertreten wird. Er hat dann aber, wie es das palästinensische Wahrheitsdokument tut, auch den Rheinischen Synodalbeschluss von 1980 im Zusammenhang dieser Ideologien der Befürwortung einer zelotischen Theologie der Landnahme genannt. – Im Gegensatz zu dieser fundamentalistischen Landnahme-Ideologie vertreten seit Jahren insbesondere palästinensische Pfarrer (z. B. Dr. Mitri Raheb/Bethlehem in seinem Buch „Ich bin Christ und Palästinenser" [1994]), **(b) eine antijüdische Befreiungstheologie.** Die bleibende Erwählung des Volkes Israel wird hier bestritten und durch die in Christus erfolgte Erwählung der einen Menschheit ersetzt. Diese Gestalt palästinensischer Theologie macht die heute in der Tat unendlich gedemütigten und *rechtlos gemachten Palästinenser* in unzulässiger Weise zu dem in Ägypten versklavten Volk Israel von heute, wie die Theologie des Minjung dies für die *Armen in Südkorea*, japanische Theologen dies für die *verarmte Urbevölkerung der Burakumim in Japan* und indische Theologen dies für die *gesellschaftlich und kastenmäßig deklassierten südindischen Dalith* getan haben. Auch Teile der lateinamerikanischen Theologie der Befreiung tun das im Blick

auf die *Armen und Elenden in den Favellas*, wie H. Brandt eindrücklich gezeigt hat.[36] Diese antijüdische Tradition der Ersetzung und Substitution des bleibend erwählten Volkes Israel durch das Volk der Armen und Gefangenen, der Erniedrigten und Beleidigten in Palästina von heute steht aber, wie gezeigt, in der Nachfolge der *altkirchlichen Substitutionstheologie der Kirchenväter Palästinas*. Beiden Positionen, sowohl der fundamentalistischen Ideologie der Landnahme als auch der palästinensischen Befreiungstheologie gegenüber hat **(c) die Rheinische Kirche im Synodalbeschluss von 1980 sich für einen dritten Weg** entschieden. Für einen Weg, der von der Einsicht in die bleibende Erwählung des jüdischen Volkes und der „Rückkehr des Volkes Israel in das Land der Verheißung" herkommt. Die Synode bekannte sich zu der Einsicht, dass auch die Errichtung des Staates Israel *Zeichen der Treue des Gottes Israels und Vaters Jesu Christi* gegenüber dem bleibend erwählten Volk Israel ist. Im weiteren Verlauf hat sie sich *von daher* ausdrücklich für das Recht der Palästinenser auf politische und gesellschaftliche Befreiung, d. h. auf eine eigene Volkswerdung und einen eigenen lebensfähigen palästinensischen Staat ausgesprochen. Denn „Zeichen der Treue Gottes" bedeutet auch, dass der *Zeichencharakter* der Staatlichkeit Israels nicht einfach faktisch *vorgegeben*, sondern zugleich durch eine gerechte Politik des Staates Israel gegenüber seinen arabischen Mitbürgern und palästinensischen Nachbarn auch *aufgegeben* ist und folglich durch eine ungerechte und menschenverachtende Politik gegenüber den Palästinensern auch verdunkelt werden kann. Darauf weist auch die biblische Tradition, worauf Siegfried Kreuzer in seinem Beitrag „Das Gottesvolk und seine Wurzeln. Ursprungsgeschichte als Orientierung und Verpflichtung" hingewiesen hat: „Bei der Exodusgeschichte wird die Not in Ägypten besonders als Bedrückung durch übermäßige Fronarbeiten geschildert; und zwar genau mit dem Vokabular, das uns aus der Beschreibung der Fronarbeiten im Zusammenhang der salomonischen Bautätigkeit bekannt ist [...]. Jeder Israelit konnte sich einen Reim darauf machen, wenn jetzt, unter dem eigenen König im eigenen Land, eine Situation eingetreten war, wie sie zur Zeit der Not in Ägypten bestanden hatte."[37] In der von der Rheinischen Kirche 2009 publizierten *Arbeitshilfe* „Den rheinischen Synodalbe-

---

36 H. Brandt, Die Benutzung des Judentums in der Befreiungstheologie, ÖR 21 (1992), 424–440.

37 S. Kreuzer, Das Gottesvolk und seine Wurzeln. Ursprungsgeschichte als Orientierung und Verpflichtung, Wuppertaler Ringvorlesung 1993, in: S. Kreuzer (Hg.), Kirche – Kontinuität und Wandel, Wuppertal 1994, 91–107, 97.

schluss zum Verhältnis von Christen und Juden weiterdenken“, die den Synodalbeschluss von 1980 aktuell für die neue Situation des 21. Jahrhunderts fortschreibt und auch von der Fortexistenz des Staates Israel als Zeichen der Treue Gottes spricht, ist diese *solidarisch-kritische Position zum Staat Israel* erneut nach zwei Seiten vertieft worden: im Blick auf das Recht des Staates Israel auf sichere Existenz in unantastbaren Grenzen einerseits und im Blick auf das Recht der Palästinenser auf einen eigenen lebensfähigen Staat in ausreichenden Grenzen mit der Hauptstadt Ost-Jerusalem andererseits. M. Myata hat als Antwort auf meine Frage an ihn in seinem Brief vom 2. Dezember 2010 bedauert, dass aus seinem Buch „Nach dem Holocaust leben“ ein falscher Eindruck entstanden ist, wobei er gleichzeitig versichert, dass er dem dritten Weg der Rheinischen Kirche auch seinerseits rechtspolitisch und ökumenisch verpflichtet ist.

Denn der Segen der Erwählung des einen Volkes Israel muss sich in dem Segen für das andere Volk der Palästinenser auswirken!

Epilog: Meine nur ganz vorläufige Würdigung des Palästina-Kairos-Dokumentes aus dem Jahre 2009 aus der Perspektive des Jahres 2014 kann ich nicht abschließen, ohne auf zwei Unterzeichner des palästinensischen Wahrheitsdokumentes noch eigens aufmerksam zu machen, die in jeweils einer Publikation *vor* und *nach* dem Jahr 2009 die Lage der Palästinenser in den vielfältigen Formen der Unterdrückung, Enteignung und Entrechtung theologisch und gesellschaftspolitisch eingehend dargestellt haben.

Der **Bischof** der Evangelisch-Lutherischen Kirche von Jordanien und dem Heiligen Land (ELCJHL), **Munib Younan**, hat im Jahre 2003 sein Buch *Witness for Peace. In Jerusalem and the World*[38] veröffentlicht. Darin wird die Schilderung der Situation des Leidens und der Unterdrückung mit einer gesellschaftspolitischen Analyse so verbunden, dass die sachliche Nähe dieses Buches zum südafrikanischen Kairos-Dokument (78) keinem Zweifel unterliegen kann.

Die **Strategie des gewaltfreien Widerstandes** muss nach Younan täglich unter der Gewalt von oben durch die Okkupationsmacht Israels durchgehalten werden. Deshalb kann die terroristische Gewalt von unten aufseiten der Palästinenser, von der sich Younan deutlich distanziert, nicht verurteilt werden, ohne dass man zugleich die Gewalt von oben

38 M. Younan, Witness for Peace. In Jerusalem and the World, Minneapolis 2003.

aufseiten der israelischen Armee ebenfalls eindeutig verurteilt.[39] Da gibt es täglich die *physische Gewalt* durch die israelischen Soldaten, die „die Ordnung aufrechterhalten" sollen. Da gibt es täglich die *psychische Gewalt*, wenn erwachsene Männer und Frauen an den Checkpoints gedemütigt werden. Da gibt es täglich die inhumane Gewalt, wenn die Grundrechte auf Wasser, Land und Gesundheitsfürsorge verweigert werden. Da gibt es die längerfristige *ökonomische Gewalt*, wenn Menschen daran gehindert werden, zu ihrer Arbeit zu gehen und 60 % der palästinensischen Bevölkerung arbeitslos sind.[40] Da gibt es die strukturelle *verkehrs-politische Gewalt*, wenn palästinensische Pfarrer und Gemeindebedienstete für einen Weg von 20 Minuten einen Umweg von 2½ Stunden fahren müssen, um von der Westbank aus Jerusalem zu erreichen.

Diese von Younan geförderte und geforderte Strategie des an Martin Luther King orientierten gewaltfreien Widerstandes weiß sich dabei zugleich in einer *Verantwortung für das Judentum in Israel wie auch für den Islam in Palästina*.[41] Das mit Herzblut geschriebene Buch kommt von einem palästinensischen Menschen, der in Jerusalem im Raum einer alten Jerusalemer Familie geboren ist und um das Land von Haus aus weiß, das für Juden, Christen und Muslime heilig ist. Wer wie ich die Möglichkeit besaß, eine Woche lang auf einem Symposion im Mai 2014 Bischof Younan zu erleben und mit ihm persönlich länger zu sprechen, wird die tiefe Spiritualität und das ernsthafte Engagement dieses Bischofs für den Frieden in versöhnter Verschiedenheit von Juden, Christen und Muslimen im Dienst für Palästina *und* Israel mit einer geteilten Hauptstadt Jerusalem nicht so leicht vergessen.

Der Dozent der baptistischen Gemeinde in Nazareth und Professor am Bethlehem Bible College, **Pastor Dr. Yohanna Katanacho**, vertritt als arabischer Israeli trotz seiner Unterschrift unter das Palästina-Kairos-Dokument in seinem Buch *The Land of Christ. A Palestinian Cry*[42] (Nazareth 2012) eine gesamtbiblische, besonders an der Hebräischen Bibel orientierte Theologie, in deren Zentrum eine messianische Christologie für die Menschheit und eine theo-politische Eschatologie für das Land Israel-Palästina als Land der Hoffnung für die Menschheit stehen. Die zuvor in meinen vorläufigen Überlegungen an die Generalisierung der biblischen Landverheißungen ohne Israel und an eine Trinitätslehre ohne

---

39 Vgl. Younan, Witness, 80.
40 Vgl. Younan, Witness, 77f.
41 Vgl. Younan, Witness, 128ff.142ff.
42 Vgl. A1.

jüdische Kontur gestellten Fragen wären hier zu wiederholen. Katanacho's Ausführungen zeugen aber von einem an der „ganzen Heiligen Schrift“ (Martin Luther) orientierten Ernst und einem an der Gewaltfreiheit orientierten ethischen Engagement, die auf weitere Gespräche hoffen und für ein gemeinsames Hören auf die Schrift und Lernen von der Schrift in den jeweils verschiedenen Kontexten, in denen wir in Deutschland hier und in Israel-Palästina dort leben, offen sind. Wer wie ich die Möglichkeit hatte, auf dem schon genannten Symposion im Mai 2014 in Jerusalem auch Yohanna Katanacho zu hören, zu sprechen und ihn zu erleben, wie er dem nach Recht und Gerechtigkeit ausgerichteten „Schreien der Palästinenser“ persönlichen Ausdruck verleiht, wird diese Begegnung so schnell nicht vergessen.

Während ich dies schreibe, erreicht mich die Nachricht vom 20.5.2014 aus Bethlehem von **einer illegalen Aktion jüdischer Siedler gegen die Ölbäume der palästinensischen Familie Nassar**: Das Militär sperrte die Straßen zwischen 7.00–9.00 Uhr heimlich zu einem Stück Land der Nassar-Familie ab, auf dem 800 Bäume verschiedener Art gepflanzt waren. Bulldozer rissen die Bäume aus dem Erdreich. Der furchtbare Anblick der Verwüstung war kaum zu ertragen. Eine komplett zerstörte Sandlandschaft war entstanden. Die vielen gerodeten Apfel-, Mandel-, Oliven-, Aprikosen- und Traubenbäume, denen die Erntezeit kurz bevorstand, wurden gewaltsam aus dem Boden herausgerissen, durch Bulldozer in ein Loch geschoben und mit Erde überschüttet. Die Antwort der völlig überrumpelten und geschockten Familie Nassar aber lautete: „Die mögen stärker sein als wir, die mögen Bulldozer haben, die mögen versuchen uns aus dem Land zu vertreiben – wir werden aber weitermachen und nicht aufgeben! Für jeden gefällten Baum werden wir zwei neue pflanzen, weil wir Hoffnung haben und nicht aufgeben werden!“

Das Pflanzen von jeweils zwei neuen Bäumen für jeweils einen zerstörten und um seine Früchte gebrachten Baum ist nach jüdischer und christlich-lutherischer Tradition Zeichen einer widerständigen Hoffnung auf ein Israel-Palästina in Frieden, Freiheit und Gerechtigkeit – letztlich auch im Dienst der Versöhnung und des Friedens in der Völkerwelt. Denn die bleibende Erwählung Israels und die Segensverheißung für Palästina und für die Völker gehören zusammen.

„Geh hin und lerne!“

Dankesrede zur Verleihung der „Goldenen Menorah“ durch die Gemeinde der Bergischen Synagoge in Wuppertal-Barmen

Sehr geehrter Herr Rabbiner Dr. David Vinitz, sehr verehrter Herr Leonid Goldberg und liebe Altoberbürgermeisterin Frau Ursula Krause!

Wenn ein Mensch von der Menorah hört, dann denkt er oder sie zuerst an die MENORAH des Künstlers Elkan vor der Knesset in Jerusalem. Wenn ein Christ aus den Völkern mit der „Goldenen Menorah“ geehrt werden soll und diese Menorah in Jerusalem näher studiert, dann wird er auf eine Szene aufmerksam, die vielen bekannt ist und oft erzählt wird:

Ein Mensch aus der Völkerwelt, vielleicht ein Gottesfürchtiger, geht zu dem rabbinischen und wegen seiner Strenge bekannten Lehrer Schammai und bittet ihn um die Auslegung der Tora, solange er auf einem Bein stehen kann. Nachdem Schammai ihn in Wut mit seiner Schneiderelle aus seiner Werkstatt vertrieben hat, geht er zum Liebespharisäer Hillel mit derselben Bitte. Und Hillel antwortet ihm mit dem berühmten Wort: „Alles, was ihr nicht wollt, das euch die Leute tun, das tut ihnen auch nicht.“ Zu Deutsch: „Was du nicht willst, was man dir tu, das füge auch keinem anderen zu.“

Diese „Goldene Regel“ findet sich in allen Religionen und Weisheitstraditionen der Welt und ist eine wichtige Leitlinie der Ethik und des Weltethos-Konzeptes von Hans Küng und seiner Schüler, zu denen auch ich seit meinem Tübinger Studium gehöre. Alle Religionen auf diese Regel der Humanität zu verpflichten, macht Sinn und ist heute nötiger denn je.

Was aber bei der Erzählung der Hillel-Überlieferung meistens nicht weitererzählt wird oder sogar ganz unbekannt oder unbenannt ist, was aber für den Dialog unter den Religionen von fundamentaler Bedeutung bleibt, ist die folgende Hinzufügung Hillels: „Geh hin und lerne!“ Judentum bedeutet lebenslanges Lernen und Teilnahme am Weg des Judentums, an der Auslegungstradition, der Geschichte und Philosophie des

Judentums ebenfalls. Die Goldene Regel soll also nach Hillel nicht, wie oft missverstanden wird, auch von Lessing nach seinem heute besonders wieder zu erinnernden „Nathan der Weise" (1779) in seiner „Erziehung des Menschengeschlechtes" (1780) missverstanden wurde, aus der Tora in eine allgemeine Humanität der Toleranz ohne Identität führen. Die Goldene Regel soll vielmehr in die Weite der Tora des Gottes Israels und ihrer rabbinischen Auslegung für alle Völker hineinführen.

Während viele Menschen und z. T. auch Christen sich danach sehnen, mit und nach dem Sterben endlich ausführlich schlafen und alles vergessen zu können, ist es jüdische und auch calvinische Tradition, sich danach zu sehnen, in der kommenden neuen Welt Gottes, im „Leben der zukünftigen Welt", wie es das Nicaenum Constantinopolitanum (NC 381) bekennt, nicht zu schlafen und dahinzudösen, sondern endlich ungestört die Tora studieren zu können. Denn, so hat Karl Barth auf der Barmer Synode einmal formuliert, wenn wir dort nur schlafen wollen, schlafen wir auch hier und wer dort wachen möchte, wird auch schon hier wachsam sein. Das alles ist also mitzuhören, wenn einem Menschen und dann einem Christen aus den Völkern, wie ich es bin, von einer Synagoge, wie unserer Synagoge in Wuppertal, die „Goldene Menorah" mit diesem Hinweis auf Hillel, den Älteren, überreicht worden ist.

Meine Antwort auf die ehrenvolle Überreichung der „Goldenen Menorah" möchte ich kurz in drei Stichworten zusammenfassen: DANK, FREUDE und HOFFNUNG.

Dank

– Ich habe zunächst dem Vorstand und besonders Herrn Leonid Goldberg als dem erfahrenen Leiter unserer Wuppertaler Synagoge zu danken. Er hat uns, nachdem meine Frau und ich regelmäßig besonders den Schabbat-Gottesdienst besucht haben und wiederum regelmäßig zur Pesach-Feier eingeladen worden sind, während des sabbatlichen Kiddusch nicht mehr als „Gäste" begrüßt, weil er uns als Teilhaber an der Gemeinde verstand. Sie, lieber Herr Goldberg, haben mich einmal in einem Brief einen „ben ha bajit", einen „Sohn des Hauses" genannt. Das hat mich tief berührt, da ich die Bedeutung dieses Terminus aus den rabbinischen und chassidischen Traditionen und auch aus der neutestamentlichen Jesus-Tradition (Lk 2,49) gut kenne. Das Judentum ist in seiner Geschichte eine offene Religion gewesen und hat sich den umgebenden Völkern gegenüber weitestgehend geöffnet, was diese leider nur zu oft nicht erwidert, sondern mit Hass beantwortet haben. Deshalb hat Gershom Scholem mit Blick auf die SHOAH und deren lange Vorgeschichte bestritten, dass es überhaupt eine „jüdisch-christliche Begegnung und Synthese“ im engeren und tieferen Sinne in Deutschland gegeben hat.

Dennoch steht am Eingang unserer Wuppertaler Synagoge in Hebräisch der Text aus Jes 56,7: „Und die Fremden, die sich dem HERRN anschließen, um ihm zu dienen und den NAMEN des HERRN zu lieben, werde ICH zu meinem Heiligen Berg bringen, und in meinem Bethaus werde ICH sie e r f r e u e n , denn mein Haus soll ein Bethaus genannt werden für alle Völker.“ Jesus hat gegenüber den Versuchen einer orthodoxen Abschottung und gegenüber einem ökonomischen Missbrauch des Tempels diese Prophetie des Jesaja seinerseits wiederholt (Mt 21,13). Wenn ich deshalb von „ u n s e r e r Wuppertaler Synagoge“ spreche, dann meine ich zunächst unsere „Bergische Synagoge“, ich meine damit sodann unsere Synagoge im Sinne der Einladung des Propheten Jesaja auch an die Menschen aus den Völkern. Ich meine schließlich eine noch tiefere Dimension, nämlich mit meiner Frau in der Synagoge auch beheimatet und nicht mehr nur Gäste und zu Gast zu sein. Dafür möchte ich hier ausdrücklich danken.

– Ich habe sodann Herrn Rabbiner Dr. Vinitz zu danken, weil ich gerne und aufmerksam seinen leider für mich oft zu kurzen – ich würde oft gerne mehr hören! – Auslegungen der Abschnitte, der Paraschoth aus der Tora, den fünf Büchern Mose, höre. Da wir Christen in Theologie und Kirche nur selten über das 3. und 4. Buch Mose, Wajikra und Ba-Midbar, Vorlesungen halten und Predigten hören, ist mir Ihre Auslegung wichtig und die anschließenden Gespräche darüber ebenfalls. Auch kommen Sie gelegentlich, wie zuletzt über „Abraham – unser Vater“, zum Referat in meine Vorlesungen auf den sog. „Heiligen Berg“ an die Kirchliche Hochschule Wuppertal-Bethel. Denn Abraham ist unser aller Vater und Sarah ist unser aller Mutter: der Juden, der Christen, der Muslime und zum Segen für alle Völker (1 Mose 12,1–3).

– Ich habe besonders Frau Ruth Jael Tutzinger für ihre informative und sensible Darstellung meiner und meiner Frau Vita seit unserer Geburt in Sumatra/Indonesien zu danken, mit der sie sich viel Mühe gemacht hat. Als ich gefragt wurde, wen ich mir von außerhalb der Synagoge als „Laudator oder Laudatorin“ wünsche, habe ich das abgelehnt, weil ich von der jüdischen Gemeinde geehrt werden wollte, die mich mit der „Goldenen Menorah“ ehren möchte. Die Wahl fiel dann auf Ruth Tutzinger vom Vorstand der jüdischen Kultusgemeinde, die inzwischen eine enge Freundin unseres Hauses geworden und durch die Laudatio noch mehr geworden ist. Wir haben sodann der jüdischen Gemeinde zu danken, zu deren Mitgliedern enge menschliche Beziehungen entstanden sind, was auszuführen hier nicht die Zeit ist.

– Ich habe weiter meiner Frau Dietlind zu danken. Es gibt den Slogan: „Hinter einem geehrten und erfolgreichen Mann steht immer eine starke Frau.“ Ich habe mich öfters gewundert, warum in einer nach wie vor von Männern dominierten Gesellschaft dieser Slogan an Kiosken so gut verkauft wird, bis mir klar wurde: Auch hier kommt, trotz aller Würdigung, die Frau noch immer h i n t e r dem Mann zu stehen. Bei meiner Frau war das anders und ist das anders. Sie ist in der Begegnung mit dem Judentum nicht nur neben mir gegangen, sondern ist mir seit Jahren auch im Blick auf unsere Wuppertaler Synagoge weit vorausgegangen. Das ist schon das Erbe ihrer Mutter, die während der mörderischen Japanischen Besatzung Indonesiens sich weigerte, am Geburtstag des Tenno diesen Jahr für Jahr als „Gott“ zu grüßen, weil es gegen das 1.Gebot sei, wozu es damals viel Mut brauchte. Das ist auch darin das Erbe ihrer Mutter, die während der Nazizeit eine Liebhaberin von Heinrich Heine war. Das ist nicht zuletzt darin das Erbe meiner Schwiegermutter, dass sie oftmals zitierte: „Wer euch, Israel, antastet, der tastet meinen Augapfel an“ (Sacharja 2,12). Gott sieht nach diesem Prophetenspruch alle Religionen und alle Völker mit den Augen seines bleibend erwählten Volkes Israel an. Das ist ein Wort von nicht auszulotender Tiefe und eminent praktisch-ethischer Bedeutung.

Auf eine solche Tradition wie die meiner Frau, die diese ihrerseits aktiv weitergeführt hat, kann ich leider familiär nicht verweisen. Als wir beide im Jahre 1948 über das grauenvolle KZ Neuengamme bei Hamburg, das als ehemaliges KZ nunmehr als Durchgangslager für alle aus dem Ausland zurückkehrenden Deutschen diente, zurückkehrten, sahen wir das von den mörderischen Nazis vernichtete Deutschland, ohne dass wir das als Kinder alles verstehen konnten. Wir wussten noch nicht, was ein Picasso einem deutschen Offizier antwortete, als dieser ihn während der Besatzungszeit in Picassos Atelier aufsuchte, das erschütternde Guernica-Bild sieht und fragt: „Haben Sie das geschaffen?“ und Picasso mutig antwortet: „Nein, Monsieur, das waren Sie!“ Als ich im Alter von 9 Jahren erstmals meinem Großvater in Siegen begegnete, sagte er zu mir: „Kauf niemals Tiere von den Juden. Ich habe von einem Juden eine Ziege gekauft, die uns im Krieg mit Milch versorgen sollte. Sie aber hat schon nach kurzer Zeit ihre Milchproduktion eingestellt." So habe ich, das werden Sie gut verstehen, einen langen Weg von da bis zu der heutigen Ehrung zurücklegen müssen und auch dürfen.

– Ich habe in diesem Zusammenhang besonders meinen jüdischen Lehrern zu danken, die alle zwei Jahre in einer Jüdischen Gastdozentur an unserer Hochschule über „Geschichte, Liturgie, Theologie, Philosophie und Ethik des Judentums" gelehrt haben, deren Vorlesungen ich jeweils gehört und begleitet und mit denen ich gemeinsame Seminare abgehalten habe: Es waren der orthodoxe Philosophieprofessor Michael Wyschogrod, den wir von den Kirchentagen her kennen; der Auschwitzhäftling und Heinz Kremers-Freund Prof. Yehuda Aschkenazy aus den Niederlanden, den ich mit dem Zug jeweils bis an die niederländische Grenze begleiten musste, weil er in deutschen Zügen nicht mehr alleine fahren konnte; der Direktor des Leo Baeck-College in London, Albert H. Friedlander, der die Leo Baeck Werkausgabe organisierte, und die jüdische Feministin Chana Safrai. Ihrer aller Andenken werde uns zum Segen! Weiter Rabbiner Prof. Dr. Jonathan Magonet, der durch meine Vermittlung inzwischen an der Theologischen Fakultät der großen Seinan Gakuin-Universität in Fukuoka, Südjapan, gelehrt und dort großes Interesse im Blick auf seine Vorlesungen gefunden hat. Dazu kommen andere, die ich hier nicht mehr einzeln aufzählen kann.

– Ich habe weiter meinen Jerusalemer Lehrern zu danken: dem großen Talmudisten Shmuel Safrai, der mich dadurch faszinierte, dass er die ganze Hebräische Bibel Buchstabe für Buchstabe im Kopf hatte und die älteren Chassidim, die „chassidim ha rishonim", als einer der ersten im Talmud wiederentdeckt hat, zu denen er auch Jesus von Nazareth zählte. Sodann gilt mein besonderer Dank dem an der Hebräischen Universität Neues Testament lehrenden weltbekannten Neutestamentler David Flusser, der zuletzt sein Buch über „Jesus" (rororo) in russischer Sprache veröffentlicht hat und in dessen Haus in Jerusalem ich unvergessene und lehrreiche Gespräche bis zu seinem Sterben führen konnte. Ihm verdanke ich auch den Hinweis auf die Bedeutung des von Franz Delitzsch in das rabbinische Hebräisch übersetzten Neuen Testaments, der Berith Chadaschah, das er an der Jerusalemer Universität mit den Studierenden benutzte und für das Verständnis des Neuen Testaments für grundlegend hielt. Flussers Lebenswerk sollte auch in unseren Universitäten mehr studiert und nicht vergessen werden. Ich verdanke meinen schweizer und deutschen Lehrern an den verschiedenen Universitäten viel. Aber bei diesen jüdischen Lehrern und Lehrerinnen habe ich noch hinzugelernt, was ich dort nicht lernen konnte.

– Ich habe besonders für die Liturgie und deren Tiefe zu danken, die meine Frau und ich in den Schabbat-Gottesdiensten, dem Kiddusch anschließend und in dem tiefgründigen Seder der Feiern zu Pesach Jahr um Jahr mitfeiern und miterleben dürfen.

Ich liebe die Eingangspsalmen der Schabbat-Eingangsliturgie, die wir auch im Hebräerbrief des Neuen Testaments und seiner darin vorausgesetzten synagogalen Liturgie vorfinden. Ich liebe die Schabbat-Liturgie, die auch die Hoffnung auf das Kommen des Messias aus Bethlehem nennt sowie die messianische Hoffnung auf die endzeitliche Erneuerung Jerusalems einschließt, die auch meine Hoffnungen sind.

– Ich liebe die AMIDAH, das 18-Bittengebet, und besonders die ersten drei Bitten:

Ich liebe zunächst in „Avot“ das Lob auf JHWH, den „MAGEN ABRAHAM“ und darin den Hinweis auf G’TT als Schild Abrahams und die Zusage an den verzweifelten Abraham: „Ich bin Dein Schild und Dein sehr großer Lohn“ (1 Mose 15,1). Die überragende Bedeutung der Abraham- und Sara-Verheißungen ist in der christlichen Theologie und ihrer liturgischen Tradition noch lange nicht anerkannt und für den Dialog mit dem Judentum, dem Islam und den Religionen der Welt fruchtbar gemacht worden.

Ich liebe sodann in dem Lob der „Geburoth“, der Macht- und Wundertaten JHWHs, den Verweis auf den G’TT, den „MECHAJÄ ha METIM“, und also das Bekenntnis zu dem lebendigen GOTT Israels und aller Völker, der die Gestorbenen auferwecken und zum „Leben der zukünftigen Welt“ bringen wird. Ist doch die Auferweckungs-Hoffnung keine Erfindung des Neuen Testaments, sondern aus der rabbinischen Tradition und Märtyrerhoffnung des vorneutestamentlichen Judentums von Jesus und dem Neuen Testament übernommen (Mk 12,18–27; Röm 4,17) und uns Christen und Christinnen aus den Völkern geschenkt worden. Ich habe in einem in sieben Auflagen erschienenen Buch noch die damals gängige und falsche antijüdische These vertreten, die Auferweckungshoffnung sei durch Jesus und das Neue Testament in die Welt gekommen. Aus Kostengründen konnte und wollte der Verlag das nach der dritten Auflage nicht mehr ändern. So steht dieser Unsinn noch heute in meinem Buch „Diskussion um Kreuz und Auferstehung“ als ein Erbe einer antijüdischen theologischen Tradition und meiner eigenen unbelehrten Vergangenheit.

Ich liebe weiter die dritte Lob- und Bekenntnis-Bitte „KEDUSCHAT Ha-SCHEM“, die Bitte um die Heiligung des NAMENs GOTTes, die darum bittet, dass G’TT selbst seinen NAMEN in Israel und unter allen Völkern heiligen möge und infolgedessen auch Israel und die Völker im Tun seines Tora-Willens seinen NAMEN heiligen sollen! Jesus hat dieses Lob und diese Bitte mit den Worten „Geheiligt werde Dein NAME, Dein Tora-Wille werde getan!“ in das „Vater Unser“ übernommen und uns darin wie Israel und mit Israel zu beten aufgetragen. Wie wenig Christen und Christinnen wissen, zu wem und was das Judentum damit betet und bekennt und ihnen auch Jesus zu beten inhaltlich damit aufgetragen hat, so täglich zu beten, zeigt sich darin, dass viele nach wie vor meinen, „Vater“ sei der eigentliche NAME GOTTes und dass GOTT doch „viele Namen habe“. Auch das ist grundfalsch und zeigt den Schaden an, dem wir nach wie vor in Kirche, Liturgie und Theologie aufsitzen. Es gibt nur den e i n e n NAMEN „JHWH“, der mit ADONAI / HERR / NAME / Ha-SHEM u. a. angeredet, gesegnet und gepriesen werden darf und soll. Und dieser NAME ist, das hat auch Dietrich Bonhoeffer uns in der Zeit der SHOAH vor mehr als 70 Jahren aus seiner Zelle gelehrt, unübersetzbar, unübertragbar und unaussprechbar, welche Weisung nach wie vor in Universitäten und von PredigerInnen in den christlichen Gemeinden nur wenig berücksichtigt wird. „Nur wenn man die Unaussprechlichkeit des NAMENs Gottes kennt, darf man auch einmal den Namen Jesus Christus aussprechen“, hat Bonhoeffer im Advent 1943 niedergeschrieben. Wie überhaupt das „Vater unser“ Jesu eine Bündelung der ganzen 18 Bitten der Amidah durch Jesus darstellt.

Ich liebe schließlich die Amida in ihrer Hoffnung auf die „WIEDERKEHR DER GERICHTE“ (Schiwat Bate Ha-Mischpat) und die Wiederkehr der Richter und Institutionen des Rechtes wie in der frühen Richterzeit der Hebräischen Bibel. Hat doch Martin Buber hoffnungsvoll vom „Messianismus der Richterzeit“ gesprochen und damit die Zeit der demokratisch-religiösen Anfänge Israels ohne Königtum und ohne Herrscher und ohne Hierarchie erwartet. Denn Könige und Machthaber instrumentalisieren die Religionen zu politischen Zwecken und pervertieren sie damit zu allen Zeiten. Auch Karl Marx hat in die Richtung dieses jüdischen Messianismus und einer durch Recht und Richter gekennzeichneten Gesellschaft gedacht, wenn er in den Pariser Manuskripten von 1844 schreibt: „Der Tag wird kommen, an dem man nicht mehr mit Geld gegen Geld, sondern Liebe gegen Liebe und Gerechtigkeit gegen Gerechtigkeit tauschen wird."

Diese messianische Hoffnung hat unser Wuppertaler Friedrich Engels mit Karl Marx geteilt. Engels hat den Messianismus der neutestamentlichen Märtyrer-Apokalypse Johannes sehr geliebt und von daher als aufrechter Demokrat nicht nur die Option für die Armen gewählt und „die Lage der arbeitenden Klasse in England" analysiert, sondern auch über das Frankfurter Parlament von 1848 hinaus im Badener Freiheitskrieg gegen die Preußische militärische Übermacht für die demokratischen Entscheidungen über Militär und Finanzen bis 1949 gekämpft. Auch Leo Baeck hat im Blick auf die Verfassung Israels am Sinai, wo im Unterschied zum griechischen Areopag Männer, Frauen, Kinder und Sklaven die Worte der Weisung hörten, von einer „religiösen Demokratie in Israel" gesprochen. Eine Hoffnung, die auch Jesus nach Mt 19,28 geteilt hat, indem er hofft, dass seine Zwölf Schüler „sitzen werden auf den zwölf Thronen, Recht zu sprechen und gerecht zu richten die zwölf Stämme Israels". Die eindrückliche 11. Benediktion der Amidah lautet: „Bringe wieder unsere Richter wie am Anfang und unsere Ratgeber/Ratsherren wie einst. Und regiere / sei König über uns, DU allein in Barmherzigkeit und Erbarmen ... Gelobt/gepriesen/gesegnet seist DU, HERR, König, der DU die Gerechtigkeit und das Recht liebst."

– Nur an einer Stelle wahre ich die heilsame Grenze und nötige Unterscheidung, die für alle Begegnung der Religionen und besonders in der Begegnung mit dem Judentum als „unserer Wurzel" so wichtig ist. Auf dem Höhepunkt des Schabbat-Gottesdienstes betet die Gemeinde mit verhüllten Augen, dem Allerheiligsten der Tora zugewandt, das SCHEMA JISRAEL: „Höre Israel, der HERR unser GOTT, (ist) der HERR allein" (5 Mose 6,4). Da ich nicht Israelit oder Jude bin und auch in der Nachfolge des Messias Jesus als Christ aus den Völkern nicht werden soll, bete ich leicht abgewandelt, aber darin doch mit der jüdischen Gemeinde: „Höre m i t Israel, der HERR unser GOTT (ist) einer." Dass Gott e i n e r ist, das haben wir tritheistisch gefährdeten Christen und Christinnen aus den Völkern immer wieder vom Judentum zu hören, zu lernen und gesagt zu bekommen. Steht doch über und hinter mir der wegweisende Spruch über dem Tora-Schrein unserer Synagoge: „Wisse, vor wem du stehst!“ Das habe ich immer wieder neu zu lernen und zu lehren, das haben wir zu hören, wie wir es auch aus dem Bekenntnis unserer muslimischen Geschwister zu dem einen GOTT ALLAH im Islam ebenfalls zu hören haben und lernen sollen.

Freude

– Ich freue mich, hier viele Menschen aus der jüdischen Gemeinde, dem jüdischen Gesamtverband und der Botschaft des Staates Israel in Berlin zu treffen.

– Ich freue mich, dass Michael Rubinstein vom Gesamtverband aus Düsseldorf hier ist. Wir nehmen gemeinsam mit dem Nürnberger Rabbiner Joshua Ahrens, mit David Elcott, dem Schwiegersohn des bekannten jüdischen Gelehrten aus den USA, Jacob Milgrom, mit der Rabbinerin Shira Milgrom, seiner Tochter, und wenigen anderen Rheinischen Theologen an einem Symposion teil, das in verdienstvoller Weise durch unsere Rheinische Kirche, besonders durch Manfred Rekowski, den Präses unserer Rheinischen Kirche, finanziert und gefördert und von OKRin Barbara Rudolph/Düsseldorf geleitet und organisiert wird. Auf diesen Symposien treffen sich an der Grenze zwischen Israel und Palästina alljährlich Rabbiner und Rabbinerinnen der „Bewegung Gerechtigkeit und Land für Frieden“ einerseits mit allen palästinensischen Pfarrern der Westbank andererseits. Das Symposion wird mitgeleitet und mitorganisiert durch Bischof Dr. Munib Younan, den Bischof von Jordanien und Palästina und Präsidenten des Lutherischen Weltbundes (LWF), der die Delegation der palästinensischen Pfarrer und arabischen Israelis leitet. Hier können sich Juden und Palästinenser menschlich begegnen, theologisch und praktisch-politisch über die Bedeutung von „Land und Wasser“ miteinander streiten, ihre gesellschaftlichen Sorgen und politischen Nöte austauschen, dabei gemeinsam biblische und rabbinische Texte studieren und einander angstfrei in die Augen schauen.

– Ich freue mich, dass auch der Altpräses Manfred Kock heute unter uns ist. Er soll unter den Vertrag zwischen der Rheinischen Kirche und der Wuppertaler Synagogengemeinde erneut seine Unterschrift setzen, weil diese inzwischen unleserlich geworden ist und der schriftlichen Erneuerung des „Bundes zwischen Rheinischer Kirche und Wuppertaler Synagoge“ bedarf. Der Alt-Ratsvorsitzende der EKD Kock war bis vor Kurzem auch Präsident der Drei-Städte-Partnerschaft zwischen Köln, Tel Aviv und Bethlehem und erzählte mir von den Schwierigkeiten, diese mit Leben zu füllen, wenn z. B. israelische Soldaten der Bewegung „breaking the silence“ aus Israel nicht zu einem Symposion nach Köln ausreisen durften. Ich selbst bin der Meinung, dass heute alle bisher bewährten und verdienstvollen bilateralen Städtepartnerschaften zu trilateralen ausgeweitet werden sollten. Ich habe das hier in Wuppertal im Blick auf die Wuppertaler Städtepartnerschaft „Wuppertal-Beersheva“ mit Beit Jala bei Bethlehem versucht, bin aber daran letztlich gescheitert. Was im 20. Jahrhundert neu war, muss im 21. Jahrhundert erneuert und damit erweitert werden.

Ich bin Herrn Kock auch dafür dankbar, dass er als Ratsvorsitzender seinerzeit schon vor der EKD-Synode ein klares Votum zur Absage an „die Judenmission“ ohne Wenn und Aber abgegeben hat und zwar, wie sich dann herausstellte, mit einem Zitat aus meiner Feder. Der Rheinische Präses Manfred Rekowski hat gestern in einem Interview mit der WZ darauf hingewiesen, dass er hoffe, die nächste EKD-Synode werde endlich ein klares Wort gegen die „Judenmission“ sprechen. Sicher ist das nicht. Dringend nötig wäre es. Hat doch Karl Barth schon vor 50 Jahren formuliert: „Judenmission heißt, dass die Juden uns gegenüber eine Mission haben, heißt aber nicht, dass wir vom Neuen Testament her berechtigt sind, Juden zu missionieren.“ Die Sendungs- und Lehrweisung des Auferstandenen, der sog. „Missionsbefehl“, bezieht sich nicht auf das Volk Israel, sondern auf „alle Völker“ im Unterschied zum Volk Israel. Wenn Barth in der Barmer Synode in Art. VI gegen den Antisemitismus des NS-Regimes für das Recht kämpft, die Botschaft auszurichten „an alles Volk“ (Lk 2,10), d. h. auch an das jüdische Volk, so ist das kein Plädoyer für „die Judenmission“, sondern kontextuell eine Solidarisierung mit dem damals verfemten und dann auch verfolgten Judentum des Jahres 1934.

Mit Altpräses Kock bin ich auch in der politischen Wegweisung einig, dass der Segen des Volkes Israel immer auch zum Segen für das palästinensische Volk werden muss, was aber auch umgekehrt zu gelten hat. Deshalb hat sich die letzte Rheinische Landessynode auch für die Entstehung eines eigenen Staates der Palästinenser in der Westbank ausgesprochen. Denn ohne die Entstehung eines solchen Staates „schafft sich Israel selber ab“, wie der orthodoxe, in Israel lebende und lehrende Rabbiner Gershom Gorenberg in seinem gleichnamigen Buch 2012 geschrieben hat.

Auf einem Podium der Stadtakademie in Bochum, auf dem Kock und ich vor einigen Monaten gemeinsam über diese brennenden Fragen diskutiert haben, habe ich meine Meinung g e g e n die immer populärer werdenden Boykottaufrufe (BDS) gegen den Staat Israel seitens einiger europäischer Staaten und mancher Gruppierungen auch bei uns im Rheinland folgendermaßen klargestellt. Meine Formel lautet: „Kauft Waren und Früchte aus Israel! Kauft Waren und Früchte aus der Westbank in Palästina! Kauft aber keine F r ü c h t e von den Gebieten in Palästina, die sich der Staat Israel mit seinen Siedlern völkerrechtswidrig angeeignet hat.“ Das hält sich innerhalb des EU-Rechtes und betrifft die mit dem entsprechenden Kennzeichnungs-Label versehenen Früchte aus der Westbank. Auch ist es, das weiß ich sehr wohl, nur ein kleines Z e i c h e n , aber als solches doch ein wichtiges Zeichen. Ich füge aber als Frage gleich hinzu: Warum formulieren und praktizieren diese Staaten und die verschiedenen Gruppierungen, dazu auch die Deutsche Regierung nicht auch: „Kauft keine Waren vom I r a n !“, „Macht keine Wirtschaftsverträge mit dem Iran!“, der die Auslöschung von Tel Aviv und Jerusalem auf seine Raketen geschrieben hat und damit in aller Öffentlichkeit einen Völkermord plant. Auf einer Genozidtagung in Jerusalem über den Genozid an den Armeniern unter deutscher Unterstützung, an der ich im letzten Jahr teilgenommen habe, haben Wissenschaftler aus aller Welt betont: Die während des letzten Gaza-Krieges nicht auf das Militär, sondern nur auf die Bevölkerung Israels abgefeuerten Raketen hätten bereits die Konturen eines Völkermordes gehabt. Aber darüber hat die Presse in ihren einseitigen Berichten über den zurückliegenden Gaza-Krieg, in dem es auch Überreaktionen des israelischen Militärs gegeben hat, leider nicht berichtet.

– Ich denke daran, dass der damalige Ratsvorsitzende der Evangelischen Kirche in Deutschland (EKD), Dr. h. c. Nikolaus Schneider, vor drei Jahren die Ehrung durch die „Goldene Menorah“ bekommen hat und ich ihm seinerzeit auf Bitten von Herrn Goldberg die Laudatio gehalten habe. Ich bedauere, dass der stellvertretende Präsident des Deutschen Bundestages und mein Vorgänger in der Ehrung durch die „Goldene Menorah“, Peter Hintze, wegen plötzlicher anderweitiger Verpflichtungen nicht hier sein kann, nachdem er im Internet sein Kommen zum Neujahrsempfang ROSH HA SHANAH 5777 in Wuppertal angekündigt hatte. Ist doch auch er, wie auch Nikolaus Schneider und ich, ein ehemaliger Student unserer Kirchlichen Hochschule Wuppertal-Bethel, so dass nun dreimal hintereinander ehemalige Studenten der KiHo Wuppertal-Bethel geehrt worden sind. Ich grüße, wir grüßen Nikolaus Schneider und Peter Hintze von hier aus nach Berlin sehr herzlich.

– Ich grüße last but not least besonders den Vorsitzenden der Friedens-Moschee al Salam von Barmen-Wichlinghausen in der Diek 40, Herrn Muhammad Abudahab. Ich habe Ihnen, lieber Muhammad, für die Ehre zu danken, dass Sie mich vor wenigen Wochen eingeladen haben, als Christ aus den Völkern zum hohen islamischen Opferfest zu Ihrer Gemeinde und den eingeladenen Gästen zu sprechen. Und zwar über das den meisten ChristInnen ganz fremde Thema ihrer eigenen Hebräischen Bibel, nämlich „Hagar und Ismael", die großen Verheißungen für diese beiden Personen des Qur'an und das Zwölf-Stämme-Volk Ismaels (1 Mose 25,12f). Ich habe dabei den Ismaelspruch unserer Bibel aus 1 Mose 16,12 aus seiner anti-islamischen Übersetzungstradition seit Luther und in allen Bibeln befreit und wie folgt übersetzt: „Ismael ist ein (freier) Mensch wie ein Wildesel. Er treibt Handel (und keine ‚Händel') mit allen und alle treiben Handel mit ihm und allen seinen Brüdern/Geschwistern wohnt er in Sichtweite, in Nachbarschaft gegenüber."

Da meine Frau und ich in Indonesien in einem mehrheitlich toleranten Islam eines 240 Mio.-Volkes aufgewachsen und beheimatet sind, haben wir uns in Ihrer Moschee der Toleranz und Menschenfreundlichkeit wie in unserer Heimat und wie zu Hause gefühlt. Ich danke Ihnen besonders, dass Sie heute hier in der Synagoge sind. Als der Brandanschlag auf die hiesige Synagoge verübt wurde, waren Sie von der muslimischen Gemeinde unter den ersten, die dagegen protestiert haben. Sie sind auch schon in meine Vorlesung gekommen, um unseren gemeinsamen Freund und Referenten des Weltethos-Programms von Hans Küng, Dr. Muhammad Sameer Murtaxa, gegenüber dem in Deutschland mehr und mehr diffamierten Islam von dem im Kern friedliebenden Islam zu hören und von ihm gemeinsam zu lernen.

Als Zeichen der Verbundenheit haben Sie mir nach meinem Vortrag seitens Ihres „Vereins des Islam und Friedens" einen Becher geschenkt, aus dem ich nun jeden Tag Tee trinken kann. Wie umgekehrt ich Ihnen nach meinem Referat zu Ihrer Überraschung, aber der indonesischen Tradition entsprechend, einen kleinen Sack Reis für Sie und Ihre Familie geschenkt habe. Dieser ist auf einer „Garten Eden" genannten biologischen Anlage in Sumatra gezogen worden. Nicht „Monsanto“, sondern „Geo-Santo“ und „Bio-Santo“ ist sein ökologisches Markenzeichen.

Hoffnung

Worauf dürfen wir mit den Juden hoffen, wenn wir als Christen der Ökumene und Glaubende aus den Völkern, aus der Umma des Islam und in anderen Religionen hoffen dürfen?

– Hoffnung und erst recht „messianische Hoffnung“ ist keine Schwärmerei und übersieht nicht die harte Realität des Faktischen. Sie übersieht also nicht, dass vor allem für Synagogen in Deutschland während der Gottesdienste und der jüdischen Feiertage Polizeischutz nötig ist, den unsere hiesige und hier auch anwesende Polizeipräsidentin Frau Britta Schirrmacher in Wuppertal besonders nach dem Brandanschlag auf unsere Synagoge ständig und umsichtig organisiert.

Hoffnung und erst recht „messianische Hoffnung“ übersieht nicht die harte Wirklichkeit des Faktischen, die darin besteht, dass muslimische Frauen, unsere muslimischen Schwestern, das Kopftuch (Hidschab) weitestgehend unbehelligt in der Öffentlichkeit tragen können, was wir mit unserer Wuppertaler Willkommenskultur ohne Wenn und Aber bejahen, während unsere jüdischen Brüder in Wuppertal und anderswo es nicht mehr wagen, die Kippa in der Öffentlichkeit zu tragen, sondern eine Kappe über die Kippa ziehen, um sie zu verbergen. Das ist ein gesellschaftspolitischer und auch ein rechtsstaatlicher Skandal. Denn der damalige Bundesverfassungsrichter Helmut Simon hat mir auf eine entsprechende Frage im Blick auf „Kreuz, Kutte, Kippa und Kopftuch“ aus Karlsruhe wie folgt geantwortet: „Von unserer Verfassung her gilt: entweder alle vier K's oder kein K. Im Unterschied zum laizistischen Frankreich haben wir von unserer Verfassung in Deutschland her für das Tragen aller vier K's in der Öffentlichkeit einzutreten.“

Hoffnung und erst recht „messianische Hoffnung“ übersieht nicht das von Herrn Goldberg des Öfteren in Erinnerung gerufene Problem innerhalb der von den Meisten in Wuppertal und von einer Mehrheit in Deutschland bejahten und praktizierten „Willkommenskultur“, auf die unsere Bürgermeisterin Frau Ursula Schulz in Vertretung unseres Oberbürgermeisters in ihrer Rede soeben zu Recht hingewiesen hat: Die Mehrheit der aus Syrien kommenden Flüchtlinge sind im Hass auf Israel, auf das Judentum und auf die Juden erzogen worden. Auch das ist ein großes Problem, das in der Integrationsdebatte und Integrationspraxis sensibel immer mit bedacht werden sollte. Aber Skandale und Probleme heben Hoffnung und erst recht die „messianische Hoffnung“ nicht auf. Im Gegenteil! Erst von den prophetischen Friedensvisionen und der messianischen Hoffnung her werden sie in ihrem Charakter als gesellschaftlicher Skandal und in ihrer rechtsstaatlichen Problematik und Illegalität sichtbar. Hoffnung übersieht nicht, sondern sieht, was in seiner skandalösen Faktizität geändert werden kann und soll. Messianische Hoffnung ist keine Spinnerei, die psychotherapeutisch oder psychiatrisch zu behandeln wäre, wie schon öfters auch von renommierter Seite gesagt wurde. Vielmehr gilt, was in der „Jüdischen Allgemeinen Zeitung“ vom 26. Juni 2014 gestanden hat: „Utopien sind dazu da, geträumt zu werden, damit sie Wirklichkeit werden können.“

– Echte Utopien und erst recht „messianische Utopien“ sind auch nicht einfach „ortlos“, sondern haben immer schon einen Ort, der die Wirklichkeit des Erhofften anzeigt und anfangend realisiert. Eine solche sich bereits anfangend realisierende Utopie fand ich in diesem Jahr in der Süddeutschen Zeitung in einem Foto: Drei junge syrische Flüchtlinge sitzen mit zwei Juden in Berlin auf einer Treppe und reden Auge in Auge miteinander. Welch ein Bild und welch eine Vision, die schon Wirklichkeit zu werden anfängt! Auf dem Boden unserer rechtsstaatlichen und sozialen Demokratie in Deutschland bekommen Juden und geflüchtete Muslime erstmals die Möglichkeit, angstfrei miteinander zu reden und sich wirklich kennenzulernen. Alle hier im Saal der Wuppertaler Synagoge heute vertretenen Repräsentanten unserer Kommunen, unserer beiden Kirchen, die verschiedenen Organisationen, Parteien, Gewerkschaften und Sparkassen sollten das auf ihre Fahnen schreiben und in ihr Programm aufnehmen: Orte zu werden und zur Verfügung zu stellen, wo sich Menschen, die in Judenhass und Judenangst einerseits und in der Islamangst und im Islamhass andererseits erzogen wurden, begegnen und „zur Nachbarschaft“ ermutigt werden, um in „Sichtweite“ als „Geschwister“ miteinander zu leben und „handeln“ zu können (1 Mose 16,12). Und das nicht nur kumulativ in Gruppen. Vielmehr hat jede(r) einzelne, der und die in Wuppertal einen Geflüchteten betreuen, die Chance und die Aufgabe, in seinem privaten Haus oder in seinem sozialen Umfeld solche Orte der Begegnung zu schaffen.

– Ein jüdischer Mensch, der wie kein anderer diese konkrete Utopie gelebt und um ihretwillen zutiefst gelitten hat, war und ist Leo Baeck, sein Andenken werde uns zum Segen! Baecks 7-bändiges Gesamtwerk ist an unserer Kirchlichen Hochschule mitentstanden. An dessen Korrekturlesen haben sich auch Wuppertaler Studierende beteiligt und das auch in der Meinung, damit das von ihren Großeltern zerstörte jüdische Erbe wieder zu einem Teil neu mit aufzubauen. Ich meine also LEO BAECK, der nur knapp seiner Ermordung durch Eichmann entkommen ist, weil er mit einem anderen „Beck“ in Theresienstadt verwechselt wurde, und der der „Hirte der Verfolgten“, d e r Repräsentant des deutschen Judentums in der Nazizeit gegenüber ihren barbarischen Vertretern und menschenverachtenden politischen Institutionen in Berlin, der Seelsorger nicht nur seiner jüdischen, sondern auch der judenchristlichen Geschwister in Theresienstadt auf dem Weg nach Auschwitz gewesen ist. Baeck war durch die Shoah und alles, was er in der Nacht der durch Menschen zu verantwortenden Verbrechen erlebt und in der „Gottesfinsternis“ (Martin Buber) erlitten hatte, zutiefst verwundet. Er hat nach seiner Rückkehr zu seiner Tochter nach London nie mehr im Gottesdienst der Synagoge aus der Tora lesen und niemals mehr die Tora predigend auslegen können.

Dennoch hat Baeck in seinem Todesjahr 1956 noch einen letzten Aufsatz über „Judentum, Christentum und Islam“ geschrieben, der das Dokument keiner leeren Spinnerei und Selbstermutigung, sondern das Testament einer großen prophetischen Utopie s e i n e r und seines jüdischen Volkes messianischer Hoffnung war. Damit möchte ich schließen:

„Die Zukunft ist für uns verhüllt, aber die Zukunft dort hängt davon ab, dass dieser Weg gefunden wird. Wir können nur hoffend beten und betend hoffen, dass dieser Weg gefunden werde. Menschen und Gemeinschaften, Völker und Religionen sollen einander verstehen. Sie sollen nicht gleich werden, und sie können nicht gleich werden. Sie sollen aber einander verstehen. Verstehen bedeutet zugleich, voreinander Respekt haben. Beides gehört zusammen: Blick für das Unterscheidende und Blick für das Verbindende. Dann erst sieht man den anderen wahrhaft.

Im C h r i s t e n t u m ist vieles groß. Jahrhundert um Jahrhundert hat es Menschen getröstet, erhoben, hat Wohltun und Hingebung gepflegt, hat Hoffnung in ihnen aufrechterhalten. Im Namen ‚Christentum‘ ist das Wort im Griechischen ‚christos‘, das eine Übersetzung des hebräischen Wortes ‚maschiach‘, des Wortes ‚Messias‘ ist. Das will sagen, vom

Messiasglauben (des Judentums) hat das Christentum seinen Ausgang genommen.

Im I s l a m ist vieles groß. Mohammed war einer der kühnsten Menschen, die es je gegeben hat, ein Mann von einer Kraft des Glaubens, welcher, wie er selbst einmal sagt, Berge versetzen kann. Er einte sein Volk in dem Glauben an den einen Gott, in dem Glauben, den sein Volk mit dem Worte erwiderte: ‚und Mohammed ist sein Prophet'. Völker, die in der Barbarei und Niedrigkeit lebten, hat er (der Islam) in eine höhere Sphäre erhoben, hat ihnen neues Leben geschenkt. Wir Juden (und ich füge hinzu: auch wir Christen) sollten das begreifen.

Dann werden gute Tage kommen. Menschen und Völker und Bekenntnisse werden geschieden bleiben, werden in ihrer Besonderheit weiterleben, aber sie werden wissen, dass sie zusammengehören, Teile der einen Menschheit sind, zusammen leben sollen auf dieser unserer Erde, einander sehend und einander verstehend, und, wenn es Not tut, einander helfend."

SHANA TOWA !

ps. Die Zitate stammen aus Leo Baeck, „Nach der Shoah. Warum sind Juden in der Welt?" Schriften aus der Nachkriegszeit, Leo Baeck-Werkausgabe Bd. V, hg. v. A. H. Friedlander und B. Klappert, Gütersloh 2001, 472–489, 476.486–489; die Zitate sind z. T. gekürzt. – Ich habe diesen Text weitgehend in freier Rede vorgetragen, so dass auch aus Zeitgründen nicht alle Teile des Manuskriptes zum Vortrag gekommen sind.

V. Die Zukunft Abrahams, Isaaks und Ismaels

Die Mehrdimensionalität der Abraham- und Sara-Verheißungen

Jesu Verheißung der Tischgemeinschaft mit Jakob-Israel, Hagar-Ismael und allen Völkern (Mt8,11f.)

Der vorliegende Beitrag ist meinem langjährigen Kollegen Johannes von Lüpke gewidmet.

Wie durch eine Türschwelle tritt man mit dem ersten und grundlegenden Satz des Matthäusevangeliums in das Neue Testament ein: „Genealogie des Messias Jesus, des Sohnes Davids, des Sohnes Abrahams" (Mt 1,1). Es folgt eine Genealogie von dreimal 14 Generationen, die von Abraham bis Joseph, dem genealogischen Vater Jesu, dreimal die Davidszeit[1] verheißungsgeschichtlich abschreitet.

1. Jesus – Davidsohn und Siegel der Propheten

Jesus – der Sohn Davids: Der jüdische Neutestamentler David Flusser hat darauf hingewiesen, dass es, wie archäologische Funde zeigen, im letzten Jahrhundert des Zweiten Tempels jüdische Familien gab, die ihren Stammbaum auf David zurückführen konnten.[2] Dabei präfigurieren die

---

1 דוד hat den Zahlenwert 14.

2 Vgl. David Flusser, Familien vom ‚Haus Davids' in der Zeit Jesu, in: ders., Entdeckungen im Neuen Testament, Bd. 2: Jesus – Qumran – Urchristentum, hg. v. Martin Majer, Neukirchen-Vluyn 1999, 179–184.

in dem Stammbaum Mt 1,1–17 genannten und aus den Völkern stammenden Frauen (Thamar, Rahab, Ruth, Batseba) nicht die Völkerwallfahrt zum Zion, sie weisen auch nicht auf den Plan JHWHs hin, „das Gottesvolk aus Israeliten und Nichtisraeliten zu schaffen“[3], wie Walter Grundmann, Leiter des Eisenacher Institutes zur Entjudung der Bibel während der Nazi-Diktatur in altbekannter antijüdischer Tradition behauptete. Sondern sie erzählen von dem Eintritt von Proselytinnen in das Volk Israel, der diese im Vollsinn zu Jüdinnen und zu einem Teil des Volkes Israel macht, aber nicht „zum Gottesvolk“ aus Juden und Heiden, wie Grundmann wollte. Auch haben, wie Flusser weiter berichtet, die römischen Herrscher Vespasian, Domitian und Trajan noch im ersten Jahrhundert n. Chr. „die davidische Königsfamilie so gründlich verfolgt, daß kein einziger Nachfahre mehr übrigbleiben sollte“[4]. So kann angenommen werden, dass auch die Jesus-Genealogie nicht einfach frei erfunden wurde, sondern historisch glaubhaft ist. Genealogische Aussagen sind für die Bibel nicht beliebig, dürfen in ihrer Bedeutung nicht minimiert oder generalisiert werden, wie in der theologisch-antijüdischen Tradition durchgängig geschehen ist und bis heute geschieht. Die israelitisch-jüdische Genealogie in der Hebräischen Bibel, im Judentum und im Neuen Testament ist nicht alles (Röm 2,28f.), wie die Berufungsgeschichte des Messias Jesus, seine Berufung durch den Heiligen Geist JHWHs zeigt. Aber ohne Genealogie wird die Geschichte des Messias Jesus für Israel und alle Völker generalisiert. Denn der Logos wurde nicht abstrakt „Mensch“, sondern „jüdisches Fleisch“.[5]

Auch Flusser schreibt in seinem frühere Thesen korrigierenden Vorwort zur russischen Übersetzung seines Buches Jesus (1990): „Wenn es stimmen sollte, dass Jesus ein Nachkomme des König Davids gewesen ist, dann war er darin kein weißer Rabe“, also kein Einzelner. Es ist dabei nach Ps 72,17–19 die Bestimmung des David-Sohnes Salomo, den Segen Abrahams in die Völkerwelt zu bringen: „In ihm/durch ihn sollen gesegnet werden und sich glücklich preisen alle Völker.“ Das ist ein Hinweis auf Gen 12,3. Daher ist es auch nach dem Neuen Testament die Bestimmung des David-Sohnes Jesus, den Segen Abrahams zu allen Völkern zu bringen (Mt 3,17; 28,18.19; Lk 1,26.37.73).

Der jüdische Jesus ist zugleich das Siegel der Propheten: Wiederum hat

---

3 Walter Grundmann, Das Evangelium nach Matthäus, THKNT 1, Berlin 1971, 62.

4 Flusser (s. Anm. 2), 182.

5 Karl Barth, KD IV/1, 161. Vgl. Jochen Denker, Das Wort wurde messianischer Mensch. Die Theologie Karl Barths und die Theologie des Johannesprologs, Neukirchen-Vluyn 2002.

Flusser in mehreren noch unveröffentlichten Aufsätzen über das „messianische Selbstbewußtsein Jesu“ (1980/1986) darauf hingewiesen, dass Jesus sich „als die Krone und das Siegel der Prophetie“ verstanden hat. Das hat zuerst der Kirchenvater Tertullian so formuliert, indem er Jesus als „Siegel der Propheten“ bekannte.[6] Nach der Wiedereinweihung des Tempels (Chanukka) durch die Makkabäer „verwahrten sie die Steine beim Tempelberg, bis ein Prophet kommen und verkündigen würde, was man damit tun solle“ (1 Makk 4,46). Das ist *Flusser zufolge* eine Parallele zu Mt 11,13–14. Dort sagt Jesus, dass „alle Propheten und die Tora bis zur Zeit Johannes (des Täufers) prophezeit haben“. Mit dem Kommen Jesu als Siegel der Propheten bricht das „Königtum Gottes“ im Sinne der „sich realisierenden Eschatologie“ anfangsweise durch: *Jesus „ist der einzige uns bekannte antike Jude, der nicht nur verkündet hat, daß man am Rande der Endzeit steht, sondern gleichzeitig, daß die neue Zeit des Heils schon begonnen hat.“*[7]

2. *Der Anfang der Realisierung der Abraham-Verheißung*

In einer prophetischen Vision verkündigt Jesus:

> „Viele werden kommen von Osten und Westen und mit Abraham, mit Isaak und Jakob zu Tische liegen. Aber die Söhne des Reiches werden ausgeschlossen werden“ (Mt 8,11f.).

Die Tischgemeinschaft gehört zentral zur Verkündigung Jesu, zu seinem Pessachmahl wie zu den Mahlen des Auferstandenen mit seinen Jüngern und Jüngerinnen.[8] Damit greift Jesus auf die prophetische Verheißung der Völkerwallfahrt „aller Völker“ (Jes 4,2f.; Mi 4,1f.; Gen 12,3) zum Zion (Jes 2; Mi 4), aber auch auf die eschatologische Tischgemeinschaft der Versöhnung „aller Völker“ mit Israel, das JHWH erwählt hat und das „Nachkomme Abrahams, meines [JHWHs] Freundes“ (Jes 41,8) ist, auf

---

6 Vgl. Carsten Colpe, Das Siegel der Propheten. Historische Beziehungen zwischen Judentum, Judenchristentum, Heidentum und frühem Islam, ANTZ 3, Berlin ^{2}2007, 20ff. Diese neutestamentlichen und frühkirchlichen Bekenntnistraditionen hat Muhammad gekannt und dann auf sich selbst als den „letzten Propheten“ übertragen.

7 David Flusser, Jesus. In Selbstzeugnissen und Bilddokumenten, Reinbek 1968, 87.

8 Vgl. Otfried Hofius, Jesu Tischgemeinschaft mit den Sündern, Stuttgart 1967; Joachim Jeremias, Die Abendmahlsworte Jesu, Göttigen ^{4}1967; Franz Mußner, „Das Wesen des Christentums ist gemeinsam essen“, in: ders., Dieses Geschlecht wird nicht vergehen. Judentum und Kirche, Freiburg i. Br. 1991, 131–145.

dem Berg Zion (Jes 25,6-8; Gen 12,3) zurück. Dieses von Jesus erwartete *messianische Mahl* wird aber entscheidend eine Tischgemeinschaft mit Abraham und Sara sein.

Damit greift Jesus noch hinter die Mose-Tora auf die Ethik Abrahams zurück: Abraham lud die drei Boten Gottes zu sich, um sie mit Sara zu bewirten (Gen 18,3). Nach jüdischer und muslimischer Tradition hatten Abraham und Sara ihr Zelt nach allen vier Seiten auf, um den durstig und hungrig Vorüberziehenden Wasser zu geben und sie mit Speise zu bewirten. Auch nach dem Hebräerbrief werden die aus Rom geflohenen und vom römischen Kaiser verfolgten Christen aufgefordert, wie Abraham und Sara den Verfolgten und Fremden Gastfreundschaft zu gewähren: „Die Liebe zu denen, die euch *Fremde* sind, vergeßt nicht; denn so haben manche, ohne es zu wissen, Engel beherbergt" (Hebr 13,2: vgl. Gen 18,1–16). Nach Gen 18,25 übt Abraham Widerstand sogar gegen JHWH selbst, protestiert gegen GOTTes Absicht, unschuldiges Menschenleben in Sodom zu vernichten, er protestiert also, um einzelne Menschen in Sodom zu retten, indem er an JHWH die kritische Frage stellt: „Der Richter der ganzen Erde, sollte der nicht selbst Recht üben?" So folgt Abraham einer umfassenden *Weisung der Tora noch vor der Tora-Gabe JHWHs durch Mose am Sinai*: Israel und die Völker der Welt sollen um Abrahams willen gesegnet werden, „weil Abraham auf meine Stimme gehört und gehalten hat, was ich ihn halten hieß: meine Vorschriften, meine Gebote, Satzungen und Weisungen" (Gen 26,5). *An diesem Maß der Tora Abrahams noch vor der Sinai-Tora in der Richtung auf Liebe und Gerechtigkeit, auf Gastfreundschaft für die Fremden und Ernährung der Hungernden und schließlich auf das Kämpfen mit Gott um die Rettung eines einzelnen Menschenlebens werden alle Nachkommen Abrahams auch von Jesus, dem messianischen Abraham-Sohn, gemessen werden.*

Tischgemeinschaft mit Abraham und Sara ist auch im Blick auf eine andere, heute ebenfalls brennende Frage sehr konkret. Die verheißene Tischgemeinschaft mit Abraham schließt nämlich immer auch *die Landfrage* ein. Wie verhält sich die Verheißung und Gabe des Landes an Israel, von der die Bibel schon in den Abraham-Verheißungen spricht, zu dem Recht der bereits im Lande lebenden Stämme und der umliegenden Völker, zusammen mit Israel in Nachbarschaft, Gerechtigkeit und Frieden zu leben? So erzählt die Genesis davon, dass Abraham mit dem Amoriter Mamre und seinen Brüdern Eschkol und Aner in einer Bundespartnerschaft lebte: „Diese waren Abrams Bundesgenossen" (Gen 14,13).[9] Das Buch Genesis erzählt weiter, dass Abraham Sara an den Harem Abimelechs preisgibt, um sein eigenes Leben zu retten. Abraham ist dann überrascht und muss von der Gottesfurcht, dem Mordverbot und der humanen Sexualethik des Philisterkönigs Abimelech von Gerar lernen, indem er bekennt: „Ich dachte: Sicher gibt es keine Gottesfurcht an diesem Ort, und so werden sie mich um meiner Frau willen umbringen. Und Abimelech sprach: Siehe, mein Land steht dir offen. Wo es dir gefällt, da lass dich nieder. Da tat Abram Fürbitte bei Gott und Gott heilte Abimelech, seine Frau und seine Mägde" (Gen 20,11.15.17).

Die Segensgeschichte der Völker mit Abraham, aber auch umgekehrt und genauso wichtig Abrahams mit den umliegenden Völkern, kommt schließlich erst da zu ihren Ziel, wo nun auch Abimelech – wie Abraham von dessen *noachidischer Ethik* – von der Verheißungs- und *Segensgeschichte Abrahams* und seiner Nachkommen lernt (vgl. Gen 26,27–29).

Weiter ist in der Landfrage zu bedenken: Nach den Richter- und Josua-Büchern hat JHWH, der GOTT, den 12 Stämmen Israels das Land gegeben. Aber in der Negativ-Liste von Ri 1 sind die 12 Stämme Israels noch nicht im „Besitz des Landes", das de facto durch andere Völker bewohnt wird. Der Satz „Gott hat *Israel* das Land gegeben" ist richtig, aber man kann ihn verschieden lesen und missbrauchen. Was aber heißt das? Ich kann den Satz „Gott hat Israel das Land gegeben" *(a)* so lesen: „Gott hat Israel exklusiv und keinem anderen Volk das Land gegeben." So werde ich diesen Satz nur fundamentalistisch missverstehen können und zelotisch und militärisch exekutieren. Aber das will JHWH nicht! Denn JHWH, der GOTT Israels, ist ein *Gott auch „aller Völker"* und als solcher ein GOTT der Gerechtigkeit und Liebe. Deshalb muss man den Satz auch *(b)* wie folgt lesen: „Gott hat Israel das Land als Lehen gegeben." Er kann diesem Volk, davon erzählt das Richterbuch, aber auch besonders das Deuteronomistische Geschichtswerk (noch während der Exilszeit 560ff.) und die Klagelieder des Jeremia (unmittelbar nach 587), ja die ganze Hebräische Bibel, das Land *wieder nehmen – wenn auch wegen der nicht zuletzt vom Messias Jesus (Mt 5,5) und im Neuen Testament (Mt 2,20; 19,28; Hebr 11,9) bestätigten Landverheißung nicht endgültig.* Und er tut es dann, wenn es Israel an Gottesliebe, Völkerliebe, Menschenliebe, dazu an

---

9 Vgl. Frank Crüsemann in seinem den Satz von Dabru Emet „Christen können den Anspruch des jüdischen Volkes auf das Land Israel respektieren", 2000, noch verschärfenden Aufsatz, in: Hubert Frankemölle (Hg.), Juden und Christen im Gespräch über „Dabru emet – Redet Wahrheit", Frankfurt a. M. 2005, 155–180.

Gerechtigkeit und Recht mangeln lässt (Jes 1,21-27). Der entscheidende Grund ist aber *(c)* noch höher, nämlich theozentrisch zu verankern. JHWH ist nämlich nicht exklusiv der Gott Abrahams, Isaaks und Jakobs (Ex 3,14f.), sondern er ist auch und gleichwesentlich der Gott der Hagar, des Ismael und aller Völker (Gen 12,3; 16; 17; 25). Deshalb muss der Satz entscheidend so gelesen werden: „GOTT, der Gott Israels, Ismaels und der Völker gibt und hat Israel das Land gegeben."

Für Jesu Verheißung der Tischgemeinschaft mit Abraham und Sara (Mt 8,11f.) ist darüber hinaus hervorzuheben: Jesus prophezeit *(a)* zunächst die messianische Erneuerung des Zwölf-Stämme-Volkes Israel-Judentum, die in Jesu Tischgemeinschaft mit Zöllnern und Sündern beginnt (Mt 9,10–13), die aber intentional auch die Sammlung der Diaspora Israels mitumfasst (Mt 24,31; 19,28). Jesus meint aber von der Abraham- und Sara-Verheißung her auch die Völker des „Ostens", die „kommen werden" (Mt 8,11), und damit *(b)* auch die Erfüllung der umfassenden Verheißungen für Hagar und Ismael und für das Zwölf-Stämme-Volk der Ismaeliten (Gen 16,10f.; 17,20; 25,12–18). Die Abraham-Verheißung ergeht *(c)* darüber hinaus an „alle Völker" (Gen 12,3; Mt 28,19). *Die Abraham- und Sara-Verheißung ist folglich dreifach: Sie meint die Verheißung einer Nachbarschaft verschiedener von JHWH-GOTT erwählter und gesegneter Religionen in versöhnter Verschiedenheit. Deshalb kann sie nur in diesen drei Dimensionen überhaupt verstanden werden: Sie umfasst „das Abraham-Sara-Isaak-Jakob-Zwölf-Stämmevolk" Israel-Judentum bis heute. Sie umfasst ebenso eindeutig und nicht weniger bedeutungsvoll „das Hagar-Ismael-Zwölf-Stämme-Volk der Muslime" bis heute. Und sie umfasst schließlich die Verheißung für das „Ökumenische Gottesvolk aus allen Völkern" und die Völker der Welt und ihre Religionen bis heute.*

Diese dreifache Unterscheidung der Dimensionen innerhalb der Abraham-Verheißung wird auch im Neuen Testament beibehalten: *(a)* Jesus ist als „Sohn Abrahams" der messianische Repräsentant des Volkes Israel (Mt 1,1), was sich auch darin zeigt, dass Jesus nach seiner Berufung zum messianischen Propheten (Mt 3,17) sofort zwölf Jünger als Repräsentanten und Regenten der messianischen Wiederherstellung *ganz Israels* beruft (Mt 4,18–22; 19,28). Man kann Jesus, den Sohn Davids und endzeitlichen Propheten, nicht ohne Israel-Judentum haben. *(b)* Jesus wird in seiner Berufung zum messianischen Propheten zugleich zum Knecht JHWHs berufen: „Siehe, mein Knecht/Diener, den ICH halte/stütze, mein Erwählter, an dem meine Seele (Wohl-)Gefallen hat. Ich habe meinen Geist (bleibend) auf ihn gelegt, damit er das Recht zu den Völkern hinausträgt" (Jes 42,1f.; Mt 3,16f.; 11,4: 12,15–21). Der weitere Zusammenhang dieser Weisung und Verheißung Jes 42,1–12 hat auch Kedar im Blick: „Jubelt Wüste und ihr Bewohner von Kedar. Die Felsenbewohner sollen/werden jubeln" (Jes 42,11). Kedar ist der zweitgeborene Sohn Ismaels (Gen 25,13b). Kedariter siedeln im nordwestlichen Arabien.[10] In der Septuaginta werden die „Felsenbewohner" mit „Petra", der Hauptstadt der Nabatäer, identifiziert.[11] Mit dem Namen „*Nabatäer*" wird, auch der rabbinischen Tradition zufolge, auf Nebajoth, den erstgeborenen Sohn Ismaels (Gen 25,13a), verwiesen. Das Nabatäerreich erreichte in der Zeit Jesu unter König Aretas IV (9 v. Chr - 40 n. Chr.) eine Ausdehnung bis nach Hegra im Süden (vgl. Gal 4,25) und Aufsicht über Damaskus im Norden (2 Kor 11,32). Jesus ist den Weg zu den arabischen Nabatäern, der infolge seiner durch die Abraham-Verheißung von Gen 12ff. und die Prophetie von Jes 42,11 bestimmten Berufung (Mt 3,17) offen gewesen wäre, *de facto* nicht gegangen. Jesus verheißt aber nach Mt 8,11, dass die Völker „kommen werden von Osten ..., um mit Abraham (und Sara) zu Tische zu sitzen". Wer ist damit wohl anders gemeint als die östlichen Nabatäer?[12] Erst Paulus, der „Knecht des Messias Jesus" (Röm 1,1), ist diesen Weg in die nabatäische „Arabia" (Gal 1,17f.) gegangen (vgl. 2 Kor 11,32). Jesu Sendung ist schließlich von der mehrdimensionalen Abraham-Sara-Verheißung her nicht nur auf das Israel-Volk und das Israel-Land begrenzt und auch nicht nur verheißungsgeschichtlich auf die Ismael-Nachkommen der Nabatäer und Kedariter bezogen. Denn *(c)* Jesus überschreitet bei der Begegnung mit der syrophönizischen Frau (Mt 15,21–27) die Grenze des „Landes der Verheißung" (Mt 2,12; Hebr 11,9) in das Land Phönizien mit den Städten Tyrus und Sidon, die in neutestamentlicher Zeit zur römischen Provinz Syrien gehörten.[13] Jesus überschreitet also, wie Elia (1 Kön 17,9) und dem Weg der Abraham-

---

10 Vgl. Wolfgang Zwickel, Art. Kedar, in: CBL Bd. 1, ²2006, 726.

11 Vgl. Otto Betz, Art. Paulus I, in: CBL (s. Anm. 10), Bd. 2, 1020: „Die Araber (= Nabatäer) waren nach Gen 25,13 (vgl. 28,9) Nachkommen des erstgeborenen Abrahamsohnes Ismael [...] und somit die nächsten Verwandten Israels, dazu auch geographisch Nachbarn der Juden in Palästina; sie sollten wieder zum Gott Israels zurückfinden (vgl. Jer 12,14–17)." Walther Zimmerli, Ezechiel, BKAT XIII, Neukirchen-Vluyn 1979, 655f.

12 Vgl. zu dem Themenkreis der Ismaeliten über den Kommentar von Claus Westermann, Genesis 12–36, BK.AT I/2, Neukirchen-Vluyn 1981, hinaus den Aufsatz von Gregor Geiger, Ismael. Diachroner Versuch einer Lokalisierung, in: Stefan Jakob Wimmer / Georg Gafus (Hg.), „Vom Leben umfangen". Ägypten, das Alte Testament und das Gespräch mit den Religionen, Gedenkschrift für Manfred Görg, Münster 2014, 59–73.

13 Otto Betz, Art. Syrophönizien, in: CBL (s. Anm. 10), Bd. 2, 1312.

Verheißung folgend, die jüdisch-israelitischen Grenzen hin zu den Völkern der Welt.

Im Gespräch Jesu mit der syrophönizischen Frau geht es dabei nicht darum, dass Jesus durch diese Begegnung erst für andere Völker jenseits eines angeblich exklusiv-heilsegoistischen Judentums geöffnet werden müsste. Diese Offenheit auf die Völker hin besaß Jesus nicht nur als Jude und als Glied seines in seiner Partikularität universal auf die Völker bezogenen Judentums.[14] Diese inklusive Offenheit hatte Jesus schon durch seine prophetische Berufung erhalten (Mt 3,17). Der bei der Berufungsstimme angespielte Text Jes 42,1–4 bezieht sich nämlich auch und zentral auf die Aufgabe des Knechtes JHWHs, „das Recht JHWHs in die Völkerwelt zu tragen", worauf Baeck in seinem weitgehend vergessenen Werk *Das Evangelium Jesu als Urkunde der jüdischen Glaubensgeschichte* (!) aufmerksam gemacht hat.[15] Jesus geht es in seiner Weigerung gegenüber der syrophönizischen Frau, der Bitte um die Heilung ihrer Tochter nachzukommen, zunächst darum, der Frau aus der Welt der Völker die durch die Abraham- und Sara-Verheißung aufgegebene Unterscheidung zwischen Juden und Völkern, präziser: den Unterschied zwischen der JHWH-Offenbarung an das ersterwählte Israel-Jakob-Volk einerseits und der Einbeziehung auch der von Israel unterschiedenen Völker andererseits deutlich zu machen (Mt 15,24; Mk 7,27). Beide, Israel und die Völker, sollen durch die Abraham-Verheißung gesegnet werden. Beide sind aufeinander bezogen, beide sind aber zu unterscheiden und in ihrer Unterschiedenheit nicht zu nivellieren oder zu generalisieren.

Was in der Begegnung Jesu mit der syrophönizischen Frau beginnt und sich andeutet, erfolgt erst recht seit Jesu Auferweckung. Nun überschreitet der Messias Jesus ben David mit dem „Missionsbefehl" (Mt 28,19) das Israel-Land in Richtung auf „das Volk aus aller Welt Zungen" (Luther, eg 125,1) für Seinen NAMEN (vgl. Apg 15,14). Deshalb muss präziser gesagt werden: *Die Weisung zur Sendung, d. h. „der Jünger- und Lehrbefehl" des auferweckten Messias Jesus, muss immer in dieser dreifachen Dimension verstanden und* dialogisch differenzierend *ausgeführt werden.* Jesu doppelte Weisung hat innerhalb des Judentums ihre Parallele in dem doppelten Auftrag der *Sprüche der Väter*: „Stellt viele *Schüler* auf und zieht einen Zaun um die *Tora*" (mAv 1,1). Diese Weisung bezieht sich jetzt durch

[14] Vgl. Leo Baeck, The Task of Progressive Judaisme in the Post-War-World; in: ders., Werke, Bd. 5, hg. v. Albert H. Friedlander und Bertold Klappert, Gütersloh 2006, 65–71.

[15] Vgl. Leo Baeck, Das Evangelium als Urkunde der jüdischen Glaubensgeschichte (1938), in: ders., Werke (s. Anm. 14), Bd. 4, 401–473.

den Auftrag des messianischen Menschensohnes Jesus auch auf den Bereich „aller Völker" (Mt 28,16–20; Gen 12,3).

Auch *Paulus* ist in seinem WEG gemäß der dreidimensionalen Abraham-Verheißung *(a)* zunächst und zuerst, wie die Apostelgeschichte berichtet, immer in die Synagogen zu seinem Volk Israel gegangen (Apg 13,14; 14,1; 17,1 u. ö.). *(b)* Danach ging Paulus in die Arabia zu den Nabatäern (Gal 1,17). Dazu hat ihn die verheißungsgeschichtliche Weisung des mehrfachen Abraham-Segens geführt.[16] Von der zu Shavuoth-Pfingsten von Petrus gepredigten Joel-Verheißung der „Ausgießung des Geistes auf alles Fleisch" (Apg 2,17) her muss die Entstehung des Islam im 7. Jh. als *ein* „Zeichen des Geistes"[17] und Muhammad als *ein* Prophet[18] verstanden werden. *(c)* Schließlich geht Paulus wiederum der Abraham-Verheißung entsprechend zu den Völkern der Welt. Er streitet im Römerbrief für „allen Samen" Abrahams (Röm 4,16a). Er ergänzt, dass Abraham „unser *aller* Vater" ist, also sowohl der Vater Israels als auch der Vater der Menschen aus den Weltvölkern (Röm 4,16b). Dabei ist der mündliche Hinweis von Joachim Jeremias wichtig, dass כל oft mit „alle beide", also differenzierend übersetzt werden muss. Das ist für das Verstehen der Theologie des Römerbriefs und des dort zugrundliegenden Duals „Israel und alle Völker" von entscheidender Bedeutung.

Paulus verweist mit Gen 17,5 darauf, dass Abraham „Vater vieler Weltvölker" ist (Röm 4,17). Er kämpft in Röm 4 – nach dem sprachlich immer wiederholten „nicht nur, sondern auch" und also nach dem Motto „nicht nur für die Juden, sondern auch für die Völker der Welt" – gegen eine exklusiv-fundamentalistische Abraham-Exegese in judaistischen Kreisen des damaligen Judentums.[19] Damit ist die Unterscheidung von ‚genealogisch' und ‚spirituell' auch für den Paulus des Römerbriefes selbstverständlich mitgesetzt. Die Abraham gegebene mehrdimensionale Verheißung lenkt den Weg des Paulus, den er zunächst und immer wieder in die Synagogen des Judentums und danach zuerst in die nabatäische Arabia geht, um dann konsequenter- und verheißungsgeschichtlicherweise über Rom bis nach Spanien an die damaligen „Grenzen der (Völker-)Welt" (Röm 15,24) gehen zu wollen. Paulus folgt damit nicht nur dem Droh-

---

16 Vgl. Otto Betz, Art. Paulus I (s. Anm. 11), 1020.

17 Karl-Josef Kuschel, Juden, Christen, Muslime. Herkunft und Zukunft, Düsseldorf 2007.

18 Vgl. Walther Zimmerli, Der Prophet im Alten Testament und im Islam, in: ders., Studien zur alttestamentlichen Theologie und Prophetie, Gesammelte Aufsätze II, TB 51, München 1974, 284–310.

19 Vgl. Franz Mußner, Thema Abraham, in: ders., Die Kraft der Wurzel. Judentum – Jesus – Kirche, Freiburg i. Br. 1987, 32ff., 32, vgl. 59ff.

spruch Johannes des Täufers gegen den judaistischen Exklusivismus, JHWH könne sich auch aus den Steinen der Wüste spirituelle Nachkommen Abrahams und der Sara erwecken (Mt 3,9), sondern er bezieht sich in Röm 4,17 auch auf die zweite Beracha der Amida „Geburoth, Machttaten“, derzufolge Gott mächtig ist, „Tote zum Leben zu erwecken“, und deshalb auch mächtig ist, aus den Völkern „spirituelle Abrahamsöhne und spirituelle Sara-Töchter“ zu erschaffen. Daraus folgt aber: Auch Paulus hat sich in seinen Wegen an die mehrfachen Dimensionen und Sequenzen der Abraham- und Jesaja-Verheißung (Apg 26,17f. = Jes 42,6–8) gehalten.[20]

Was wir bei Paulus zu lernen haben, gilt auch im Hinblick auf die Erwähnung der *„Kreter und Araber“* in der Pfingstgeschichte nach Apg 2,11. Hier werden die zum Shavuoth-Pfingstfest nach Jerusalem kommenden Völker der jüdischen Diaspora noch einmal zusammengefasst. Damit wird erneut nicht nur an die alle Weltvölker einbeziehende Universalität der von Petrus zitierten Joel-Verheißung (Apg 2,17f.), sondern auch an die konkrete Dreidimensionalität der Abraham- und Sara-Verheißung (Apg 3,13) erinnert. Kommen Araber als jüdische Proselyten zum Shavuoth-Fest, dem Fest des Gedenkens an die Gabe der Sinai-Tora, nach Jerusalem, dann sind sie, die als Araber bereits unter der Hagar und Ismael gegebenen *Segensverheißung* stehen, durch die Proselytentaufe nun auch in den Bereich der Abraham- und Isaak-*Erwählung* getreten. Als solche konnten sie eine Brücke zwischen Israel einerseits und den Arabern der Wüste anderseits bilden. Eine ähnliche Brückenfunktion zwischen den Juden im Staat Israel und den arabischen Palästinensern der Westbank leuchtet heute in der Gestalt der arabischen Israelis und der arabischen Christen in Israel wieder als Möglichkeit auf, wofür der arabische Israeli, Pfarrer in Nazareth und Dozent am Bible College in Bethlehem, Dr. Yohanna Katanacho, jüngst wieder plädiert hat.[21]

---

20 Vgl. Martin Hengel / Anna-Maria Schwemer, Paulus zwischen Damaskus und Jerusalem. Die unbekannten Jahre des Apostels, Tübingen 1998; Otto Betz, Art. Paulus I (s. Anm. 11).

21 Yohanna Katanacho, The Land of Christ. A Palestinian Cry, Nazareth 2012.

3. *Zur genealogischen und spirituellen Abraham- und Sara-Gemeinschaft*

Es gibt *eine weltweite genealogische und spirituelle Abraham-Hagar-Ismael-Gemeinde der islamischen Umma* wie es auch eine weltweite genealogische und spirituelle Abraham-Sara-Isaak-Gemeinde gibt.

a) Die hier im Anschluss an Martin Hengel und Otto Betz vertretene These wird aber gern, besonders im Blick auf den Islam, mit folgenden Argumenten bestritten: Gegen eine verheißungsgeschichtliche Sicht der Araber, speziell der arabischen Nabatäer und Kedariter in der arabischen Wüste, spreche z. B. die Art und Weise, wie Paulus in Gal 4,21ff. argumentiere. Dort werde die am Sinai in Arabien erlassene Tora (Gal 4,25) mit Blick auf Hegra/Hagar niedriger gewertet als die Sara gegebene Verheißung. Die Entstehung des Islam im 7. Jh. gerade in Arabien und also auch der Islam wären nach den theologischen Kriterien des Paulus also negativ zu beurteilen.

Demgegenüber ist aber festzuhalten: Paulus geht *nach* seiner Sendung zu Israel, d. h. zu den synagogalen Juden in Damaskus, Gal 1,17f. zufolge nicht sogleich zu den Weltvölkern, sondern in die nabatäische Arabia. Dort scheitert schließlich seine Sendung (vgl. 2 Kor 11,32f.). Nur von diesem schlussendlichen Scheitern der nabatäischen Araber-Sendung des Paulus her sind seine einseitig negativen Aussagen in Gal 4,21ff. allererst zu verstehen und auch in ihrer theologischen Begrenzung zu bewerten, was in den einschlägigen Kommentaren zur Stelle meistens übersehen wird. Gal 4,21ff. spiegelt nämlich des Paulus *negative* Erfahrungen im nabatäischen Petra und in der an der Grenze des Nabatäerreiches liegenden arabischen Stadt Hegra. Solche negativen Aussagen hat Paulus im Blick auf die entsprechenden Auseinandersetzungen mit dem judaistischen Zelotismus nicht zurückgenommen, wie seine scharfe Abrechnung in Phil 3,5–8 nicht mit dem Judentum, dessen Stamm Benjamin sich Paulus selbst zurechnet, sondern mit dem judaistischen Zelotismus zeigt. Dennoch bleiben trotz dieser negativen Erfahrungen im Blick auf Israel die übergreifenden positiven Verheißungen bestehen, wie die Kapitel Röm 9–11 eindeutig zeigen.

b) Gegen die hier vorgetragene These der bleibenden Geltung der biblischen Hagar- und Ismael-Verheißungen für die ökumenische Umma der Muslime von Nordafrika und Afrika bis nach Indonesien wird weiter eingewandt: Was hat denn der Islam mit Ismael und der ihm und Hagar im Alten Testament geltenden Verheißungen zu tun? Die meisten islamischen Völker, die Arabisch sprechen oder sich auf Muhammad in Afrika und Asien berufen, seien doch nur zu einem geringen Teil genealogische Nachkommen des Wüstenvolkes der Araber und damit Muhammads und seines Clans. Nachkommen des Wüstenvolkes der Araber seien die afrikanischen und die indonesischen Muslime genealogisch überhaupt nicht.

Demgegenüber ist wiederum festzuhalten, dass es neben der *genealogischen* Nachkommenschaft Abrahams und Muhammads auch eine *spirituelle* gab und gibt, auf die sich die afrikanischen und asiatischen Völker berufen und derzufolge sie auch ethisch dem Koran entsprechend handeln. Will man wirklich den ca. 200 Millionen Muslimen in Indonesien erklären, dass sie sich illegitim auf die Verheißungen an Hagar und Ismael und illegitim auf Muhammad und den Koran berufen? Und wie will man umgekehrt dann weiterhin mit Paulus bekennen, dass wir als ChristInnen uns durch den Messias Jesus auf die Abraham-Isaak-Verheißungslinie beziehen dürfen und auf dieser Linie auch ethisch handeln sollen? Obwohl wir genealogisch keine Juden sind und durch die Taufe auch nicht werden, sind wir dennoch Paulus zufolge spirituelle Abraham-, Sara- und Isaak-Nachkommen (Gal 3,28f.; Röm 4) bzw. wir sollen das nach dem Holocaust erst wieder glaubwürdig werden.

Alle genealogisch bestimmte Abraham- und Sara-Gemeinschaft muss ihrer Bestimmung nach durch den Geist GOTTes auch spirituell geprägt sein. Und eine Beschneidung am Fleisch, was für Israel und den Islam nach Gen 17 gilt, muss der prophetischen Botschaft zufolge (Ez 36,26f.) immer durch eine Beschneidung am Herzen durch den Geist charakterisiert sein und ethisch in menschenfreundlichem Tun bezeugt werden. Demgegenüber ist die spirituell gelebte und durch die Proselyten- wie Christen-Taufe erlangte Abraham- und Sara-Gemeinschaft nicht genealogisch bestimmt und steht dennoch in der Segensgeschichte Abrahams, wie Paulus in Röm 4 im Blick auf die Völkerwelt ausgeführt hat. Umgekehrt gilt aber auch: Das ökumenische Gottesvolk aus allen Völkern, das durch den Abraham-Sohn und Messias Jesus mit der Abraham-, Sara- und Isaak-Verheißung verbunden ist (Mt 1,1), darf sich gegenüber der auch genealogisch bestimmten Geschichte des jüdischen Volkes und der islamischen Umma nicht gleichgültig, ja diese verleugnend oder, weil angeblich primitiv und vorneuzeitlich, verachtend verhalten. Denn man kann den Christus Jesus der Völker ohne den auch genealogisch verorteten davidischen Messias Jesus aus und für Israel nicht haben oder behalten wollen, wie der genealogische Stammbaum Jesu (Mt 1,1–17) am Anfang einerseits und die Sendung an die Völkerwelt (Mt 28,16–20) am Ende des Evangeliums andererseits deutlich machen.

c) Meine Ausführungen sind in ihrer gesamtbiblischen Argumentation nicht biblizistisch-fundamentalistisch misszuverstehen. Verheißungen, wie hier die biblischen Abraham- und Sara-Verheißungen, werden schon im Alten Testament nicht zeitlos verstanden, sondern bekommen besonders während und nach dem Exil eine neue und aktuelle Bedeutung. Sie werden im Neuen Testament, dann in der Reformation und heute besonders im Zeitalter der Ökumene und des Dialoges der Religionen aktuell. Diese Verheißungen wandern in neue Situationen und Kontexte ein und erschließen auch für die HörerInnen im Kontext ihrer neuen Erfahrungen neue Dimensionen und Horizonte. Das hat Leo Baeck nach den Leidenserfahrungen des Holocaust in dem in seinem Todesjahr 1956 geschriebenen Aufsatz *Judentum, Christentum und Islam* mit seinem Plädoyer für eine versöhnte Verschiedenheit und verschiedene Sendung der drei Religionen an die Welt der Völker überaus eindrücklich geschildert und den Abrahamitischen Religionen für die Zukunft zur Aufgabe gemacht.[22]

Diese Erschließung neuer Horizonte einerseits und die Verschmelzung mit den Erfahrungen der jeweiligen HörerInnen andererseits hat Hans-Georg Gadamer 1960 in seinem bahnbrechenden Werk *Wahrheit und Methode* als Horizontverschmelzung bezeichnet. Eine Horizontverschmelzung rechnet mit einem Erfahrungsgewinn von Traditionen in neuen Kontexten und angesichts neuer Herausforderungen in der Geschichte.[23] Eine solche beginnt bereits inneralttestamentlich, setzt sich rabbinisch und innerneutestamentlich besonders bei Jesus und Paulus fort und wiederholt sich schließlich im 7. Jh. mit der Berufung Muhammads und der Muslime auf Abraham, Hagar und Ismael.

Sie wird heute im ökumenischen Zeitalter in der Wiederentdeckung der Mehrdimensionalität der Abraham- und Sara-Verheißung neu relevant. In neuen Herausforderungen (*challenge*) werden neue Dimensionen der alten Verheißungen erkannt (*response*). Darin dokumentiert sich, dass Abraham nach Mt 8,11 eine Gestalt nicht nur der Vergangenheit, sondern der verheißenen Zukunft weltweiter und versöhnter Tischgemeinschaft Israels und der Völker mit ihm und Sara ist: „Sie werden kommen

[22] Leo Baeck, Judentum, Christentum und Islam (1956), in: ders., Werke (s. Anm. 15), Bd. 5, 472–489.

[23] Hans-Georg Gadamer, Wahrheit und Methode, Tübingen 1960.

von Osten und Westen und mit Abraham (und Sara) zu Tische sitzen." Darin spiegelt sich aber entscheidend die Lebendigkeit des in neue Zeiten und Horizonte mitwandernden „lebendigen Gottes"[24], des Gottes Abrahams, Saras, Isaaks, Hagars und Ismaels.

4. *Die fundamentalistische Preisgabe der Abraham-Sara-Verheißung*

Man kann und wird sich von der Abraham-Verheißung und ihrem umfassenden Segen immer dann ausschließen, wenn man die dreifache Segensverheißung an Abraham und Sara bestreitet. *(a)* Matthäus hat trotz des theologisch gewichtigen genealogischen Stammbaums Jesu dennoch die Abraham-Kindschaft nicht exklusiv auf das genealogische Volk Israel-Judentum beschränkt. Denn durch die aus den Völkern stammenden Großmütter wie Batseba, Ruth und Rahab kündigt sich bereits geheimnisvoll das Hinzukommen aller Völker in die Abraham- und David-Geneaologie an. Deshalb überliefert Matthäus von Johannes dem Täufer den Gerichtsspruch an die zelotischen oder exklusiv denkenden und handelnden Fundamentalisten: „Meint nicht, ihr könntet sagen, wir haben Abraham zum Vater. Denn ich sage euch: GOTT kann dem Abraham aus diesen Steinen Kinder erwecken" (Mt 3,9; Joh 8,37–39).

Wie Johannes der Täufer, so hat auch Jesus in der *Verheißung der universalen Tischgemeinschaft „aller Völker" mit Abraham* (Gen 12,3; Mt 8,11) die exklusiv denkende und gewaltsam handelnde Zeloten-Gruppe mit der Selbstbezeichnung „Söhne des Reiches" (Mt 8,12) von der Teilhabe an dieser Abraham-Verheißung ausgeschlossen. Der damaligen zelotischen Richtung des ‚*Judaismus*' innerhalb des Judentums entsprechen heute z. B. die „Bene Berak", deren Mitglieder sich exklusiv als die einzigen Erben der Abraham-Verheißung missverstehen, oder die gefährlich mit dem Feuer spielenden „Getreuen des Tempelberges", die, selbst durch „einen messianischen Aktivismus verführt", andere „zu einem messianischen Aktivismus verführen" und damit die Warnung der Weisen Israels vergessen: „Bedrängt nicht das Ende!"[25] Jesus sagt über sie alle: „Aber die

---

24 Vgl. Hans-Joachim Kraus, Systematische Theologie im Kontext biblischer Geschichte und Eschatologie, Neukirchen-Vluyn 1983; Siegried Kreuzer, Der lebendige Gott. Bedeutung, Herkunft und Entwicklung einer alttestamentlichen Gottesvorstellung, BWANT 116, Stuttgart 1983.

25 Shalom Ben-Chorin, Theologia Judaica II, hg. v. Verena Lenzen, Tübingen 1992, 159–161.

Söhne des Reiches wird JHWH, der GOTT, in die äußerste Finsternis hinauswerfen."

Solange dieser ‚judaistische Fundamentalismus' die bleibende Erwählung des Judentums so exklusiv missversteht, solange er heute durch illegale Landenteignungen Straftaten gegen internationales Völkerrecht in der Westbank verübt und auch durch die militärische Überreaktion im Gaza-Krieg gewalttätig handelt, bleibt er von der Segensverheißung Abrahams und der Sara ausgeschlossen. Zu diesem Missverständnis, sich exklusiv als die einzigen Abraham-Erben zu verstehen, ist die radikale Kritik und Selbst-Kritik am „Judaismus" (nicht am Judentum!) schon damals durch Paulus zu vergleichen (Gal 1,14; Phil 3,2ff.; Röm 4). Dass es sich in Mt 8,12 um eine radikale Kritik Jesu nicht am Judentum als solchem, sondern nur an einem zelotischen Judaismus innerhalb des Judentums handelt, ist immer wieder bestritten worden. So lautet das Urteil Walter Grundmanns: Die Söhne des Reichs oder des Königtums Gottes, die von Jesus in die äußerste Finsternis befördert werden, „sind die Israeliten; sie hat sich Gott zum Bundesvolk erwählt"[26]. Das Gerichtswort Jesu meine also das ganze Bundesvolk Israel natürlich mit Ausnahme der in Mt 8,11 genannten Väter Israels: Abraham, Isaak und Jakob. Denn nur „mit den Vätern Israels werden die Glaubenden aus allen Völkern vereint". Grundmanns Fazit lautet: „Die Härte des Drohwortes (Jesu) hat keine Parallele [...]; Kein Rabbi und kein Apokalyptiker hat eine solche Aussage gewagt"[27], das jüdische Volk als Ganzes vom ‚Endheil' auszuschließen. Dabei übersieht Grundmann in antijüdischer Tradition weiter, dass die Tradition der Völkerwallfahrt zum Zion (Jes 49,12; Mi 4,1–7, Mal 1,11) in der prophetischen Botschaft immer mit der Wiederherstellung ganz Israels (Jes 49,6) verbunden ist. Deshalb meint auch das von Jesus angesagte Mahl mit den Vätern nicht nur ein „Völkermahl", sondern zuerst ein „Israelmahl", d. h. auch die in Jes 25,6–9 angekündigte Verheißung eines Mahles der Versöhnung der Völker mit Israel. *(b)* Auch der Islam verfällt dem *‚Islamismus'*, so lange seine Anhänger den Dschihad nicht als den inneren Weg des Herzens zum barmherzigen Gott,[28] sondern „dschihadistisch" missverstehen, terroristisch praktizieren und sich dadurch von der umfassenden Segensverheißung für das Ismael-Volk ausschließen. Der Islam schließt sich auch so lange von der weitausgrei-

26 Grundmann (s. Anm. 3), 253.
27 Ebd.
28 Mohammad Khorchide, Sharia – der missverstandene Gott. Der Weg zu einer modernen islamischen Ethik, Freiburg i. Br. 2013.

fenden Hagar- und Ismael-Verheißung in Gen 16,10 und 17,20 aus, als er z. B. in seiner Auslegung der Abraham-Verheißung in Sure 3,65–67 Abraham exklusiv für den ersten Muslim und nicht als Gestalt umfassender Verheißung *vor* und *für* Judentum, Christentum und Islam würdigt[29] und damit als kritischen Maßstab für alle drei Abraham-NachfolgerInnen nicht bestehen lässt, sondern beseitigt. So handeln Muslime in Palästina ‚islamistisch', solange die Hamas wie im letzten Gaza-Krieg die Bevölkerung Israels mit mehr als 3000 Raketen beschießt, in Gaza die Wohnungen nicht der reichen Funktionäre, sondern der armen Bevölkerung mit Raketen gegen Israel bestückt und damit nicht nur die Bevölkerung Israels, sondern auch die eigene Bevölkerung terrorisiert. Deutliches Kennzeichen eines solchen ‚Islamismus' ist auch, wenn in Berlin gegen den Gaza-Krieg Israels demonstrierende Muslime rufen: „Hamas, Hamas – Juden ins Gas!" *(c)* Auch das „Christentum aus allen Völkern", das „ökumenische Gottesvolk aus allen Völkern", verkommt zum ‚*Christianismus*' und schließt sich damit von der Segensverheißung an Abraham für alle Völker aus, solange es z. B. den Glauben Abrahams auf die reformatorische Erkenntnis der *„iustificatio impii sola fide"*, der Gerechtmachung allein im Glauben, reduziert und damit Abraham zum ersten protestantischen Christen erklärt. Das hat nicht nur Luther damals so getan, sondern das ist bis in die sog. „Fachexegese" des 20. Jh.s so behauptet worden. Nach Günter Kleins Exegese hat Paulus „den Abbau der jüdischerseits prätendierten Abrahamssohnschaft und die Reklamation Abrahams als des ausschließlichen [!] Anherrn der Christen zum Ziel". Für Paulus soll damit gelten, „daß es außerhalb der christlichen Gemeinde keine Abrahamssohnschaft gibt"[30]. Wird Paulus auf diese Weise zum ersten reformatorischen Christen, so wird damit gleichzeitig das Judentum auf einen im Kern sog. ‚gesetzlichen Judaismus' und der Islam auf einen im Kern sog. ‚terroristischen Islamismus' reduziert; Judentum und Islam werden von der dreidimensionalen Abraham-Verheißung beider Testamente ausgeschlossen.

[29] Vgl. für diese verheißungsgeschichtliche Sicht Abrahams Kuschel (s. Anm. 17); Horst Kannemann, Biblisch-theologische Grundlagen für das Gespräch mit dem Islam, in: ders., „Lasst uns festhalten am Bekenntnis der Hoffnung und nicht wanken, denn er ist treu, der sie verheißen hat" (Hebr 10,23). Aufsätze und Predigten, hg. v. David Kannemann und Dirk Chr. Siedler, Knesebeck 2010, 15–55; ders., Verheißung für den Anderen. Theologische Gesichtspunkte des Miteinanders von Juden, Christen und Muslimen, in: Dirk Chr. Siedler u. a. (Hg.), (K)eine Chance für den Dialog? Christen und Muslime in der pluralen Gesellschaft, Berlin 2007, 55–78.

[30] Günter Klein, Rekonstruktion und Interpretation, BEvTh 50, München 1969, 203.

Dennoch bleibt festzuhalten: Alle drei Formen der religiösen Pervertierung stehen mit den drei genannten Religionen jeweils auch in einem nicht zu leugnenden Zusammenhang: *Zelotischer ‚Judaismus' hängt mit dem Judentum genauso zusammen wie imperialer ‚Christianismus' mit dem Christentum und terroristischer ‚Islamismus' mit dem Islam.* Natürlich ist es innerhalb der verschiedenen Religionen für die Glaubenden schmerzhaft, sich dem fundamentalistisch-terroristischen Potenzial ihrer Religionen zu stellen und nach den Gründen für deren illegitime Funktionalisierung zu forschen.

Solange sich die drei Religionen von der Abraham- und Sara-Verheißung (Gen 12–25) her *genealogisch und geistig-spirituell* verstehen und von daher auch *praktisch-ethisch* in der Welt für mehr Gerechtigkeit, Freiheit, Frieden und Bewahrung der Schöpfung gemeinsam handeln,[31] werden solche fundamentalistischen Fehlentwicklungen nicht den Kern der jeweiligen Geschwisterreligionen bestimmen. Dieser Zusammenhang genealogischer, geistig-spiritueller und ethischer Identität äußert sich auch in Lessings Drama *Nathan der Weise*, wie Johannes von Lüpke in seinen Interpretationen herausgestellt hat.[32] Darin wird dem fundamentalistischen Missbrauch der religiösen Traditionen gewehrt, wie es der endzeitlich-messianische Prophet und Messias Jesus nach Mt 8,11f. in seiner für „alle Völker" (Gen 12,1–3) segensreichen Prophetie von der endzeitlichen messianischen Tischgemeinschaft mit Abraham uns, den drei Religionen Judentum, Christentum und Islam, aber auch allen anderen Religionen der Völkerwelt mitgegeben und aufgegeben hat.

[31] Vgl. als jüngste Beispiele: Navid Kermani, Über die Grenzen – Jaques Mourad und die Liebe in Syrien. Rede anlässlich der Verleihung des Friedenspreises des deutschen Buchhandels 2015 (www.friedenspreis-des-deutschen-buchhandels.de/819312/); ders., Rede zur Feierstunde „65 Jahre Grundgesetz" 2014 (www.bundestag.de/dokumente/textarchiv/2014/-/280688); ders., Wer ist wir? Deutschland und seine Muslime, München 2009.

[32] Vgl. Johannes von Lüpke, Wege der Weisheit. Studien zu Lessings Theologiekritik, GTA 41, 140–162; ders., „So glaube jeder seinen Ring den echten". Einheit und Vielfalt der Religionen nach Lessings Ringparabel, in: Glauben und Lernen 18 (2003), 101–114.

Isaak und Ismael – Zeugen Gottes vor der Welt und vor einander

Der GOTT Abrahams, Isaaks, Ismaels und des Messias JESUS

Den Kollegen Frank Crüsemann und
Thomas Naumann in Dankbarkeit
für Freundschaft und wissenschaftliche
Wegbegleitung gewidmet

Ein *Paradigmenwechsel* im Verständnis der Hagar-Ismael-Traditionen, die seit der Antike und erst recht seit der Reformation unter negativen Konnotationen standen und stehen, ist in den Arbeiten des Siegener Alttestamentlers Thomas Naumann[1] und, auf seinen Arbeiten fußend, von dem Betheler Alttestamentler Frank Crüsemann[2] und in Jürgen Ebachs Vortrag über Ismael auf dem Bremer Kirchentag 2009[3] erfolgt. Um den Paradigmenwechsel im Blick auf Hagar und Ismael zu verstehen, müssen wir zunächst auf die in den Texten der Genesis erzählte differenzierte Beziehung von Isaak und Ismael eingehen.

---

1 Thomas Naumann, Ismael. Studien zu einem biblischen Konzept der Selbstwahrnehmung Israels im Kreis der Völker aus der Nachkommenschaft Abrahams, WMANT 151, Göttingen 2018, 45–109. Ich habe dem Siegener Freund Thomas Naumann für mehrere Begegnungen an der Universität Siegen, auf Akademietagungen bei gemeinsamen Referaten über Hagar und Ismael und anschließendem mündlichem Austausch sehr zu danken. Er hat mir nicht nur seine Aufsätze, sondern auch Abschnitte seines Buches vorweg über „Ismael" zur Verfügung gestellt.

2 Frank Crüsemann, „Gott als Gott auch der anderen", in: Junge Kirche. Vorbereitungsheft für den Kirchentag 2009, 1–11. Ich habe dem Freund Frank Crüsemann dafür zu danken, dass er mich auf seinen Hagar-Ismael-Aufsatz aufmerksam gemacht hat. Die Widmung des Aufsatzes ist ein Zeichen des Dankes für gemeinsam gehaltene Vorlesungen und Seminare in Bethel und Wuppertal. Frank Crüsemann, dem dieser Aufsatz zu seinem 80. Geburtstag gewidmet ist, hat als Alttestamentler in vorbildlicher Weise immer wieder Versuche vorgelegt, vom Alten Testament her in das Neue Testament und in die Systematische Theologie hinein Brücken zu bauen. Ich konnte ihm von der von mir vertretenen gesamtbiblisch orientierten Systematischen Theologie her auf dieser Brücke immer wieder von ihm belehrt und ermutigt begegnen.

3 Jürgen Ebach, „Ein Hoch auf die Wildesel". Bibelarbeit am Samstag, 23. Mai, Halle 4, Messegelände, in: Silke Lechner (Hg.), Deutscher Evangelischer Kirchentag Bremen 2009. Dokumente, Gütersloh 2010, 134–147.

1. Die Parallelität zwischen Isaak und Ismael

Das Verhältnis zwischen Jakob/Israel und Ismael einerseits und dann viel später zwischen Judentum, Christentum und Islam andererseits kann biblisch nicht nur personalisiert werden, weil, wie Frank Crüsemann in seiner Analyse zu Gen 16,1–16 deutlich herausgearbeitet hat, die Erzählung zwar „von Beziehungen und Personen und Familien handelt, zugleich aber auch von hochpolitischen Beziehungen zwischen Völkern und Religionen."[4] Crüsemann zeigt überzeugend, dass sich in der Entstehungsgeschichte von Gen 16,1–16 „eine Anreicherung von Sinn vollzieht und es deshalb zuerst und zuletzt darauf ankommt, die Endform zu verstehen, den kanonischen Text, der etwa im 4. Jh. v.Chr. abgeschlossen worden ist."[5]

Als erste Dimension entfaltet Crüsemann den Text Gen 16 als „eine Frauengeschichte". Er würdigt die Entdeckungen der feministischen Theologie als „einen völligen Bruch und Neuansatz in der Geschichte der Auslegung."[6] Er würdigt die amerikanische Exegetin Phyllis Trible und die Interpretation des Textes durch „die afro-amerikanische, womanistische Theologie" und durch afrikanische Frauen.[7] Crüsemann zufolge geht es „in diesem Text, wie nur in wenigen anderen der Bibel, um Frauenschicksale [...] Sara ist eine unfruchtbare Frau, was für eine Familie und die betroffene Frau damals eine Katastrophe war. Sie ergreift die Initiative und führt die ihr und ihr allein unterstehende Sklavin Hagar ihrem Mann zu, um von ihr, d. h. den von ihr stammenden Söhnen, ‚erbaut' zu werden. Hagar wird nicht gefragt, sondern erzwungenermaßen zum Objekt anderer Interessen. Doch kaum ist sie schwanger, verachtet sie die unfähige Herrin. So kommt es zum Konflikt zwischen den beiden Frauen. Sara spricht von ‚Gewalt', die ihr geschieht. Die Folgen werden, statt wie zuerst von ihr gewünscht auf Abraham, auf Hagar umgelenkt."[8]

Das Ziel der Hagar-Ismael-Erzählung in Gen 16 ist aber nicht nur ein Bericht von der Unterdrückung der Hagar durch Sara und der unumkehrbaren Flucht Hagars in die Zone des Todes, wie feministische Exegese das z. T. zu Recht herausgearbeitet hat,[9] Gen 16 erzählt darüber hinaus

[4] Crüsemann, Gott, 2.
[5] Ebd.
[6] Ebd.
[7] A. a. O., 2f.
[8] Ebd.
[9] A. a. O., 3.

entscheidend von einer „Befreiung“. Crüsemann überschreibt diese zweite Dimension so: „1. Mose 16 ist eine Exodusgeschichte“[10]. Anders formuliert: „Das Ziel der Erzählung ist nicht der Bericht von der Unterdrückung, sondern die Befreiung […] Zu deutlich sind die Anspielungen und Entsprechungen zur Mosegeschichte im Buch Exodus.“[11]

Es lohnt, diese von Crüsemann aufgezeigten Parallen zwischen der Exoduserzählung und Gen 16 sich ausführlich vor Augen zu halten: „Sowenig wie dort die Unterdrückung und Ausbeutung der Israeliten durch die Ägypter verschwiegen wird, so wenig hier die Unterdrückung der Ägypterin Hagar durch die Stammeltern Israels.“ Und weiter: „Zu deutlich ist die Entsprechung zur Flucht aus einem unterdrückerischen, aber gesicherten Leben in die Wüste mit all ihrer Bedrohlichkeit. Die vielen Entsprechungen im Wortlaut sind unübersehbar, etwa wie der Reaktion Gottes: *‚Ich habe die Unterdrückung meines Volkes gesehen‘* (Ex 3,7) – *Gott hat ‚deine Unterdrückung gehört‘* (Gen 16,11; vgl. 21,17)“. Denkt man an JHWH, ELOHIM, der sich selbst durch die Befreiungstat an Israel definiert (Ex 20,2), so wird hier in der Hagar-Geschichte „erzählt, dass er sich auch gegenüber einer ägyptischen Sklavin, die von den Vorfahren Israels zu deren Zwecken eingesetzt und dann vertrieben und allein gelassen wird, als befreiende Gottheit zeigt, ihr in der Wüste rettend und tröstend begegnet, sie zuletzt in die Freiheit führt und seine großen Verheißungen an Abraham für sie und ihren Sohn bestätigt.“[12] Die Segensverheißung an Abraham und Sara in Gen 12,1–3 ist weiträumig und offen und bezieht sowohl Isaak als auch Ismael mit dem Ziel des Segens für alle Völker mit ein. Auf die Unterscheidung zwischen JHWH/ELOHIM in der Exodus-Geschichte Israels einerseits und EL ROI in der auf Befreiung angelegten Hagar-Ismael-Erzählung andererseits wird später einzugehen sein.

In seinem exegetisch auf den Arbeiten von Naumann und Crüsemann fußenden Kirchentagsvortrag „Ein Hoch auf Wildesel“ hat Jürgen Ebach auf die Trias, die die völkertheologische Perspektive einbezieht, aufmerksam gemacht: „Da ist die Perspektive der verschiedenen (Isaak- und Ismael-)Völker, die von dem einen Abraham abstammen – *von der Völkerperspektive noch einmal zu unterscheiden* – die der ‚abrahamitischen Religionen‘.“[13] Dies wird im Folgenden für die Exegese des „alle Völker“

[10] Ebd.
[11] A. a. O., 4.
[12] Ebd.
[13] Ebach, Ein Hoch, 134.

(παντα τα εθνη) in Mt 28 wichtig sein und gegenüber dem problematischen Reden von dem Abrahamsegen für „die Menschheit" statt für alle Völker vorsichtig machen. Die Segens- und Mehrungsverheißung an Hagar steht Ebach zufolge der an Abraham zuvor und danach ergangenen Verheißung,[14] auch „was die Größe der Verheißung angeht, in nichts nach."[15] Sie ist darüber hinaus die größte, die einer Frau im Alten Testament gegeben wurde.[16] Sie wird im Neuen Testament, sprachlich und inhaltlich ganz parallel auf Gen 16 bezogen und so umfassend erst wieder in der Verheißung der Geburt des Messias JESUS an Mirjam/Maria gegeben.[17] In der neuesten „Theologie des Alten Testaments" von Jörg Jeremias[18] steht ein Hinweis auf Gen 16,11–14 nicht einmal im Register, wie früher ein Hinweis auf Röm 9–11 im Register der „Theologie des Neuen Testaments" von Rudolf Bultmann fehlte.[19] Infolge des traditionellen Übersehens und Abwertens der Hagar-Ismael-Verheißung sprechen wir leider weder in der Exegese noch in der Dogmatik in positivem Sinne von einer gesamtbiblischen „Hagar-Mirjam-Typologie", sondern beschränken uns auf eine die Eva, die „Mutter alles Lebendigen", wegen ihrer Sünde abwertende und nur Maria verherrlichende antithetische „Eva-Mirjam-Typologie". Im Dom zu Goslar haben noch beide, Eva wie Adam, jeweils einen Apfel vom verbotenen Baum genommen, die sie beide in ihren Händen halten!

Parallelität besteht auch darüber hinaus: Die Beschneidung und Aufnahme Ismaels in den Beschneidungs-*Bund* Abrahams erfolgt zeitlich *vor* Isaak in Gen 17, in den dann auch Jesus, der „Sohn Abrahams" (Mt 1,1), acht Tage nach seiner Geburt durch seine Beschneidung hineingeschnitten wird.[20] Beide, Isaak und Ismael, erhalten die Zusage und Verheißung, dass JHWH/der HERR/der GOTT beide „zu einem großen Volk machen will und wird".[21] Beide werden zu Zwölf-Stämme-Völkern[22] mit Stam-

---

14 Gen 15,5 und 17,19.

15 Ebach, Ein Hoch, 139f.

16 Vgl. Gen 16,10.

17 Lk 1,31–35. Siehe dazu Claus Westermann, Alttestamentliche Elemente in Lukas 2,1–20, in: Gert Jeremias / Heinz-Wolfgang Kuhn / Hartmut Stegemann (Hg.), Tradition und Glaube. Das frühe Christentum in seiner Umwelt, Festgabe für Karl Georg Kuhn zum 65. Geburtstag, Göttingen 1971, 317–327.

18 Jörg Jeremias, Theologie des Alten Testaments, GAT 6, Göttingen 2015.

19 Rudolf Bultmann, Theologie des Neuen Testaments, Tübingen (4. Aufl.) 1961, 608–611.

20 Vgl. Lk 2,21.

21 Gen 15,5 und 17,20.

22 Vgl. Gen 25,12–18.

mesführern/Scheichs/Fürsten und sogar *Königen.*[23] Nach Ps 72,17–19 ist es der besondere Auftrag des in messianischen Farben geschilderten *Königs* Salomo, dessen messianische Konturen und verheißene Messianität die LXX noch weiter ausarbeitet, den Segen Abrahams an alle Völker zu vermitteln. Beide, Isaak und Ismael, stehen gemeinsam am Grab ihres Vaters Abraham (Gen 25,9), wobei dort von keinem Streit berichtet wird. Aus bestimmten, kontextuell-negativen Erfahrungen mit den Ismael-Nachkommen im Alten Testament (Ri 8,24 und Ps 83,7) und im Judentum, wie sie später auch Paulus in der Arabia erleiden musste, wurde aus Gen 16,12 wie aus dem Neuen Testament aus Gal 4 ein permanenter und durchgängiger Antagonismus zwischen Isaak und Ismael herausgelesen und in ideologischer Perspektive bis heute einseitig stark betont: „Er gegen alle und alle gegen ihn." Ja sogar die Rettung Josefs und damit des Volkes Israel durch die Ismaeliter (Gen 37,25–28 und 39,1) wurde unter ein negatives Vorzeichen gesetzt. Hinzu kommt, dass man den Vers Gen 21,10 mit einer negativen, nämlich sexuellen und damit homosexuellen Konnotation versehen hat: „Da sah Sara, wie der Sohn der Ägypterin Hagar (mit ihrem Sohn Isaak) spielte/juchzte."

Andererseits ist „Ismael" ein schon im Alten Testament wie dann auch im Judentum beliebter Name, worauf Naumann verweist.[24] Der Ismaelspruch in Gen 16,12 meint es jedenfalls so : „Er mit allen seinen Brüdern (!) und alle mit ihm." Warum sollen beide jenseits der starken Spannungen und Konflikte im Hause Abrahams und Saras am Grab ihres Vaters Abraham sich nicht mehrheitlich über die messianischen Perspektiven und Hoffnungen[25] des dreidimensionalen Abraham-Segens für die von ihnen beiden abstammenden Völker und – davon unterschieden, aber nicht getrennt – für „alle Völker" unterhalten haben? Wie Israel „Kämpfer *für* GOTT" bedeutet und nicht, wie in der traditionell-dogmatischen Deutung beliebt, „Kämpfer g e g e n Gott", so hat auch „Isma'el", „GOTT erhört", einen positiven Klang und geht nicht auf in die Vorstellung vom permanenten Kampf gegen Israel und damit *„gegen Gott"*.

Dabei ist die genealogische Nachkommenschaft Abrahams und Saras noch weiter gespannt: Nach Gen 25,2–6 gehören auch die *Midianiter* zu den Abraham-Ketura-Nachkommen, weshalb nicht zufällig der Midianiter Jethro, der Schwiegervater des Mose, am Gottesberg seinen Schwie-

23 Vgl. Gen 17,6.
24 Naumann, Ismael, 99.
25 Vgl. Gen 17,16 und Ps 72,17.

gersohn Mose in Rechtsfragen berät und belehrt und als midianitischer Priester JHWH/ELOHIM, den GOTT Israels am Moseberg segnet und in einer von ihm geleiteten gottesdienstlichen (!) Handlung mit Israel diesen über dem Exodus Israels aus Ägypten preist.[26] Hier kommt in der Hebräischen Bibel eine Offenheit in der Begegnung mit unterschiedlichen und unterschiedenen Abraham-Traditionen zutage, die heute im gemeinsamen Beten von Christen und Muslimen in Afrika und Asien ihre Entsprechungen findet, demgegenüber sich die mehr mit Warnungen, als mit positiven Empfehlungen versehenen Weisungen zu gemeinsamem Beten mit Muslimen seitens der EKD und ihrer Landeskirchen im Blick auf die Abraham-Verheißungen als biblisch-ökumenisch rückständig erweisen.

2. Die Landverheißung für Isaak und Ismael

Auch die dem Abraham mit der Segens- und Mehrungszusage gegebene *Land*-Verheißung[27] gilt sowohl Isaak als auch Ismael. Denn da ein der Hagar verheißenes großes Volk nicht ohne Land existieren kann, ist mit der Mehrungsverheißung an Abraham auch eine Land- und Raum-Verheißung für die Ismael-Stämme gegeben. Das ist mit dem Hinweis auf das *Wohnen* des Ismael-Volkes in Sichtweite „aller seiner Brüder", d. h. im nachbarschaftlichen Gegenüber zu seinem israelitischen Zwölf-Stämme- und Geschwister-Volk, impliziert, wie der Ismael-Spruch Gen 16,12 sagt und also auch voraussetzt. Die Aufzählung der zwölf Ismael-Stämme[28] endet nicht zufällig in dem zu Gen 16,12 parallel formulierten Satz: Nachdem Ismael mit 137 Jahren verstorben war „*wohnten* sie von Hawila bis Schur, das östlich von Ägypten (in der nordwest-arabischen Wüste) in Richtung Assur liegt. Im Gegenüber zu allen seinen Brüdern lässt er sich nieder. (25,17f.)" Die in Gen 15,18 „weiteste Grenzziehung für das zugesagte Land" in der Hebräischen Bibel vom Bach Ägyptens bis an den Euphrat-Strom hat „das historische Israel niemals als ein derart großes Gebiet beansprucht oder gar besiedelt. Gelesen im Zusammenhang der Abrahamnachfahren bezieht sich dieser weite Raum auf alle Abrahamnachfahren, er umschließt die Wohngebiete der Ismaeliter, aber auch die von Edom und den Keturasöhnen, die in weiten Teilen der

---

[26] Vgl. Ex 18. Siehe dazu Volker Haarmann, JHWH-Verehrer der Völker. Die Hinwendung von Nichtisraeliten zum Gott Israels in Alttestamentlichen Überlieferungen, Zürich 2008.

[27] Vgl. Gen 12,1; 13,13; 15,7 u. ö.

[28] Gen 25,12–17.

arabischen Wüste zu Hause sind. Die Bundeszusage in Gen 15 gilt uneingeschränkt und zweifellos auch für Ismael bzw. Ismaeliter."[29] Darum ist es, wie Ebach zu Recht aktualisierend schreibt, „von großer Bedeutung, daß das Land, um das es in diesen Konflikten immer wieder ging, [...] Abrahams Nachkommen in der Gesamtheit zugesprochen wird [...] Wo Abraham lebte, ist Israels Land" u n d zugleich das Land Ismaels, „wo die Fahne des Propheten wehte".[30]

Von „*Händeln*", d. h. feindlichen Überfällen der Ismael-Stämme auf Israel, weiß das Alte Testament nur ganz wenig zu berichten.[31] Wohl aber davon, dass die Ismaeliten als *Händlervolk* Joseph zum Verkauf nach Ägypten mitnehmen und so vom Sterben in der Grube retten.[32] Die Ismaeliten haben also nicht so sehr Streit und „Händel", wie traditionell exegesiert und dann gerne nur auf Ismael und den Islam begrenzt verstanden wird, sondern treiben „Handel" mit allen ihren abrahamitischen Geschwistervölkern. „In der Josefsgeschichte erscheinen die Ismaeliter als Händler (Handelsprodukt: Gummi, Balsam, Harz) auf dem Weg nach Ägypten (Gen 37,25–28)."[33] Deshalb möchte ich auch Gen 16,12b nicht konflikt-orientiert mit „Seine (Ismaels) Hände gegen alle und aller Hände gegen ihn" wiedergeben, obwohl das im Vergleich mit dem Benjamin-Spruch durchaus möglich sein könnte: „Benjamin ist ein raubender/reißender Wolf. Am Morgen verzehrt er Beute, am Abend verteilt er Raub."[34] Aber zum Benjamin-Stamm gibt es Textüberlieferungen wie Ri 17f., die das im Blick auf Benjamin veranschaulichen. Solche Texte mit so brutalen Handlungen gibt es für Ismael eben nicht.

Deshalb folge ich einem Hinweis Benno Jacobs, der ein „originelles" Verständnis von Gen 16,12 erwähnt, demzufolge „Ismaels Beruf als Aufkäufer und Verkäufer von Waren" zu verstehen ist.[35] Jacob selbst bleibt zwar bei der traditionellen Übersetzung von Gen 16,12b auf einer mittleren Linie: „seine Hand wider jedermann und jedermanns Hand wider ihn",[36] übersetzt allerdings Gen 16,12a.c *nicht* mit negativen Konnotationen: „Und er wird ein Wildesel-Mensch sein [...] und angesichts (!) aller

29 Crüsemann, Gott, 5.

30 Ebach, Ein Hoch, 143.

31 Vgl. Ri 8,24; 1. Chr 5,18–22; Ps 83,7.

32 Gen 37,25–28.

33 Hans-Dieter Neef, Art. Ismael, Ismaeliter, in: CBL I, Stuttgart 2003, 607.

34 Gen 49,27.

35 Benno Jacob, Das Buch Genesis 1934, Stuttgart 2000, 413.

36 Ebd.

seiner Brüder wird er wohnen.“[37] Jacob erläutert: „Warst du (Hagar) zu Unrecht unterdrückt, so wird dein Sohn ein Bild ungebändigter Freiheit und Wildheit sein [...] ein Esel der Wüste ‚kraftvoll und nicht in Fessel zu zwingen‘ [...] unter den Menschen das unbändigste, mit einem Wildesel zu vergleichende Wesen.“[38] Der Ismael der Bibel ist befreiungstheologisch, er ist exodusgeschichtlich – von der Unterdrückung in die Freiheit – zu verstehen und nicht anti-ismaelitisch und dann auch nicht anti-islamisch misszuverstehen. Von daher, einem Hinweis in der „Bibel in gerechter Sprache“ (BigS) folgend, versuche ich, Gen 16,12 so zu verstehen und zu übersetzen: „Seine Hand streckt er (im Handel) nach allen/allem aus und die Hand aller (seiner abrahamitischen und nicht nur israelitischen Geschwister!) sich nach ihm.“ Hintergrund des Ismael-Spruches dürfte auch die Abgrenzung der nomadischen Lebensweise der Ismaeliten von der eher sesshaften Lebensweise der Israel-Stämme sein.[39]

3. *Nachbarschaft zwischen Isaak und Ismael*

Andererseits ist das Verhältnis zwischen Isaak und Ismael *nicht immer parallel.* Gen 17,21 heißt es: „Meinen *Bund* will ich mit Isaak aufrichten.“ Dabei fehlt, wie Naumann gezeigt hat,[40] im Hebräischen das „aber“, das die meisten Übersetzungen der Bibel mit Ausnahme der BigS bis heute haben. Dasselbe gilt für Gen 21: Sara wird klar, dass Ismael als vollgültiger Sohn Abrahams im Sinne des damaligen Rechts[41] mit Isaak gleichberechtigt erben wird. Darauf folgt: „Gott sprach zu Abraham: [...] In allem, was Sara dir sagt, höre auf sie, denn in Isaak soll dir Same/Nachkommenschaft genannt werden. *Und* [hier steht nicht, wie in unseren Bibeln antithetisch ‚doch‘] *auch* den Sohn der Magd (Hagar), will ich zu einem großen Volk machen, weil er dein Same ist/weil er zu deinem Stamme gehört.“[42] Wenn das Verhältnis Isaak Ismael nicht nur parallel, aber auch

---

37 Ebd.

38 Ebd.

39 So auch das Verständnis der LXX. Vgl. Gregor Geiger, Ismael. Diachroner Versuch einer Lokalisierung, in: Stefan Jakob Wimmer / Georg Gafus (Hg.), „Vom Leben umfangen“. Ägypten, das Alte Testament und das Gespräch der Religionen. Gedenkschrift für Manfred Görg, ÄAT 80, Münster 2014, 49–58.

40 Naumann, „Thomas, Ishmael“. IV. Christianity, in: EBR 13: Integrity – Jesuit Order, Berlin/Boston 2016, 365–369.

41 Dtn 21,15–17.

42 Gen 21,12–13.

nicht nur antithetisch zu verstehen ist, dann ist es präzise als *nachbarschaftlich* zu bezeichnen.

Nachbarschaft meint nicht eine „Hauptlinie" des Weges JHWHs/ELOHIMs mit Isaak/Israel im Unterschied oder sogar Gegensatz zu einer „Nebenlinie" mit Ismael und seinen Nachkommen, wie immer wieder exegesiert und systematisiert wird. Nachbarschaft kennzeichnet auch nicht einen „Außenseiter". Und obwohl Hagar in der Situation ihrer Flucht aus dem Hause Abrahams eine durch Saras Zwangsherrschaft Marginalisierte in großer Vertreibungs-, Sklavinnen- und Todes-Not ist, sind Hagar und Ismael von der Verheißung JHWHs her nicht marginalisiert. Heißt es doch im Gegensatz zur traditionell anti-ismaelitischen und d. h. dann auch immer anti-islamischen Übersetzungstradition seit der Antike und dann besonders seit der Lutherbibel dem Hebräischen Text gemäß: „Isma'el ist ein Mensch wie ein (nicht domestizierter) Wildesel [...] *Allen seinen Brüdern* wohnt er in Sichtweite gegenüber."[43] Es heißt aber nicht, wie alle Bibeln *aggressiv* übersetzen, um Ismael als Räuber und Feind Gottes, des Volkes Israel und der Zivilisation verstehen: „Allen seinen Brüdern sitzt er im Gesicht, setzt er sich ins Gesicht, sitzt er auf der Nase." Leider übersetzen die indonesischen Bibeln im einseitigen Hören auf die alttestamentliche Exegese westlicher Tradition im Raum einer toleranten islamischen Bevölkerungsmehrheit und einer christlichen Minderheit auch so aggressiv wie die meisten (nicht die jüdischen!) Exegeten wie Gerhard von Rad und Walther Zimmerli. Ismael als nicht-domestizierter Wildesel erfährt den Exodus aus dem Hause Abrahams und Saras kanonisch *vor* dem Exodus Israels aus der Sklaverei Ägyptens auf eine andere Weise. Aber beide Male handelt es sich um einen parallel geschilderten Exodus unter der Verheißung desselben JHWH/ELOHIM/EL! Keine andere Gottheit, sondern JHWH-ELOHIM/ALLAH hat das Schreien der Hagar und Ismaels genauso gehört, wie wir es in Ex 3 im Blick auf Israels Versklavung in Ägypten lesen. Deshalb sind die Konflikte im Hause Abrahams „allesamt Geschwisterkonflikte" und ist die Geschichte der Nachkommen Abrahams „eine konfliktreiche Geschichte."[44] Aber sie ereignet sich dennoch innerhalb einer Geschichte des „Segnens und Mehrens"[45] und der geschwisterlichen Nachbarschaft und des Wohnens in Sichtweite.

---

[43] Gen 16,12.

[44] Ebach, Ein Hoch, 143.

[45] Evangelisches Gesangbuch, Gütersloh 1996, EG 449,4.

Nachbarschaft bedeutet nicht Identität, aber auch nicht feindliche Antithese. Nachbarschaft bedeutet bleibende Unterschiedenheit, genauer: *Unterscheidung in Beziehung*. Deshalb kann man an Gen 16,9–14 lernen: Der Gott Ismaels ist ELOHIM/EL, was die arabische und indonesische Christenheit mit ALLAH übersetzen. „Jishma'el" heißt übersetzt: EL/ ELOHIM/ALLAH hört/erhört das Schreien der Mutter Hagar und ihres Sohnes Ismael, wie er das Schreien des Volkes Israel im Exodus (Ex 14,10) erhören wird. Nochmals: „Gen 16 ist eine Exodusgeschichte" und viele Entsprechungen zwischen der Hagar- und der Exodus-Geschichte sind bis in den Wortlaut hinein unüberhörbar: sowohl der Terminus „Unterdrückung"[46] wie auch das „Hinschauen JHWHs auf die Unterdrückung meines Volkes Israel".[47] JHWH, der GOTT Israels, sendet Hagar einen Engel/Boten und „Botschafter" der Rettung.[48] Die ELOHIM/ ALLAH-Offenbarung und -Rettung erfolgt sogar in einer Engel-/Boten-Erscheinung, und zwar in der ersten, die in der Bibel überhaupt erzählt wird. Von dem im Boten redenden, präsenten und verheißenden JHWH[49] bekennt Hagar: „Du bist der E L des Schauens/Hinschauens, dem ich nachgeschaut habe, nachdem er zuvor [fürsorglich sogar hier in der Wüste!] nach mir geschaut hat."[50] Es handelt sich im Bekenntnis der Hagar um ein wirkliches, dem Exodus 33,14 entsprechendes, paralleles, freilich nicht einfach mit ihm identisches Glaubens- und Erfahrungs-Bekenntnis! In jedem Fall wird die ihre Erfahrung der Rettung bündelnde Bezeichnung, „die Hagar Gott gibt, mit dem Hinsehen, dem Wahrnehmen der Not verbunden. Hagar erkennt, daß Gott auf sie geschaut hat und sie erkennt, daß sie Gott gesehen hat – nicht direkt sondern wie es auch bei Mose sein wird, in der Rückschau."[51]

---

46 Vgl. Ex 1,11f. und Gen 16,6.

47 Vgl. Ex 3,7. Crüsemann, Gott, 6.

48 Vgl. Karl Barth, § 51 Das Himmelreich, Gottes Botschafter und ihre Widersacher, in: ders., KD III 3, Zürich 1950, 426–623. Ich verdanke die folgenden Überlegungen z. T. einem Seminar, das ich mit Michaela Geiger über die Engellehre des Alten Testaments und Barths an der Kirchlichen Hochschule Wuppertal/Bethel im Sommersemester 2016 abgehalten habe.

49 Vgl. Ex 23,21. Weiter dazu vgl. THAT I, 902–907.

50 Gen 16,13.

51 Ebach, Ein Hoch, 145.

4. *Der JHWH Israels und der EL Ismaels*

Dabei ist eigens im Blick auf die beiden *Gotteserfahrungen*, zuerst der Hagar und dann des Mose, hervorzuheben: Vom Hebräischen Text her ist es, wie Crüsemann zu Recht formuliert, „zweifelsfrei, daß es Jhwh ist, Adonaj, der Gott Israels, der zu ihr [Hagar] spricht",[52] wie er dann auch zu Mose sprechen wird. Viermal wird ausdrücklich der NAME GOTTes, JHWH, genannt.[53] Und wiederum ist es ohne Zweifel so: Hagar benennt Ihn, JHWH, den Gott Israels, „nach ihrer ureigensten Gotteserfahrung"[54] als *EL*, die unmittelbar aus einem Kontext der Rettung aus Unterdrückung erfolgt. Und wiederum besteht kein Zweifel, dass sowohl in der erlittenen und befreienden Exodus-Geschichte Hagars in Gen 16 als auch in der Exodus-Geschichte unter Führung des Mose in Ex 3 im „Zentrum die Gabe eines Gottesnamens" steht.[55] Das geschieht sowohl im antwortenden Bekenntnis der Hagar zum „GOTT/EL des Hinschauens"[56] als auch im Dornbusch vor Mose in der Offenbarung des Gottes-NAMENs JHWH mit der den GOTTes-NAMEN erläuternden Zusage „ICH werde dasein/kommen als der ICH dasein/kommen werde", allerdings mit der Zielaussage: „JHWH/ELOHIM, der GOTT der Erzeltern".[57] Das bedeutet weiter nichts weniger als dass Hagar „die erste und einzige Frau ist, die damit zur Theologin und Gotteslehrerin wird",[58] wie auch im Neuen Testament die Frauen am leeren Grab, speziell die Maria, zu den apostolischen Zeuginnen des Gottes der Auferweckung werden.[59]

Das bedeutet nun aber nicht, dass Hagar „ihrerseits Gott einen [...] neuen Namen gibt" oder „daß Hagar weiß (!), daß es Adonaj ist, der zu ihr redet", so dass sie als Reaktion und als Dank „Adonaj einen neuen Namen gibt", so „dass es Adonaj, Jhwh, ist, den sie jetzt neu und anders benennt."[60] Davon sagt der Text m. E. nichts. Und das ist für den christlich-islamischen Dialog von hoher Bedeutung. *Nachbarschaft in der ELOHIM-Erfahrung bedeutet nicht Identität in der NAMENs-Offenbarung JHWHs.* Vielmehr: Hagar erfährt JHWH/ELOHIM als denselben *einen*

---

52 Crüsemann, Gott, 6.
53 Gen 16,7.10.11.13.
54 Crüsemann, Gott, 6.
55 A. a. O., 4, 6.
56 Gen 16,13.
57 Ex 3,14f.
58 Crüsemann, Gott, 6.
59 Vgl. u. a. Mt 28,1–10.
60 Crüsemann, Gott, 6.10.

GOTT, von dem Gen 16,9–11 in gleichlautenden, leider von den Übersetzungen meistens beseitigten Einleitungen dreimal in parallelen Sätzen „und es sprach zu ihr der Bote JHWHs“ erzählt, von dem aber Hagar nicht weiß: Sie erfährt denselben JHWH/ELOHIM *anders* und zwar mit und unter der GOTTes-Bezeichnung EL. Derselbe JHWH/Elohim, der im Exodus sich am Dornbusch mit seinem NAMEN vorstellen wird, wird von Hagar unter dem Namen El Roi/ALLAH erfahren und dann auch bekannt. Das und nur das stiftet die Nachbarschaft zwischen dem EL Hagars und Ismaels zu JHWH/ELOHIM, dem Gott Isaaks und Israels. Das und nur das impliziert dann auch keine Außenseiterrolle der Hagar- und der Ismael-Nachkommen. Denn EL ROI, der GOTT des Hinhörens und Hinschauens, der das Elend nicht übersieht, sondern anschaut, „ist kein and'rer GOTT“,[61] sondern eine andere, verschiedene und spezifische Erfahrung des Gottes Abrahams und Saras mit dem Ziel der Sendung zum Segen für die Völkerwelt. Nur das verhindert auch das Abgleiten in einen Religionspluralismus, den auch Crüsemann nicht will, und wahrt das Bekenntnis zu dem einen JHWH Israels. Unter dem Namen EL erscheint der Hagar der *eine* wahre GOTT Israels. Anders formuliert: JHWH/ELOHIM/EL erscheint der Hagar in einer vom Exodus des späteren Israel unterschiedenen Erfahrung als EL ROI und an einem vom Moseberg unterschiedlichen Ort zwischen Schur, Kadesch und Bered.

Deshalb können auch die Kategorien der *Überlegenheit* und *Unterlegenheit*, die in Indonesien und nicht nur dort zwischen dem Mehrheits-Islam und Minderheits-Christentum eine so große Rolle spielen, biblisch keine Bedeutung haben. Zum Teil fühlt sich der Mehrheits-Islam in Indonesien dem Christentum unterlegen, wie sich auch das Mehrheitschristentum in Deutschland dem Islam angstbesetzt unterlegen fühlt. Und wie Ismael, kanonisch gelesen, *zuerst* noch *vor* Isaak im Abraham-Bund in Gen 17 beschnitten wird, so wird auch Hagar, kanonisch gelesen, *zuerst* noch vor dem Exodus Israels aus der Sklaverei Ägyptens in dem von ihr erfahrenen Exodus, den die Genesis als eine „auf den Kopf gestellte Exodusgeschichte“ erzählt,[62] gerettet. Die Parallelität zwischen dem JHWH/ELOHIM einerseits und dem EL ROI, der hinschaut und dem nur nach-geschaut werden kann, zeigt sich auch in der Parallelität der Prüfung Hagars und Ismaels zu der Abraham-Isaak-Prüfung.[63] Abraham

[61] Martin Luther, Ein feste Burg, in: Evangelisches Gesangbuch, EG 362,2 Gütersloh 1996.
[62] Crüsemann, Gott, 4.
[63] Vgl. Gen 16,6–16; 21,11–21 mit Gen 22.

wird von dem GOTT/ha ELOHIM geprüft, der aber nach bestandener Prüfung auf „GOTTesfurcht hin“ (jirat ELOHIM) seinerseits bekennt, dass JHWH „sieht/schaut“. Und wie Hagar unerwartet die lebensrettende Quelle „sieht/schaut“, so „sieht/schaut“ auch Abraham in höchster Not seinerseits den das Leben Isaaks rettenden Widder.[64] Und Abraham benennt die Stätte seiner bestandenen Prüfung ganz parallel zu Hagar: „wo JHWH gesehen/geschaut wird“,[65] was die LXX mit „auf dem Berg, wo JHWH, der HERR erschien“ wiedergibt.

Das bedeutet also zugleich *Unterscheidung in Nachbarschaft* auch im Blick auf *die Gotteserfahrung*. Denn Hagar gibt GOTT, biblisch gesehen, keinen „neuen Namen“,[66] sondern hat eine andere Erfahrungsweise desselben NAMENs, die in JHWH/Elohim mitgesetzt ist. Hagar hat „in ihrer ureigensten Gotteserfahrung“[67] ein grundlegendes, unverzichtbares Element und zentrales Moment der Offenbarung des biblischen GOTTes-NAMENs, der Israel geschenkt wurde, ihrerseits geschenkt bekommen, nämlich EL/ELOHIM. Das bedeutet kein Weniger, kein Defizit, keine Unterlegenheit oder Inferiorität in der GOTTeserfahrung und Gottesoffenbarung, sondern Andersheit und darum verschiedenes Leben und andere Lebensordnung unter dem Segen Abrahams und Saras und verschiedene Sendung zum Segen für alle Völker. Das ist wiederum für den Dialog mit den Muslimen in Asien wichtig, wie ich bei meinen Vorlesungen in Indonesien im Blick auf den Dialog zwischen den Christen und den Kirchen (15 %) und den Muslimen und der mehrheitlich islamischen Umma (85 %) erfahren konnte. In der Beziehung zu JHWH, dem GOTT des Volkes Israel, dem GOTT der an Jesus als Messias glaubenden Juden und dann auch des ökumenischen Gottesvolkes aus allen Völkern einerseits und in der Beziehung zu ELOHIM/EL/ALLAH der weltweiten Umma der Muslime andererseits gibt es sowohl Nachbarschaft als auch Unterscheidung, ja sogar Konflikt im Konsens, aber keine Überlegenheit oder Unterlegenheit. Auch Mehrheiten können sich als unterlegen und Minderheiten können sich als überlegen fühlen!

Hagar kann diesen EL/ELOHIM/ALLAH nicht festhalten, ihn nicht unmittelbar anschauen, nicht vereinnahmen, sondern ihm nur *nachschauen*, ihn darin und nur so als Retter aus Todesnot erkennen. Hagar hat EL/ALLAH aber auch besonders als *Barmherzigen* erfahren, weil *EL*,

---

64 Vgl. Gen 22,13.
65 Gen 22,14.
66 Crüsemann, Gott, 6.
67 Crüsemann, Gott ebd.

der Barmherzige, ihr gegenüber das allgemeine antike Recht, die Flucht von Sklaven/Sklavinnen hart zu bestrafen,[68] nicht ausübt und weil EL ihr eine Quelle des „Lebens" und Überlebens zeigt, die ihren Durst stillt. Und zwar an einem Ort zwischen Kadesch, dem Stammland der Ismaeliten, und dem Ort Bered, den die Muslime später im Koran mit Mekka identifizieren, während die jüdische Tradition Bered mit Hegra, der Siedlung Hagars im südlichen Teil des Nabatäerreiches, identifiziert. Die islamische Liturgie erinnert und repräsentiert eindrücklich diesen überraschenden Vorgang der Rettung Hagars und Ismaels. Sie benennt – wie Mose im Nachschauen JHWHs diesen mit zehn Bezeichnungen umschreibt[69] – im Koran ALLAH mit 99 Namen im Sinne von Bezeichnungen/Beinamen. Darunter mit einem besonders hervorgehobenen Namen, nämlich mit „ALLAH, den *Barmherzigen*, den barmherzigen *Erbarmer*". Dabei spricht der Koran bewusst nicht von 100 Namen/Bezeichnungen. Er versteht, „daß ‚im Namen AllAH' die anderen 99 Namen eingeschlossen sind."[70] Islamische Theologie erklärt uns Christinnen und Christen, dass die nicht auf 100 aufgerundeten 99 Gottesbezeichnungen ALLAHs dieselbe Funktion haben, nämlich ALLAHs Unverfügbarkeit gegenüber allen Vereinnahmungen zu sichern. Sie unterstreicht damit, dass man es bei den 99 Bezeichnungen bewusst belässt, weil man ALLAH mit noch so vielen Annäherungen und Begriffen nicht in den Griff bekommen kann, darf und soll.[71]

Leider ist dies in der christlichen Tradition mit der Beseitigung des *einen* NAMENs JHWH/ELOHIM und dessen Ersetzung durch eine trinitarisch-philosophische Metaphysik zunächst in der Orthodoxie von Byzanz und dann weiterhin im Abendland geschehen. *Das* kritisiert zu Recht auch der Koran in Sure 30 gegen „die Byzantiner". Und er tut das mit derselben Intention wie das Judentum und dessen Plädoyer für den einen unaussprechlichen, unübertragbaren, unübersetzbaren NAMEN und das erste Gebot. Die christliche „Trinitätslehre" muss folglich wieder als eine narrative Erzählung und Auslegung des *einen* NAMENs JHWH ELOHIM reformuliert, verstanden und bekannt werden. Und JHWH/ELOHIM kommt in seiner befreienden Geschichte zunächst zu Israel und

68 Vgl. Dtn 21,15–17.

69 Vgl. Ex 33,19f und 34,6f.

70 Olaf Schumann, Hinaus aus der Festung. Beiträge zur Begegnung mit Menschen anderen Glaubens und anderer Kultur, Studien zum interreligiösen Dialog, Bd. 1, Hamburg 1997, 31.

71 Vgl. Muhammad Sameer Murtaza mündlich, vgl. ders., Islam. Eine philosophische Einführung und mehr, Norderstedt 2014.

Ismael, sodann in seinem Kommen im Messias Jesus zu Israel und allen Völkern, schließlich in seiner auf alles Fleisch[72] ausgegossenen, lebenspendenden Geisteskraft der Hoffnung.[73]

5. *Die Unaussprechlichkeit und Unübertragbarkeit des NAMENs JHWHs*

Der Gott Israels ist im Unterschied zum ELOHIM/EL/ALLAH der Gott, der sich *in Seinem NAMEN JHWH* Mose offenbart hat, Israel die Tora gibt, in und mit Seinem NAMEN im Tempel präsent wird und im Gottesdienst zu Israel kommt.[74] Der GOTT Israels ist der Träger dieses (1.) unaussprechlichen NAMENs. Er kann zwar ausgelegt werden: „ICH werde dasein/kommen, als der ICH dasein/kommen werde",[75] ist und bleibt aber doch (2.) als NAME unübersetzbar: „*JHWH*, der GOTT eurer Erzeltern, der GOTT Abrahams, der GOTT Isaaks und der GOTT Jakobs, das ist mein NAME in alle Weltzeit."[76] Dieser *eine* NAME ist (3.) unübertragbar. Er ist auch im Neuen Testament nie, auch nicht im vorpaulinischen Hymnus von Phil 2,9–11, auf den Messias Jesus übertragen worden, obwohl eine breite Exegese, beeinflusst von der späteren hohen dogmatischen Christologie der Alten Kirche, dies nach wie vor auch für das Neue Testament behauptet.[77] Der auf Jesus als den verheißenen Messias übertragene Name ist entweder, wie Luise Schottroff zu Recht gezeigt hat,[78] „Jesus", d. h. „JHWH rettet"[79] oder und nicht als Alternative ver-

---

72 Vgl. Joel 3 und Apg 2; 10.

73 Vgl. Bertold Klappert, Die Trinitätslehre als Auslegung des NAMENs des Gottes Israels. Die Bedeutung des Alten Testaments und des Judentums für die Trinitätslehre, in: EvTh 62.1 (2002), 54–72. Vgl. weiter ders., „Geheiligt werde dein NAME! – Dein Torawille werde getan!" Erwägungen zu einer gesamtbiblischen Trinitätslehre in israeltheologischer Perspektive, in: Michael Welker / Miroslav Volf (Hg.), Der Lebendige Gott als Trinität. Jürgen Moltmann zum 80. Geburtstag, Gütersloh 2006, 229–253.

74 Walther Zimmerli, Ich bin Jahwe, in: ders., Gottes Offenbarung, Gesammelte Aufsätze, TB 19, München 1963, 11–40 und KRAUS, Hans-Joachim, Theologie des Gottesdienstes, in: ders., Theologie der Psalmen, BKAT XV/3, Neukirchen-Vluyn 1979, 125–133, mit ihren Verweisen auf Ps 50,1–7 und 81,1–11.

75 Ex 3,14.

76 Ex 3,15.

77 Mit vielen anderen Neutestamentlern federführend Martin Hengel, Der Sohn Gottes, 2. Auflage 1977, in: Claus-Jürgen Thornton (Hg.), Martin Hengel – Studien zur Christologie. Kleine Schriften IV, WUNT 201, Tübingen 2006, 74–145.

78 Luise Schottroff, „... damit im Namen Jesu sich jedes Knie beuge". Christologie in 1 Kor und in Phil 2,9–11, in: Marlene Crüsemann / Carsten Jochum-Bortfeld (Hg.), Christus und seine Geschwister. Christologie im Umfeld der Bibel in gerechter Sprache, Gütersloh 2009,

standen, wie ich selbst vertrete, der messianische Titel „HErr“ (sic!) in der Unterscheidung von GOTT als dem einen HERRn.[80] Diesen *einen* NAMEN JHWH hat die Christenheit weitgehend vergessen, theologisch durch die Dominanz eines Gottes der Metaphysik und die Entwicklung der Trinitätslehre im Rahmen der antiken Metaphysik eliminiert, exegetisch-dogmatisch im Sinne einer hohen Christologie auf Jesus übertragen oder wie sogar in der BigS folgendermaßen durch „ICH-BIN-DA (!), Beschützer eurer Eltern, Abraham, Isaak und Jakob. Das ist mein Name für alle Zeit“[81] faktisch ersetzt. Und das im Gegensatz zu der grundsätzlich richtigen und weitreichenden Erklärung der HerausgeberInnen der BigS: „Gottes Name ist unübersetzbar.“[82]

Darum singen wir mit unseren Gesangbuchliedern ausdrücklich und durchgängig von der Ehre des einen NAMENs, den wir loben dürfen und sollen: „Ich lobe meinen GOTT von ganzem Herzen. Erzählen (!) will ich von allen Seinen Wundern und singen Seinem NAMEN“ (franz.: je chanterai ton NOM).[83] Die französische Gesangbuch-Fassung übersetzt hier sogar das Element „meinen GOTT“ mit „l’Éternel“, d. h. mit der traditionell jüdischen und calvinischen Wiedergabe des einen NAMENs GOTTes. Auch Paul Gerhard, um nur ein weiteres Beispiel zu nennen, dichtet: „Lobet den HERREN, alle die ihn ehren. Laßt uns mit Freuden Seinem NAMEN singen.“[84] Der NAME geriet aus dogmatisch-trinitarischen Gründen oder gerät aus feministisch-hermeneutischen Interessen in Vergessenheit, obwohl uns Jesus – die Alte Kirche sogar dreimal täglich – ausdrücklich zu beten aufträgt: „Geheiligt werde DEIN NAME.“[85] Dieser NAME wird in Predigten und in Vorlesungen an Universitäten noch immer viel zu oft entheiligt, indem er ausgesprochen und seine Aussprache gegenüber dem Judentum sogar mit der sog. „protestantischen Freiheit“ begründet wird, obwohl schon das antike vorchristliche Judentum

81–94, hier 91f. Ich stimme Schottroff in 91 Anm. 24 zu, dass mein Vorschlag, für Phil 2,9 neben dem Jesusnamen auch den messianischen kyrios-Namen zu erwägen, problematisch ist. So sehr die messianische kyrios-Bezeichnung den Namen Jesu auslegt, so gilt doch Schottroffs Urteil: „Aber ‚König‘ oder ‚Messias‘ ist eigentlich kein Name“ (ebd.). *Das gilt auch für die hier verhandelte Gotteserfahrung Hagars. EL Roi ist kein neuer Gottes-NAME, sondern eine Auslegung und neue Erfahrung des einen NAMENs GOTTes.*

79 Vgl. Mt 1,21.23; Apg 4,12 oder Ps 71,17–19.

80 Vgl. Ps 110,1 und Mk 12,35–37a.

81 Ex 3,15.

82 Ulrike Bail u. a. (Hg.), Bibel in gerechter Sprache (BigS), Gütersloh 2006, 16.

83 EG 272,1.

84 EG 447,1.

85 Mt 6,9.

und auch Jesus und das Neue Testament das nicht mehr getan haben, sondern das Tetragramm durchgängig durch ein artikelloses HERR wiedergegeben haben.[86]

Dietrich Bonhoeffer hat in der Zeit der „Gottesfinsternis", der Zeit der Verfolgung und Ermordung des Judentums und der Verhöhnung des GOTTes-NAMENs ausdrücklich auf das vorbildliche Verschweigen des Tetragramms im Judentum verwiesen und vor dem Aussprechen des Tetragramms gewarnt: „Daß die Israeliten den Namen Gottes *nie* aussprechen, gibt mir immer wieder zu denken und ich verstehe es immer besser."[87] Und „nur wenn man die Unaussprechlichkeit des Namens Gottes kennt, darf man auch einmal den Namen Jesus Christus aussprechen."[88] Michael Wyschogrod hat mir vor der großen Berliner Synagoge in der Oranienburger Straße, neben der sein Elternhaus einst stand, anschaulich und sichtbar bewegt erzählt, was er noch selbst als Junge vor der Flucht seiner Familie aus Nazi-Deutschland mit eigenen Augen vom gegenüberliegenden Bürgersteig aus gesehen hat: Auf dem Bürgersteig wurde 1938 in der Nacht, die die Deutschen verharmlosend „Kristallnacht" zu nennen pflegen, eine Tora-Rolle ausgerollt, die Kinder zu betreten aufgefordert und tretend und hüpfend Abschnitt für Abschnitt zu überspringen ermuntert wurden, um sich ein paar Pfennige als Lohn für die Entheiligung des NAMENs GOTTes zu verdienen. So wurde der NAME des Gottes Israels „mit Füßen getreten". Aber noch nach 1953 wurde in der Bonner Vorlesung des Neutestamentlers Philipp Vielhauer die LXX-Wiedergabe von JHWH zum Gelächter der Studierenden mit „Pippi" wiedergegeben.[89] Und bis heute ist Fakt: Die Judensau an der Wittenberger Stadtkirche, der Predigtstätte Luthers, hängt, obwohl eine Bodenplatte sich eindeutig davon distanziert, nach wie vor an einem Evangelischen Gotteshaus, in dem dem NAMEN des einen GOTTes Lob

---

86 Folker Siegert, Ein lateinisches Problem: „HERR" und „der Herr", in: ders., Register zur „Einführung in die Septuaginta". Mit einem Kapitel zur Wirkungsgeschichte, MJSt 13, Münster 2003, 380–387; ders., Die Septuaginta-Übersetzung und die Sprache der Theologie, in: Axel von Dobbeler / Kurt Erlemann / Roman Heiligenthal (Hg.), Religionsgeschichte des Neuen Testaments, Festschrift für Klaus Berger zum 60. Geburtstag, Tübingen 2000, 289–323.

87 Dietrich Bonhoeffer, An Eberhard Bethge. Tegel, 5.12.1943, in: ders., Widerstand und Ergebung, DBW 8, Gütersloh 1998, 225–229, 197.

88 Dietrich Bonhoeffer, An Eberhard Bethge. Tegel, 5.12.1943, in: ders., Widerstand und Ergebung, DBW 8, Gütersloh 1998, 225–229, 226.

89 Nach dem mündlichen Bericht des damaligen Studenten von Vielhauer, Dr. Ulrich Brockhaus, des späteren Übersetzers und Herausgebers der „Elberfelder Bibel".

gesungen wird. Juden kritisieren das bis heute zu Recht. Bisher ohne Erfolg!

Joachim Teuffel hat in seinem missions-theologisch wegweisenden Buch „Mission als NAMENs-Zeugnis“[90] gezeigt, dass die Völker in Asien nur ganz schweren bzw. gar keinen Zugang zur griechischen und abendländischen Metaphysik haben. Sie können aber die Erzählung und das narrative Zeugnis von dem *einen* NAMEN und seiner Auslegung in Seiner unverwechselbaren Geschichte mit Israel, Ismael und allen Völkern verstehen, es dialogisch-missionarisch verkündigen und narrativ weitergeben. Im Gegensatz dazu hat mein verehrter Wuppertaler Lehrer Wolfhart Pannenberg auf ökumenischen Konferenzen die Rezeption der griechischen Metaphysik in den großen Ökumenischen Bekenntnissen auch von der asiatischen und afrikanischen Christenheit als Voraussetzung für das kirchlich-ökumenische Bekennen und Verstehen z. B. des Nicaenum Constantinopolitanum von 381 gefordert.[91] Damit wird ein Gesetz, „eine Überlieferung der Menschen“,[92] wie Jesus sagt, aufgerichtet, wovon uns Völkerchristen das Neue Testament mit seinem „alttestamentlich-jüdisch-apokalyptischen Paradigma“ gerade befreien wollte.[93] Und obwohl Pannenberg in seiner magistralen Gotteslehre[94] als Schüler Gerhard von Rads mit dem alttestamentlichen Gottes-NAMEN, dem Tetragamm, zunächst einsetzt, verallgemeinert er dieses im Laufe der weiteren Abhandlungen metaphysisch und verliert den NAMEN JHWH schließlich in trinitarisch-universalgeschichtlicher Perspektive. Als damaliger Rektor der Kirchlichen Hochschule Wuppertal habe ich Pannenberg im Jahre 1991 zu einem Vortrag über das von mir erbetene Thema „Einleitung in meine Systematische Theologie“ an seine ehemalige Hochschule eingeladen. Auf dem Bahnhof haben wir danach lange weiter diskutiert. Er hatte die ihm als meinem Wuppertaler Lehrer von mir zugesandten Aufsätze zum jüdisch-christlichen Dialog aufmerksam gelesen. Kurz vor dem Einfahren des Zuges nach München stellte mir Pannenberg die provokante Frage: „Glauben Sie denn wirklich, dass der Gott der *Welt* ein jüdischer

90 Joachim Teufel, Mission als Namens-Zeugnis, Tübingen 2009 und ders., Doctrine of the NAME instead of Onto-Theology. On the Difficulties with the European Notion of ‚God‘, published in: Theology and Life. Annual Theological Journal No. 36, Hong Kong, China, 2013, 403–413.

91 Dieses hat mir der japanische Theologe, Prof. Dr. Hakatayama aus Nishinomia berichtet.

92 Mk 7,8.

93 KÜNG, Hans, Das jüdisch-apokalyptische Paradigma des Urchristentums, in: ders., Das Christentum. Wesen und Geschichte, München 1994, 89–144.

94 PANNENBERG, Wolfhart, Systematische Theologie, Bd. I, Gütersloh 1988, 73–354.

Stammesgott ist?" Ich habe ihm damals angesichts seines immensen Wissens und seiner großen Bekanntheit in der Welt der Wissenschaften bescheiden, aber doch bestimmt geantwortet: „Ja, als der Gott aller *Völker* ist er zuerst und bleibend der *jüdische* GOTT des Zwölf-Stämme-Volkes Israel und als ELOHIM/ALLAH auch der Stammesgott Ismaels, der Ismaeliten und der Muslime, und wird als solcher auch in Seinem Reich endzeitlich und adventlich kommen."

6. *Die Unumkehrbarkeit zwischen dem NAMEN JHWHs und ELOHIM/EL*

Wichtig ist nun aber im Hinblick auf eine wiederzugewinnende Theologie des *einen* NAMENs GOTTes die Beobachtung, dass diesem NAMEN JHWH in der Hebräischen Bibel immer ein *Prädikat* hinzugefügt wird: nämlich ELOHIM. In der Auslegung der Rabbinen drückt die Reihenfolge „zwei verschiedene Aspekte Gottes" aus: ELOHIM, „Gott ist das Attribut strenger Gerechtigkeit. Aber Gott gehört auch das Attribut der Gnade zu, das spürbar wird, wann immer der Name JHWH im Text erscheint."[95] Das aber bedeutet: Von JHWH aus ist eine *Brücke* zu ELOHIM – die arabischen Bibeln übersetzen, wie schon erwähnt, durchgängig mit ALLAH – immer schon gebaut und bereits zum Begehen mitgegeben. JHWH offenbart sich nicht und existiert deshalb nicht ohne diese Brücke, die auch von uns gegangen werden darf und dann stets auch muss. Der GOTT Israels kümmert sich um Hagar und Ismael. Ja er hat „eine besondere Sympathie für Hagar und Ismael".[96] Deshalb zeichnen sich Konturen der Tora des Exodus-Volkes Israel, ja schon die Gebotstraditionen bei Abraham immer auch im Zwölf-Stämme-Volk des Ismael und seinen Gebotstraditionen bis in den Koran ab: Denn „Abraham hat auf meine Stimme gehört, so dass er einhielt, nämlich meine Vorschriften, meine Gebote, Satzungen und Weisungen."[97] ELOHIM/ALLAH eröffnet Weg und Brücke. Brücke bedeutet Nachbarschaft, nicht Identität, aber auch nicht Feindschaft. „Eine feste Brücke ist JHWH, unser GOTT", so hat

---

[95] Jonathan Magonet, Abraham und die Gerechtigkeit, in: ders., Die subversive Kraft der Bibel, Gütersloh 1998, 35–59, 47.

[96] Michael Wyschogrod, The one God of Abraham and the Unity of the God of the Jewish Philosophy, in: ders., Abraham's Promise. Judaism and Jewish-Christian Relations, London 2004, 29–42, 36.

[97] Gen 26,4f.

eine Predigerin am Reformationstag in der Kirche Theodor Bezas in Wissembourg (Frankreich) formuliert. So müsste dieses Lutherlied heute auch im Blick auf die Brücke, den Weg und die Nachbarschaft zum Islam gesungen werden.

Diese unumkehrbare biblische Reihenfolge JHWH-ELOHIM, die in der ganzen Hebräischen Bibel beibehalten ist und an keiner Stelle umgekehrt erscheint, ist in der christlich-theologischen Tradition aufgrund der Dominanz des Gottes der Metaphysik in der Trinitätslehre und dessen Anbetung umgedreht worden. So wurde nicht zufällig, wie oft behauptet wird, sondern mit Bedacht übersetzt: „Gott, der Herr, erschien im Garten Eden.“[98] So wird auch in der sog. Neuen Lutherbibel von 2017, in der 1. Auflage der Zürcher Bibel 1931, aber auch in der Elberfelder Bibel 2005, in der niederländischen New Bible in Dutch 2004 und der katholischen Einheitsübersetzung von 2017 gegen den Hebräischen Urtext durchgängig falsch übersetzt. Deshalb halte ich auch die Übersetzung von Gen 3,1 in der BigS mit „Adonaj, *also* Gott“ für problematisch, weil damit die den JHWH-Namen durchgängig kennzeichnende, mit ELOHIM/ALLAH bis heute gegebene und bestehende Brücke zu den ELOHIM-EL-ALLAH-Traditionen der Bibel beseitigt oder unkenntlich gemacht wird. Das gilt auch für die niederländische De Naardense Bijbel 2005, die mit der Wiedergabe „de ENE, God“ diesmal den NAMEN GOTTes unkenntlich macht. Den traditionellen Übersetzungen gegenüber müsste es also durchgängig heißen „JHWH/der HERR, der GOTT“ oder „der NAME, der GOTT“ oder mit der Übersetzung von Naftali Herz 1995[99] „der Ewige, Gott“.

Das ist schon in der New Oxford Bible 1991 und der Reihenfolge „the Lord, God“ und dann auch in der Zürcher Bibel in 2. Auflage 2006 mit „der Herr, Gott“ mit Recht beachtet worden. Ganz verzichten auf die HERR-Aussage in der Wiedergabe des Tetragramms sollte, auch im Hören auf die berechtigte Kritik am Patriarchalismus seitens der feministischen Theologie, deshalb nicht, weil das Anwachsen der „herrenlosen Gewalten“[100] im 20. und 21. Jahrhundert das Bekenntnis zu JHWH als dem HERRN der Herren ein widerständiges Bekenntnis nach dem Motto

98 Gen 3,1 u.ö.

99 Naftali Herz / Tur Sinai: Die Heilige Schrift (Jerusalem) deutsche Übersetzung Neuhausen-Stuttgart 1993.

100 Karl Barth, § 78 in: KD IV 4, Das christliche Leben Zürich 1996. Vgl. dazu die hervorragende Interpretation dieses Textes durch Sabine Plonz, Die herrenlosen Gewalten. Eine Relektüre Karl Barths in befreiungstheologischer Perspektive, Mainz 1995.

ist: „Das könnte den Herren der Welt ja so passen, wenn erst nach dem Tod die Gerechtigkeit käme […].“[101] Nicht möglich ist schließlich das „Yahve Dieu“ der La Bible de Jérusalem 1981, weil wir den Gottes-NAMEN nicht aussprechen sollen. Zu überlegen wäre jedoch, ob von uns Christinnen und Christen das Tetragramm durch JAHU, ausgesprochen im Namen des Propheten „Jirme-Jahu“, oder durch JAH, im Gottesdienst gesungen im Lobpreis „Hallelu-Jah“, wiedergegeben werden könnte. Eine entsprechende Anfrage durch den befreundeten Rabbiner der Wuppertaler Synagoge, Dr. David Vinitz, an die Autoritäten Jerusalems steht bisher noch aus. Summa summarum: Die Kurzfassung des in Bayern geübten Sprechens vom „HERR-GOTT“ hat zumindest die Erinnerung an die unumkehrbare biblische Reihenfolge sprachlich noch bewahrt.

Die von JHWH/ELOHIM durch Gottes Offenbarung selbst immer schon mitgegebene und geschaffene Brücke zu ELOHIM/ALLAH ist im Judentum Jahrhunderte hindurch im Blick auf den Islam gegangen worden: Abraham Geiger, um nur einen Autor zu nennen, schreibt 1833 ein Buch mit dem Titel „Was hat Mohammed aus dem JUDENTUME aufgenommen?“[102] Und 1956 hat Leo Baeck diese Brücke und diesen Weg in seinem Testament „Judentum, Christentum und Islam“ noch einmal überzeugend beschrieben und als Weg der Hoffnung für Juden, Christen und Muslime und des Friedens unter den Völkern in Wort und Werk beschritten.[103] Diese Brücke sind Gotthold Ephraim Lessing in seinem „Nathan“ mit besonderer Sympathie für den Muslim Saladin und Johann Wolfgang von Goethe in seinem „West-Östlichen Divan“ auch im Europa des 18. und beginnenden 19. Jhs. gegangen.[104] Wir sollten diese Brücke im 21. Jahrhundert durch problematische Übersetzungen nicht zerstören oder unkenntlich machen.

---

101 Kurt Marti, Anderes Osterlied, 1969.

102 Abraham Geiger, Was hat Mohammed aus dem Judenthume aufgenommen?, Wiesbaden 1833; Leipzig (2., rev. Aufl.) 1902. Hinweis von Karl-Josef Kuschel.

103 Zu finden in: Leo Baeck, Judentum, Christentum und Islam, in: Albert Friedlander / Bertold Klappert (Hg.), Nach der Shoah – Warum sind Juden in der Welt? Schriften aus der Nachkriegszeit, Leo Baeck Werke Bd. 5, Gütersloh 2002, 472–489.

104 Vgl. dazu Friedrich Gundolf, Westöstlicher Divan, in: Der Geist der Goethezeit, Berlin 1920, 638–670.

7. Die Israel gegebenen Zusage: JHWH, dein ELOHIM

Allerdings erscheint die Selbstvorstellung GOTTes in Seinem NAMEN im Alten/Ersten Testament mit Ausnahme der Schöpfungsberichte durchgängig und grundlegend in der folgenden Form: „ICH bin/werde sein/werde kommen als JHWH/der HERR, *Dein* ELOHIM/GOTT".[105] Damit ist das Volk Israel und nicht das Hagar-Ismael-Volk angeredet. So sehr der JHWH-NAME mit ELOHIM eine Brücke zum ELOHIM/EL/ALLAH der Hagar- und Ismael-Traditionen darstellt, stellt er sich als der GOTT des Volkes Israel vor: „ICH bin/werde sein der NAME, *Dein* GOTT".[106] Und das also in vom Ismael-Volk unterschiedener, wenn auch *nicht* in überlegener, trennender, ausgrenzender, marginalisierender oder sogar gegensätzlicher Weise. Dieser Sachverhalt kommt auch in der *Bundesschließung und Bundesverheißung* zum Ausdruck. *Ismael lebt nach Gen 15 im unverbrüchlichen Bund JHWHs mit Abraham. Auch lebt Ismael mit Abraham in demselben Bund der Beschneidung.*[107]

Naumann hat m. E. exegetisch problematisch geurteilt, dass Ismael nach Gen 17 „faktisch auch in den Israelbund mit einbezogen ist".[108] Der Abraham- und demzufolge auch der Israel-Bund sind nämlich keine exklusiven bzw. exkludierenden Bundschließungen. Denn Ismael wird, um eine hilfreiche von Rolf Rendtorff öfters gebrauchte Wendung im Blick auf das Verhältnis zwischen Israel und Kirche abzuwandeln, nicht in das Volk Israel, wohl aber „in den *Bund* Gottes mit Abraham hineingenommen."[109] Dass der Bund JHWHs mit Israel kein ausgrenzender, sondern ein offener und geöffneter Bund ist, darauf weist schon die Exodus-Geschichte hin, derzufolge im Exodus „viel fremdes Volk mitzog".[110] Das zeigt sich dann auch in der Jesusgeschichte: Jesus hat in seiner Berg-Rede in Mt 5–7 die Mose-Tora als auch für die Völkerwelt[111] gültig ausgelegt. Das betont besonders die jüngste Erklärung der orthodoxen Rabbiner zum Christentum vom Dezember 2015: Der Rabbiner Jakob Emden schrieb, dass „Jesus der Welt eine doppelte Güte zuteil wer-

105 Zimmerli, Ich bin Jahwe, in: Gottes Offenbarung, Th Bü 19, München 1963, 11–40 und ders., Das Wort des göttlichen Selbsterweises (Erweiswort), eine prophetische Gattung, in: ders., Gottes Offenbarung, Gesammelte Aufsätze, TB 19, München 1963, 210–132.

106 Ex 20,2.

107 Vgl. Gen 17, 10f. und 22.

108 Naumann, Ismael, 98.

109 Rolf Rendtorff, mündlich auf mehreren Tagungen und Kirchentagen

110 Ex 12,38.

111 Vgl. Mt 28,16–20.

den ließ. Einerseits stärkte er die Tora von Moses [...] und keiner unserer Weisen sprach jemals nachdrücklicher über die Unveränderlichkeit der Tora."[112]

Jesus hat während des Pessachmahles die Verheißung des neuen Bundes für Israel[113] als auch für die Völkerwelt offen und geöffnet verstanden und den Jüngern und Jüngerinnen dies verkündigt.[114] Das tut dann auch Paulus in Röm 4 mit der mehrmals wiederholten Sequenz „nicht nur, sondern auch" gegenüber den die Abraham-Sohnschaft exklusiv für sich reklamierenden orthodoxen Juden oder zelotischen Judaisten. Das hat „Paulus" in Eph 2,12 als Exeget von Röm 9,5 auch so gesehen, wie Jürgen Roloff als Vorsitzender der EKD-Kommission „Kirche und Israel " betont hat.[115] Der für die Völker, die ursprünglich den Bundsetzungen JHWHs gegenüber A-Theisten und Fremde waren, verschlossene Bund wurde durch den Messias Jesus auch für die Christen und Christinnen aus den Völkern geöffnet, bzw. in jüdischer Tradition noch ursprünglicher und umfassender formuliert: Der Bund JHWHs mit Israel war von Haus aus schon ein auch auf die Völker hin geöffneter Bund,[116] ein „living covenant".[117] Ich werde nie vergessen, wie der weltbekannte Rabbiner Irving Greenberg bei einer mir durch Eberhard Bethge vermittelten Begegnung in New York von den Nichtjuden als den von Gott gewollten Partnern im Bunde Gottes mit Israel sprach: „Durch diesen sich öffnenden Bund wurden viele Völker in den messianischen Prozess hineingenommen; sie wurden Partner im Bunde Gottes mit der Menschheit [...]. Nach dem Holocaust [...] werden Christentum und Islam ihren eigenen Anspruch zurückweisen müssen, das Judentum überwunden zu haben.

112 Jakob Emden, zitiert nach: Jehoschua Ahrens, Michael Kühntopf, Erklärung orthodoxer Rabbiner zum Christentum. Den Willen unseres Vaters im Himmel tun: Hin zu einer Partnerschaft zwischen Juden und Christen, in: Jehoshua Ahrens / Karl-Hermann Blickle / David Bollag / Johannes Heil (Hg.), Hin zu einer Partnerschaft zwischen Juden und Christen. Die Erklärung orthodoxer Rabbiner zum Christentum, Berlin 2017, 254.

113 Vgl. Jer 31.

114 Mk 14,22–25 par. Joachim Jeremias, Die Abendmahlsworte Jesu, Göttingen 1960 und mündlich zu mir auch Franz Mußner, mein katholischer Lehrer und Freund aus Passau.

115 EKD (Hg.), Christen und Juden III (2000), in: ders., Christen und Juden I–III. Die Studien der Evangelischen Kirche in Deutschland 1975–2000, Gütersloh 2002, 113–219.

116 So Leo Baeck, in: Bertold Klappert, Der Midrasch aus Theresienstadt und das Testament Leo Baecks. Eine Einführung in „Dieses Volk. Jüdische Existenz", in: Leo Baeck - Zwischen Gebot und Geheimnis, Herrenalber Forum Bd. 19, Karlsruhe 1997, 88–116.

117 David Hartman, A Living Covenant. The Innovative Spirit in Traditional Judaism, Woodstock 1997, 281, 298. Vgl. weiter EKiR (Hg.), Bleibende Erwählung Israels / Hineinnahme der Völker in den Israelbund, in: dies., Den rheinischen Synodalbeschluss zum Verhältnis von Christen und Juden weiterdenken - den Gottesdienst erneuern. Arbeitshilfe, Düsseldorf 2008, 26–37.

Und auch die Juden werden mehr als früher erkennen müssen, daß diese Religionen aus dem ursprünglichen Bund herausgewachsen sind."[118]

Deshalb gilt die Bundeszusage JHWHs Gen 17 zufolge in von Ismael unterschiedener, Ismael aber nicht vom Bund der Beschneidung ausschließender Weise besonders Isaak: „Und Abraham sprach zu Gott: Ach, möchte doch Ismael vor Dir am Leben bleiben. Da sprach Gott: *Ja gewiß!* Deine Frau Sara soll dir einen Sohn gebären; den sollst du Isaak nennen. Und ich will meinen Bund mit ihm aufrichten als einen ewigen/allzeit beständigen Bund, daß ICH Sein GOTT und seiner Nachkommen GOTT sei. Meinen Bund[119] will ich aufrichten mit Isaak."[120] Und Gott fährt fort, indem er der Bitte Abrahams wegen Ismael entspricht: „U n d auch wegen Ismael erhöre ich dich. Siehe ich segne und mache ihn fruchtbar und überaus zahlreich; zwölf Fürsten wird er zeugen und ich will ihn zu einem großen Volk machen."[121] JHWH/ELOHÄCHA, der NAME/der HERR, *dein* GOTT meint also eine besondere, von anderen Relationen *unterschiedene* Beziehung des Bundes JHWHs, *deines* GOTTes, zu Seinem Volk Israel und umgekehrt eine darin begründete besondere Gebotsbeziehung Israels zu seinem GOTT.[122]

Zu der besonderen Nähe- und Bundeszusage gehören auch die an *Recht und Gerechtigkeit* gegenüber den Nachbarn gebundenen besonderen *Landverheißungen* an Israel, die durch das ganze Alte Testament hindurch und auch im Neuen Testament Zeichen von deren Gültigkeit sind, wie Mt 2,19 die Betonung der Rückkehr der Familie Jesu in das „Land Israel", wie die Bergpredigt-Weisung Jesu in Mt 5,5 und 5,13 „ihr seid das Salz des L a n d e s " verbunden mit der Berufung zum „Licht der Völkerwelt" sowie der aus dem Exil an die judenchristliche Gemeinde in Rom geschriebene Hebräerbrief mit dem Hinweis in Hebr 11,9 auf Abraham, der sich „aus Glauben im ‚Land der Verheißung' ansiedelte". Sie rechtfertigen jüdischerseits keine, erst recht heute keine zelotisch-politischen und militärischen Überlegenheitsphantasien und auch keine

118 Zitiert nach Karl-Josef Kuschel, Juden – Christen – Muslime. Herkunft und Zukunft, Düsseldorf 2007, 590f.

119 Der Text spricht in Gen 17,19 nicht von „vielmehr", also von keiner Steigerung oder Überlegenheit Isaaks über Ismael, wie traditionell missverständlich übersetzt wird. Der Text redet in Gen 17,20 auch nicht von „aber", sondern im V e r g l e i c h mit und parallel zu Ismael! Weder kann von einer Steigerung und Überlegenheit, noch von einer feindlichen Antithese und einem ausschließenden Gegensatz ausgegangen werden.

120 Gen 17,18f.21.

121 Gen 17,20.

122 Vgl. Dtn 26,17–19.28–30.

Antithese gegenüber Ismael-Islam in Palästina. Letzteres steht nicht in den biblischen Texten und geben die Texte nicht her, sondern ist nichts Anderes als eine anti-islamische, seit Jahrhunderten tradierte Eis-Exegese. Erwählung meint keine „Erwähltheit" im Sinne einer „privilegierten Partnerschaft", sondern meint Berufung zum „Dienst" der Gerechtigkeit an allen Völkern. Gemeint ist dabei eine von der Bund-Beziehung JHWH/EOHIM/ALLAHs zu Ismael[123] unterschiedene und unkündbare Bund-Beziehung JHWHs zu Israel bis heute. Wie (1) das jüdische Volk durch die Jahrtausende[124] und dann auch (2) die messianischen Juden und die Christinnen und Christen aus den Völkern ihrer Bestimmung nach „Söhne und Töchter"[125] des Bundesgottes Israels sind und werden sollen, *so sind (3) in besonderer Weise die Muslime und Musliminnen „Söhne und Töchter" ELOHIM/ALLAHs.*

8. Eine Brücke von JHWH-ELOHIM zu EL und umgekehrt

Eine Brücke wird normalerweise nicht nur in eine Richtung, sondern in beide Richtungen begangen. Auch die durch ELOHIM/EL/ALLAH gegebene und zum nachbarschaftlichen Besuch einladende Brücke besteht nicht nur von Israel zu Ismael. Sie besteht umgekehrt auch seitens des Ismael-Volkes zu Israel und dann auch seit dem 7. Jh. seitens des Islam zum Judentum und Christentum. Und zwar der biblischen Bestimmung nach nicht im Sinne einer Feindschaft und Aggressivität, auch nicht im Sinne einer Überlegenheit, sondern im Sinne einer Nachbarschaft und d. h. im Sinne eines spezifischen, von ELOHIM/ALLAH gegebenen Auftrages an die Völkerwelt.

In diesem Zusammenhang ist an die ursprüngliche Kiblat/Gebetsrichtung des Islam nach Jerusalem zu erinnern,[126] darüber hinaus auch an die neben der Himmelfahrt des Elia und des Messias Jesus berichtete Himmelfahrt des Propheten Muhammad vom Tempelberg in Jerusalem aus. In der Himmelfahrtskirche der Augusta-Victoria in Jerusalem hat die Pfarrerin an der Erlöserkirche, Gabriele Zander, am Himmelfahrtstag

---

123 Vgl. Gen 17,18–21.
124 Vgl. Ex 19,5f und 2. Sam 7.
125 2. Kor 6,18.
126 Vgl. Andar Parlindungan, Frieden statt Mauern. „Al-Quds", Jerusalem, im muslimischen Verständnis als Zeichen der Hoffnung auf Frieden im Heiligen Land, SITMA 5, Hamburg 2014.

2016 an die Überlieferung der drei berichteten Himmelfahrten von Elia, Jesus und Muhammad erinnert und miteinander in Beziehung gesetzt. Auch die im Jerusalemer David-Tower-Museum anzuschauenden, eindrücklichen Bilder aus islamischer Tradition, derzufolge Muhammad bei seiner Himmelfahrt Adam, Abraham, Mose, David und Jesus trifft, um mit ihnen zu sprechen und zu beten (!), sagen Dimensionen der Beziehung Ismaels und des Islam zu Judentum und Christentum aus, die wir bisher weder dialogisch oder liturgisch ausgeschöpft, noch emotional eingeholt haben. Dazu gehört übrigens das wunderbare Bild von Jesus und Muhammad aus Raschid ‚o' Dins Universalgeschichte, die auf zwei Kamelen (nicht auf *einem* Kamel!) reitend ihren Weg gemeinsam und partnerschaftlich dem Gericht und der Zukunft des Reiches des barmherzigen GOTTes/ALLAHs, Seiner Gerechtigkeit und Seines Friedens entgegengehen.[127]

Dabei ist in diesem Zusammenhang noch besonders daran zu erinnern, dass Barth in den letzten Jahren seines Lebens zwischen 1965–1968 seinem Sohn Markus Barth eine Skizze eines umfassenden Modells des Dialoges mit den Religionen im Rahmen einer ökumenischen Theologie des Heiligen Geistes mitgeteilt hat, die zu veröffentlichen dieser mich dann autorisiert hat.[128] Diesem ökumenischen Dialog-Modell zufolge geht es zunächst nach dem innerkonfessionellen Dialog zwischen Orthodoxen, Evangelischen und Katholiken um den grundlegenden Dialog mit dem Judentum, dem dann noch v o r den Dialogen mit den anderen Religionen der besondere Dialog mit dem Islam zu folgen hätte. Dieser Dialog mit dem Islam steht dabei nicht im Kontext des allgemeinen Dialoges mit den anderen Religionen, er kann also neutestamentlich gesprochen Barth zufolge nicht im Kontext des Sendungs- und Lehrbefehls des auferweckten Messias Jesus an alle Völker[129] thematisiert werden. Barth vertritt also kein religionspluralistisches Dialogmodell. Der Dialog mit den Religionen aller Völker setzt vielmehr den Dialog mit „Judentum und Islam" vo-

[127] In: Raschid ad-Din, Dschami'at-tawarich (Geschichte der Welt), 1307, Universitätsbibliothek Edinburgh; Digitalisat in der British Library: http://www.bl.uk/manuscripts/FullDisplay.aspx?ref=Add_MS_16688; vgl. dazu Johann-Dietrich Thyen, Bibel und Koran. Eine Synopse gemeinsamer Überlieferungen, Kölner Veröffentlichungen zur Religionsgeschichte Bd. 19, Köln 2000 und Karl-Josef Kuschel, Die Bibel im Koran. Grundlagen für das interreligiöse Gespräch, Ostfildern 2017.

[128] In: Bertold Klappert, Versöhnung und Befreiung. Versuche. Karl Barth kontextuell zu verstehen, Neukirchen-Vluyn1994, 48f.

[129] Vgl. Mt 28,16–20.

raus.[130] Mit anderen Worten: Der Dialog mit den Islam gehört für Barth weder in den Kontext der Sendungs- und Lehrweisung des Messias Jesus von Mt 28 noch in die Lichterlehre,[131] die den Dialog mit allen Religionen ermöglicht und sogar erfordert. Vielmehr gehört der Dialog mit dem Islam in die von ihm anvisierte ökumenische Theologie des Heiligen Geistes, die der von den Propheten verheißenen Ausgießung der Heiligen Geisteskraft auf alles Fleisch Rechnung trägt.[132]

9. Das Kommen JHWHs im Messias Jesus zu Israel und Ismael

Aber wie steht es mit dem im *Neuen Testament* erzählten und verkündigten *Kommen GOTTes* im Weg des Messias und messianischen Menschensohnes *Jesus*?[133]

Nach Mt 1,1 ist *Jesus* genealogisch-verheißungsgeschichtlich der Sohn Abrahams und der messianische Sohn Davids, der wie der messianische König in Israel dazu berufen ist, den Segen Abrahams in die Völkerwelt zu bringen.[134] Dieser besonders in der LXX und dann im Neuen Testament messianisch verstandene Psalm 72 bezieht sich auf die Segensverheißung an Abraham in Gen 12,1–3 zurück. Dabei wird, wie auch dann im Neuen Testament, zwischen dem messianischen Namen des Königs, der den Segen Abrahams in die Völkerwelt bringen wird, und dem einen NAMEN JHWHs unterschieden: a) „Sein Name (der Name des Königs) soll ewig bestehen,[135] soll sprossen vor (der Erschaffung) der Sonne. Durch seinen Namen sollen gesegnet werden alle Völker der Erde." b) „Gesegnet/gepriesen sei JHWH ELOHIM, der Gott Israels. Und gesegnet/gepriesen sei Sein herrlicher NAME in alle Weltzeit".[136]

---

[130] Vgl. Bertold Klappert, Versöhnung und Befreiung. Versuche, Karl Barth kontextuell zu verstehen, NBST 14, Neukirchen-Vluyn 1994, 48–50.

[131] Karl Barth, Das Licht des Lebens, in: ders., KD IV 3, Zürich 1959, 40–188.

[132] Vgl. Joel 3 und Apg 2.

[133] Vgl. Hans-Joachim Kraus, Systematische Theologie im Kontext biblischer Geschichte und Eschatologie, Neukirchen-Vluyn 1983; Jürgen Moltmann, Der Weg Jesu Christi. Christologie in messianischen Dimensionen, München 1989 und DERS., Das Kommen Gottes. Christliche Eschatologie, Gütersloh 1995.

[134] Vgl. Ps 72,17–19.

[135] Ps 72,17, vgl. 2. Sam 7,9.

[136] Ps 72,18f. Vgl. dazu Erich Zenger, Psalm 72 in: Frank-Lothar Hossfeld / Erich Zenger, Psalmen 51–100, HThK.AT, Freiburg 2000, 302–330.

In seiner Berufung zum messianischen Menschensohn[137] hört Jesus eine Hall-Stimme vom Himmel (hebr. בַּת קוֹל), die an Jes 42,1–13, die Berufung des Knechtes, der das Recht in die Völkerwelt bringen und zum Licht der Völker werden soll, anklingt. Berücksichtigt man den weiteren Textkontext, wie es die jüdische Tradition gegenüber einer christlich-fragmentierenden Auslegungsmethode in der Auslegung der alttestamentlichen Texte tut, so klingt inhaltlich auch die Verheißung für die arabischen Wüstengebiete Kedar und die Haupt- und Felsenstadt der Nabatäer Zela/Petra an.[138] Diese von Jesus gehörte „Stimme vom Himmel", bei der zugleich als Berufung zu verstehenden Taufe mit der Anspielung auf den prophetischen Text von Jes 42,1–13, zeigt die drei konstitutiven Dimensionen der Berufung Jesu zum „Knecht/Diener JHWHs ELOHIMs" auf, und zwar zum Knecht (1) für Israel, (2) für die Ismael-Nachkommen und (3) zum Licht für alle Völker.

Diese Berufungsstimme „Du bist mein Sohn, der *geliebte*" ist aber zugleich eine Anspielung auf Gen 22,2, die Prüfung Abrahams auf seine GOTTesfurcht: „Nimm deinen Sohn, den einzigen, den du *lieb hast*, den Isaak". Diese Anspielung auf Gen 22,2, derzufolge Gott Jesus, den Abraham-Sohn, den Isaak-Weg zu gehen befiehlt, wiederholt sich nicht nur in Mk 9,7 „dies ist mein Sohn der geliebte" und in Mk 12,6 „und dann hatte er noch einen Sohn, den geliebten", sondern reicht bis in die Passionserzählung: „der Menschensohn *geht* dahin/ *geht* seinen Weg, wie über ihn *geschrieben* steht."[139] Das Verb gehen (hebr. הלה) ist ein Leitwort von Gen 12,1 und 22,1f.[140] „In Gen 22 wird siebenmal das Verb h-l-ch (‚gehen') verwendet. Das Gehen […] ist eines der Leitmotive in der Erzählung von der ‚Bindung Isaaks'."[141] Das aber bedeutet: *Die Evangelien erzählen den ganzen Weg des Messias Jesus, des Sohnes Abrahams, von seiner Berufung bis zu Passion im Rahmen der Abraham-Verheißung und Isaak-Prüfung (Aqeda).*[142] Und wie es im Neuen Testament eine Fortschreibung der Abraham- und Isaak-Tradition gibt, so auch im Koran: Auch *Ismael* geht

---

137 Mt 3,13–17; Mk 1,9–11; Lk 3,21–22; Joh 1, 29–34; 3,34–36.

138 LXX Jes 42,10–13. Siehe dazu auch BETZ, Otto, Art. Paulus, in: CBL II, Stuttgart 2003, 1016–1028, 1020 und Martin Hengel / Anna Maria Schwemer, Paulus zwischen Damaskus und Antiochien. Die unbekannten Jahre des Apostels, WUNT 108, Tübingen 1998.

139 Mk 14,21 par. Lk 22,22.

140 Vgl. Roland Gradwohl, Die Bindung Isaaks – Gen 22,1–13, in: ders., Bibelauslegungen aus jüdischen Quellen Bd. 1: Die alttestamentlichen Predigttexte des 3. Jahrgangs, Stuttgart 1986, 75–87, 80f.

141 Ebd.

142 David Flusser, Jesus in Selbstzeugnissen und Bilddokumenten, Hamburg 1968 und ders., Judaism and the Origins of Christianity, Jerusalem 1988.

mit Abraham und als Abraham-Sohn den Weg des Leidens bis an die Kaaba in Mekka und entkommt seiner Tötung durch das Eingreifen ALLAHs. *Es gibt also im Neuen Testament und im Koran gegenüber dem Alten Testament eine zweifache Nachgeschichte. Diese Parallelität ist bisher übersehen worden.* Inwieweit der Weg Ismaels mit Abraham an die Kaaba und dessen verhinderte Opferung, wie sie der Koran erzählt, als Parallele zum Leidensweg des Abraham-Sohnes Jesus nach Jerusalem verstanden werden kann, müsste ein Vergleich der im Midrasch erzählten zehn Prüfungen Abrahams und Isaaks erbringen, der jedoch noch aussteht.[143]

Dass Jesus als der Abraham-Sohn kommt und handelt, zeigt sich auch an anderen Stellen der synoptischen Tradition: Nach Lukas heilt Jesus die gekrümmte Frau am Schabbat, befreit sie von ihrer „Fessel" der Krankheit, weil sie „doch eine Tochter Abrahams" und der Sara ist.[144] Wiederum nach Lukas ruft Jesus, der messianische Menschensohn, Zachäus vom Baum an der Straße in Jericho, lädt sich selbst, was in der griechischen Symposientradition völlig ungewöhnlich, ja ihr zuwider ist, in dessen Haus ein und verteidigt dieses gegen orthodox-pharisäische Kritik, weil trotz seiner ökonomischen Schulden und gesellschaftlichen Verschuldungen „doch auch dieser ein Sohn Abrahams" und der Sara ist.[145] Nach Mt 8,11 verheißt Jesus, dass die Völker vom *Osten* – dazu gehören auch die arabischen Ismael-Nachkommen der nabatäischen Wüste bis Hegra und südlich weiter darüber hinaus! – und vom *Westen* nach Jerusalem zum messianischen Festmahl des Reiches Gottes kommen werden, um mit Abraham, Isaak und Jakob im eschatologischen Reich GOTTes zu Tische zu sitzen. Dabei werden nach dem Volk Israel die im Osten wohnenden Ismael-Stämme betont zuerst genannt. Ismael und seine Nachkommen im Ostland sitzen jedenfalls mit Israel am messianischen Tisch des kommenden Reiches GOTTes.[146] Und zwar nicht getrennt oder die Ismael-Nachkommen am unteren Ende des messianischen Tisches. Sie sitzen sich vielmehr, wie sie einst gemeinsam am Grab Abrahams standen und wie sie sich nach der Himmelfahrt des

143 Michael Krupp, Den Sohn opfern? Die Isaak-Überlieferung bei Juden, Christen und Muslimen, Gütersloh 1995; Lukas Kundert, Die Opferung/Bindung Isaaks. Bd. 2: Gen 22,1–19 in frühen rabbinischen Texten, Wissenschaftliche Monographien zum Alten und Neuen Testament 79, Neukirchen-Vluyn 1998.

144 Lk 13,16.

145 Lk 19,9.

146 Vgl. Karl-Josef Kuschel, Festmahl am Himmelstisch. Wie Mahl feiern Juden, Christen und Muslime verbindet, Ostfildern 2013.

Muhammad unterhalten und gemeinsam gebetet haben, nun auch *face to face* „in Sichtweite"[147] gegenüber. Wahrscheinlich, wie man im Sinne des Midrash weiter sagen könnte, im Gespräch darüber, wie verschieden und unterschieden und auch zeitweise geschieden, ihre Wege verlaufen sind. Aber auch darüber, wie parallel mit dem gleichen Ziel zum Segen für alle Völker sie ihre Sendung innerhalb des Abraham- und des Sara-Segens auf dem Weg zum kommenden Reiches GOTTes hin vollzogen haben.

10. Paulus in seinem Weg zu Israel und Ismael

Aber nicht nur der messianische Menschensohn Jesus, sondern auch *Paulus* hat nach seiner Berufung vor Damaskus[148] von der dreifachen Dimension der alttestamentlichen Abraham-Verheißung her über Isaak hinaus auch Ismael und damit die arabisch-nabatäischen Stämme im Osten im Blick. Paulus betont „in Röm 11,1 seine Würde als Israelit und Sohn Abrahams"[149] und wird vor Damaskus durch eine *Lichterscheinung* des kommenden messianischen Menschensohnes[150] vom zelotischen Judaisten zum Liebespharisäer und Apostel für die Völker. Diese Sendung an die Völker erfolgt freilich nicht unmittelbar und sofort, sondern beginnt erst später. Paulus wendet sich *nach* seinem Gang zum Synagogengottesdienst und zum innerbiblischen Dialog in den Synagogen von Damaskus Gal 1,17f. zufolge zunächst 2½ Jahre der nabatäischen Arabia zu, um auch dort den Ismael-Stämmen die in Christus bekräftigte Abraham-Verheißung als Evangelium und Gebot zu verkündigen. Paulus und die Apostelgeschichte erzählen von dem vorläufigen Scheitern der *Ismael*-Sendung des Paulus durch nabatäisch-arabische Fundamentalisten, die sich der Gewalt des in Damaskus im Dienst des nabatäischen Königs residierenden Etnarchen/Statthalters Aretas bedienen, um Paulus umzubringen.[151] Das ist eine Parallele zu seiner Verfolgung durch die zelotischen Judaisten in Galatien, die ihn ebenfalls ermorden wollen. Wie ja zuvor auch Paulus selbst als „eiferndes Mitglied der zelotischen Bewe-

[147] Gen 16,12.
[148] Vgl. Betz, Art. Paulus (Anm. 138), 1020f.
[149] Ebd., 1017.
[150] Apg 9,1–19.
[151] 2. Kor 11,32; Apg 22,17f.

gung des *Judaimus*“[152] (nicht „des Judentums“!) die messianischen, an Jesus als Messias Jesus glaubenden Juden verfolgt und gemordet hat.[153]

In Galatien hat es Paulus, sich nunmehr als Apostel und Missionar *allen Völkern* zuwendend, mit zelotisch-jüdischen, „vermutlich Jesusgläubigen Missionaren“ zu tun, „die auf die Beschneidung der galatischen Gemeinden als Voraussetzung ihrer Zugehörigkeit zum Gottesvolk drängen. [...] Im Hintergrund steht mithin das Judentum als Attraktion für Christen“ aus den Völkern Paulus vertritt nun leidenschaftlich seine „These, die Völker müssten nicht erst Juden werden, um zur Nachkommenschaft Abrahams zu gehören“.[154] Damit verkündigt Paulus trotz gegenteiliger Behauptungen kein „Gesetzes-freies Evangelium“ für die Völker, sondern erklärt, dass die Beschneidung die Völker nicht betrifft, ihnen also verheißungsgeschichtlich nicht zukommt. Von der Verfolgung des Paulus durch zelotische Judaisten einerseits und angesichts des Scheiterns seiner Sendung zu den Ismael-Nachkommen in der Arabia andererseits lässt sich auch der Abschnitt Gal 4,21–31 verstehen, der bis heute eine Crux der Exegese ist. Dieser Text ist aber bis heute das Hauptargument derjenigen, die eine neutestamentliche Verurteilung des Ismael, der in der genealogischen Tradition stehenden nabatäischen Ismael-Stämme und damit auch des Islam heute behaupten.

Ich verstehe den Text nach vielen Diskussionen mit den Studierenden in mehreren Seminaren so: Paulus kritisiert sowohl „die zelotischen Judaisten“ als auch die „nabatäisch-arabischen Fundamentalisten“ und ihre mörderischen Handlungen im Dienst ihrer jeweiligen Religion radikal. Paulus parallelisiert dabei sowohl die sich gegenüber der Abraham-Verheißung verschließende, arabisch-nabatäische Hagar-Stadt Hegra als auch das durch den zelotischen Judaismus besonders in der Zeit vor 70 n.Chr. beherrschte „untere Jerusalem“. Beiden als Negativfolie stellt er in Gal 4 die erhoffte „messianische *Neustadt Jerusalem* von oben“ gegenüber. Die Hegra-Stadt als das untere Jerusalem und die obere Neustadt Jerusalem repräsentieren dabei zwei antithetische Lebensweisen: die der jüdisch-zelotischen und ismaelitischen Gewalt verhaftete Linie als das „untere Jerusalem“ einerseits und die geistbestimmte eschatologische Sara-Isaak-Linie als das „obere Jerusalem“ andererseits. Dieses obere Jerusalem, so ist die Hoffnung des Paulus, wird das untere, zelotisch-mör-

---

[152] Gal 1,14.

[153] Apg 8,1; Gal 1,13; 1. Kor 15,9f; 1. Tim 1,12–14.

[154] Peter von der Osten-Sacken, Der Brief an die Galater einst und jetzt, in: BlickPunkt.E 4/2016, 15.17.

derische Jerusalem von oben her schöpferisch-apokalyptisch verwandeln und messianisch-eschatologisch allen offen sein. Nämlich (1.) den Isaak-Nachkommen des Zwölf-Stämme-Volkes zu denen auch (2.) die an den Messias Jesus Glaubenden aus den Völkern[155] gehören, dazu (3.) allen Ismael-Nachkommen, die zur Abraham-Verheißung stehen,[156] sich an die Abrahams Tora halten[157] und sich auf den Abraham-Weg zurückrufen lassen und schließlich (4.) *allen* in der Segensverheißung an Abraham gemeinten Völkern in der Völkerwallfahrt zum Zion.[158] „Die christliche Abrahamkindschaft", so sagt Peter von der Osten-Sacken zu Recht, „ist schwerlich anders zu denken denn als eine bleibende und schützende und je und je dann auch kritisch-solidarische Verbundenheit mit den älteren und jüngeren Geschwistern der Abrahamfamilie, zuerst mit den Juden und auch mit den Muslimen und beides je auf ihre Weise."[159]

Mit der prophetischen Kritik des Paulus am jüdischen Zelotismus und arabischen Ismaelitismus seiner Zeit werden aber, wie fälschlich gefolgert wird, weder dem Volk Israel noch dem Ismael-Volk das Bleiben im Bund und die Gültigkeit der Bundesverheißungen[160] abgesprochen, werden beiden auch nicht das Inkraft-bleiben der universalen Abraham-Verheißungen durch das Kommen des Messias Jesus[161] aberkannt. Weder damals noch heute! Das haben wir inzwischen im Blick auf Israel-Judentum anfangsweise gelernt.[162] Der frühere judaistische Zelot Paulus[163] ist mit seinem Apostolat und seiner Umkehr und Berufung durch den gekreuzigten Messias und kommenden Menschensohn Jesus vor Damaskus[164] dafür das sprechende Beispiel! Das müssen wir aber im Blick auf die Ismael-Nachkommen erst noch lernen. Das Scheitern der apostolischen Sendung des Paulus gegenüber den beiden Varianten des Fundamentalismus damals hebt die bleibend gültigen und noch nicht realisier-

155 Vgl. Gal 3,28.
156 Vgl. Gen 12,1–3.
157 Vgl. Gen 26,5.
158 Vgl. Offb 21f.
159 Osten-Sacken, Brief an die Galater (Anm. 154), 18. Ich stehe zu dieser Exegese von Gal 4,21–31, auch wenn mein Freund Peter von der Osten-Sacken in seinem Buch „Der Brief an die Gemeinden in Galatien, 2019" trotz vieler Diskussionen die traditionelle ismaelkritische Exegese ohne die bleibend gültige Verheißungsperspektive für die Hagar-Ismael-Nachkommen weiterhin vertritt.
160 Vgl. Gen 15 und 17.
161 Vgl. Gal 3,13f.
162 Vgl. Röm 9–11.
163 Vgl. Gal 1,13f.
164 Vgl. Apg 9.22.26.

ten Verheißungen wie gegenüber dem Israelvolk so auch gegenüber den Hagar-Ismael-Völkern nicht auf.

Franz Mußner hat im Blick auf die traditionelle Galaterbrief-Exegese in einem wegweisendem Aufsatz für eine längst fällige Wiedergutmachung im Blick auf das Vergessen und Übergehen der bleibend gültigen *Israel-Verheißungen* plädiert.[165] *Eine solche Wiedergutmachung wäre gegenüber den Ismael-Nachkommen im Blick auf die illegitime, kirchlich-exegetische Preisgabe der Ismael-Verheißungen in der Genesis*[166] *und in Jesu Verheißung*[167] *erst noch zu schreiben.* Jahrhundertelang und bis heute hat man die zu Recht kritischen und bis heute geltenden Aussagen des Paulus gegenüber einem mörderischen Zelotismus und tötenden Ismaelitismus in Gal 4 dogmatisch für die endgültigen Aussagen des Paulus und damit der ganzen Bibel genommen. Von dem „zelotischen Judaismus" (nicht Judentum!) und den arabischen Islamismus (nicht Ismael-Nachkommen!) hat man sich von damals bis heute das theologische und historisch-ideologische Islam-Bild geben lassen. Wo kämen wir aber angesichts der vom Westen und wiederum besonders von George Bush und Tony Blair mitverschuldeten Massenmorde im Nahen Osten und angesichts des „Massengrabes Mittelmeer" vor der Haustür Europas z. B. im Blick auf die universale Verheißung der Propheten hin, wenn noch nicht oder nur anfangsweise erfüllte und durch das Kommen des Messias Jesus bekräftigte Verheißungen zur Eliminierung von Verheißungsperspektiven überhaupt führen würden.

Wenn wir Verheißungen wie die von Jes 11,1–10; 25,6–8 und 65,17–25 einfach eliminieren würden, denen zufolge kein Kind mehr einen frühzeitigen Tod sterben wird und kein Greis mehr sterben wird, ohne seine Jahre vollendet zu haben, dann müßten auch andere auf die Zukunft weisenden Verheißungen hinfallen.[168] Gerade erst anfänglich oder noch nicht erfüllte Verheißungen führen vielmehr in eine widerständige, messianische Hoffnung,[169] die sich durch die noch ausstehenden Verheißungen begründet weiß und in einem dementsprechenden mutigen Handeln tätig wird. Eschatologische Geschichtsschreibung ist wesentlich eine Erinnerung an versuchte und dann gewaltsam abgebrochene Offensiven, die

---

165 Franz Mußner, Theologische „Wiedergutmachung" am Beispiel der Auslegung des Galaterbriefs, in: ders., Die Kraft der Wurzel. Judentum – Jesus – Kirche, Freiburg 1987, 55–64.

166 Gen 12,1–3; 15,17.

167 Mt 8,11.

168 Vgl. Jes 65,19f.

169 Vgl. Jürgen Moltmann, Theologie der Hoffnung, Neukirchen-Vluyn 1964.

einer kommenden Erfüllung und hoffenden Tätigkeit im Vorletzten im Blick auf das verheißene Letzte harren. Deshalb ruft der Hebräerbrief besonders in Kapitel 11 aus dem Exil die messianischen Juden im kaiserlichen Rom eines brutalen Kaisers Domitian dazu auf, aus dem „ewigen Rom“, der ungerechten und das Recht beugenden sog. „Roma Aeterna“ auszuziehen und das messianische, kommende Jerusalem im Unterschied zu dem faktisch durch Rom beherrschten Judäa als verwandelte „Neustadt“ des Rechtes, der Gerechtigkeit und des Friedens für alle Abraham-Nachkommen[170] und alle Völker, ihre Kulturen und ihre Religionen zu suchen.

11. Jüdische Stimmen zu Ismael, Islam und Muhammad

Stimmen zum Dialog mit dem Islam sind für Christinnen und Christen auch aus dem jüdischen Mittelalter zu hören. Der große Lehrer des Judentums Moses ben Maimon (auch bekannt unter Maimonides) schreibt: „Die Ismaeliten sind überhaupt keine Götzendiener; der Götzendienst ist längst aus ihren Mündern und Herzen ausgerottet und sie einigen Gott, der sei gesegnet, wie es sich gebührt.“[171] Nicht nur wie hier ben Maimon im Blick auf das erste Gebot, sondern auch der nordafrikanische Rabbiner Chananel äußert sich um die Jahrtausendwende verheißungsgeschichtlich zu Gen 17,20, indem er das in den meisten christlichen Bibelübersetzungen antiislamisch verstandene *aber*, „aber auch wegen Ismael erhöre ich dich“ durch das dem hebräischen Text sachgemäße *„und“* in Gen 17,20 wiedergibt: „Und für Ismael habe ich dich, Abraham, erhört und ich werde dich zu einem großen Volke machen.“ Und er fährt fort: „Wir sehen, daß sich diese Verheißung für sie (die Ismaeliten) um 2333 Jahre verspätet hat. Die Verspätung hing aber nicht von ihrer Verfehlung (wie bei den Verfehlungen unseres jüdischen Volkes) ab. Sie haben all diese Jahre auf sie (die Verheißung) gewartet, und endlich traf sie ein und wurde erfüllt.“[172] Erst recht wäre dazu das Urteil Baecks in seinem Aufsatz „Juden-

[170] Hebr 2,16.

[171] Moshe ben Maimon, Mishne Tora 1170–1180, 88

[172] Chananel ben Chusiel (990–1055) zu Gen 17,20, in: Tora Chaim, Jerusalem 1986, 200. Mündlicher Hinweis von Martin Vahrenhorst auf einem der von der Rheinischen Kirche EKiR organisierten Symposien zwischen Jerusalemer RabbinerInnen und palästinensischen Pfarrern unter der Leitung des Vorsitzenden des Lutherischen Weltbundes, Dr. Munib Younan, Beit Jala 2015. Vgl. auch die Zitate in Jehoshua Ahrens / Karl-Hermann Blickle / David Bollag / Johannes Heil (Hg.), Hin zu einer Partnerschaft zwischen Juden und Chris-

tum, Christentum und Islam" (1956) zu hören: „Der Islam ist […] von einem Mann aus dem Volk, das sich als *Brudervolk* (vgl. Gen 16,12) der Juden oft betrachtet hat, aus dem arabischen Volk, das von Ismael, dem Sohn Abrahams, herkommt, wie das jüdische Volk von Isaak, dem Sohne Abrahams […]. Muhammad war einer der kühnsten Menschen, die es je gegeben hat, ein Mann von der Kraft des Glaubens, welche Berge versetzen kann. Er ist ein Kind des arabischen Volkes. Er einte sein Volk in dem Glauben an den einen Gott, in dem Glauben, den sein Volk mit dem Worte erwiderte: ‚und Muhammad ist sein Prophet.'"[173]

Mit dem Judentum dialogisieren, heißt deshalb, mit dem Rheinischen Synodalbeschluss von 1980 vom Judentum und von den Juden lernen. Und vom Judentum lernen, bedeutet dann auch, nicht zuerst feindlich, sondern hoffnungsvoll über Hagar und Ismael und die Ismael-Nachkommen reden, mit ihnen sprechen und mit ihnen gemeinsam handeln. Vom Judentum im Blick auf den Islam und Muhammad lernen heißt nicht gegen sie, sondern mit ihnen und für sie als Träger des Segens Abrahams und Hagars beten, hoffen, nicht blind-ideologisch, aber verheißungsgeschichtlich und damit utopisch-realistisch.

12. *Das Verhältnis Jesu Christi, des Siegels der Propheten, zur Prophetie Muhammads*

Die *Frage nach Jesus Christus*, dem Lehrer, Propheten, Messias und Menschensohn und seinem Verständnis im Koran und im Islam, auch besonders in seinem *Verhältnis zum Propheten Muhammad* und zur Prophetie *Muhammads*, ist, um nur wenige Bespiele zu nennen, thematisiert worden von Olaf Schumann,[174] Hans Küng,[175] Karl-Josef Kuschel[176] und auch von Martin Bauschke,[177] der dies freilich von einem religionsplura-

ten. Die Erklärung orthodoxer Rabbiner zum Christentum, Berlin 2017; dort auch Bertold Klappert, Auf dem Weg zu einer Partnerschaft zwischen Juden und Christen in: Jehoshua Ahrens / Karl-Hermann Blickle / David Bollag / Johannes Heil (Hg.), Hin zu einer Partnerschaft zwischen Juden und Christen. Die Erklärung orthodoxer Rabbiner zum Christentum, Berlin 2017, 202–215, in diesem Buch I 2.

[173] Baeck, Judentum (Anm. 103), 486f.

[174] Olaf Schumann, Abraham, der Vater des Glaubens, in: ders., Beiträge zur Begegnung mit Menschen anderen Glaubens und anderer Kultur, Studien zum interreligiösen Dialog Bd. 1, Hamburg 1997, 13–60.

[175] Hans Küng, Der Islam. Geschichte, Gegenwart, Zukunft, München 2004.

[176] Karl-Josef Kuschel, Juden – Christen – Muslime. Herkunft und Zukunft, Düsseldorf 2007.

[177] Martin Bauschke, Jesus im Koran, Köln 2001.

listischen Hintergrund aus tut. Zu dieser Frage wie auch zu dem Verhältnis der messianischen Prophetie Jesu[178] zur Prophetie Muhammads haben weder das Vaticanum II (1965) noch eine Landeskirche oder kirchliche Stelle der EKD, noch der Indonesische Christenrat (PGI) oder die Evangelisch-Lutherische Kirche in Jordanien und Palästina (ELCJP) bisher Stellung genommen. Muhammad hat sich bekanntlich selbst als „Siegel der Prophetie" verstanden[179] und damit einen christologischen Terminus von dem Kirchenvater Tertullian übernommen und auf sich übertragen. Dieser kann freilich gesamtbiblisch und ökumenisch-christlich nur dem Messias Jesus selbst zukommen. Theologen der Alten Kirche haben, im islamischen Kalifat von Bagdad lebend und dialogisierend, auf die Fragen des Kalifen nach dem Stellenwert des Propheten für das Verständnis der Christen „Muhammad als Propheten für die islamischen Völker bzw. die islamische Umma" verstanden.[180] Das ist eine erste und wegweisende Antwort. Auch Baeck hat, wie gezeigt, am Ende seines Leben Muhammad als glaubwürdigen Propheten und dessen große Bedeutung für die weltweite Umma des Islam und für die Völkerwelt würdigen können.[181]

Das Urteil Adolf Schlatters aus seiner „Geschichte der ersten Christenheit"[182] mag uns dabei auch christlicherseits zu denken geben. Zunächst: „Ausgestorben war die jüdische Kirche (gemeint ist von Schlatter das messianische Judenchristentum) jedoch nur in Palästina westlich vom Jordan. Christengemeinden mit der jüdischen Sitte (gemeint sind Tora und Halacha) bestanden dagegen in den östlichen Gegenden weiter, in der Dekapolis, in der Batanäa, bei den Nabatäern, am Rand der syrischen Wüste und nach Arabien hinein, völlig von der übrigen (Schlatter meint: sich zur griechischen Orthodoxie entwickelnden) Christenheit gelöst und ohne Gemeinschaft mit ihr."[183] Den in der Orthodoxen Christenheit bis heute bestehenden Antijudaismus beschreibt Schlatter weiter so: „Der

[178] Vgl. Bertold Klappert, Der Jude Jesus – messianischer Prophet und prophetischer Messias. Der Beitrag von Heinz Kremers zu einer nicht-antijüdischen Christologie, in: Thomas Kremers / Görge K. Hasselhoff / Bertold Klappert (Hg.), Heinz Kremers – Lernen vom Judentum. Impulse für eine Christologie im jüdischen Kontext, Neukirchen-Vluyn 2015, 24–46.

[179] Carsten Colpe, Das Siegel der Propheten. Historische Beziehungen zwischen Judentum, Judenchristentum, Heidentum und frühem Islam, Arbeiten zur neutestamentlichen Theologie und Zeitgeschichte, Bd. 3, Berlin (2. berichtigte und erw. Aufl.) 2007.

[180] Vgl. David Thomas, Early Muslim Relations with Christians, in: Anvil 6.1 (1989), 23–31 und David Thomas, Denying the Cross in Early Muslim Dialogues with Christians, in: David Emmanuel Singh (Hg.), Jesus And The Cross. Reflections of Christians From Islamic Contexts, Oxford 2010, 49–54.

[181] Vgl. Baeck, Judentum (Anm. 103), 472–489.

[182] Adolf Schlatter, Die Geschichte der ersten Christenheit, BFChTh, Gütersloh 1926, 367f.

[183] Ebd.

Jude war für den Christen nur noch ein Feind, und die griechische Stimmung, die über das Morden der Generäle Trajans und Hadrians als über das wohlverdiente Schicksal der boshaften und verächtlichen Juden hinwegsah, ging auch in die (orthodoxe) Kirche (Konstantinopels) über." Er endet mit dem überraschenden Hinweis auf die Rezeption des messianischen Judenchristentums und seiner neutestamentlichen Traditionen im Koran: „Keiner von den Führern der (sc. östlichen) Reichskirche ahnte, dass dieser von ihnen verachteten (sc. messianisch-jüdischen) Christenheit noch einmal der Tag kommen werde, an dem sie die Welt erschüttern und einen großen Teil des von ihnen erbauten Kirchenturms zertrümmern werde; er (sc. dieser Tag) kam damals, als Muhammad den von den jüdischen Christen bewahrten Besitz, ihr Gottesbewusstsein, ihre den Gerichtstag verkündigende Eschatologie, ihre Sitte und ihre Legende übernahm und als ‚der von Gott Gesandte' ein neues Apostolat aufrichtete."[184] Schlatter spricht also von dem durch Muhammad aufgerichteten Apostolat. Eine sehr hohe Würdigung!

Kuschel hat im Blick auf den Propheten Muhammad und seine Prophetie die m. E. wichtigste Antwort gegeben, indem er, wie Barth in dessen Zeit zwischen 1965–1968, das Auftreten Muhammads in den Kontext einer Theologie der Ausgießung der Heiligen Geisteskraft auf alles Fleisch[185] gestellt und von einem „Zeichen des Geistes", das auch in seiner Bedeutung für die ökumenische Christenheit zu würdigen ist, gesprochen hat.[186]

13. *Israel, die Kirche und die Umma als Zeugen Gottes vor der Welt und voreinander*

Das Verhältnis von dem Alten Testament und dem Judentum einerseits und dem Neuen Testament und dem Christentum andererseits ist in der Geschichte der kirchlich-theologischen Verhältnisbestimmungen hermeneutisch meistens im Sinne der Typologie beschrieben worden. „Typos" ist ein Ereignis der Vergangenheit, das „auf eine überlegene Entsprechung verweist".[187] Diese hermeneutische Methode der *Typologie der*

184 A. Schlatter, zit. bei Hans Küng, Der Islam. Geschichte, Gegenwart, Zukunft, München 2004, 75.
185 Vgl. Joel 3.
186 Kuschel, Juden – Christen – Muslime, 603–624.
187 Leonhard Goppelt, Art. τυπος, in: ThWBzNT 8, Stuttgart 1969, 246–260.

überlegenen Entsprechung und damit die These von der grundsätzlichen Überlegenheit des Christentums über das Judentum ist von den Kirchenvätern nicht nur im Blick auf das Alte Testament und Judentum, sondern entsprechend auch im Blick auf den Islam angewendet worden[188] und hat die Beziehungen zwischen den Religionen und speziell die zwischen Christentum und Islam nachhaltig vergiftet. Deutliches Zeugnis davon ist die antithetische Übersetzung der Ismael-Texte der Genesis des Alten Testaments im Vergleich zwischen Isaak und Ismael, die noch in der revidierten Lutherbibel von 2017 stehen geblieben ist.

Aber in den Texten der Genesis geht es weder um die offensive Betonung der eigenen Identität, noch um Antithese, Feindschaft oder Überlegenheit, sondern um *Nachbarschaft in Beziehung* und *heilsame Unterscheidung im* Dienst an dem gemeinsamen Auftrag an den Völkern. Wenn eine Religion zum „Baalismus“ oder zu Gewalttaten durch staatliche Instrumentalisierung pervertiert oder „herrenlosen Gewalten“ wie dem Imperialismus, Totalitarismus, Kapitalismus und oder der Atom-Industrie die religiöse Legitimation erteilt,[189] wird es auch weiterhin um *klare* und *eindeutige Trennungen* gehen. Abraham eint, unterscheidet und *trennt.* Von „Konsenstheologie“, kann deshalb nicht die Rede sein.

Vielmehr gilt umgekehrt: Alle in den Hebräischen Text hineingelesene „Dissenstheologie“ in Gestalt der Flick- und Verbindungswörter wie „vielmehr“ statt „ja gewiß!“[190] sowie „aber“ statt „und“,[191] wie auch der Zusatz von „nur“[192] sind Eisexegese, wie Naumann in dem Abschnitt „Ismael als Kind der Verheißung“ seines großen Buches herausgearbeitet hat.[193] Diese Antithesen und Einschränkungen im Vergleich der biblischen Isaak-Verheißung und der Hagar-Ismael-Verheißung haben von den Texten her keine Legitimation, wie erst recht der nachbarschaftlich zu übersetzende Ismael-Spruch Gen 16,12 zeigt.[194]

Zu Trennungen und Scheidungen muss es auch innerhalb der Abraham-Traditionen von Judentum, Christentum und Islam da kommen, wo diese zum zelotisch landraubenden Judaismus, zum imperialen Kreuz-

---

[188] Michael Krupp, Den Sohn opfern? Die Isaak-Überlieferung bei Juden, Christen und Muslimen, Gütersloh 1995, 70–74.

[189] Vgl. Sabine Plonz, Die herrenlosen Gewalten. Eine Relektüre Karl Barths in befreiungstheologischer Perspektive, Mainz 1995.

[190] Gen 17,18.

[191] Gen 17,20.

[192] Gen 21,12.

[193] Thomas Naumann, Ismael (Anm. 1), 45–109.

[194] In dessen Übersetzung unterscheide ich mich z. T. von Nauman.

zugs-Christianismus und zum terroristischen Islamismus verkommen. Das dokumentiert sich in der Hebräischen Bibel z. B. im Blick auf den Abraham- und Ismael-Nachkommen *Amalek*, dessen Stamm die erschöpften und ermüdeten Exodusgruppen, an deren Schluss die Frauen und Kinder zogen, hinterrücks angegriffen hat und deshalb zu Recht radikal ausgelöscht werden soll.[195] Wie auch die christlich verbrämte NS-Ideologie und die juden- und menschenmörderische Terrorherrschaft des NS-Regimes nur wie Amalek radikal ausgelöscht werden konnte, woran die Memorbücher des Holocaust mit ihren Inschriften in Israels Gedenkstätten erinnern: „Nie wieder Amalek!" Deshalb widersetzte sich Barth in seinem letzten Gespräch mit Bonhoeffer in Basel, wie mir Markus Barth auf dem Leuenberg in der Schweiz anlässlich einer Karl Barth-Tagung erzählte, auch der Aktivität und Hoffnung Bonhoeffers, dass durch einen Putsch wie danach am 20. Juli durch wert-konservative Generäle wirklich ein n e u e s, demokratisches Deutschland entstehen könne. Denn diese hatten den Hitlerfeldzug nach Westen, in den Osten und in Nordafrika vorher mitgemacht, bejaht und militärisch durchgeführt.

Nachbarschaft bedeutet keine Überlegenheit und Dominanz in der Beziehung. Nachbarschaft bedeutet auch keine durchgängige Parallelisierung und Entsprechung. Nachbarschaft mit „allen Brüdern und Schwestern" hat immer auch den Aspekt der Ambivalenz, kann zu Konflikten und zur Auseinandersetzung führen. So überfallen von Saudi-Arabien her unterstützte, mit Lastwagen einfallende Islamisten indonesische Dörfer, verbrennen Kirchen und tyrannisieren ihre „Brüder und Schwestern". Gelebte Nachbarschaft der Religionen in dem hier verstandenen Sinn muss im Fall der Pervertierung der Religion zum Götzendienst des Baalismus, zur Hitlerideologie der Deutschen Christen und zur ideologisch-politischen Unterstützung des Baus und der Anwendung von Massenvernichtungsmitteln eine klare Trennung zur Folge haben.

Nachbarschaft kann aber keine ewige Feindschaft im Sinne der aus den Erfahrungen mit den Osmanen vor Wien stammenden angstbesetzten Übersetzung in der Mehrheit unserer Bibeln wie „Ismael ist ein wilder Mann" statt „Ismael ist ein Mensch wie ein (freier, nicht domestizierter) Wildesel"[196] bedeuten. Nachbarschaft bedeutet von der umfassenden, theozentrisch und Israel-theologisch verankerten Sendung des Messias Jesus und der Ausgießung der göttlichen Geisteskraft auf alles Fleisch her

---

[195] Vgl. Ex 17,8–16.
[196] Gen 16,12.

verschiedene und unterschiedene Sendungen, z. B. Muhammads für die muslimischen Völker, damit der Segen Abrahams, der Sara, der Hagar und Ismaels auf verschiedenen Wegen in die Völkerwelt kommen kann.[197] Die in meinem Beitrag primär betonte differenzierte Nachbarschaft der Religionen, wie sie der späte Barth noch jenseits seiner KD in den Jahren 1965–68 anvisiert hat, ist deshalb kein Plädoyer für ein religionspluralistisches „Konsensmodell". Sie geht von der im christlich-jüdischen Dialog gewonnenen Erfahrung aus, dass nach Jahrhunderten der Diffamierung zunächst damit zu beginnen ist, die biblisch vorausgesetzte jüdische „Wurzel"[198] freizulegen, die gesamtbiblisch und ökumenisch gebotene „Nachbarschaft in Sichtweite"[199] zum Islam wieder zu suchen und von daher die Unterschiede zu verstehen und die tödlichen Konflikte anzugehen.

Ebach schließt seinen wegweisenden Bremer Kirchentagsvortrag 2009 wie folgt: „Auf Hagar und Ismael berufen sich Judentum, Christentum und Islam, aber sie tun es auf jeweils besondere Weise. Wir sollten auch hier die Gemeinsamkeiten und Differenzen wahrnehmen. […] Das Ziel gemeinsamer Besinnung auf die verbundenen und getrennten Traditionen kann auch hier so etwas wie Konsens im Konflikt sein und im besten Falle versöhnte Verschiedenheit."[200] Juden, Christen und Muslime sind und bleiben, wie der Rheinische Synodalbeschluss im Jahre 1980 im Blick auf das Judentum formuliert hat: *„Zeugen Gottes vor der Welt und voreinander."*[201]

Mein verehrter Lehrer, der Alttestamentler Zimmerli, hat in einem Aufsatz „Der Prophet im Alten Testament und im Islam" schon 1943 (!) auf Folgendes hingewiesen: „Muhammeds Verkündigung erwächst geschichtlich gesehen aus den Anstößen, die er […] vom Christentum und Judentum her empfangen hat. Er weiß von Anfang an von der Existenz anderer Wortgesandter vor ihm. Das Neue an ihm, dessen er sich bewusst wird, ist die Tatsache, dass er nun Wortgesandter an die Araber sein soll."[202] Muhammad bezeichnet sich selbst als „Gesandter", als rasul. „Es

197 Vgl. Mt 28,16–20.

198 Röm 11,18.

199 Gen 16,12.

200 Ebach, Ein Hoch (Anm. 3)

201 EKiR (Hg.), Zur Erneuerung des Verhältnisses von Christen und Juden, Düsseldorf 1980, 10.

202 Walther Zimmerli, Der Prophet im Alten Testament und im Islam (1943), in: Studien zur alttestamentlichen Theologie und Prophetie, Gesammelte Aufsätze II, Th Bü 51, München 1974, 284–310, 288.

zeugt von der Echtheit und Unmittelbarkeit der Verkündigung Muhammeds, dass diese Selbstbezeichnung sich noch in den Spuren der ersten mekkanischen Periode findet."[203] Zimmerli ist dabei leider der traditionellen These gefolgt, Muhammad sei von dieser prophetischen Sendung in der zweiten medinensischen Periode durch den Einsatz von Gewalt abgekommen.[204] Dabei wird der konkrete historische Kontext Muhammads in Medina und werden Parallelen zum konstantinischen Gewaltregiment zugunsten des Christentums geflissentlich mit dem Slogan „der gewaltlose Jesus und der gewalttätige Muhammad" übersehen. Dennoch ist er seiner *Zentralthese von der prophetischen Sendung Muhammads an die arabischen Völker im Raum des Abraham-Segens* treu geblieben. Hinweis darauf ist, dass er diesen Vortrag bewusst in seinen zweiten Aufsatzband aufgenommen hat, weil er weiterhin zu seiner in der Christenheit und Theologie bis heute fremden These stand.[205]

Besonders zu erwähnen ist in diesem Zusammenhang der mit Zimmerli zeitgleiche Alttestamentler Claus Westermann. Er hat im Jahre 1978 in Abraham einen Referenzpunkt für Nachbarschaft und eine Verheißungsperspektive für Judentum, Christentum und Islam gesehen. Abraham, der am Anfang dreier Religionen steht, „könnte eine neue Bedeutung gewinnen nur, wenn in den drei Religionen im Verständnis der Gestalt des Abraham etwas Gemeinsames gefunden werden könnte. Das sollte nicht unmöglich sein, wenn man sich klarmacht: Abraham war kein Israelit, er war kein Muslim, er war kein Christ. Er war vor allen dreien. [...] Auf seinem Weg durch die Zeit und auf seinem Weg durch den Raum war Abrahams Leben ein Leben mit Gott. Gott war in seinem Leben das Notwendige. [...] Darum war es auch eine Gottesbeziehung ohne Gegensätze. In der ganzen Vätergeschichte gibt es keine Spur eines Gegensatzes gegen andere Religionen, gibt es keine Spur von Polemik gegen andere Religionen. [...] Seine Gottesbeziehung war elementar und darum war sie notwendig."[206]

---

203 Walther Zimmerli, a. a. O., 289.

204 Vgl. zu dieser traditionellen Sicht vgl. kritisch Olaf Schumann, Das Undenkbare denkbar machen, in: Michael Haarmann / Johannes von Lüpke / Antje Menn (Hg.), Momente der Begegnung. Impulse für das christlich-jüdische Gespräch, Bertold Klappert zum 65. Geburtstag, Neukirchen-Vluyn 2004, 347–354.

205 Vgl. Zimmerli, Prophet, 284–310.

206 Zitiert bei Karl-Josef Kuschel, Streit um Abraham. Was Juden, Christen und Muslime trennt - und was sie eint, München 1994, 285.

In seinem später im Jahre 1989 veröffentlichten Genesiskommentar[207] hat Westermann diese These wiederholt. Der Segen des Gottes Abrahams und der Sara „geht auch mit Ismael: er soll ein ‚großes Volk' werden. Hier wird im Gegensatz zu dem Freund-Feind-Denken an eine Verwandtschaft Israels mit anderen Völkern aus der Frühzeit festgehalten. Der Vater Abraham hat trotz der Betonung der einen legitimen Isaak-Linie eine zu anderen Völkern überbrückende (!) Bedeutung."[208]

Ich schließe mit einer Begegnung an einem Sonntag des Jahres 2016, an dem meine Frau und ich einen Ausflug an den Rhein nach Benrath bei Düsseldorf gemacht haben. Dort saßen wir, wie sich bald herausstellte, mit einem älteren Muslim berberischer Tradition aus Algerien zusammen. Er erzählte von der Toleranz zwischen Muslimen, Christen und Juden, die er als Kind in seinem Dorf in der Nähe zur marokkanischen Grenze erfahren und was ihn zeitlebens geprägt hat: „Wenn am Schabbat die Juden im Dorf keine Lichter anzünden durften, ging meine Mutter in das Nachbarhaus, um dort die Lichter anzuzünden. Und wenn ein Christ gestorben war und im Sarg durch das Dorf in Richtung Friedhof gebracht wurde, dann standen wir Muslime andächtig mit gesenktem und entblößtem Haupt an der Straße, um den Christen auch in Erinnerung an den großen nordafrikanischen Kirchenvater Augustin Reverenz und Ehrerbietung zu erweisen. Erst die aus Saudiarabien mit militärischer Gewalt und ihren Petrodollars einsickernden Islamisten haben diese Gemeinschaft der Toleranz zerstört. Aber die sind nicht der wahre Islam."

207 Claus Westermann, Genesis. 2. Teilband Genesis 12–36, BKAT I/2, Neukirchen-Vluyn 1981.

208 Westermann, Genesis 12–36, 420; zitiert bei Kuschel, Juden – Christen – Muslime, 589.

Orte der Erstveröffentlichung

Die Überschriften im Buch weichen zum Teil von den in den sich in den Veröffentlichungen findenden Überschriften ab.

1. in: Hin zu einer Partnerschaft zwischen Juden und Christen. Die Erklärung orthodoxer Rabbiner zum Christentum, hg. v. Jehoshua Ahrens / Karl-Hermann Blickle / David Bollag / Johannes Heil, Berlin 2017, 253–256

2. in: Hin zu einer Partnerschaft, a. a. O., 202–215

3. Marrakesh-Deklaration vom 27. Januar 2016 / Neufassung Oktober 2017, hg. v. Zentrum Oekumene der Evangelischen Kirche in Hessen und Nassau und der Evangelischen Kirche von Kurhessen-Waldeck, Frankfurt 2017, 1–7

4. Die Trinitätslehre als Auslegung des NAMENs des Gottes Israels. Die Bedeutung des Alten Testaments und des Judentums für die Trinitätslehre, EvTh 62. Jg, 1/2002, 54–72

5. Christologie und Trinitätslehre im christlich-jüdischen Gespräch. Von der Israel-, der Messias- und der Geistgegenwart JHWHs erzählen, in: „Alles wirkliche Leben ist Begegnung". Festschrift zum vierzigjährigen Bestehen von Studium in Israel, hg. v. Johannes Ehmann / Joachim J. Krause / Bernd Schröder, Leipzig 2018, 361–386

6. Hat das Neue Testament das erste Gebot übertreten und Christus vergottet? Vorläufige Erwägungen zu einer Christologie als Auslegung des 1. Gebotes, in: Gott wahr nehmen, Festschrift für Christian Link, hg. v. Magdalene L. Frettlöh / Hans P. Lichtenberger, Neukirchen-Vluyn 2003, 65–97

7. Abraham eint und unterscheidet. Begründungen und Perspektiven eines nötigen Trialoges zwischen Juden, Christen und Muslimen, in: (K)eine Chance für den Dialog? Christen und Muslime in der plura-

len Gesellschaft, hg. v. Dirk Siedler / Annette de Fallois / Jörgen Klußmann, Berlin 2007, 101–139

8. Hat infolge des Christlich-Jüdischen Dialogs ein Paradigmenwechsel in Kirche und Theologie stattgefunden? Karl-Josef Kuschel zugeeignet, in: Der „jüdisch-christliche" Dialog veränderte die Theologie. Ein Paradigmenwechsel aus ExpertInnensicht, hg. v. Edith Petschnigg / Irmtraud Fischer, Wien, Köln, Weimar 2016, 173–201

9. Israel und Palästina – Konflikte im Land der Verheißung. Erwägungen zu einer Theologie des verheißenen Landes, in: Welcome To The Cavalcade, Festschrift für Jonathan Magonet, hg. v. Howard Cooper / Collin Eimer / Elli T. Sarah, ohne Ort, 2013, 298–311

10. Die bleibende Erwählung Israels und die Segensverheißung für die Völker. Plädoyer für einen Weg jenseits von pseudo-christlichem Fundamentalismus und judenfeindlicher Befreiungstheologie. Überlegungen zum palästinensischen „Wahrheitsdokument" (2009), in: Text – Textgeschichte – Textwirkung, Festschrift zum 65. Geburtstag von Siegfried Kreuzer, hg. v. Jonathan M. Robker / Frank Ueberschaer / Thomas Wagner, Münster 2014, 627–646

11. „Geh hin und lerne!" Dankesrede zur Verleihung der „Goldenen Menorah" durch die Gemeinde der Bergischen Synagoge in Wuppertal-Barmen 2016 (unveröffentlicht)

12. Die Mehrdimensionalität der Abraham- und Sara-Verheißungen. Jesu Verheißung der Tischgemeinschaft mit Jakob-Israel, Hagar-Ismael und allen Völkern (Mt 8,11f), in: Wort und Weisheit. Festschrift für Johannes von Lüpke zum 65. Geburtstag, hg. v. David Kannemann / Volker Stümke, Leipzig 2016, 111–125

13. Isaak und Ismael. Perspektiven für einen Dialog der Nachbarschaft zwischen Juden, Christen und Muslimen (unveröffentlicht)